Administração de Recursos Humanos

Volume 1

Dados Internacionais de Catalogação na Publicação (CIP)
(Câmara Brasileira do Livro, SP, Brasil)

Carvalho, Antonio Vieira de, 1932-2006.
　Administração de recursos humanos / Antonio Vieira de Carvalho, Luiz Paulo do Nascimento, Oziléa Clen Gomes Sera im. - 2. ed. rev. - São Paulo : Cengage Learning, 2022.

　6. reimpr. da 2. ed. rev. de 2012.
　Bibliografia.
　ISBN 978-85-221-0817-6

　1. Administração de pessoal 2. Empregados - Treinamentos 3. Pessoal - Motivação 4. Recursos humanos I. Nascimento, Luis Paulo do. II. Serafim, Oziléa Clen Gomes. III. Título.

11-01824　　　　　　　　　　　　　　　　CDD-658.3124

Índices para catálogo sistemático:

1. Pessoal: Treinamento: Administração de empresas 658.3124
2. Recursos humanos: Desenvolvimento: Administração de empresas 658.3124
3. Treinamento de pessoal: Administração de empresas 658.3124

Administração de Recursos Humanos

Volume 1
2ª edição revista

Antonio Vieira de Carvalho *(in memorian)*
Luiz Paulo do Nascimento
Oziléa Clen Gomes Serafim

Austrália • Brasil • México • Cingapura • Reino Unido • Estados Unidos

Administração de Recursos Humanos – Volume 1 – 2ª edição revista

Antonio Vieira de Carvalho, Luiz Paulo do Nascimento e Oziléa Clen Gomes Serafim

Gerente Editorial: Patricia La Rosa

Editor de Desenvolvimento: Fábio Gonçalves

Supervisora de Produção Editorial: Fabiana Alencar Albuquerque

Copidesque: Luicy Caetano de Oliveira

Revisão: Rinaldo Milesi e Cristiane Mayumi

Diagramação: Cia. Editorial

Capa: Absoluta Design / Edison Rizzato

© 2012 Cengage Learning Edições Ltda.
Todos os direitos reservados.

Todos os direitos reservados. Nenhuma parte deste livro poderá ser reproduzida, sejam quais forem os meios empregados, sem a permissão, por escrito, da Editora. Aos infratores aplicam-se as sanções previstas nos artigos 102, 104, 106 e 107 da Lei nº 9.610, de 19 de fevereiro de 1998.

Esta editora empenhou-se em contatar os responsáveis pelos direitos autorais de todas as imagens e de outros materiais utilizados neste livro. Se porventura for constatada a omissão involuntária na identificação de algum deles, dispomo-nos a efetuar, futuramente, os possíveis acertos.

A Editora não se responsabiliza pelo funcionamento dos links contidos neste livro que possam estar suspensos.

Para informações sobre nossos produtos, entre em contato pelo telefone **+55 11 3665-9900**

Para permissão de uso de material desta obra, envie seu pedido para **direitosautorais@cengage.com**

© 2012 Cengage Learning. Todos os direitos reservados.

ISBN-13: 978-85-221-0817-6
ISBN-10: 85-221-0817-X

Cengage
Condomínio E-Business Park
Rua Werner Siemens, 111 – Prédio 11 – Torre A
9º andar – Lapa de Baixo
CEP 05069-900 – São Paulo-SP
Tel.: (11) 3665-9900

Para suas soluções de curso e aprendizado, visite
www.cengage.com.br

Impresso no Brasil
Printed in Brazil
6. reimpr. – 2022

In memorian

Enio Matheus Guazzelli
Primeiro editor brasileiro que compreendeu ser a atividade de
Recursos Humanos um sistema dinâmico de vital
importância para a organização.

A. V. de Carvalho

sumário

Introdução	XIII

1 Recursos Humanos: Uma abordagem sistêmica — 1

Introdução	1
1.1 Fundamentos da teoria dos sistemas	2
1.1.1 Origem dos sistemas	2
1.1.2 Experiências de Bertalanffy	3
1.2 Conceituação de sistema	4
1.3 Empresa como sistema	4
1.3.1 Tipos de sistemas empresariais	5
1.4 Sistema de Recursos Humanos	6
1.5 *Inputs* internos	7
1.5.1 Filosofia empresarial	7
1.5.2 Futuro da função Recursos Humanos	9
1.5.3 Políticas de Recursos Humanos	9
1.5.4 Objetivos do sistema de Recursos Humanos	10
1.5.5 Metas do sistema de RH e os objetivos da empresa	11
1.6 *Inputs* externos	12
1.6.1 Atividade econômica	12
1.6.2 Mercado de trabalho	13
1.6.3 Tecnologia	13
1.6.4 Legislação	14
1.7 Considerações finais	14
1.8 Exercício, perguntas, questionários e gabarito	14
Referências bibliográficas	16

2 Administração de cargos e salários — 17

Introdução	17
2.1 Cenário da administração de cargos e salários	19
2.2 Administração de cargos	20
2.2.1 Conteúdo	21
2.2.2 Atribuições de administração de cargos	22
2.2.3 Métodos de avaliação de cargos	29
2.3 Classificação de cargos	32
2.3.1 Análise de requisitos	33
2.3.2 Seleção de fatores de avaliação de cargos	34
2.3.3 Manual de avaliação de cargos	35
2.3.4 Avaliação de cargos	45

2.4 Aplicação prática	50
2.4.1 Custo de implantação do plano	68
2.5 Pesquisa salarial	70
2.5.1 Pesquisa na implantação do plano de classificação	71
2.5.2 Pesquisa na revisão do plano de classificação	72
2.5.3 Tabulação da pesquisa salarial	72
2.6 Considerações finais	84
2.7 Exercícios, questionários e gabaritos	85
Referências bibliográficas	88
3 Recrutamento de pessoas	**89**
Introdução	89
3.1 Fluxo do processo de recrutamento	91
3.2 Grau de competência do profissional	93
3.3 Perfil de Recursos Humanos da empresa	95
3.3.1 Causas da demanda de Recursos Humanos	95
3.3.2 Pesquisa do perfil de RH da empresa	96
3.4 Levantamento de necessidades de Recursos Humanos	97
3.4.1 Técnicas de previsão de Recursos Humanos	99
3.5 Etapas do processo de recrutamento	100
3.5.1 Planejamento do recrutamento	100
3.6 Fontes de recrutamento	105
3.6.1 Recrutamento interno	105
3.6.2 Recrutamento externo	107
3.7 Formulário de Solicitação de Emprego (FSE)	114
3.7.1 Características básicas do FSE	115
3.7.2 Diagnóstico sobre recrutamento de pessoas	117
3.8 Considerações finais	118
3.9 Exercícios, perguntas, questionários e gabarito	119
Referências bibliográficas	122
4 Seleção de Recursos Humanos	**125**
Introdução	125
4.1 Conceituação e importância da seleção de pessoas	127
4.1.1 Insumos do processo de seleção	128
4.1.2 Ficha profissiográfica	128
4.2 Processos de seleção	134
4.2.1 Testes de seleção	134
4.2.2 Testes de conhecimentos	137
4.2.3 Testes psicológicos	140
4.2.4 Testes de personalidade	146

4.3 Entrevista de seleção de Recursos Humanos	149
4.3.1 Introdução ao processo de entrevista de seleção	149
4.3.2 Objetivos da entrevista de seleção	150
4.3.3 Dinâmica da entrevista de seleção	150
4.3.4 Utilidade da entrevista de seleção	151
4.3.5 Tipos de entrevista de seleção	151
4.3.6 Preparação, acompanhamento e desenvolvimento de uma entrevista	156
4.3.7 Diagnóstico psicológico	158
4.4 Considerações finais	159
4.5 Exercícios, questionários e gabarito	160
4.6 Referências bibliográficas	163

5 Treinamento de Recursos Humanos — 165

Introdução	165
5.1 Treinamento: Educação para o trabalho	167
5.1.1 O subsistema de treinamento	169
5.1.2 Vantagens do treinamento	170
5.2 Pesquisa de necessidades de treinamento	171
5.2.1 Análise da empresa	173
5.2.2 Análise do trabalho	180
5.2.3 Análise psicológica do colaborador	183
5.3 Planejamento da atividade de treinamento	185
5.3.1 Conceito e alcance da atividade de treinamento	185
5.3.2 Objetivos do treinamento	186
5.3.3 Controles de treinamento	187
5.3.4 Alocação de recursos financeiros	189
5.3.5 Escolha dos procedimentos	189
5.3.6 Cronograma da atividade de treinamento	189
5.4 Organização do treinamento	190
5.4.1 Importância e alcance da organização	190
5.4.2 Estruturação da unidade de treinamento	191
5.4.3 Coordenação da atividade de treinamento	194
5.4.4 Divisão do trabalho	195
5.4.5 Teste de potencial de organização	195
5.5 Pedagogia no treinamento	196
5.5.1 Pedagogia no trabalho	196
5.5.2 Processo da aprendizagem	197
5.5.3 Diferenças individuais no treinamento	202
5.6 Instrutor de treinamento	204
5.6.1 Importância do instrutor de treinamento	204
5.6.2 Funções do instrutor de treinamento	205

5.6.3 Qualificação do instrutor de treinamento	206
5.6.4 Check-list de autoavaliação do instrutor de treinamento	210
5.7 Métodos e técnicas de treinamento	212
5.7.1 Método de treinamento em grupo	213
5.7.2 Técnicas de treinamento em grupo	213
5.7.3 Método de treinamento individual	220
5.7.4 Método expositivo	224
5.7.5 Técnicas expositivas	226
5.8 Avaliação do treinamento	227
5.8.1 Conceituação	227
5.8.2 Níveis de avaliação	227
5.8.3 Avaliação dos resultados do treinamento	229
5.8.4 Avaliação dos custos do treinamento	231
5.9 Considerações finais	234
5.10 Exercícios, perguntas, questionário e gabarito	234
Referências bibliográficas	240

6 Planejamento de carreira — 243

Introdução	243
6.1 Conceituação	245
6.2 Objetivos do planejamento de carreira	249
6.2.1 Vantagens do planejamento de carreira	250
6.3 Banco de talentos	251
6.3.1 Levantamento do potencial de Recursos Humanos	251
6.4 Considerações finais	253
6.5 Exercício, questionário e gabarito	254
Referências bibliográficas	255

7 Avaliação de desempenho — 257

Introdução	257
7.1 Conceituação e importância	258
7.1.1 Objetivos da avaliação de desempenho	260
7.2 Padrões de desempenho	263
7.2.1 Responsabilidade pela avaliação de desempenho	265
7.2.2 Diferenças individuais na execução de tarefas	266
7.3 Métodos de avaliação de desempenho	272
7.4 Considerações finais	275
Referências bibliográficas	275

8 Higiene e segurança no trabalho — 277

Introdução	277

8.1 Higiene do trabalho	278
8.1.1 Condições físicas de trabalho	279
8.2 Saúde no trabalho	285
8.2.1 Ergonomia	285
8.2.2 Saúde mental na empresa	291
8.3 Segurança no trabalho	292
8.3.1 Conceituação	293
8.3.2 Acidentes e segurança	294
8.3.3 Cipa	293
8.4 Diagnóstico sobre higiene e segurança no trabalho	297
8.5 Considerações finais	298
8.6 Exercícios, perguntas, questionário e gabaritos	299
Referências bibliográficas	301
9 Gestão, competência, gente e ética	**303**
Introdução	303
9.1 Processo histórico da evolução da gestão de gente	304
9.2 Gestão estratégica	306
9.2.1 Estratégia	309
9.3 Ambiente	314
9.3.1 Ambiente geral	314
9.3.2 Ambiente de negociação	314
9.3.3 Ambiente interno	318
9.4 Negociação	319
9.5 Autoridade, poder e liderança	322
9.5.1 Autoridade	322
9.5.2 Poder	322
9.5.3 Liderança	324
9.6 Competência	325
9.7 Gente: As gerações e o mercado de trabalho	328
9.8 Ética no trabalho	331
9.9 Considerações finais	334
Referências bibliográficas	334
Conclusão	**337**

introdução

Este livro tem a intenção de proporcionar ao leitor, estudante universitário, gestores e interessados a identificação de conhecimentos próprios necessários à execução de ações da área de Recursos Humanos de modo a atender às exigências metodológicas.

Seu propósito é o de ampliar o conhecimento na área de gestão estratégica por competência na condução de pessoas, no desenvolvimento de projetos, estimulando o leitor a ampliar sua visão em relação aos diferentes subsistemas contidos no grande sistema de Recursos Humanos, que tem suas atividades assentadas no desenvolvimento de processos, os quais se encontram amparados por métodos e técnicas.

O *objeto de estudo* diz respeito às diferentes funções do grande sistema de Recursos Humanos, seus processos, métodos e técnicas, levando-se em conta quais conhecimentos, habilidades e experiências o gestor necessita adquirir para atuar com competência nos mais diversos cenários e situações que o ambiente possa exigir.

A expectativa é que a ideia de "como fazer", que os processos oferecem, apoiados em métodos e técnicas, não se transforme em limite que impeça o ensejo de pensar em questão de inovação ou criatividade.

A necessidade de conhecer e de pôr em prática é o fator que vai mover e impulsionar o profissional e/ou leitor, oferecendo segurança no desenvolvimento das atividades e/ou de projetos referentes às variadas funções nas mais distintas organizações.

O *objetivo* da obra é o de traçar uma série de indicações e propostas provenientes de pesquisas teóricas e vivência profissional, que possa dar sustentação à execução prática, em "como fazer", sem, entretanto, impedir que fatores de criatividade e inovação se apresentem.

Pretende-se que, de posse de conhecimento mais amplo sobre cada função, incluindo processos, métodos e técnicas, o leitor forme seu próprio conhecimento, ampliando sua competência, e que tenha condições de aplicá-lo nas oportunidades que surgirem.

O *problema* a se resolver, nesta obra, fica explicitado na seguinte pergunta: há a probabilidade de se desenvolver e adotar um conjunto de procedimentos, sustentados por métodos e técnicas, de modo a dar apoio à realização prática, entendida por "como fazer", das funções existentes no sistema de Recursos Humanos, de maneira a não se apresentar como empecilho a impossibilitar a execução das funções que lhes são inerentes, tornando suas ações imparciais e sem uso de manipulação ou falsificação de resultados? E essa mesma rede de procedimentos de conteúdo teórico ainda pode eliminar, consequentemente, a manipulação e parcialidade na obtenção de resultados de modo a proporcionar às partes envolvidas, colaborador e empresa, efeitos animadores e satisfatórios?

Como *justificativa*, pretende-se que o profissional, leitor ou gestor, de posse dos conhecimentos a que terá acesso, desenvolva suas atividades, percebendo que a realização prática não representa uma ação impossível de ser executada, muito pelo contrário, pois, esta, se cumprida de acordo com os preceitos estabelecidos, vai proporcionar bem-estar a todos aqueles que estiverem envolvidos no processo.

O conhecimento e o domínio sobre os assuntos, aliados ao conjunto de procedimentos de "como fazer", com imparcialidade e transparência, promoveriam, por *hipótese*, maior confiabilidade e segurança na execução de diferentes funções que envolvem o relacionamento com pessoas. Em consequência, as partes envolvidas, cliente e fornecedor das atividades originadas nas funções relativas ao relacionamento humano, se cientes dos resultados imparciais obtidos, teriam maiores e melhores condições de crescimento e evolução profissional.

O conhecimento e o domínio sobre os assuntos, que envolvem o relacionamento com pessoas, aliados ao conjunto de procedimentos de "como fazer", com imparcialidade e transparência, poderiam propiciar, por *hipótese*, maior confiabilidade e segurança na execução das diferentes funções de Recursos Humanos, tanto para clientes como para fornecedores envolvidos nas atividades de relacionamento humano. Por essa razão, as partes incluídas e comprometidas teriam maiores e melhores condições de crescimento e evolução profissional, se cada um dos profissionais, em sua área de atuação, ficasse ciente dos resultados imparciais obtidos.

É possível que o conjunto de medidas recomendadas de "como fazer" possa resultar em prática saudável, ativa, dinâmica e de bem-estar social em virtude de criatividade, inovação e imparcialidade, quando da execução de diferentes funções do sistema de Recursos Humanos.

Podemos antecipar que o conjunto de procedimentos, aliado aos métodos e técnicas, constitui-se em *variáveis* de conteúdo teórico a ser aplicado. Representa, de outro modo, fator determinante para mudanças que poderão ser verificadas, em seus efeitos, na segurança, confiabilidade e imparcialidade no desenvolvimento das atividades nas mais diversas funções do sistema de Recursos Humanos.

Para atingir o objetivo traçado, adotou-se como *metodologia* o desenvolvimento de uma pesquisa bibliográfica ou pesquisa teórica a respeito de obras de autores que versam sobre as mais diversas funções contidas no sistema de Recursos Humanos, gestão por competência, estratégia, negociação, ambiente, liderança, motivação e ética, entre outros.

Esta Introdução coloca em evidência, como acabamos de constatar, o objeto de estudo, objetivo, problema, justificativa, hipóteses, variáveis e a metodologia, e finaliza, a seguir, apresentando a estrutura do livro, informando como foi elaborado e desenvolvido e o conteúdo, em resumo, que cada capítulo apresenta.

O Capítulo 1, Recursos Humanos: Uma abordagem sistêmica estuda a função de Recursos Humanos pelo aspecto sistêmico, proporcionando uma percepção em termos de passado, presente e futuro, bem como a visão referente aos aspectos de causa e efeito, diante das mudanças que se fizerem necessárias, de outro modo, o relacionamento da empresa com o ambiente de negociação e as transferências e os benefícios passíveis de se materializarem por meio das mais diversas políticas, moldadas em harmonia com a empresa, atendendo às mudanças que ocorrem no cenário empresarial, mostrando suas influências nos aspectos que interessam aos objetivos da organização.

O Capítulo 2, Administração de cargos e salários, analisa os tópicos que abordam sistemas, processos, métodos e técnicas que permitem desenvolver e implantar as diferentes subfunções que dizem respeito à implantação do plano de classificação e da pesquisa salarial. Os procedimentos apontados seguem recomendações de metodologia da pesquisa científica e dos preceitos estabelecidos pela estatística, dando, em contrapartida, condições necessárias de confiabilidade e segurança, em que a manipulação de resultados não se faz presente.

O Capítulo 3, Recrutamento de pessoas, examina o processo que tem por finalidade atrair, encantar e seduzir os candidatos às vagas existentes, informando quais as competências e o perfil exigidos. Apresenta as técnicas de levantamento e de previsão, além de indicar quais as fontes de recrutamento.

O Capítulo 4, Seleção de recursos humanos, traz informações sobre conceito, importância, processos de seleção, diferentes testes, entrevista, discorrendo sobre os objetivos, dinâmica, utilidade e tipos de entrevista, e discorre sobre diagnóstico psicológico.

O Capítulo 5, Treinamento de recursos humanos, versa sobre o aprimoramento e o progresso das pessoas que prestam colaboração aos interesses empresariais, tratando de educação voltada para atividades profissionais, e procurando atender às carências da empresa, do trabalho e do colaborador. Amplia competências por meio da aprendizagem e da educação viva ou ativa, que, por sua vez, consegue reter a atenção, cativar e atrair. Considera os aspectos referentes ao planejamento, organização e estrutura do órgão, além da pedagogia no trabalho, do processo de aprendizagem e dos ritmos e diferenças individuais. Realiza uma reflexão a respeito do instrutor, suas funções, qualificações e comportamento, na aplicação de métodos e técnicas para obtenção de habilidades e conhecimentos, além de ponderar sobre custos e avaliação de resultados do treinamento.

O Capítulo 6, Planejamento de carreira, cogita a trajetória de funções preparada pelo profissional e/ou pela empresa em questão de responsabilidade e prestígio. De acordo com a pessoa, a carreira pode ser de caráter administrativo, operacional, técnico, de assessoria ou gerencial, atendendo a diferentes circunstâncias na busca de benefícios mútuos para alcançar o sucesso. O tratamento do fator motivação, a dignidade no relacionamento interpessoal e o acesso aos resultados das avaliações de desempenho dão oportunidade de formação do banco de talentos e da ascensão profissional.

O Capítulo 7, Avaliação de desempenho, apresenta conceito, importância e objetivos, discorre sobre padrões e a respeito de quem deve realizar a avaliação, destaca as diferenças das pessoas na execução de tarefas e traça um paralelo entre as práticas antigas e atuais para a avaliação do desempenho profissional.

O Capítulo 8, Higiene e segurança no trabalho, oferece subsídios a respeito de higiene e condições físicas, saúde no trabalho e os aspectos relativos à ergonomia – segurança que aborda as questões de acidentes e Cipa, além de proporcionar um diagnóstico sobre higiene e segurança no trabalho.

O Capítulo 9, Gestão, competência, gente e ética, procura realizar uma abordagem diferenciada a respeito desses variados assuntos que, na vida profissional, se entrelaçam, formando uma rede sensível, na qual quando uma das partes é atingida, as demais também são afetadas.

E, finalmente, a Conclusão, que externa os pontos e aspectos que foram atingidos como os conceitos, pressupostos, processos, métodos e técnicas inerentes ao objeto de estudo, o objetivo que foi alcançado, no que diz respeito às necessidades apontadas pelo problema e a confirmação da hipótese, além de constatar os processos de gestão, as questões de competência, a ação estratégica, abordagens sobre gerações e uma apreciação a propósito de ética.

Recursos Humanos: Uma abordagem sistêmica

Objetivos do capítulo
1. Proporcionar ao leitor uma visão sistêmica da atividade de Recursos Humanos.
2. Situar o sistema de RH no contexto da estratégia empresarial.

> Podemos dizer que não há sistemas fora de um meio específico (ambiente).
> *Stanford L. Optner*

Introdução

A visão de Recursos Humanos, pela perspectiva da abordagem sistêmica, nos remete a uma situação em que precisamos, simultaneamente, se possível, perceber o antes, o durante e o após, ou seja, as relações de causa e efeito, diante das transformações que se fizerem necessárias.

Neste capítulo faremos uma viagem no tempo que ocupa a primeira metade do século XX, quando tivemos a participação de diferentes profissionais – estudiosos e pesquisadores – envolvidos e preocupados com o conjunto de setores funcionais que formam uma organização social, e que deixaram para nós seus estudos, análises e observações que serviram de base e estímulo aos Recursos Humanos no século XXI.

O *objeto de estudo* é determinada investigação teórica a respeito de sistemas, procurando particularizar a abordagem pela aplicação ao órgão de Recursos Humanos, como contribuição a uma visão que permita perceber o todo com suas influências e reações que nos obrigam a rever se as decisões tomadas foram as mais acertadas.

Como *objetivo* o capítulo recomenda que se visualize, com atenção, o ambiente de negociação, para que se possa enfrentar e superar os desafios a que a empresa está sujeita.

A razão deste capítulo fica evidenciada na questão do que se apresenta como *problema* e de que maneira: é aceitável que se visualize a empresa como um ser vivo que reage às consequências do que ocorre ao seu redor, seja no ambiente interno, seja no de negociação?

Como *justificativa*, podemos imaginar que sujeitos da ação que somos, estamos em condições de alterar processos e rotinas na procura de novos e mais alvissareiros resultados.

As competências profissionais em conjunto com as pretensões da empresa oferecem, por *hipótese*, a oportunidade de desenvolver projetos inusitados que podem trazer benefícios que atinjam a todos os envolvidos no processo, incluindo fornecedores e clientes.

Nesse caso, fica evidenciado que os processos e rotinas – *variáveis* –, de certa forma, representam fatores causadores das mudanças passíveis de serem observadas, em seus efeitos, na evolução e no progresso dos projetos em andamento.

O desenvolvimento do capítulo exigiu como *metodologia* a realização de uma pesquisa bibliográfica de caráter teórico, considerando autores em seus esforços nos estudos das teorias e dos conhecimentos de sistemas aplicados ao funcionamento dos órgãos da área de Recursos Humanos.

Veremos, portanto, esse sistema e sua participação na organização empresarial, mostrando a inter-relação entre o ambiente interno da empresa e o ambiente externo de negociação, bem como as transferências que ocorrem e os benefícios que podem ser obtidos.

De outro modo, o sistema de Recursos Humanos nos traz as políticas de remuneração, de treinamento, recrutamento, seleção, benefícios, planejamento de carreira, avaliação de desempenho, entre outros, que serão moldados em harmonia com as características e necessidades da empresa, atendendo com flexibilidade às mudanças que ocorrem no cenário empresarial.

Tais políticas têm mostrado, ao longo do tempo, suas influências na conquista dos diferentes objetivos, nas atividades econômicas, no mercado de trabalho, na expansão tecnológica e na legislação.

O primeiro tópico, Introdução, coloca em evidência, como acabamos de constatar, o objeto de estudo, objetivo e outros aspectos, finalizando com a estrutura do trabalho, informando como este foi elaborado e desenvolvido e o que, em resumo, contém cada tópico.

O seguinte trata dos fundamentos da teoria de sistemas discorrendo sobre as origens e experiências a respeito do assunto.

O terceiro nos traz o conceito e o entendimento de sistema e logo, a seguir, passamos a ter uma visão da empresa como sistema.

No quinto, temos a abordagem do sistema de Recursos Humanos.

O tópico 6 nos sugere, a título de *inputs* internos, conteúdos ou aspectos como filosofia, futuro, políticas e objetivos.

A seguir, somos informados a respeito dos *inputs* externos que nos apresentam as atividades econômicas, mercado de trabalho, tecnologia e legislação.

Para fechar o capítulo, temos as considerações finais, que fazem um resumo dos assuntos abordados ao longo do texto.

1.1 Fundamentos da teoria dos sistemas

1.1.1 Origem dos sistemas

O filósofo inglês Herbert Spencer (1820-1904) afirmava, no início do século XX, que "um organismo social assemelha-se a um organismo individual nos seguintes traços essenciais:

- no crescimento;
- no fato de se tornar mais complexo à medida que cresce;
- no fato de que, tornando-se mais complexo, suas partes exigem uma crescente interdependência mútua; e
- porque em ambos os casos há crescente integração acompanhada por crescente heterogeneidade". (Spencer, s. d., p. 56)

Alguns anos mais tarde – início da década de 1930 –, o filósofo e cientista social belga *Claude Lévi-Strauss*, partidário do estruturalismo, dizia que "uma estrutura oferece um caráter de sistema, consistindo em elementos combinados de tal forma que qualquer modificação em um deles implica uma modificação de todos os outros" (*Enciclopédia Abril*, s. d., p. 11).

A diversidade de enfoques leva à constatação de que não há propriamente uma única teoria dos sistemas gerais, mas sim a presença de um conjunto de conceitos, princípios, métodos e técnicas associadas à ideia central de sistemas (Klir, 1972, p. 193).

1.1.2 Experiências de Bertalanffy

O vocábulo "sistema", tal como hoje é concebido na área administrativa, está relacionado com os experimentos do biólogo alemão Ludwig von Bertalanffy. Esse cientista, no início da década de 1950, pesquisando o comportamento de organismos vivos, constatou que, a despeito de sua variedade de formas e de características, esses seres biológicos possuíam vários pontos em comum.

Deve-se a Bertalanffy a divulgação de expressões como: *feedback* (retroação, realimentação); *input* (entrada); *output* (saída) etc., incorporadas à cibernética, eletrônica e automação.

Bertalanffy estendeu seus estudos junto a outros tipos de organismos (sociais, mecânicos, eletrônicos etc.) verificando que, tal como acontece com os seres vivos, esses organismos não naturais conservam, igualmente, certas características comuns, não importando sua natureza e complexidade. Entre essas características pesquisadas por Bertalanffy, uma se destacava: a chamada *identidade* desses organismos, ou seja, os *objetivos atingidos* por seus organismos, naturais ou artificiais.

Desse modo, o biólogo alemão constatou que, a despeito de os organismos vivos e sociais possuírem inúmeros e variados elementos, todos eles apresentavam uma interação com os demais componentes em face da consecução de determinado propósito, o que, em última análise, era a finalidade central desses mesmos organismos.

Com base nessas pesquisas e observações, Bertalanffy formulou a sua Teoria Geral dos Sistemas, identificando os organismos sociais como sistemas, visando à consecução de objetivos. Com base nessa abordagem, o sistema pode ser caracterizado como um conjunto de partes relacionadas entre si.

1.2 Conceituação de sistema

Perante suas origens, o sistema se constitui em uma

> série de elementos interdependentes em constante interação, com vistas à consecução de um ou mais objetivos

Esses elementos interligados são os chamados "subsistemas" ou "componentes", acerca dos quais podemos falar amplamente de sistemas políticos, religiosos, econômicos, educativos etc. Assim, determinado sistema é um conjunto de subsistemas capazes de transformar um conjunto de entradas (*inputs*) em um conjunto de saídas (*outputs*) para atingir um ou mais objetivos predeterminados.

Resumindo, o conceito de sistema é um conjunto de componentes interligados e capazes de transformar uma série de *inputs* em uma série de *outputs* para uma consecução de objetivos em um plano. A Figura 1.1 representa um sistema básico nessa linha de raciocínio:

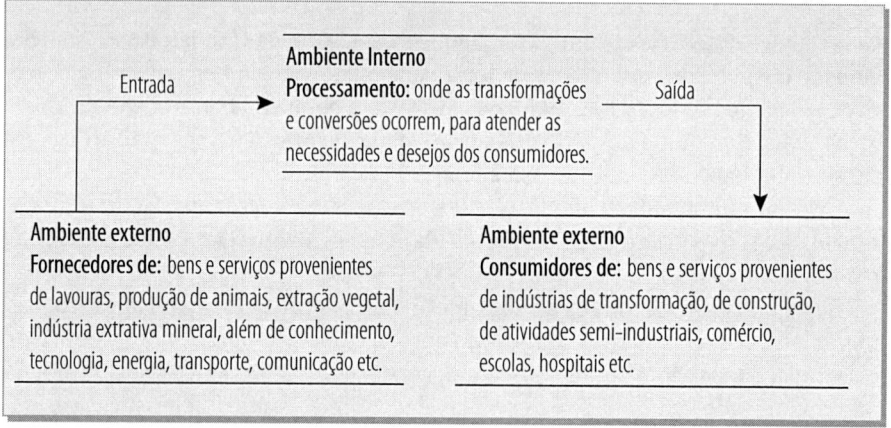

Figura 1.1 – Esquema básico de sistema.

1.3 Empresa como sistema

O sistema, ao ser um conjunto de elementos que visa à consecução de objetivos, pergunta-se: "A empresa também pode ser considerada um sistema?".

Toda empresa possui sua própria "cultura organizacional", representada, entre outros, como é sabido, por fatores como:

- filosofia administrativa;
- políticas de atuação no mercado;
- tradição e imagem; e
- processos.

Processo – é um conjunto de ações e iniciativas focadas na obtenção de resultados, originadas na utilização harmoniosa e sincronizada de insumos, infraestruturas, atividades e variáveis significativas para agregar valores.

Esses e outros fatores organizacionais devem funcionar, na medida do possível, de forma ordenada e dinâmica. Desse modo, a empresa também deve ser considerada um sistema.

O objetivo central de um sistema empresarial é o de transformar recursos materiais, financeiros e tecnológicos, com a utilização de recursos humanos, em produção de bens e serviços.

1.3.1 Tipos de sistemas empresariais

Os sistemas empresariais podem ser fechados[1] ou abertos.[2] Como sistemas fechados ou quase fechados,[3] o monopólio de empresas, por exemplo, cujos produtos e/ou processos estão protegidos por patentes ou outras vantagens. O sistema quase fechado opera, de modo geral, com um intercâmbio limitado em relação ao ambiente.

Os sistemas abertos trocam matéria e energia com o ambiente regularmente. Os seres biológicos são típicos representantes dos sistemas abertos em face de sua interação com o ecossistema.

Os sistemas abertos exportam certos produtos e serviços para o meio ambiente, seja através de experimentos oriundos da mente pesquisadora, seja por meio de uma estrada construída por uma empresa de engenharia.

Por sua vez, nas empresas são identificados sistemas dinâmicos e, por isso mesmo, em contínua interação, tais como os sistemas: financeiro, informática, compras, marketing, recursos humanos etc.

Todos esses sistemas devem ser vistos como estratégicos, pois são constituídos de componentes dispostos a alcançar objetivos determinados, de acordo com planos específicos.

Uma característica administrativa de importância vital é a de que todos os objetivos dos sistemas organizacionais devem contribuir diretamente para a consecução das metas globais da empresa.

---

[1] Sistema fechado é aquele que, isolado, existe dentro de recipientes, contidos por limites e fronteiras, que impossibilitam a inter-relação de trocas de energia e/ou de matéria, do conteúdo existente no ambiente interno com o do ambiente externo.

[2] Sistema aberto é um sistema que interage com o ambiente externo que o contém, permitindo que as trocas de energia e/ou de matéria ocorram.

[3] Sistema quase fechado (ou seria sistema quase aberto?) é um sistema que mantém uma interação difícil, estreita, limitada e quase inexistente com o ambiente externo que o contém.

1.4 Sistema de Recursos Humanos

A atividade de Recursos Humanos (RH) só pode se manifestar plenamente no chamado "sistema administrativo aberto". A Figura 1.2 mostra, de forma bem simplificada, a relação existente entre o sistema aberto de RH e seu ambiente externo e interno.

Esta figura reflete, portanto, o confronto entre a empresa e o ambiente de negociação (externo à organização), em que a mesma, em sua função de RH, age, externamente, junto ao mercado de trabalho com seus inúmeros desafios, dificuldades e problemas.

De outro modo, essa mesma função de RH tem como objetivo enfrentar e superar de forma racional, eficiente e eficaz os inúmeros e crescentes desafios do ambiente interno da empresa em questão de gestão adequada do contingente disponível.

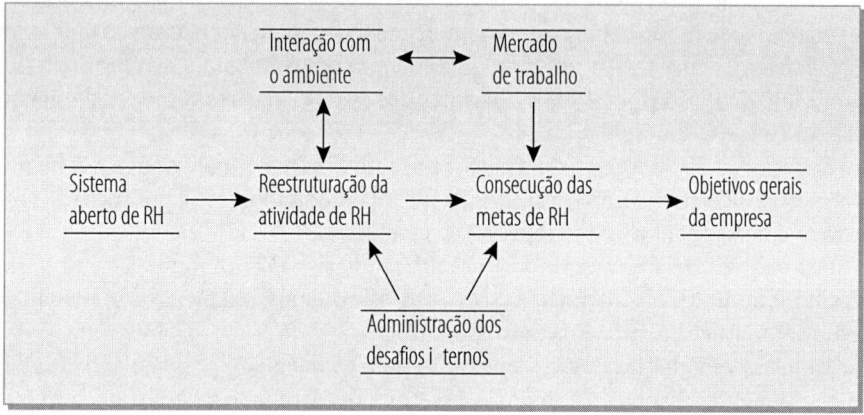

Figura 1.2 – Fluxo do sistema aberto de RH.

Tanto o ambiente de negociação como o ambiente interno devem contribuir de maneira decisiva para que os objetivos do sistema de RH sejam atingidos em razão do seu planejamento estratégico, cujas metas fluem, normalmente, para as metas gerais da empresa.

A Figura 1.3, por sua vez, apresenta um modelo básico de sistema autorregulador de RH, oferecendo ao leitor uma visão simplificada para se observar o modo como os subsistemas ou componentes do processo funcionam e interagem mutuamente.

A administração visa estabelecer e dirigir as políticas e procedimentos, mediante os quais pode se utilizar, mais corretamente, os recursos humanos, materiais e financeiros da organização em virtude de seus objetivos.

Nesse contexto, com um amplo campo de ação, é que o sistema aberto de RH recebe a colaboração decisiva de áreas específicas do conhecimento, tais como: Psicologia Industrial, Medicina do Trabalho, Sociologia Organizacional, Direito Trabalhista etc.

O enfoque multidisciplinar da atividade de RH é justificado por causa da variedade de problemas e desafios com que a gestão de pessoas se defronta a cada momento – entrevistas de admissão ou demissão de empregados, treinamento, mediação de conflitos, reivindicações, encargos etc. –, além dos problemas de ordem social, política e econômica, tendo, portanto, o sistema de RH da empresa de se adaptar à nova situação.

Abordaremos a seguir, ainda que de forma resumida, os *inputs* básicos de alimentação do sistema de RH internos e externos, conforme mostra a Figura 1.3.

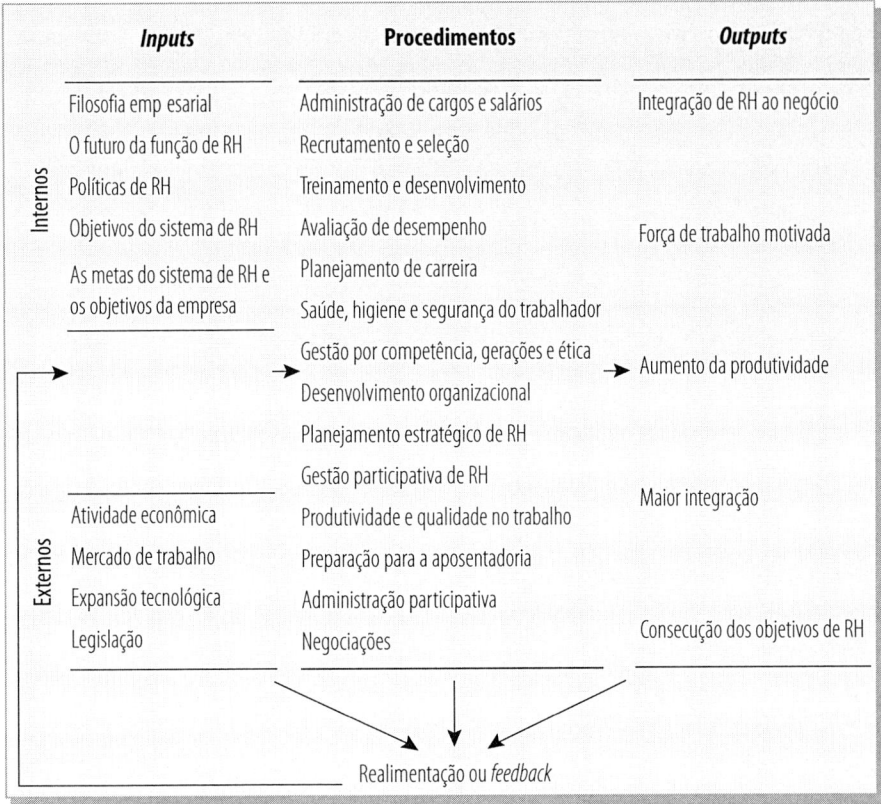

Figura 1.3 – Modelo de sistema básico de RH.

1.5 *Inputs* internos

1.5.1 Filosofia empresarial

A filosofia da empresa é o princípio normativo do sistema aberto de RH, dando-lhe o fundamento básico para sua dinâmica. É na filosofia empresarial que se encontra o enunciado do comportamento da organização no mercado.

É ainda a filosofia organizacional que define os rumos que devem ser adotados na produção de bens e serviços,[4] envolvendo aspectos de qualidade, de responsabilidade social e de diretrizes no relacionamento com os públicos interno e externo.

Desse modo, a gerência de RH necessita saber, com toda clareza e objetividade, quais são os principais parâmetros que a empresa julga indispensáveis para que possa definir seus objetivos e as políticas da organização.

Mais que uma simples relação formal de princípios, a filosofia empresarial deve fundamentar-se no procedimento participativo das bases da organização, envolvendo o maior número possível de funcionários.

Para tanto, é importante e imprescindível que se conheçam e se pratiquem questões relacionadas com princípios, valores e crenças apropriados à empresa (Semler, 1988, p. 113).

A criação de um código de valores próprios se propõe a conduzir a empresa a uma situação de relativo sucesso nos diferentes níveis hierárquicos.

O objetivo da empresa tem por foco atender simultaneamente os interesses do mercado, do cliente e do bem ou serviço, representado por: fornecedores, consumidores internos e externos, colaboradores, dirigentes, acionistas, concorrência e governo.

Dessa forma, a filosofia empresarial se transforma em missão, tendo por foco exercer função de orientação e de delimitação da ação empresarial, ao longo de um período de amadurecimento, em que crenças, expectativas, conceitos e recursos ficam comprometidos (Oliveira, 1987).

Vejamos, agora, um teste a respeito de filosofia organizacional:

Teste sobre filosofia empresarial

Orientação inicial: Responda às questões propostas, assinalando "sim" ou "não". Ao fim do capítulo, você vai encontrar o respectivo gabarito. No seu próprio interesse de aprendizado, consulte o gabarito somente após responder às questões propostas no teste.

Questões propostas	Sim	Não
1. Você está devidamente informado sobre os dados básicos do histórico de sua empresa (fundador ou fundadores, local de origem, ano de constituição etc.)?		
2. Conhece os princípios pelos quais – qualidade, honestidade, eficiência etc. – sua empresa atua no mercado?		
3. Os funcionários da empresa possuem um alto grau de responsabilidade pelo trabalho?		
4. Há, entre os funcionários da empresa, espírito de economia, disciplina e sensibilidade?		

---

[4] Consultar obras de Ciências Econômicas, no capítulo de Microeconomia no qual são abordados os aspectos da Lei da Oferta e da Demanda.

Questões propostas	Sim	Não
5. A empresa procura valorizar o colaborador e seu trabalho?		
6. O princípio da qualidade de produtos/serviços é uma realidade em sua empresa?		
7. Você se sente verdadeiramente integrado à organização?		
8. Se fosse necessário, você "suaria a camisa" por sua empresa?		
9. A organização oferece amplas oportunidades, em termos de carreira e realização pessoal, para seus funcionários?		
10. Você sente que sua empresa pratica efetivamente o princípio de relações humanas entre seus colaboradores?		

1.5.2 Futuro da função Recursos Humanos

A importância da área de RH se deve a ser uma função voltada mais para as pessoas que para os negócios. Essa postura tem trazido obstáculos à evolução do sistema de RH comparativamente a outras áreas de atuação da empresa – produção, "marketing", finanças, informática etc.

A nova filosofia de RH deve ser centrada na "análise da organização" e não na de indivíduos, embora deva ter como principal apoio a participação das pessoas para a realização dos objetivos organizacionais.

Devemos, portanto, considerar que o futuro há de exigir da função de Recursos Humanos que esta esteja inserida como inerente a todas as demais, isto é, as funções de produção, de marketing e de finanças terão em sua conformação, em seu conteúdo, em sua estrutura todos os principais aspectos da gestão de pessoas.

Entre os pontos a serem diagnosticados, em face dessa nova ênfase de RH, merecem destaque:

- ambiente organizacional, aí situados os desafios internos – estudo científico das relações de trabalho – e externos – cultura ambiental, influência do mercado consumidor etc.;
- objetivos da organização: revisão de prioridades e metas da empresa;
- estruturas de cargos, responsabilidades e níveis de comando;
- motivação e liderança de equipes de trabalho;
- relações de poder.

Claro está que o diagnóstico organizacional é o passo inicial para que o sistema de RH seja interpretado de forma renovada, dinâmica e atualizada.

1.5.3 Políticas de Recursos Humanos

As políticas de RH – cargos e salários, treinamento, avaliação, planejamento de carreira etc. – estão subordinadas à filosofia empresarial e devem ser dotadas da necessária flexibilidade, adaptando-se aos objetivos organizacionais.

Enquanto a filosofia da empresa é mais duradoura e estável, as políticas de RH são mais mutáveis e dependem, entre outros fatores, de:

- reações do mercado;
- influência do Estado;
- estabilidade política, econômica e social do país.

Esses e outros fatores determinantes relacionados com a estratégia da empresa compõem um quadro de referência para o levantamento e fixação de metas de RH no curto, médio e longo prazo.

É na definição e implantação das políticas de RH que se visam, entre outros, os seguintes propósitos:

- estabelecer programas e incentivos que tenham por objetivo a manutenção do funcionário na empresa por mais tempo, diminuindo consideravelmente os custos com a administração de empregados;
- proporcionar maior e melhor flexibilização em matéria de recrutar, selecionar, treinar e avaliar o desempenho dos funcionários da empresa;
- adequar a administração de cargos e salários à dinâmica do mercado de trabalho.

1.5.4 Objetivos do sistema de Recursos Humanos

As metas do sistema aberto de RH podem ser classificadas, como objetivos societários, organizacionais, funcionais e individuais, da seguinte maneira:

Objetivos societários – o sistema de RH visa proporcionar à empresa um sentimento de responsabilidade em face dos desafios e necessidades da sociedade, minimizando os impactos negativos porventura existentes na manifestação desses mesmos desafios e necessidades.

Ao não empregar de forma adequada parte de seus recursos na comunidade (pagamento correto de impostos e taxas, programas locais de assistência social e econômica etc.), a empresa sofre restrições à ação no meio onde atua sob várias formas: sanções legais, imagem arranhada ou distorcida, boicote aos produtos e serviços da organização etc.

Objetivos organizacionais – é de responsabilidade da área de RH tornar-se um efetivo instrumento de integração organizacional. Como é sabido, o sistema de RH constitui-se em um dos recursos da empresa para atingir seus fins. Na prática, o setor de RH funciona como se fosse uma agência prestadora de serviços especializados para toda a empresa.

Objetivos funcionais – o sistema de RH visa, igualmente, manter em um nível adequado seus procedimentos em razão das necessidades efetivas de colaboradores de modo pleno treinados, conscientes e responsáveis.

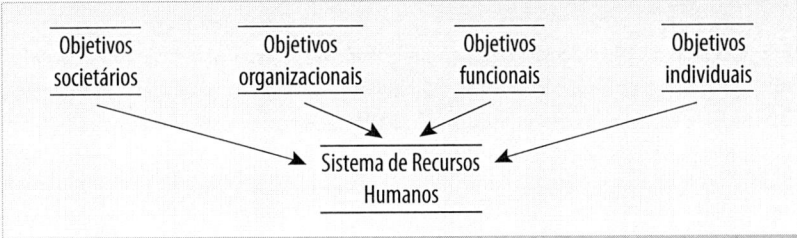

Figura 1.4 – Objetivos do sistema de RH.

Objetivos individuais – finalmente, de acordo com Carvalho (v. 1, p. 79-80), vale lembrar que um dos propósitos centrais do processo de RH é dar assistência aos funcionários na consecução de suas metas individuais, na medida em que a gestão participativa tende a se expandir na organização.

1.5.5 Metas do sistema de RH e os objetivos da empresa

Os objetivos de RH, como sabemos, não podem nem devem estar dissociados dos propósitos centrais da empresa como um todo, que, em resumo, são os seguintes:

- conquistar e consolidar posição no mercado consumidor;
- buscar inovações tecnológicas através da implantação de novos métodos e técnicas de produção de bens e de serviços;
- aumentar efetivamente a produtividade do trabalho;
- rentabilizar ao máximo os recursos humanos, materiais e financeiros disponíveis;
- treinar e atualizar os funcionários em todos os níveis hierárquicos da organização.

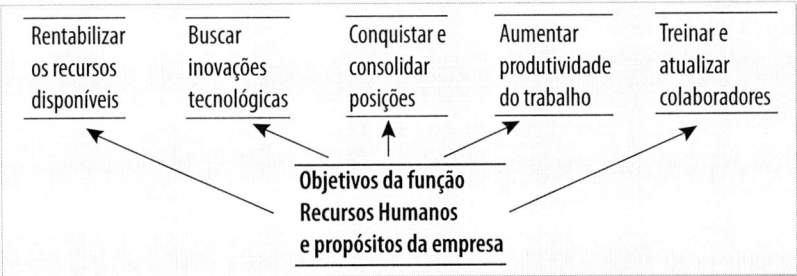

Figura 1.5 – Propósitos do sistema empresarial.

Assim, somente uma nova postura de RH, voltada para os negócios da empresa, poderá viabilizar os objetivos da organização de modo eficiente e dinâmico.

Perguntas para reflexão

Explicação preliminar: Ao longo dos capítulos que compõem a presente obra serão apresentadas várias questões sobre os temas. A finalidade dessas perguntas é levar o leitor a aprofundar o assunto com base na observação pessoal dos fatos à sua volta, somada à assimilação da matéria exposta.

Após responder livremente a cada questão proposta, releia o texto objeto da obra, verificando até que ponto você assimilou a essência da matéria.

1. Em que medida o sistema aberto de RH é envolvido pelas pressões sociais, políticas e econômicas do ambiente? ....

2. Você considera a variável "filosofia empresarial" decisiva para a fixação dos objetivos do sistema de RH? .... Por quê? ....

3. Em sua opinião, o que pode ser feito para que muitas empresas integrem a atividade de RH aos negócios (ou mercado)? ....

1.6 *Inputs* externos

Ainda com base no sistema básico de RH, proposto na Figura 1.3, temos os seguintes *inputs* externos:

1.6.1 Atividade econômica

A atividade econômica, como é sabido, influencia e condiciona o dinamismo empresarial, com seus reflexos decisivos no mercado, estimulando ou, ao contrário, inibindo a produção de bens e serviços.

A situação econômica de um país é reflexo da soma das riquezas produzidas e, dependendo de seu desempenho, o mercado de trabalho vai se apresentar de modo a caracterizar os resultados obtidos.

Quando o país passa por recessão econômica, o mercado de trabalho se retrai, os níveis de desemprego aumentam, o ritmo de produção e a massa salarial diminuem, o próprio país empobrece, dificultando a retomada do crescimento e a normalização de suas atividades.

Se a crise é mundial, os problemas se apresentam de forma avassaladora, exigindo ações neutralizadoras imediatas e de grande intensidade. Os países, de um modo geral, sofrem, pouco mais ou pouco menos, as consequências, em razão das medidas tomadas anteriormente ao advento da crise.

Países que apresentam sua economia com base na exportação podem sofrer mais em virtude das dificuldades que os países importadores têm para comprar bens e serviços, em razão da falta de capital que se originou.

1.6.2 Mercado de trabalho

Este é um dos *inputs* externos vitais para o sistema aberto de RH. É nele que se processa o intercâmbio entre vagas oferecidas pelas empresas e os candidatos disponíveis.

Ao ser dinâmico por natureza, o mercado de trabalho sofre as consequências das oscilações da economia. De importância capital para o processo de recrutamento, o mercado de trabalho deve merecer a atenção constante por parte do sistema de RH.

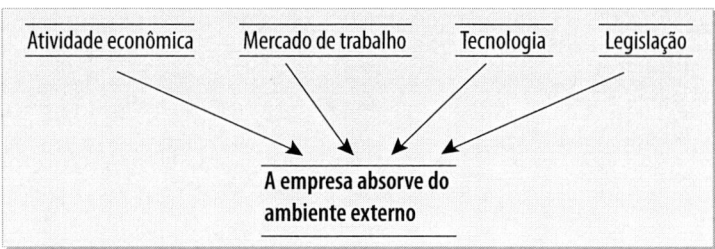

Figura 1.6 – A interação do ambiente externo com a empresa.

1.6.3 Tecnologia

As grandes conquistas tecnológicas, envolvendo a eletroeletrônica, apoiada na informática, por exemplo, que se manifestam em várias áreas da atividade econômica, têm levado à combinação de sistemas, processos e operações.

Nesse universo de transformações constantes e irreversíveis, em que:

> [...] tudo o que é sólido desmancha no ar, é possível a utilização de elementos novos para a confecção de produtos, em lugar de materiais de utilização universal e de fontes não renováveis de energia – os novos materiais que garantem a supercondutividade são um exemplo. (Peliano, 1989, p. 5)

No campo da informática, os computadores invadem praticamente todos os domínios do conhecimento humano, destacando-se, nesse meio tempo, a nova geração de microneurocomputadores providos de neurônios com dimensões semelhantes às de um cartão de crédito, obra da microeletrônica.

Todo esse avanço tecnológico tem sua repercussão na vida de cada um de nós, seja na automação de serviços – pagamento de taxas, impostos etc. –, seja na utilização de bens – automóveis, eletrodomésticos etc.

O sistema de RH sofre influência direta do desenvolvimento tecnológico em termos de revisão e implantação de novas políticas de qualificação profissional, treinamento e desenvolvimento, bem como de reestruturações de certos postos de trabalho e de salários.

Dessa forma, podemos dizer que a explosão tecnológica é uma das "entradas" mais significativas do meio ambiente em relação aos sistemas abertos de RH.

Constituindo-se o núcleo central do processo de RH, os procedimentos que viabilizam os *inputs* do sistema serão desenvolvidos ao longo dos textos que seguem.

1.6.4 Legislação

A legislação trabalhista constitui-se um *input* extremamente importante do sistema de RH, principalmente por ser um dos componentes do Ambiente Geral, sobre o qual a empresa não mantém nenhum controle, embora sofra as influências até das leis em vigor.

1.7 Considerações finais

O texto nos proporcionou uma visão sistêmica, permitindo perceber o passado, o presente e o futuro, bem como as causas e consequências das mudanças que estão sempre acontecendo.

Contribuições de vários estudiosos foram apresentadas, entre eles podemos destacar: Herbert Spencer, Claude Lévi-Strauss e Ludwig von Bertalanffy, verdadeiros pilares determinantes do avanço da ciência e dos conhecimentos referentes à administração do sistema de Recursos Humanos.

Vimos, também, o aspecto ativo e facilitador que o sistema de Recursos Humanos proporciona no funcionamento do sistema empresarial ao promover a interação entre o ambiente interno da empresa e o ambiente de negociação, onde as transferências e os benefícios acontecem.

Quanto às políticas de recursos humanos, no que diz respeito a remuneração, seleção, treinamento, planejamento de carreira e outros aspectos, serão detalhadas mais adiante, em novos capítulos.

1.8 Exercício, perguntas, questionários e gabarito

Explicação preliminar: O presente exercício constitui-se o primeiro de uma série de exercícios que você vai desenvolver no decorrer da presente obra. Esses exercícios têm a finalidade de aplicar os conhecimentos adquiridos no capítulo correspondente a uma determinada situação empresarial.

A tomada de decisões, no processo de administração de RH, não comporta soluções padronizadas. Há que se proceder a uma cuidadosa análise de todas as variáveis, diretas ou indiretas, externas ou internas, envolvendo cada situação e cada circunstância do problema exposto.

Mesmo que você considere determinada alternativa como a mais recomendável para a solução do problema, lembre-se que, por vezes, ela não é a última palavra sobre o assunto. E nem poderia ser diferente, em se tratando do complexo, porém, fascinante campo dos Recursos Humanos.

Agora, bom êxito e vamos ao primeiro exercício:

Assunto: Implantação de um sistema de RH Aberto

Em uma economia altamente competitiva, na qual o consumidor final deve ser o centro das atenções, como (procedimentos, metodologia etc.) uma empresa dotada de certa filosofia de ação baseada na centralização de suas decisões pode implantar um sistema de RH aberto?
Fundamente sua resposta com base nas observações, estudos e eventual experiência profissional adquirida. Ao final da publicação da obra, compare sua decisão a fim de constatar até que ponto sua visão da matéria estava correta ou não.

Questionário de autoavaliação do Capítulo 1

Orientação preliminar: Ao fim de cada capítulo é apresentada uma série de questões sobre a matéria abordada. Ao responder o questionário, você vai poder acompanhar seu nível de assimilação do assunto desenvolvido no respectivo capítulo.
O gabarito se encontra no fim do questionário correspondente.
No seu próprio interesse e aprendizado, somente consulte o gabarito após responder a todas as questões propostas.

Avaliação dos questionários

Para questionários com cinco perguntas:
- todas certas: ótimo;
- mínimo de 4 certas: bom;
- mínimo de 3 certas: regular;
- menos de 3 certas: insuficiente.

Para questionários com dez perguntas:
- todas certas: ótimo;
- mínimo de 8 certas: muito bom;
- mínimo de 6 certas: bom;
- mínimo de 5 certas: regular;
- menos de 5 certas: insuficiente.

Se você obtiver conceitos regular ou insuficiente é recomendável que faça uma releitura mais profunda da matéria antes de prosseguir no estudo e assimilação dos capítulos posteriores.
Nas perguntas com preenchimento de lacunas, se você respondeu corretamente duas ou três lacunas, mas de forma errada a apenas uma delas, a resposta é "errada".
E vamos ao primeiro questionário:

Questionário

1. Complete o esquema de sistema básico a seguir:

   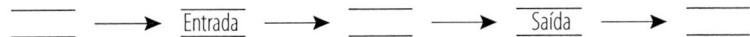

2. Qual é o primeiro e mais importante *input* do sistema aberto de RH:
3. As políticas de RH devem estar subordinadas à filosofia empresarial.
   Certo ( )   Errado ( )
4. A legislação .... constitui-se num .... extremamente importante do sistema de RH, principalmente em função do novo contexto jurídico-constitucional implantado pela .... de 1988.

5. A reestruturação de certos postos de trabalho e de salários se deve, principalmente, ao *input*:
   a. expansão tecnológica ( )
   b. políticas de RH ( )
   c. filosofia da empresa ( )
   d. objetivos de RH ( )

Gabarito

1. Plano   componentes/conversão (um dos dois ou ambos).
2. Filosofia da empresa.
3. Certo.
4. Trabalhista   *input* (entrada)   Constituição/Carta-Magna.
5. Alternativa a.

Teste sobre filosofia empresarial (gabarito)

Se você respondeu "sim" a todas as questões, sua empresa possui uma filosofia de trabalho suficientemente capaz e atualizada para enfrentar, com sucesso, as mudanças ambientais.

Por outro lado, se você respondeu "não" principalmente às questões 3, 4, 6 e 8, pode-se afirmar que sua organização não tem, na prática, qualquer tipo de sustentação administrativa e funcional para operar com eficiência e eficácia no mercado onde está presente.

Referências bibliográficas

BRATZ, V. A. Sistemas de informação gerencial. *Revista de Administração de Empresas*. Rio de Janeiro: Fundação Getulio Vargas, p. 22, jul.-set. 1971.

CARVALHO, A. V. de. *Administração de recursos humanos*. São Paulo: TPD/ IOB, data. v. l, p. 79-80.

ENCICLOPÉDIA Abril. 2. ed. São Paulo: Abril, s. d. v. 5, p. 11.

KLIR, G. J. General systems research. In: *International Conference on Operational Research*, IFORS. Amsterdam: Horth Holland Pubs., 1972. p. 193.

OLIVEIRA, D. de P. R. de. *Planejamento estratégico*. 2. ed. São Paulo: Atlas, 1987.

PELIANO, J. C. Empresários, trabalhadores e governo: as negociações sobre novas tecnologias no Brasil. *Revista de Administração de Empresas*. São Paulo: Fundação Getulio Vargas, p. 5, jan.-mar. 1989.

SEMLER, R. *Virando a própria mesa*. São Paulo: Best Seller, 1988. p. 113.

SPENCER, H. *Autobiography*. New York. s. d. v. 2, p. 56.

Administração de cargos e salários

Objetivos do capítulo

1. Abordar o tema Administração de cargos e salários, de modo a mostrar as etapas de elaboração de um plano de classificação de cargos e salários, seus conceitos, procedimentos, vantagens e desvantagens, fórmulas estatísticas e sua utilização prática.
2. Abordar a Pesquisa Salarial, mostrando as etapas do projeto, conceitos e procedimentos, bem como um conjunto de relatórios inter-relacionados, permitindo a visualização de toda a sequência de trabalho até a apresentação do relatório de custos de implantação dos novos valores salariais.
3. Apresentar os principais métodos de avaliação de cargos.

> O planejamento de cargos e salários precisa acompanhar o avanço tecnológico, as mudanças de mercado, a política econômica, como também participar das decisões maiores da organização quando do planejamento orçamentário anual... conhecer as metas e objetivos da empresa para melhor se adequar e se encaixar nas práticas e políticas gerais da organização.
>
> *Luiz Paulo do Nascimento*

Introdução

Este capítulo tem a intenção de proporcionar ao estudante universitário e ao leitor interessado pelo tema a possibilidade de desenvolver e implantar planos de classificação de cargos em qualquer empresa, utilizando-se de pesquisa acadêmica de cunho científico, de modo a atender as exigências metodológicas.

O *objeto de estudo* é uma pesquisa sobre o sistema de administração de cargos e salários e seus diferentes processos, apoiada por recomendações de conteúdo teórico, como contribuição à realização prática, que especifica, até mesmo, o "como fazer".

O *objetivo* do capítulo é o de apresentar os processos em sua generalidade e continuidade de informações para que o usuário tenha uma visão abrangente de toda a execução das atividades inerentes às práticas e políticas de remuneração, em termos de como fazer, sem, entretanto, isolar os fatores criatividade e inovação.

O *problema* a resolver, neste capítulo, é apresentado em forma de pergunta, como a que se segue: existe a possibilidade de se elaborar e desenvolver um processo de conteúdo teórico, sem que ocorra manipulação externa das informações, de modo a dar apoio à realização prática, traduzida por "como fazer" de maneira a se obter um resultado isento e imparcial para os fins de gestão por competência da remuneração?

Pretendemos, como *justificativa*, que o usuário de posse das orientações desenvolva o processo, percebendo que este não representa uma atividade impossível de ser realizada, passando, portanto, a ter conhecimento e domínio sobre o assunto.

O conhecimento e domínio sobre o assunto, aliado ao conjunto de recomendações e sugestões metodológicas de "como fazer", proporcionariam, por *hipótese*, maior confiabilidade e segurança no desenvolvimento dos relatórios referentes ao processo de administração de cargos e salários. Por consequência, demandaria um tempo menor de execução, permitindo momentos de satisfação, pelo ensejo de aprender fazendo, tornando-se um profissional mais talentoso e competente.

É possível que a série de medidas recomendadas de "como fazer" possa resultar em prática saudável, ativa e dinâmica em razão da precisão de informações e da imparcialidade, quando na elaboração dos processos de classificação de cargos.

Podemos antecipar que o conjunto de recomendações e sugestões – *variáveis* –, de conteúdo teórico a ser aplicado, representa fator determinante para mudanças que poderão ser verificadas, em seus efeitos, na segurança e confiabilidade dos relatórios referentes aos planos de cargos e salários.

Para atingir o objetivo traçado, adotamos como *metodologia* o resultado de estudos de uma pesquisa científica de caráter quantitativo para o aperfeiçoamento dos processos de classificação de cargos.[1]

A Introdução coloca em evidência, como acabamos de constatar, o objeto de estudo, objetivo, problema, justificativa, hipóteses, variáveis e a metodologia, e finaliza apresentando a estrutura do capítulo, informando como este foi elaborado e desenvolvido e o que, em resumo, contém cada tópico.

O primeiro tópico apresenta o ambiente no qual se desenvolvem as ações dos gestores de cargos e salários, com suas alternâncias e flutuações provenientes do cenário econômico.

O seguinte, Administração de Cargos, aborda sobre o conteúdo, as atribuições, sistemas, métodos e técnicas.

O terceiro, Classificação de Cargos, traz informações pertinentes à análise de requisitos, seleção de fatores, manual de avaliação e avaliação de cargos.

Em seguida, temos Aplicação Prática, que procura fazer uma demonstração da elaboração de um plano de classificação de cargos, apresentando as diversas etapas do processo para que o usuário tenha uma visão de todos os procedimentos.

O quinto, Pesquisa Salarial, mostra a importância dessas informações aplicadas ao plano de classificação, tanto na implantação como na revisão, considerando, ainda, os aspectos da importância da análise da pesquisa e o relatório final ou conclusivo da pesquisa.

Fechando o capítulo, Considerações Finais, informam que os propósitos traçados foram cumpridos no decorrer deste texto.

---

[1] Processos elaborados e desenvolvidos pelo autor do capítulo e orientador da obra em dissertação de mestrado.

2.1 Cenário da administração de cargos e salários

Em que circunstância uma empresa, seja ela nacional ou multinacional ou mesmo estatal, de pequeno, médio ou grande porte, industrial, comercial ou de serviços, se vê na necessidade de solicitar a execução de serviços na área de cargos e salários? É possível que todas as empresas, sem exceção, exerçam administração de cargos e salários, tendo ou não uma estrutura organizacional para tratar do assunto. Entretanto, em virtude de vários fatores, surge ao longo do tempo um descompasso entre as necessidades da empresa, a realidade de mercado e a capacidade de resolução do problema.

Os problemas aparecem sob diversas formas, tais como: diminuição da produção e/ou da qualidade, faltas e atrasos além do normal, agressividade, desmotivação, doenças fictícias, desinteresse, não cumprimento de prazos, pedidos de demissão, surgimento de lideranças extremadas e informais, paralisações, reclamações trabalhistas, manifestações de insatisfação, ameaças, rebeldias etc.

O planejamento de cargos e salários precisa acompanhar o avanço tecnológico, as mudanças de mercado, a política econômica, como também participar das decisões maiores da organização quando do planejamento orçamentário anual. Precisa conhecer as metas e objetivos empresariais para melhor se adequar e se encaixar nas práticas e políticas gerais da organização.

O avanço da tecnologia é uma constante. O mercado absorve, cedo ou tarde, novos conhecimentos. As empresas incorporam novos bens de capital, representados por equipamentos e máquinas, ou por serviços e/ou rotinas, quer queiram ou não, às suas funções técnicas, ou funções de apoio, visando acompanhar as mudanças do mercado e assim alcançar seus objetivos.

Em razão dessas mudanças, as empresas de características dinâmicas exigem, portanto, um constante trabalho de replanejamento e de reorganização para se manter em harmonia com o momento presente.

O profissional de Cargos e Salários ou de Recursos Humanos não é uma máquina que, pelo acionar de uma alavanca ou de um botão, produz ou para de produzir. Esse profissional, pelo seu conhecimento técnico e conceitual, oriundo da teoria e da vivência, tem muito a contribuir para os bons resultados do empreendimento.

A Administração de Cargos e Salários se insere integralmente nesse contexto.

Ao longo do tempo, diversos cargos sofreram alterações de conteúdo e/ou valor, alguns foram extintos enquanto outros foram criados. Tivemos empresas que ampliaram e outras que desinvestiram ou descontinuaram áreas de serviço ou órgãos. Há momentos em que recrutar, selecionar e admitir determinados tipos de profissionais não se constitui em dificuldades, enquanto em outros, em razão da qualificação, as posições em aberto parecem durar uma eternidade. Podemos considerar até uma inadequada formação de profissionais, entretanto, as mudanças e flutuações do mercado produzem tanto excesso como falta de determinados tipos de profissionais.

A economia, dependendo da época, passa por diferentes fases e, entre elas, a de um cenário de crescimento e/ou de crise ou recessão, exigindo diferentes formas de administração de cargos e salários.

Nos períodos de crescimento acentuado, os controles e a precisão costumam ser menos exigidos, e em ocasiões em que a recessão está tomando conta do mercado, com recursos exíguos, o "aperto" é geral e o controle tende a ser excessivo. Em ambos os casos, se a medida não for adequada, os resultados poderão ser desastrosos. Em qualquer situação, a administração de cargos e salários deve atender às necessidades de classificação de cargos e remuneração dos ocupantes de forma adequada e não, desastradamente, eliminar ou extinguir as atividades de remuneração que podem produzir perdas irreparáveis para a sociedade. A harmonia entre as partes precisa ser assegurada.

Essa harmonia se traduz no equilíbrio da relação capital/trabalho, ou seja, a cada cargo ou determinado conjunto de cargos compete uma remuneração apropriada e que espelhe, sem distorções, a contrapartida às atividades realizadas na empresa. De outro modo, os trabalhos que se assemelham, desenvolvidos em empresas da mesma região geográfica, precisam guardar, entre si, valores aproximados, para que seja preservada a tranquilidade tanto do empregado como do empregador.

A direção da empresa, para atender às necessidades e diante de possíveis mudanças no ambiente interno em confronto com potenciais alterações do ambiente de negociação, procura perceber situações que, de alguma forma, possam transformar resultados finais da empresa. Se o cenário aponta para possíveis variações internas e/ou externas no que diz respeito a cargos e salários, esse é provavelmente o momento ideal para o plano de remuneração em vigor ser revisto.

Para tanto, algumas atividades deverão ser realizadas, incluindo reuniões da alta direção com os profissionais especialistas em assuntos de remuneração e de recursos humanos.

Depois da aprovação por parte da alta direção, esses profissionais deverão se reunir com os demais dirigentes e preparar uma comunicação aos colaboradores, explicando "o que", "como" e "para que" conhecer, em linhas gerais, o momento atual da empresa em seu ambiente de negociação e quais as possíveis alternativas de solução, transmitindo, com isso, tranquilidade e segurança ao contingente de pessoal da organização. A execução das atividades a ser desempenhada pelos especialistas vai incluir, em linhas gerais, elaboração de descrições, análise, avaliação e classificação de cargos.

2.2 Administração de cargos

Em relação ao *conteúdo*, administrar cargos pressupõe conhecer profundamente cada *função* do conjunto de *cargos* da empresa (registrados em um relatório chamado *descrição de cargo*), no que diz respeito aos *requisitos mínimos* estabelecidos para poder atribuir, com segurança, um *valor relativo* que se traduza em *valor absoluto* apropriado, compatível com a *estrutura de cargos* da empresa, suas disponibilidades econômicas e financeiras, e em equilíbrio com o *mercado de trabalho* concorrente.

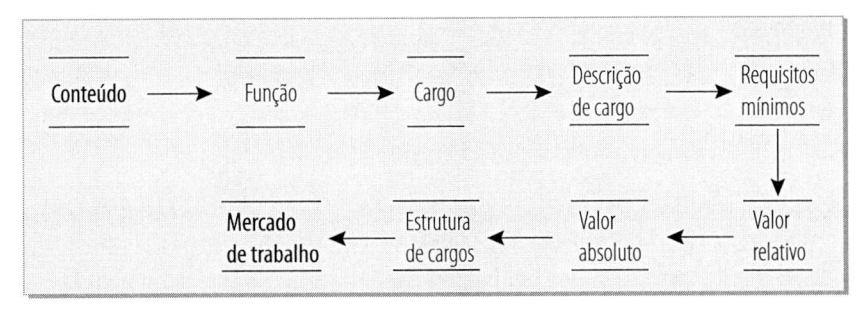

```
Conteúdo → Função → Cargo → Descrição → Requisitos
                                de cargo      mínimos
                                                 ↓
Mercado  ← Estrutura ← Valor    ← Valor
de trabalho  de cargos  absoluto   relativo
```

Figura 2.1 — Aspectos constantes do processo de administração de cargos.

2.2.1 Conteúdo

A administração de cargos trata de assuntos como: função, cargo, descrição de cargo, requisitos mínimos, valor relativo, valor absoluto, estrutura de cargos e mercado de trabalho.

Função – conjunto de atividades[2] que cada indivíduo executa na instituição. A função é singular, ou seja, existe uma função para cada pessoa na empresa.

Cargo – conjunto de funções assemelhadas e/ou complementares, executadas por um ou mais indivíduos na instituição. O cargo é plural, ou seja, para cada cargo pode haver uma ou várias pessoas em uma mesma empresa.

Descrição de cargo – é o registro das funções, tarefas[3] e responsabilidades, de forma organizada e atribuídas a uma ou mais pessoas, procurando expor ou contar a respeito do conjunto de atividades desenvolvidas em termos de *o que*, *como* e *para que*, ou seja, informar a ação, o processo e a finalidade.[4]

Requisitos mínimos – exigências mínimas indispensáveis que os profissionais devem atender em termos de competências representadas por habilidades, responsabilidades e inconveniências, para preencher e/ou ocupar um cargo.

Valor relativo – posição que um cargo assume, acima ou abaixo, em relação aos demais na estrutura de cargos, em consequência do total de pontos da avaliação e/ou classificação de cargos.

---

[2] Atividade é uma ação ou trabalho exclusivo e especial, formado por um conjunto de tarefas que compõe uma ocupação ou profissão.
[3] Tarefa é um trabalho a ser executado, compreendendo algum comprometimento e dificuldade, incluindo limites de tempo para sua execução.
[4] Veja o tópico Outras classificações de cargo, p. 26.

Valor absoluto – é o salário nominal pago ao ocupante do cargo e registrado conforme contrato de trabalho.

Estrutura de cargos – sequência ou disposição hierárquica estabelecida com base no valor relativo.

Mercado de trabalho – conjunto de empresas da mesma região geoeconômica.

2.2.2 Atribuições de administração de cargos

No que diz respeito às atribuições, administrar cargos pressupõe as atividades de: identificação dos títulos dos cargos, levantamento das descrições de funções pessoais, classificação por grupos ocupacionais, padronização de cargos, titulação de cargos e sumário de cargos.

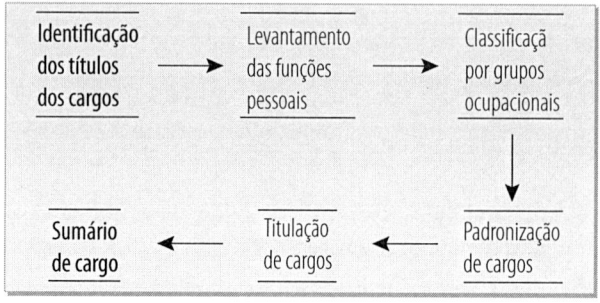

Figura 2.2 – Processo de administração de cargos.

Identificação dos títulos – é o levantamento dos títulos dos cargos pertinentes às atividades realizadas pelos ocupantes de posições ou postos de trabalho. Nessa ocasião, para que se tenha uma visão da estrutura organizacional da empresa e a localização dos cargos, são também solicitados os organogramas.

Levantamento das descrições de funções pessoais – é o procedimento para se obter informações que vão compor o relatório das tarefas e atividades que cada profissional desempenha no âmbito da empresa. Esse documento caracteriza a realização de cada ação, seu processo e finalidade.

Levantamento de informações – consiste no processo[5] que aplica uma metodologia cujo objetivo é obter elementos ou subsídios através de entrevista, questionário, formulário e observação, utilizados de forma isolada ou em conjunto, necessários à elaboração das descrições de função.

Entrevista – é o processo em que o analista/entrevistador colhe as informações do informante e anota os dados pertinentes à elaboração da descrição e dos requisitos do cargo. As perguntas devem ser muito bem elaboradas, mas deve ser criteriosamente

---

[5] Veja o tópico 1.3 Empresa como sistema, p. 4, do Capítulo 1.

selecionado o informante. Não confiar na memória, anotar tudo sumariamente durante a entrevista e complementar logo após o encerramento.

Questionário – processo que tem como vantagem atingir simultaneamente um contingente muito grande de informantes. Deve apresentar clareza em todos os itens, facilitando o entendimento do informante para uma resposta que atenda aos objetivos da pesquisa. É importante que haja orientações iniciais de como preencher o documento, sobre a importância do trabalho e do prazo de devolução. O questionário deve ser assinado pelo ocupante do cargo e pela chefia imediata.

Formulário – procedimento idêntico ao do questionário, tendo por diferença que é o próprio pesquisador quem preenche os campos referentes às respostas com base nos dados e informações fornecidos pelo informante. A vantagem é a de permitir esclarecimentos adicionais e de poder ser aplicado aos informantes com dificuldades de comunicação por escrito.

Observação – processo que exige atenção do analista ao acompanhar as diferentes fases de um trabalho e retratá-las tal como ocorrem. Normalmente, é aplicada com a entrevista ou formulário. Pode ainda ser utilizada como esclarecimentos adicionais de preenchimento de questionários.

O resultado imediato desse relato, com base em questionário e formulário, bem como da entrevista e da observação, após um trabalho complementar do entrevistador, é um documento que podemos denominar "descrição de função pessoal", uma vez que se refere às funções de uma única pessoa.

Recolhido o material, com as necessárias assinaturas, deve-se proceder à leitura e conhecimento do conteúdo, selecionando, classificando e separando em variados conjuntos que apresentem características comuns de grupos ocupacionais e de semelhanças nas atribuições. As assinaturas na descrição de função pessoal responsabilizam o ocupante do cargo e a chefia imediata pela exatidão e veracidade das informações. A separação e seleção das descrições pela semelhança das atribuições contribuem no "enxugamento" das denominações ou títulos de cargos.

As dúvidas, porventura existentes, quanto ao conteúdo serão esclarecidas com o emitente da descrição de função pessoal e/ou da chefia imediata. Qualquer alteração vai implicar a concordância dos diretamente envolvidos por meio do "de acordo".

Segmentação por grupos ocupacionais – diz respeito às identificações de cargos pela natureza do trabalho, isto é, separar as descrições de função pessoal em conjuntos de atividades com características comuns que as aproximem, como, por exemplo, as funções de: gerentes, média supervisão, profissionais de nível superior, técnicos de nível médio, administrativos, operacionais e de apoio.

Realizada a segmentação por grupos ocupacionais, o trabalho que temos pela frente é o de identificar e selecionar, pela leitura atenta e minuciosa, quais descrições guardam entre si alguma similaridade e, em razão dessa semelhança, agrupá-las.

Nessa ocasião, possivelmente, vamos nos deparar com descrições que se complementam ou que, de outro modo, são complementadas por outras. Elas são fruto dos princípios de administração, conhecidos por Divisão do Trabalho e por Especialização.

Essa complementação pode ocorrer tanto em um mesmo nível de exigências, para o trabalhador, como em níveis diferenciados e sequenciais, proporcionando, nesta última circunstância, uma carreira de cargos, ou plano de carreira.

O motivo de adotarmos os procedimentos anteriormente recomendados prende-se ao fato de facilitar o desenvolvimento futuro que o profissional da área de Administração de Cargos terá de conduzir. De outro modo, vai facilitar a determinação de quantos e quais serão os planos salariais adotados pela empresa.

Concluída a segmentação das Descrições de Função Pessoal em conjuntos que apresentam semelhanças, vamos passar à fase seguinte, que é a de redigir descrição de cargo padrão.

Convém esclarecer, desde já, que durante a elaboração das diferentes fases o gestor de cargos esteve também realizando a análise dos cargos.

Padronização de cargos – consiste em dar uma forma ao relatório, que permita a comparação objetiva entre os conteúdos das atividades das diferentes posições, de modo a se estabelecerem similaridades ou distinções entre elas, facilitando o confronto e a análise de cargos. O documento que reúne essas informações é denominado Descrição de Cargo Padrão, que é a consequência imediata da Descrição de Função Pessoal.

Descrição de função pessoal → Descrição de cargo padrão → Análise de cargo

As descrições de função pessoal de conteúdos similares vão servir, portanto, de base para a elaboração da descrição de cargo padrão que, por sua vez, também será a fonte de elaboração do sumário.

Nas descrições de função pessoal serão registradas, além das atividades e atribuições do ocupante do posto de trabalho, informações adicionais que vão permitir identificar e selecionar fatores avaliativos, que por meio da análise determinarão requisitos mínimos e a posição hierárquica que o cargo vai ocupar na estrutura da empresa.

Levantamento de informações → Descrição de função → Descrição de cargo → Sumário do cargo

Descrição de função pessoal – relatório único e individual referente a um conjunto específico de tarefas e atividades, desempenhadas na instituição e atribuídas a cada colaborador.

Descrição de cargo padrão – relatório representativo do conjunto das descrições de funções pessoais complementares e similares para as quais são exigidos iguais requisitos mínimos dos ocupantes. O conteúdo se caracteriza ou por *cargo amplo* ou por *cargo estreito*, podendo ter em sua composição um conjunto de *atividades específicas*, *atividades auxiliares* e *atividades adicionadas*.

Cargo estreito – é aquele que se caracteriza pelas atribuições isoladas de cada subfunção, na formação de cargos existentes na estrutura da empresa.

Vantagens

- identifica cada conjunto de atribuições pelo conteúdo e recebe uma denominação própria que a distingue das demais;
- facilita a identificação por ocasião das pesquisas salariais, permitindo uma tabulação mais segura e confiável;
- permite acompanhar a evolução ou involução de cada cargo, ou seja, o enriquecimento ou empobrecimento do conteúdo na empresa e no mercado.

Desvantagens

- distingue conjunto de atribuições sequenciais e complementares, dificultando o remanejamento de funcionários;
- aumenta significativamente a quantidade de titulações de cargos na empresa.

Cargo amplo – é aquele que se caracteriza pelo conjunto das atribuições agrupadas de subfunções sequenciais ou equivalentes, em uma única descrição, existentes na estrutura da empresa.

Vantagens

- facilita o remanejamento de funcionários para diferentes postos de trabalhos sem necessidade de alterar a titulação do cargo;
- diminui sensivelmente a quantidade de titulações de cargos na empresa.

Desvantagens

- dificulta a identificação precisa por ocasião de pesquisa salarial;

- proporciona tratamento igual para subfunções distintas que sofrem alterações significativas no mercado;
- dada a facilidade de remanejamento, pode ocorrer o deslocamento do funcionário para atividades aquém de suas possibilidades, capacidade e potencial, provocando desmotivação, bem como obrigando a empresa, naquela posição, a pagar mais do que deveria.

Atividades específicas – são as que representam o núcleo principal e que são próprias e inerentes ao cargo, estando presentes no cargo, independentemente da empresa.

Atividades auxiliares – são atividades específicas características de cargos menores, da mesma carreira, na estrutura hierárquica da empresa, que, no momento, estão sem ocupantes, apesar de suas tarefas precisarem ser executadas, mesmo que por colaboradores de outro cargo, normalmente de nível mais elevado.

Atividades adicionadas – são atividades específicas de cargos pertencentes a carreiras distintas, atribuídas ao ocupante do cargo, por habilidade excepcional e/ou por merecer confiança especial do superior hierárquico.

Outras classificações de cargo – significa que os cargos podem ser classificados de diferentes maneiras e tipificados como específicos, se de uma determinada área, genéricos, se presentes em áreas diversas, além de direto ou indireto na produção, bem como mensalista ou horista, tarefeiro, comissionado e misto quanto à remuneração.

O cargo, de certa forma, pode ser considerado a menor unidade sistêmica de determinada empresa, uma vez que possui entrada, processamento e saída. Logicamente, dependendo do cargo, o sistema pode representar um ciclo curto, médio ou grande e mesmo vários ciclos distintos se constituindo em um conjunto de sistemas. De outro modo, o ciclo pode ser simples e de fácil execução, ou complexo e de difícil execução, além de poder representar um ciclo completo ou partes distintas do ciclo.

A estrutura da descrição do cargo precisa caracterizar adequadamente os diferentes tipos e natureza dos ciclos através da ênfase nas tarefas, nas responsabilidades, nas diretrizes ou nos objetivos, dependendo se os cargos são operacionais, administrativos, gerenciais, diretivos, técnicos ou assessoriais e se os órgãos são de linha ou de *staff*. Na elaboração da descrição de cargos são respondidas obrigatoriamente, em cada item, as perguntas: O quê? Como? Para quê?

Como vemos, no quadro 2.1:

- **ação** – é um movimento ou fluxo, originário de uma metodologia que tem como resultado certa força ou efeito, que se desenvolve por meio de etapas, constituindo-se em uma atividade que, além de contribuir na determinação do *status*, fornece subsídios para a titulação do cargo;
- **processo** – é o modo utilizado para se realizar uma operação, caracterizado pela aplicação de normas, métodos e técnicas, em uma sequência de etapas, aplicado na execução da função e que serve para avaliar quanto de habilidade, conhecimento, responsabilidade e inconveniência o cargo exige do ocupante;

- **finalidade** – é a justificativa do que se pretende atingir ou a razão de ser da existência do posto (posição, ou função), na qual se mostra a importância da ação e sua abrangência no ambiente da empresa.

Quadro 2.1 — Estrutura da descrição de cargo

Perguntas:	O quê?	Como?	Para quê?
que identificam	Ação	Processo	Finalidade
traduzidas como:	Atividade	Método e/ou Técnica	Razão de ser
para que se obtenham:	Status da posição, que representa a base para a Titulação do cargo	Avaliação do quanto de: habilidade, responsabilidade e inconveniência	O grau de importância e de abrangência do cargo em estudo

Na elaboração da descrição de cargos, são utilizados verbos de ação para identificar o "o quê". Os verbos de ação devem ser grafados, na descrição, na terceira pessoa ou no infinitivo, uma vez que o cargo é impessoal.

Qualquer opção é correta, devendo, entretanto, ser mantida sem alteração em todas as descrições.

Exemplo	
Se a pergunta é:	A resposta é:
O que faz?	na terceira pessoa.
O que fazer?	no infinitivo.

Sumário de cargos – quando falamos de descrição de cargo padrão, ficou evidenciado que o relato é minucioso, simples e claro, de modo a permitir que qualquer pessoa possa compreender seu conteúdo. A descrição de cargo, em seu conteúdo, trata de atividades, habilidades, conhecimentos, responsabilidades e inconveniências requeridas pela posição. O destaque é para as exigências do cargo, que é impessoal e independente do colaborador, e não para evidenciar ou enfatizar o que o ocupante sabe fazer.

A descrição de cargo vista da forma anterior costuma ser extensa e detalhada. Para determinadas circunstâncias, como, por exemplo, uma pesquisa salarial, o ideal é dispormos do sumário de descrição de cargo no lugar da descrição detalhada, pois, nesse caso, precisamos apenas de um resumo objetivo que condense as informações do que é feito no cargo.

A informação condensada é um relatório sucinto chamado Descrição Sumária e se compõe das principais atividades que correspondem ao "o que fazer", reproduzindo de forma sintética as atribuições do cargo, ou seja, seus objetivos, sem evidenciar processos nem finalidades.

Titulação de cargos – é a identificação atribuída a um conjunto de funções, com base na principal atividade; determina a origem, a natureza e as características, de modo a distingui-la das demais posições funcionais existentes na estrutura da empresa, levando em consideração:

- nível funcional e/ou atividade específica;
- estrutura organizacional ou classificação;
- área de atividade.

O título do cargo contém prefixo, infixo e sufixo, tal qual a palavra, cuja terminologia ficará constituída do seguinte modo, considerado como um todo:

- **Prefixo** – expressão que dá início ao título de cargo, atribuindo nível ou grau funcional, como: chefe, gerente e diretor, ou conferindo uma atividade específica como: programador, analista, operador, mecânico.
- **Infixo** – expressão que ocupa a parte central, vindo, portanto, no meio ou no interior do título do cargo, tendo por objetivo estabelecer a hierarquia em termos da estrutura do órgão na empresa e/ou da qualificação do ocupante do cargo. Informa, por exemplo, se o órgão é uma Diretoria, Departamento ou Seção e se o ocupante, em termos de qualificação e responsabilidade, é Júnior, Sênior, Adjunto.
- **Sufixo** – palavra ou expressão que fecha ou encerra a nomenclatura ou titulação, tendo por finalidade identificar a atividade preponderante ou a área funcional na qual o cargo está alocado, como: Recursos Humanos, Treinamento, Patrimônio, Tesouraria, Produção, Manutenção Elétrica, Suporte, Tecnologia da Informação.

A composição da nomenclatura do cargo deve ser composta, de preferência, de três partes e, sempre que possível, no singular.

A nomenclatura do cargo deve obedecer aos dispositivos presentes na Consolidação das Leis do Trabalho (CLT)[6] e/ou nas determinações previstas no Catálogo Brasileiro de Ocupações (CBO).[7]

A nomenclatura dos cargos para os quais é exigida formação em curso específico de profissão liberal regulamentada segue os critérios a seguir:

- quando no exercício das funções é exigida a aplicação do pleno conhecimento da profissão, a nomenclatura é regida pela legislação específica;
- quando no exercício das funções não é exigida a aplicação do pleno conhecimento da profissão, a nomenclatura acompanha a classificação da empresa, com base no CBO.

Para ilustrar o que explicamos anteriormente, apresentamos exemplos de cargos com a titulação recomendada:

---

[6] Surgiu pelo Decreto-Lei nº 5.452, de 1º de maio de 1943, tendo por principal objetivo a regulamentação das relações individuais e coletivas do trabalho urbano e do rural.
[7] É o documento emitido pelo Ministério do Trabalho e Emprego que nomeia e codifica os títulos de cargo e que descreve o conteúdo das diferentes ocupações do mercado de trabalho.

Quadro 2.2 – Composição do título de cargos

Prefixo	Infixo	Sufixo
• Diretor	• Adjunto	• Financeiro
• Gerente	• Sênior	• de treinamento
• Analista	• Júnior	• de investimentos
• Analista	• Sênior	• de investimentos
• Auditor	• Pleno	• contábil
• Mecânico	• III	• de manut. elétrica
• Mecânico	• II	• de manut. elétrica
• Secretária	• Sênior	• de departamento
• Analista	• Sênior	• de orçamento
• Conferente	• Júnior	• de estoque
• Auxiliar	• II	• de pessoal

O ocupante do posto de trabalho na empresa, em razão de suas habilidades, conhecimentos e experiências, ou seja, de suas competências, é que recebe uma qualificação de júnior, pleno ou sênior, e não os diferentes órgãos que têm na estrutura empresarial colaboradores em diferentes estágios de qualificação.

Há cargos, entretanto, cuja denominação se restringe ou se limita a sua principal atividade, não importando a localização deste na estrutura da empresa, se na Produção ou no Patrimônio ou em quaisquer outros órgãos. Para esses casos temos, entre outros, os cargos de Motorista, Arquivista, Secretária, situação em que cada cargo é único e suas funções não se confundem com o órgão onde ou para onde é realizado.

2.2.3 Métodos de avaliação de cargos

O sistema de avaliação de cargos, que inclui métodos, técnicas e processos que têm por objetivo analisar, avaliar e classificar os diferentes postos existentes na estrutura da empresa, apresenta a finalidade de estabelecer valores salariais compatíveis com as competências exigidas aos seus ocupantes. Destacamos, neste capítulo, alguns métodos à luz do nosso entendimento.

Precisamos, antes de prosseguir, entender o que cada um dos termos anteriores – sistema, método, técnica e processo – significa:

- **Sistema** – consiste no todo maior, ou seja, o conjunto dos elementos e das partes que funcionam de forma organizada, empregando métodos distintos para fins específicos, no qual os princípios se relacionam de modo a abranger determinado campo do conhecimento, visando conhecer, combinar, ajustar ou classificar algo com o objetivo de prestar uma informação consistente;
- **Método** – consiste em um processo específico, reunindo um grupo ou conjunto de diferentes regras, coordenadas ou técnicas, com características próprias,

para atingir determinados resultados na realização de um objetivo com a finalidade de produzir novas informações, corrigindo ou alterando conhecimentos estabelecidos;
- **Técnica** – é um conjunto de procedimentos, ou uma forma ou habilidade específica de executar uma atividade com a intenção de conseguir ou alcançar um resultado;
- **Processo** – consiste no modo como se desenvolve uma operação, seguindo métodos e técnicas para se obter determinados resultados ou efeitos.

A avaliação proporciona uma posição hierárquica de cargo na estrutura organizacional que se traduz por um valor relativo ou status.

A estrutura de cargos em uma empresa é resultado direto da avaliação. Os cargos posicionados nos extremos da estrutura não apresentam tantas dificuldades de avaliação como os cargos representativos do escalão intermediário, em que a avaliação costuma ser mais difícil, exigindo bastante atenção e precisão por parte dos avaliadores a fim de evitar inversões de valores.

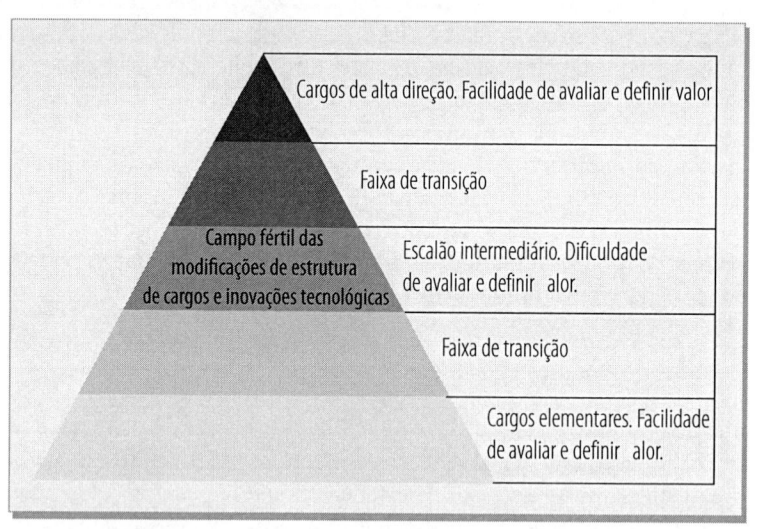

Figura 2.3 – Pirâmide de estrutura de cargos.

Métodos e técnicas tradicionais de avaliação de cargos – os métodos de avaliação de cargos se apresentam em dois grandes grupos e com várias técnicas:

Quadro 2.3 — Métodos e técnicas de avaliação de cargos

Métodos	Técnicas
Qualitativo	Escalonamento de cargos Graus predeterminados
Quantitativo	Avaliação por pontos Comparação por fatores

Método qualitativo – é aquele que se baseia em argumentação lógica, servindo-se apenas da observação, da coleta de documentos e da entrevista, sem considerações numéricas, admitindo que as informações sejam analisadas única e exclusivamente por meio de palavras que buscam a coerência de raciocínio ou de ideias e sem a intervenção de operações matemáticas, chegando a uma dedução ou conclusão lógica e coerente que seja capaz de interpretar resultados e estabelecer distinção entre as classes empregando o mínimo de conceitos.

O método qualitativo nos proporciona as seguintes técnicas: escalonamento de cargos e graus predeterminados.

- **Técnica de escalonamento por cargos** – é a mais simples das técnicas de avaliação de cargos. Consiste em estabelecer uma ordem hierárquica de acordo com o grau de dificuldades e/ou responsabilidades. A comparação dos cargos é global e o resultado dessa avaliação sofre, muitas vezes, influência dos salários pagos. O escalonamento pode ser simples ou binário.
- **Escalonamento simples** – consiste na hierarquização dos cargos, realizada pelos avaliadores, de modo isolado, para que cheguem a um consenso, posteriormente.
- **Escalonamento binário** – neste caso, a comparação é feita aos pares, ou seja, os avaliadores comparam cada cargo com todos os demais, procurando estabelecer a hierarquia deles e, em seguida, discutem as divergências para que cheguem a um consenso.
- **Técnica dos graus predeterminados** – representa um aperfeiçoamento do método de escalonamento simples, entretanto, não oferece as reais diferenças entre os diferentes cargos. Apresenta-se com mais objetivo que o anterior, porém, a avaliação continua imprecisa. O método necessita de um manual, no qual são estabelecidos graus crescentes em dificuldades, constituindo-se, então, uma "régua de avaliação", em que os cargos são comparados com as conceituações de cada grau e posicionados naquele com o qual possui mais afinidade. São utilizados entre cinco e dez graus para cada plano.

Os avaliadores, de posse das análises dos cargos e das definições dos graus, enquadram os cargos em cada um deles e, posteriormente, discutem em grupo e chegam a um consenso.

Método quantitativo – é aquele que se baseia em intervenções ou argumentações numéricas com o uso de operações matemáticas, para chegar à dedução ou conclusão referente à quantidade e que seja capaz de interpretar resultados e estabelecer distinção entre as classes.

O método quantitativo nos traz, entre outras, as seguintes técnicas: avaliação por pontos e comparação por fatores.

- **Técnica de avaliação por pontos** – é a mais conhecida e aplicada técnica de avaliação de cargos, tendo em vista a objetividade, precisão, além de seu caráter analítico e de sua fácil aplicação.

As características desta técnica serão apresentadas e explicadas no tópico 2.3, Classificação de Cargos, deste capítulo.

- **Técnica de comparação por fatores** – consiste na escolha de alguns poucos fatores, cerca de cinco. Da mesma forma que a técnica de avaliação por pontos, os cargos são escalonados pelos diferentes níveis de cada fator e acompanhados de seus respectivos salários.

Essa técnica é pouco utilizada pelas empresas no Brasil.

2.3 Classificação de cargos[8]

Classificação de cargos é um processo composto de várias etapas tendo início na descrição e no salário do cargo. Com a descrição de cargo, o analista vai estar em condições de realizar a análise e estabelecer os requisitos mínimos do cargo, identificar os fatores de avaliação, elaborar o manual de avaliação e avaliar os cargos.

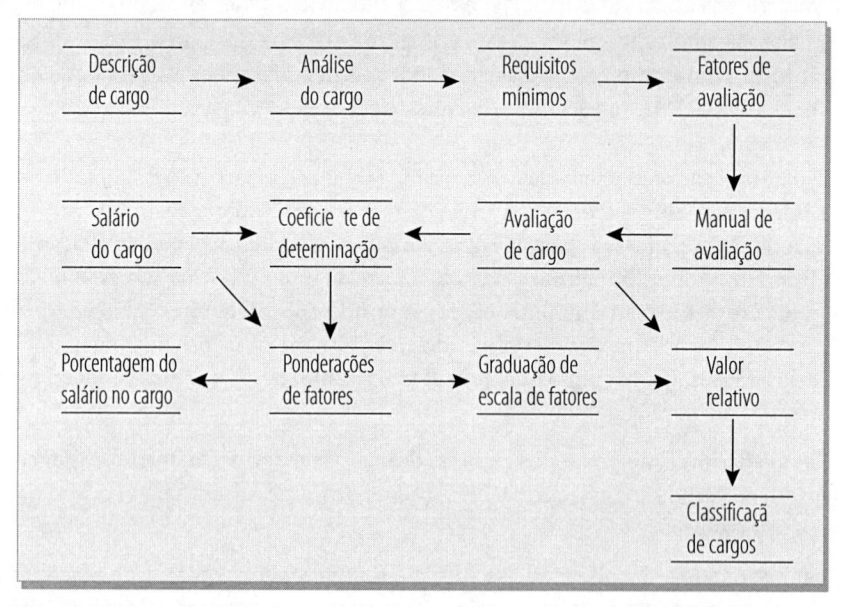

Figura 2.4 – Processo de classificação de cargos.

De posse do salário e da avaliação do cargo, o analista passa a ter condições de calcular o coeficiente de determinação de cada fator e, com este, definir a ponderação de fatores.

---

[8] Para o desenvolvimento deste tópico, será utilizada a técnica de avaliação por pontos.

A ponderação de fatores, além de representar a porcentagem média de salário com que cada fator contribui no estabelecimento dos salários dos diferentes cargos da empresa, é também o elemento predominante, junto com o salário do cargo, na determinação dos valores numéricos dos diferentes níveis de exigência na graduação de escala de fatores de avaliação de cargos.

O analista, tendo em mãos as avaliações dos cargos e a graduação de escala de fatores, terá condições de, substituindo os níveis dos diferentes fatores por seus valores em graus, determinar o valor relativo de cada cargo e, portanto, a classificação de cargos.

2.3.1 Análise de requisitos

Análise do cargo é um exame ou diagnóstico sobre cada cargo, tendo por propósito identificar quais requisitos mínimos exigidos na execução de determinada tarefa ou de uma posição são os mais adequados para que o ocupante, de posse de tais pré-requisitos, tenha, no exercício da função, um desempenho adequado.

Ao analisarmos os requisitos do cargo, estamos identificando quais os níveis de exigência de diferentes fatores que estão presentes e dão consistência ao cargo para que este possa ser desempenhado pelo ocupante com eficiência, eficácia, efetividade, desembaraço, segurança e confiabilidade.

Os procedimentos para análise do cargo consistem em levantar, de forma clara e precisa, os requisitos mínimos exigidos, com base nas tarefas que o compõem, explicitando seus conteúdos, estudando como as funções devem ser desempenhadas pelo titular e identificar quais as aptidões, conhecimentos, habilidades e atitudes que serão exigidas do ocupante.

A análise, portanto, consiste na identificação das obrigações mínimas que o profissional deve cumprir, em termos de competências, responsabilidades e inconveniências, exigidas pelo cargo e impostas ao ocupante dele.

É importante que a análise de requisitos, tanto em relação às exigências mínimas quanto pela seleção de fatores que irá compor o manual de avaliação de cargos, possa servir de base para as avaliações.

O auxílio na elaboração e desenvolvimento da descrição de cargos, proveniente da análise, proporciona a identificação dos requisitos mínimos na determinação de especificações, o que permite recrutar e selecionar quais os profissionais mais adequados para o preenchimento da posição.

Se a empresa exige do colaborador determinados pré-requisitos, deve, em contrapartida, remunerar o ocupante do cargo com valores proporcionais e compatíveis com essas mesmas exigências, uma vez que as habilidades e conhecimentos têm valor tanto para a empresa como para o colaborador, visto que sua obtenção demandou tempo, esforço, dedicação e capital.

A análise de requisitos ou análise de cargo tem sua importância estendida além da determinação da remuneração, ao ter a faculdade de poder ser aplicada no exercício das funções de recrutamento, seleção e treinamento de pessoas e no planejamento de carreira.

2.3.2 Seleção de fatores de avaliação de cargos

Os fatores de avaliação têm sua procedência estabelecida pela análise de cargo ou análise de requisitos. Esses requisitos, com suas características próprias, se apresentam sob a forma de exigências em diferentes níveis que, reunidas, podem proporcionar a origem dos fatores de avaliação de cargos.

Fator de avaliação de cargos – consiste em uma variável que está presente nos cargos de determinada segmentação ocupacional existente na empresa, estabelecendo uma competência que o ocupante deste deve atender. Cada competência exigida, em diferentes níveis (graduação de escala de fatores) para diferentes cargos, precisa ter uma contrapartida em termos de remuneração, constituindo-se um diferencial de valor a ser pago.

O salário do posto de trabalho é estabelecido, em linhas gerais, de forma proporcional à participação percentual da ponderação de fatores e dos valores em graus dos níveis de exigências considerados na análise e avaliação de cada cargo.

Assim, por exemplo, se para um cargo é exigida instrução de 3º grau, neste fator o salário será maior que o atribuído para um cargo que só exija 1º grau. Há fatores que são válidos para algumas empresas, por apresentarem diferentes níveis, enquanto para outras, não havendo variação, não se justificam. Entre eles, a título de ilustração, podemos citar "Ambiente de Trabalho" ou "Condições Ambientais" (que leva em consideração, entre outras, variáveis como ruído, poeira, odor, temperatura).

Há, ainda, requisitos que, por sua característica, embora exigidos para aqueles que são os ocupantes do cargo, não determinam tratamento diferenciado na remuneração. Entre eles podemos ter como requisito exigido "altura mínima" que o indivíduo deva possuir para se candidatar ao cargo; nesse caso, para uma altura mínima exigida de 1,75 m, e na presença, por exemplo, de dois candidatos aprovados, tendo um deles 1,98 m e o outro 1,79 m de altura, o candidato que tiver 1,98 m não fará jus a salário maior que o outro.

Pelo que tivemos a oportunidade de observar, os fatores de avaliação selecionados devem estar presentes em todos os cargos e em níveis de exigência diferentes para que se possa estabelecer, em razão deles, as diferenças salariais entre os cargos.

Os fatores de avaliação de cargos referem-se, como já dissemos, às competências que o colaborador deve possuir para estar em condições de ocupar o cargo em estudo na estrutura da empresa, ou seja, a conhecimentos, habilidades, responsabilidades e inconveniências; entretanto, para uma utilização eficiente, precisa ser dividido ou desdobrado, conforme sugestão apresentada no Quadro 2.2.

O Quadro 2.4 não esgota a relação de fatores nem exclui fatores, apenas dá uma ideia. De outro modo, não se utilizam necessária e simultaneamente todos os fatores.

Quadro 2.4 — Fatores de avaliação de cargos

Fatores de avaliação de cargos		
Área	Exigência	Fatores
Habilidade	Mental	Conhecimento/Instrução Treinamento Experiência Complexidade Iniciativa
	Física	Posições assumidas Habilidade manual Concentração mental/Visual
Inconveniência	Esforço	Esforço físico Esforço visual
	Condições de trabalho	Monotonia Ambiente de trabalho Condições de trabalho
Responsabilidade	Recursos materiais	Material ou produto Ferramenta ou equipamento
	Recursos financeiros	Erros Valores Folha de pagamento
	Recursos humanos	Segurança de terceiros Subordinados
	Informações	Contatos Dados confidenciais

2.3.3 Manual de avaliação de cargos

Manual de avaliação de cargos é um documento que reúne de forma criteriosa os fatores de avaliação,[9] utilizados na determinação dos requisitos mínimos exigidos, provenientes da análise de cargos, e capazes de estabelecer valor relativo maior ou menor em razão de seus níveis de exigência.

É o instrumento de comparação de todos os cargos existentes na empresa para se estabelecer em que eles são equivalentes e em que são diferentes, ou seja, as igualdades e desigualdades em termos de conteúdo, abrangências, responsabi-

---

[9] Optamos pela apresentação da técnica da avaliação por pontos, por ser, ainda, a mais utilizada pelas empresas.

lidades, inconveniências, níveis hierárquicos, complexidades, habilidades, exigências, competências e remunerações.

Objetivo – determinar, de posse das equivalências e diferenças, o valor relativo de cada cargo, isto é, um número abstrato, proveniente do somatório dos graus de cada fator, cujo total estabelece a posição que o cargo vai ocupar na estrutura hierárquica da empresa.

Manual de avaliação de cargos – é o espelho no qual serão refletidos todos os cargos. O manual de avaliação é composto de uma série de fatores, identificados na fase de análise. Esses fatores representam a seleção dos mais representativos para a empresa e seu conjunto de cargos.

Convém relembrar que a empresa possui vários conjuntos de cargos aos quais denominamos "grupos ocupacionais". Em princípio, para cada grupo ocupacional elabora-se um manual de avaliação de cargos, e cada um deles vai dar origem a um plano de cargos.

Na elaboração do manual precisamos inserir determinada quantidade de fatores cujo número, de acordo com os mais consagrados autores, deverá ficar entre 8 e 12 fatores. Um número inferior a 8, possivelmente, vai proporcionar um resultado pouco preciso e superior a 12 e não vai fornecer ganho significativo em precisão para a determinação de salários.

Os fatores deverão ser conceituados e definidos, isto é, esclarecer o que se pretende medir, bem como segmentados em partes que possam informar o quanto daquele fator é exigido para o cargo.

Modelo de manual de avaliação – no que diz respeito à elaboração do manual de avaliação de cargos e salários, precisamos das seguintes informações: descrição de cargo,[10] análise de cargo, requisitos mínimos exigidos e fatores de avaliação.

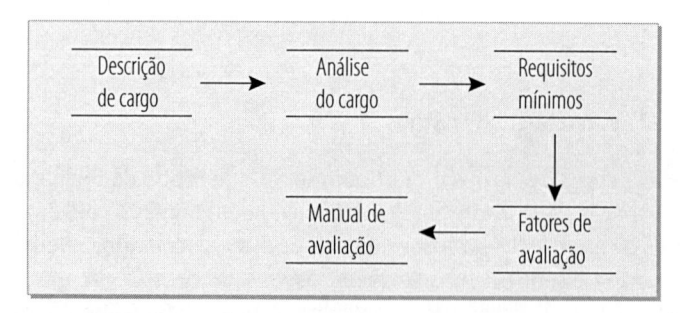

Figura 2.5 — Processo de elaboração do manual de avaliação.

---

[10] Veja o tópico Atribuições de administrações de cargos, p. 22.

A seguir será apresentado um modelo de manual de avaliação, apenas um modelo, e como tal não deve ser transplantado pura e simplesmente para qualquer empresa. Esse modelo tem caráter múltiplo, uma vez que poderá ser desdobrado em vários manuais, com a finalidade de atender, especificamente, cada um deles a um grupo ocupacional.

Dessa maneira, o manual foi composto por vários fatores de avaliação, apresentando as diversas condições ou padrões de exigências distribuídos em diferentes níveis para que se possa comparar e avaliar os cargos da empresa com maior precisão.

Desenvolvem-se manuais próprios e distintos para cada empresa, pois elas possuem características próprias e inconfundíveis. Cada organização tem uma identidade que não é igual à de nenhuma outra instituição.

Os planos de classificação de cargos de uma empresa possuem características próprias que os distingue dos planos adotados por outras empresas, mesmo que seja de ramo ou porte semelhante; portanto, para cada empresa, é necessário que se desenvolva planos específicos que as atenda integralmente.

O modelo sugerido será composto dos seguintes fatores:

Quadro 2.5 – Modelo de manual de avaliação de cargos

Modelo de manual de avaliação de cargos		
1. Formação base (escolaridade);	4. Experiência anterior;	7. Responsabilidade por contatos;
2. Treinamento (aperfeiçoamento/desenvolvimento);	5. Resolução de problemas;	8. Responsabilidade por subordinados;
3. Experiência atual;	6. Responsabilidade analítica;	9. Responsabilidade por folha de pagamento.

Quadro 2.6 – Formação base

1 Formação base Este fator avalia as exigências mínimas do cargo examinado, em termos de conhecimentos teóricos requeridos à compreensão e execução satisfatória das atividades que lhes são inerentes e específicas. Abrange a cultura específica, técnica, profissional e geral exigida para o exercício satisfatório do cargo, adquirida através de ensino escolar sistemático e cursos especializados.		
Nível	Conceito	Grau
01	Alfabetização	
02	4ª série do 1º grau	
03	6ª série do 1º grau	
04	1º grau completo	
05	2º grau incompleto	

Quadro 2.6 — Formação base (continuação)

Nível	Conceito	Grau
06	2º grau completo	
07	3º grau incompleto	
08	3º grau completo	
09	Pós-graduação (Especialização)	
10	Mestrado	
11	Doutorado	

Quadro 2.7 — Treinamento (aperfeiçoamento/desenvolvimento)

2 Treinamento (aperfeiçoamento/desenvolvimento) Este fator avalia as exigências mínimas do cargo examinado, em termos de aperfeiçoamento e desenvolvimento de pessoal, relacionados intimamente com o nível de formação base, exigidos pelos cargos, conforme grupo ocupacional, guardando, portanto, uma relação de complementação. O curso de treinamento, que o ocupante do cargo tenha feito, esteja fazendo ou venha a fazer, por exigência do cargo, pressupõe um aprimoramento do ocupante no desempenho do cargo ou sua preparação para promoção, no plano de carreira, para cargo de maior conteúdo, habilidade e/ou responsabilidade.		
Nível	Conceito	Grau
01	Este fator não se aplica ao cargo em estudo porque a formação base é suficiente como condição mínima exigida. Qualquer curso de treinamento que, eventualmente, o ocupante do cargo possua deverá ser considerado, apenas, para cargo acima do atual (em estudo) na carreira, ou seja, para fins de promoção.	
02	Cursos de treinamento em nível equivalente ao 1º grau, com carga horária até 45 horas.	
03	Cursos de treinamento em nível equivalente ao 1º grau, com carga horária até 90 horas.	
04	Cursos de treinamento em nível equivalente ao 1º grau, com carga horária superior a 90 horas.	
05	Cursos de treinamento em nível equivalente ao 2º grau, com carga horária até 90 horas.	
06	Cursos de treinamento em nível equivalente ao 2º grau, com carga horária até 180 horas.	
07	Cursos de treinamento em nível equivalente ao 2º grau, com carga horária superior a 180 horas.	
08	Cursos de treinamento em nível equivalente ao 3º grau, com carga horária até 180 horas.	

Quadro 2.7 – Treinamento (aperfeiçoamento/desenvolvimento) (continuação)

Nível	Conceito	Grau
09	Cursos de treinamento em nível equivalente ao 3º grau, com carga horária até 360 horas.	
10	Cursos de treinamento em nível equivalente ao 3º grau, com carga horária superior a 360 horas.	

Quadro 2.8 – Experiência atual

3 Experiência atual Este fator avalia o tempo requerido pelo ocupante de cargo para adquirir experiência prática, necessária ao pleno desempenho funcional específico da posição, no exercício do próprio cargo. O tempo de estágio é considerado na Formação base.		
Nível	Conceito	Grau
01	Até 1 mês	
02	Até 3 meses	
03	Até 6 meses	
04	Até 12 meses	
05	Até 2 anos	
06	Até 4 anos	
07	Até 8 anos	
08	Acima de 8 anos	

Quadro 2.9 – Experiência anterior

4 Experiência anterior Este fator avalia o tempo de experiência requerido, em cargos do mesmo grupo ocupacional ou não, necessário ao desempenho do cargo atual. Pressupõe uma condição que assegura desempenho adequado nesse cargo ou possibilidade de promoção, no plano de carreira, para cargo de maior conteúdo, habilidade e/ou responsabilidade.		
Nível	Conceito	Grau
01	Este fator não se aplica ao cargo em estudo, tendo em vista que o cargo é início de uma carreira e sua escolaridade, tanto como o estágio, se houver, já foram considerados na Formação Base. Por outro lado, o cargo pode ser de tal simplicidade, que na experiência atual será efetivada sua conformação e aprovação.	
02	Até 1 ano, para cargos classificados no grupo ocupacional operacional ou administrativo.	
03	Acima de 1 ano, para cargos classificados no grupo ocupacional operacional ou no grupo ocupacional administrativo.	

Quadro 2.9 – Experiência anterior (continuação)

Nível	Conceito	Grau
04	Até 2 anos, para cargos classificados no grupo ocupacional de técnicos de nível médio ou de profissional de nível superior.	
05	Mais de 2 e até 4 anos, para cargos classificados no grupo ocupacional de técnicos de nível médio ou de profissional de nível superior.	
06	Acima de 4 anos, para cargos classificados no grupo ocupacional de técnicos de nível médio ou de profissionais de nível superior.	
07	Até 4 anos, cuja experiência anterior seja exigida em cargos do grupo ocupacional de média supervisão.	
08	Até 8 anos, para cargos cuja experiência anterior seja exigida em cargos do grupo ocupacional gerencial.	
09	Até 8 anos, para cargos cuja experiência anterior seja exigida em cargos do grupo ocupacional gerencial.	
10	Mais de 8 anos de experiência anterior, exigida em cargos do grupo ocupacional gerencial.	

Quadro 2.10 – Resolução de problemas

5 Resolução de problemas Este fator avalia a amplitude de habilidade necessária para resolver situações novas e até que grau esta é requerida para atender e/ou antecipar dificuldades e resolvê-las sem receber orientação específica.
Leva em consideração a complexidade do trabalho, incluindo criatividade e recursos necessários, bem como a ponderação dos fatos existentes e as condições para discutir sobre o curso de ação a ser tomado.

Nível	Conceito	Grau
01	Trabalho simples, dispensando conhecimentos específicos e experiências anteriores.	
02	Trabalho repetitivo, sem variações, tempos e movimentos padronizados, sequenciais e idênticos, exigindo alguma aprendizagem.	
03	Trabalho repetitivo, com variações, exigindo conhecimento e habilidade na execução das diferentes sequências de operação.	
04	Trabalho rotineiro, com diferentes passos ou etapas ou ciclos, exigindo correta interpretação e aplicação das normas em vigor.	
05	Trabalho diversificado, em que os padrões específicos nem sempre são previstos, exigindo o estudo de precedentes na solução de problemas.	

Quadro 2.10 — Resolução de problemas (continuação)

Nível	Conceito	Grau
06	Trabalho que envolve diversas áreas de atividade da empresa e/ou funções diferentes, exigindo flexibilidade na aplicação e/ou adaptação de conhecimentos, para desenvolver a solução adequada.	
07	Trabalho que envolve situações originais, sem precedentes, requerendo raciocínio analítico e interpretativo no desenvolvimento de soluções ou projetos novos.	

Quadro 2.11 — Responsabilidade analítica

6 Responsabilidade analítica Este fator avalia a responsabilidade analítica quanto ao exame minucioso do trabalho, no que concerne a sua natureza, requerida pelo cargo para elaborar, avaliar, criar e formular conclusões. Esta análise diminui na medida em que o exame é circunscrito, limitado por precedentes ou sujeito ao julgamento de outros.	

Nível	Conceito	Grau
01	Responsabilidade analítica pelo exame de ordens de serviço e/ou relatórios e/ou registros, requerendo a conferência e/ou transcrição de dados muito simples.	
02	Responsabilidade analítica pelo exame de ordens de serviço e/ou relatórios e/ou registros, requerendo a conferência e/ou transcrição de dados com base em regras rígidas.	
03	Responsabilidade analítica pelo exame de ordens de serviço e/ou relatórios e/ou registros, requerendo a complementação, a inclusão e o cálculo de dados de informações omitidas com base em precedentes.	
04	Responsabilidade analítica pelo exame de ordens de serviço e/ou relatórios e/ou registros, requerendo a elaboração e o desenvolvimento de serviços especializados nos quais os conceitos são bem definidos.	
05	Responsabilidade analítica pelo exame de ordens de serviço e/ou relatórios e/ou registros, requerendo a elaboração, desenvolvimento e avaliação de serviços técnicos.	
06	Responsabilidade analítica pelo exame de ordens de serviço e/ou relatórios e/ou registros, requerendo o estudo para implantação e/ou apoio decisório de serviços de natureza técnica para definir critérios alternativos.	
07	Responsabilidade analítica pelo exame de ordens de serviço e/ou relatórios e/ou registros, requerendo estudo de assessoramento, pesquisas e inovações no campo de uma ciência.	

Quadro 2.12 – Responsabilidade por contatos

\	\	\
7 Responsabilidade por contatos Este fator avalia a habilidade de relacionamento humano, considerando a importância e complexidade dos assuntos tratados interna e externamente, bem como os possíveis efeitos desses contatos nas operações da empresa. Não considerar os contatos de trabalho com o superior imediato, com os subordinados ou com os companheiros de trabalho.		
Nível	**Conceito**	**Grau**
01	Este fator não se aplica ao cargo em estudo, porque os contatos mantidos, a respeito de serviço, são com o superior imediato e com companheiros de trabalho.	
02	Obter e prestar informações simples, próprias do ambiente de trabalho.	
03	Obter e prestar informações restritas às rotinas.	
04	Obter e prestar informações variadas nos limites das normas específicas da área, requerendo facilidade de expressão no trato com terceiros.	
05	Obter e prestar informações diversificadas, nos limites das normas gerais de assuntos especializados da área, requerendo aceitação e cooperação.	
06	Obter e prestar informações, solucionando controvérsias na interpretação de políticas funcionais, no tratamento de assuntos técnicos, requerendo discernimento e habilidade para conseguir aceitação de outros.	
07	Obter e prestar informações, tratando de assuntos de interesses políticos ou comerciais, sem orientação direta, requerendo habilidade e discernimento, a fim de convencer outros a aceitar novas alternativas.	
08	Obter e prestar informações, compartilhando das necessidades e das ideias dos outros, requerendo absoluto domínio funcional, senso de oportunidade e vivência profissional, para tratar de assuntos preponderantes nas operações da empresa.	
09	Obter e prestar informações que exigem influência sobre terceiros, envolvendo estratégia para conseguir colaboração irrestrita na resolução de diferenças de opinião e assegurando aceitação e coordenação na orientação das políticas para atingir as metas as quais, se estabelecidas e/ou mantidas inadequadamente, podem prejudicar interesses recíprocos.	

Quadro 2.13 – Responsabilidade por subordinados

\	\	\
8 Responsabilidade por subordinados Este fator avalia a responsabilidade pela supervisão em razão da quantidade de subordinados diretos e indiretos. Considera, por extensão, a orientação e/ou assessoria prestada, envolvendo a chefia imediata ou aquela prestada para profissionais não subordinados à chefia imediata.		
Nível	**Conceito**	**Grau**
01	Este fator não se aplica ao cargo em estudo em razão de o ocupante deste não exercer responsabilidade de supervisão direta e/ou indireta.	
02	Embora não exerça supervisão direta, presta assessoria à chefia imediata, orientando, tecnicamente, grupo de pessoas, subordinado àquela.	

Quadro 2.13 – Responsabilidade por subordinados (continuação)

Nível	Conceito	Grau
03	Embora não exerça supervisão direta, presta assessoria à chefia imediata, orientando, tecnicamente, um grupo de pessoas, no exercício de supervisão, não subordinadas à chefia imediata.	
04	Supervisiona um grupo de até 5 subordinados.	
05	Supervisiona um grupo de até 25 subordinados.	
06	Supervisiona um grupo de até 125 subordinados.	
07	Supervisiona um grupo de até 625 subordinados.	
08	Supervisiona um grupo de até 3.125 subordinados.	
09	Supervisiona um grupo de até 15.625 subordinados.	
10	Supervisiona um grupo acima de 15.625 subordinados.	

Quadro 2.14 – Responsabilidade por folha de pagamento

9 Responsabilidade por folha de pagamento Este fator avalia a responsabilidade pela supervisão, em razão do valor monetário dos cargos subordinados, que traduzem o grau de complexidade do trabalho supervisionado, bem como a complexidade do trabalho de assessoria prestado.		
Nível	Conceito	Grau
01	Este fator não se aplica ao cargo em estudo, em razão de ele não exercer responsabilidade de supervisão.	
02	O montante da folha de pagamento, dos subordinados ou do pessoal assessorado, pode ser de até 5 salários mínimos.	
03	O montante da folha de pagamento, dos subordinados ou do pessoal assessorado, vai do limite máximo anterior até 25 salários mínimos.	
04	O montante da folha de pagamento, dos subordinados ou do pessoal assessorado, vai do limite máximo anterior até 125 salários mínimos.	
05	O montante da folha de pagamento, dos subordinados ou do pessoal assessorado, vai do limite máximo anterior até 625 salários mínimos.	
06	O montante da folha de pagamento, dos subordinados ou do pessoal assessorado, vai do limite máximo anterior até 3.125 salários mínimos.	
07	O montante da folha de pagamento, dos subordinados ou do pessoal assessorado, vai do limite máximo anterior até 15.625 salários mínimos.	
08	O montante da folha de pagamento, dos subordinados ou do pessoal assessorado, vai do limite máximo anterior até 78.125 salários mínimos.	
09	O montante da folha de pagamento, dos subordinados ou do pessoal assessorado, vai do limite máximo anterior até 390.625 salários mínimos.	
10	O montante da folha de pagamento, dos subordinados ou do pessoal assessorado, vai além de 390.625 salários mínimos.	

Observação importante O modelo de manual de avaliação de cargos apresentado é apenas uma representação e, como tal, pode e deve desdobrar-se em mais de um manual, para atender diferentes grupos ocupacionais com as características específicas levantadas da empresa onde será adotado.

Para facilitar o entendimento de um possível desdobramento, faremos uma tabela, estabelecendo parâmetros, simplesmente a título de sugestão, mostrando em quais níveis de exigências os cargos de diferentes grupos ocupacionais poderiam ser considerados na avaliação com base no modelo de manual em estudo e atendendo às particularidades da empresa.

Vimos, portanto, que a divisão dos fatores em diferentes níveis de exigências não precisa ser necessariamente de igual número em todos os fatores de avaliação.

Há situações em que os fatores de avaliação podem se apresentar, esporadicamente, com um mesmo número de níveis de exigências, entretanto, não se deve, em hipótese nenhuma, forçar uma situação para que isso venha a ocorrer, sob pena de impormos um artificialismo incompatível com os propósitos que se pretende alcançar.

Quadro 2.15 — Níveis de fatores por manual de avaliação

Níveis de fatores, por Manual de avaliação de cargos

Fatores de avaliação	Grupo ocupacional												
	Gerência		Média Supervisão		Superior			Técnico			Administrativo		Operacional	
	Mín	Máx	Mín	Máx	RF	Mín	Máx	RF	Mín	Máx	Mín	Máx	Mín	Máx
Formação base	7	11	3	10	8	8	11	6	6	6	1	5	1	5
Treinamento	8	10	2	10	1	8	10	1	5	7	1	3	1	4
Experiência atual	5	8	1	7	1	1	7	1	1	7	1	5	1	6
Experiência anterior	7	10	4	8	1	4	6	1	4	6	1	3	1	3
Resolução de problemas	6	7	2	7	3	3	6	2	2	6	1	5	1	5
Responsabilidade analítica	6	7	3	6	4	4	7	2	2	6	1	4	1	4
Responsabilidade por contatos	5	9	3	7	4	4	7	2	2	5	1	5	1	4
Responsabilidade por subordinados	2	10	2	6	1	1	1	1	1	1	1	1	1	1
Responsabilidade por Fl. Pagamento	2	10	2	6	1	1	1	1	1	1	1	1	1	1

Legenda: Mín = mínimo; Máx = máximo; RF = Recém-formado.

Um projeto artificialmente simétrico, aparentemente bem construído, nem sempre retrata com propriedade as particularidades e especificidades contidas na própria empresa.

Manual de avaliação de cargos é o instrumento que reúne os fatores de avaliação, tendo por finalidade estabelecer uma comparação com os requisitos mínimos exigidos de cada cargo, permitindo, em contrapartida, uma avaliação precisa, justa e segura em toda a estrutura hierárquica.

O modelo de manual que acabamos de apresentar está incompleto, faltando estabelecer a ponderação dos fatores e a graduação de escala.

2.3.4 Avaliação de cargos

Consiste no resultado proveniente do somatório dos graus gerado pela análise e determinação dos níveis de exigência, por fator de avaliação dos cargos em estudo, estabelecendo um valor relativo para cada cargo, com o propósito de se construir uma estrutura hierárquica para eles.

Objetivo – estabelecer a ordem de importância oriunda da comparação e análise dos cargos. Assim, estaremos em condições de elaborar a estrutura salarial, base fundamental para a fixação dos salários a serem pagos. Dessa forma, neutralizam-se os efeitos de decisões arbitrárias na determinação dos salários.

Por ocasião da elaboração do plano de cargos, a avaliação precede as ações de ponderação e de graduação de escala, pelo simples motivo de estas dependerem daquela.

A subdivisão dos fatores em diferentes níveis de exigência é consequência direta das informações colhidas na própria empresa, ou seja, nada foi imposto de fora para dentro.

Essa subdivisão vai espelhar, de forma discursiva e dialética, diferentes níveis de exigência. Apresenta-se em uma ordem qualitativa sequencial, porém não indica, ainda, valores numéricos que irão corresponder aos graus. Esses valores serão estabelecidos, posteriormente, com a utilização de procedimentos estatísticos.

A avaliação de cargos é um processo, de caráter impessoal, que serve para estabelecer o valor de cada um deles para a empresa. Tal processo faz parte de uma sequência sistêmica em continuação à análise de requisitos que tem por propósito identificar a competência mínima necessária que o ocupante deve possuir para desenvolver as atividades, cumprindo as exigências do cargo e, se possível, atingir os resultados esperados de forma satisfatória. Essa competência é representada pelo conjunto das habilidades técnicas, humanas, conceituais, gerenciais e em atitudes comportamentais que uma pessoa possui a fim de ocupar com desenvoltura o cargo em apreço.

Outros aspectos considerados na avaliação se referem às responsabilidades e complexidades que auxiliam na determinação do grau de competência que o profissional deve possuir de modo a conseguir um desempenho que, de certa forma, possa proporcionar a oportunidade de alcançar o sucesso.

No que diz respeito à execução do processo de avaliação, precisamos dos seguintes elementos ou subsídios referentes ao cargo: descrição, análise, requisitos mínimos, fatores de avaliação e manual de avaliação, informações essas que independem de seus ocupantes.

A classificação de cargos será instituída a partir da obtenção dos seguintes dados e informações: avaliação, coeficiente de determinação e salário do cargo, ponderação de fatores, graduação de escala, valor relativo e, por fim, classificação de cargos.

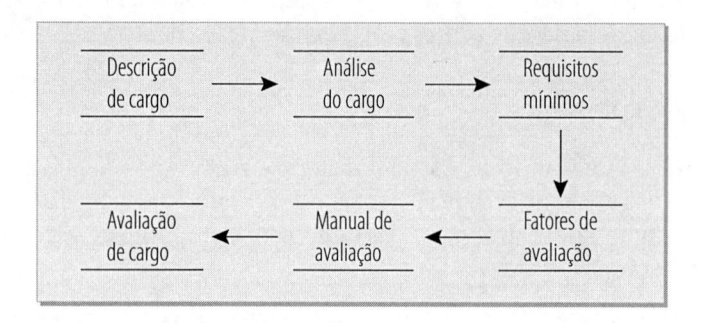

Figura 2.6 – Processo de avaliação de cargos.

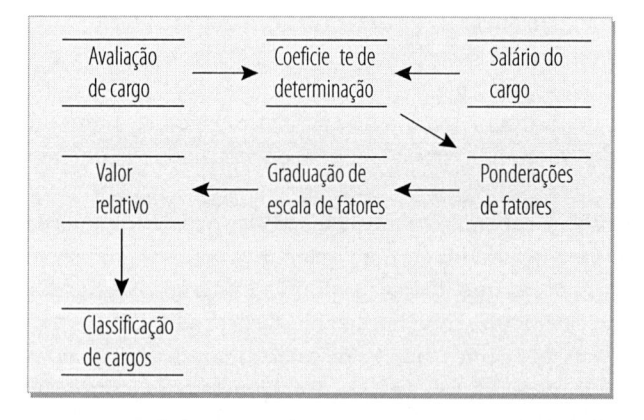

Figura 2.7 – Processo parcial de classificação de cargos.

Ponderação de fatores – consiste na atribuição de um peso ou participação percentual, para cada fator de avaliação de cargos, de maneira que o somatório do conjunto utilizado no plano de classificação de cargos da empresa seja igual a 100%. A ponderação de fatores é consequência imediata da avaliação e dos salários pagos aos ocupantes dos avaliados.

Nas eventuais avaliações de cargos que ocorrerem após a implantação do plano de classificação de cargos, os graus dos níveis de exigências dos fatores de avaliação poderão permanecer inalterados, desde que essas avaliações representem um percentual muito pequeno dos cargos existentes. Caso contrário, isto é, se o número de cargos a ser avaliado for muito grande, seria conveniente que os cálculos tanto de ponderação como de graduação de escala viessem a ser refeitos para fins de determinação do valor relativo e de seu posicionamento na estrutura de cargos da empresa.

Quando dizemos que a ponderação de fatores é consequência imediata da avaliação de cargos e dos salários pagos, é porque existe uma relação de causa e efeito entre as variáveis anteriores a que chamamos *correlação*.

Correlação – é um índice que indica o quanto duas variáveis se comportam em determinado sentido, na medida em que seus valores são modificados. A variação do índice é de +1 até –1. Se o índice for positivo indica correlação positiva, caso contrário a correlação será negativa e, se for 0 (zero), indica inexistência de correlação.

Coeficiente de determinação – é um índice que tem origem no coeficiente de correlação (**r**) elevado ao quadrado (R^2). É o índice mais apropriado no cálculo da ponderação de fatores por apresentar resultados mais consistentes.

A ponderação de fatores é consequência direta e imediata do cálculo do coeficiente de determinação (R^2).

A prática tem demonstrado que para o cálculo de salários o coeficiente de determinação tem se mostrado bem mais apropriado. As planilhas eletrônicas proporcionam esses valores de forma bastante imediata e com precisão.

Diz-se que, se duas ou mais variáveis expressam uma relação de causa e efeito, ou se elas variam concomitantemente, nesse caso, elas podem ser consideradas correlacionadas. Assim, se tomarmos duas variáveis, como escolaridade e salário, veremos que elas estão ligadas de alguma maneira por uma relação de causa e efeito.

Objetivo da correlação – é medir o grau de relacionamento existente entre variáveis, que imaginamos estarem ligadas por uma relação de causa e efeito.

A classificação do coeficiente pode ser: a) nula; b) perfeita negativa; c) perfeita positiva; d) negativa; e) positiva.

Calculamos inicialmente o valor do coeficiente de correlação (**r**) e elevamos seu resultado ao quadrado para obtenção do coeficiente de determinação (R^2), que é o coeficiente a ser utilizado no estabelecimento da ponderação de fatores.

Nula – nesse caso: coeficiente de correlação **r** = 0 e o de determinação R^2 = 0 e, graficamente, a Figura 2.8 nos dá uma ideia de como, aproximadamente, a distribuição pode ser realizada.

Neste caso, os valores da variável **X** estão associados a valores ora crescentes ora decrescentes de **Y**. Dizemos, então, que não existe relação de causa e efeito entre as variáveis.

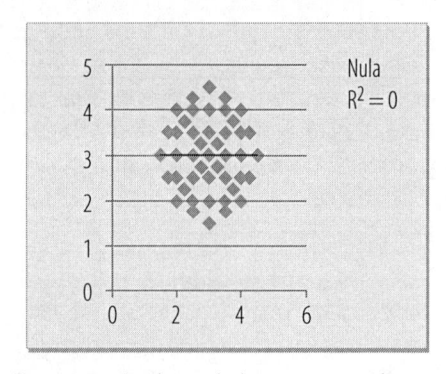

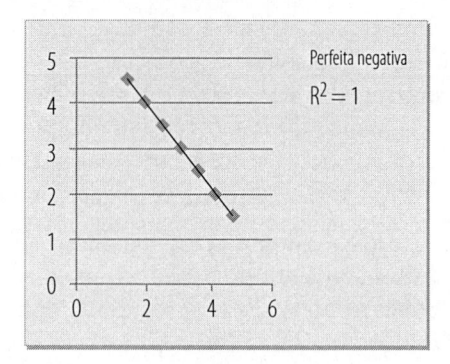

Figura 2.8 — Conglomerado de pontos com coeficiente de determinação nulo.

Figura 2.9 — Conjunto de pontos em correlação perfeita negativa.

Perfeita negativa – nesse caso, o coeficiente de correlação $r = -1$ e o de determinação $R^2 = 1$ e, graficamente, a Figura 2.9 nos dá uma ideia de como, aproximadamente, a distribuição pode ser realizada.

Neste caso, as variáveis **X** e **Y** são consideradas dependentes e para cada valor da variável **X** temos apenas um único valor correspondente à variável **Y**, sendo que elas apresentam uma relação linear perfeita negativa ou inversa, ou seja, quando valores crescentes de **X** estiverem associados a valores decrescentes de **Y** ou vice-versa.

Perfeita positiva – nesse caso, vamos ter o coeficiente de correlação $r = 1$ e o de determinação $R^2 = 1$ e, graficamente, a Figura 2.10 nos dá uma ideia de como, aproximadamente, a distribuição pode ser realizada.

Neste caso, as variáveis se comportam em uma relação perfeita direta ou positiva, ou seja, quando valores crescentes de **X** estiverem associados a valores também crescentes de **Y** ou vice-versa.

Figura 2.10 — Pontos em correlação perfeita positiva.

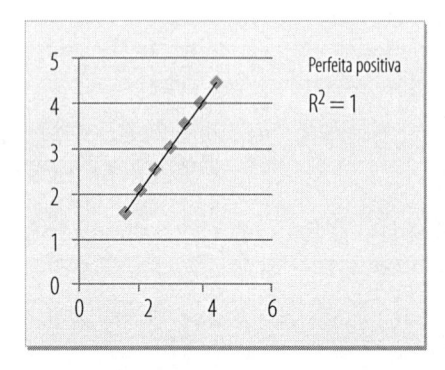

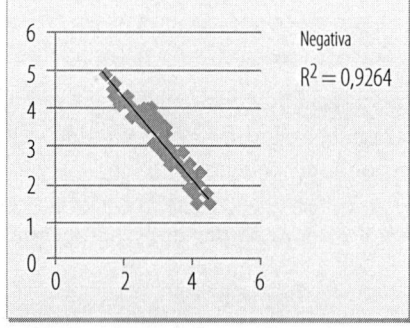

Figura 2.11 — Conjunto de pontos em correlação negativa.

Negativa – nesse caso, a relação é $-1 < r < 0$ e, graficamente, a Figura 2.11 nos dá uma ideia de como, aproximadamente, a distribuição pode ser realizada.

Ocorre quando valores crescentes de **X** estiverem associados a valores decrescentes de **Y**, excluída a forma linear perfeita negativa.

Positiva – nesse caso, a relação se apresenta como se segue $0 < r < 1$ e, graficamente, a Figura 2.12 nos dá uma ideia de como, aproximadamente, a distribuição pode ser realizada.

Ocorre quando valores crescentes de **X** estiverem associados a valores crescentes de **Y**, excluída a forma linear perfeita positiva.

O coeficiente de correlação **r** pode ser calculado pela fórmula:

$$r = \frac{\Sigma(XY) - n(Mx)(My)}{\sqrt{\{\Sigma(X^2) - n(Mx)^2\}\{(\Sigma Y^2) - n(My)^2\}}}$$

Onde,

r = coeficiente de correlação
n = número de cargos
S = somatório
Mx = valor médio do somatório dos níveis do fator
My = valor médio do somatório dos salários dos cargos

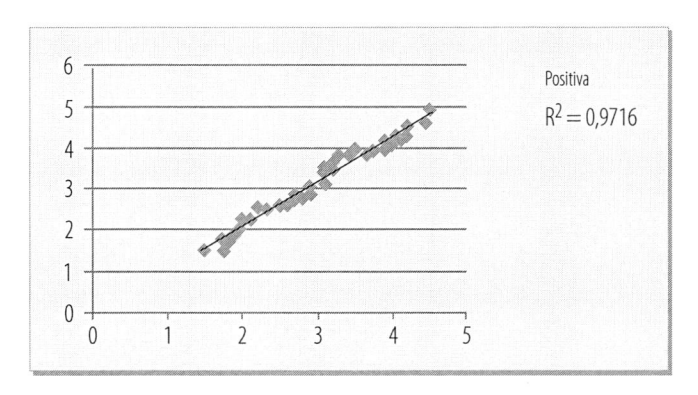

Figura 2.12 – Conjunto de pontos em correlação positiva.

Graduação de escala de fatores de avaliação – consiste na atribuição de um valor numérico, chamado grau, a cada nível de exigência, para cada fator de avaliação de cargos.

É importante frisar que a graduação de escala se faz em harmonia perfeita e de conformidade com o coeficiente de correlação.

Essa harmonia se traduzirá em equilíbrio político e justiça social, quando da implantação do plano de cargos e salários.

Nível de exigência – consiste no estabelecimento de uma ordenação crescente ou decrescente, em termos quantitativos ou qualitativos, do quanto de cada fator de avaliação é solicitado para um competente desempenho do ocupante no cargo.

Grau de fator de avaliação – consiste em valores numéricos atribuídos a cada nível de exigência por fator de avaliação. Os valores ou graus são calculados com o emprego da estatística para que não sofram influência ou manipulação do analista. Após a avaliação, os graus são somados e, dessa forma, obtemos o total de pontos ou valor relativo do cargo, estabelecendo, portanto, a estrutura de cargos da empresa.

2.4 Aplicação prática

O exemplo a ser apresentado vai poder servir de exercício prático, a partir do momento que se imagine uma empresa e cargos com características próprias, situação que vai provocar novas avaliações. Separe por grupos ocupacionais e veja o resultado.

Tabela 2.1 – Resumo das avaliações

Resumo das avaliações de cargos										
Títulos de cargos	Fatores de avaliação e níveis de exigência									Salários em $
	F1	F2	F3	F4	F5	F6	F7	F8	F9	
01. Contínuo	1	1	1	1	1	1	2	1	1	108
02. Aux. escritório	3	1	1	1	1	2	2	1	1	137
03. Copeiro	2	2	2	2	1	1	2	1	1	163
04. Porteiro	3	1	2	2	1	1	4	1	1	175
05. Telefonista	3	2	2	2	2	2	4	1	1	184
06. Oper. duplicadora	3	2	1	1	2	2	2	1	1	198
07. Recepcionista	4	2	1	2	1	1	4	1	1	202
08. Vigia	2	1	1	2	1	2	2	1	1	203
09. Datilógrafa	4	3	1	2	2	2	3	1	1	234
10. Garçom	2	3	3	2	1	1	4	1	1	250
11. Operador off-set	3	2	4	2	2	2	2	1	1	259
12. Motorista	3	2	4	3	3	1	3	1	1	273
13. Cozinheiro	3	3	5	2	2	1	1	2	2	279
14. Aux. contabilidade	4	3	5	2	4	2	3	1	1	280
15. Mec. refrigeração	4	4	6	3	4	2	2	1	1	283
16. Aux. administrativo	5	3	5	3	4	2	4	1	1	299
17. Digitador	5	3	4	2	4	2	1	1	1	300
18. Bombeiro hidráulico	4	4	6	3	4	2	2	1	1	327
19. Aux. pessoal	5	3	5	2	4	2	4	1	1	333
20. Carpinteiro	4	4	6	2	3	2	2	1	1	347
21. Secretária Jr.	5	3	5	2	4	2	3	1	1	348
22. Eletricista	4	4	6	3	4	2	2	1	1	368
23. Téc. telecomunicações	6	6	6	4	4	5	5	1	1	384

Tabela 2.1 – Resumo das avaliações (continuação)

Resumo das avaliações de cargos										
Títulos de cargos	Fatores de avaliação e níveis de exigência									Salários
	F1	F2	F3	F4	F5	F6	F7	F8	F9	em $
24. Secretária	5	3	6	3	4	3	4	1	1	414
25. Enc. Portaria	5	3	6	7	4	3	5	5	4	452
26. Secretária Sr.	5	3	7	3	5	4	5	1	2	502
27. Advogado Jr.	8	1	6	1	5	3	5	1	2	588
28. Analista Jr. O & M	8	1	6	1	5	3	4	1	3	600
29. Secretária exec.	8	1	6	5	6	5	6	2	3	640
30. Desenhista	6	6	6	4	5	4	5	1	1	798
31. Analista de O & M	8	8	6	4	6	4	5	1	4	824
32. Analista Jr. Sist.	8	1	5	1	5	3	5	1	3	923
33. Auditor Sr.	8	10	7	5	6	6	7	3	5	1.040
34. Analista Sr. O & M	8	10	7	5	7	6	6	3	5	1.085
35. Analista sistema	8	8	6	4	6	6	6	1	4	1.126
36. Analista Sr. Sist.	8	10	7	5	7	7	7	3	5	1.247
37. Enc. manut. elétrica	6	7	7	7	6	5	6	6	4	1.305
38. Enc. manut. mecânica	6	7	7	7	6	5	6	6	4	1.320
39. Chefe engenharia	9	10	8	8	7	7	9	5	5	1.668
40. Chefe contabilidade	9	10	8	8	7	7	9	5	5	2.028

Neste estudo, incluímos apenas quarenta cargos, o que, em termos estatísticos, é muito pouco para um trabalho em que se pretende total segurança em questão de resultado final. Por esse motivo, alguns níveis de exigência deixaram de ser utilizados. As avaliações apresentadas representam, portanto, uma simulação, uma vez que as descrições dos cargos envolvidos estão apenas subentendidas.

Considerando o manual de avaliação apresentado e as condições da "empresa" e dos "cargos", temos na Tabela 2.1, os resultados finais da avaliação dos cargos.

Agora que temos as avaliações dos cargos, conforme Tabela 2.1, temos condições de calcular as ponderações e, em seguida, as escalas de graduação dos fatores, para cada fator de avaliação de cargos, com a aplicação do coeficiente de correlação cuja fórmula é a seguinte:

$$r = \frac{\Sigma(XY) - n(Mx)(My)}{\sqrt{\{\Sigma(X^2) - n(Mx)^2\}\{(\Sigma Y^2) - n(My)^2\}}}$$

Onde,

    r = coeficiente de correlação
    n = número de cargos
    S = somatório
    Mx = valor médio do somatório dos níveis do fator
    My = valor médio do somatório dos salários dos cargos

Tabela 2.2 — Preparação para o cálculo do coeficiente de correlação (origem na Tabela 2.1)

Fator de avaliação de cargos – Formação base – F1					
Cargo	X (do F1)	Y	X²	XY	Y²
01. Contínuo	1	108	1	108	11.664
02. Aux. escritório	3	137	9	411	18.769
03. Copeiro	2	163	4	326	26.569
04. Porteiro	3	175	9	525	30.625
05. Telefonista	3	184	9	552	33.856
06. Oper. duplicadora	3	198	9	594	39.204
07. Recepcionista	4	202	16	808	40.804
08. Vigia	2	203	4	406	41.209
09. Datilógrafa	4	234	16	936	54.756
10. Garçom	2	250	4	500	62.500
11. Operador off-set	3	259	9	777	67.081
12. Motorista	3	273	9	819	74.529
13. Cozinheiro	3	279	9	837	77.841
14. Aux. contabilidade	4	280	16	1.120	78.400
15. Mec. refrigeração	4	283	16	1.132	80.089
16. Aux. administrativo	5	299	25	1.495	89.401
17. Digitador	5	300	25	1.500	90.000
18. Bombeiro hidráulico	4	327	16	1.308	106.929
19. Aux. pessoal	5	333	25	1.665	110.889
20. Carpinteiro	4	347	16	1.388	120.409
21. Secretária Jr.	5	348	25	1.740	121.104
22. Eletricista	4	368	16	1.472	135.424
23. Téc. telecomunicações	6	384	36	2.304	147.456
24. Secretária	5	414	25	2.070	171.396
25. Ene. Portaria	5	452	25	2.260	204304
26. Secretária Sr.	5	502	25	2.510	252.004
27. Advogado Jr.	8	588	64	4.704	345.744
28. Analista Jr. O & M	8	600	64	4.800	360.000
29. Secretária exec.	8	640	64	5.120	409.600
30. Desenhista	6	798	36	4.788	636.804
31. Analista de O & M	8	824	64	6.592	678.976
32. Analista Jr. Sist.	8	923	64	7.384	851.929
33. Auditor Sr.	8	1.040	64	8.320	1.081.600

Tabela 2.2 — Preparação para o cálculo do coeficiente de correlação (origem na Tabela 2.1) (continuação)

Fator de avaliação de cargos – Formação base – F1					
Cargo	X (do F1)	Y	X^2	XY	Y^2
34. Analista Sr. O & M	8	1.085	64	8.680	1.177.225
35. Analista sistema	8	1.126	64	9.008	1.267.876
36. Analista Sr. Sist.	8	1.247	64	9.976	1.555.009
37. Enc. manut. elétrica	6	1.305	36	7.830	1.703.025
38. Enc. manut. mecânica	6	1.320	36	7.920	1.742.400
39. Chefe engenharia	9	1.668	81	15.012	2.782.224
40. Chefe contabilidade	9	2.028	81	18.252	4.112.784
	ΣX	ΣY	$ΣX^2$	ΣXY	SY2
n = 40 (40 cargos)	205	22.494	1.245	147.949	20.992.408

Quadro 2.16 — Procedimentos de cálculo para obtenção de coeficientes

Cálculo do coeficiente de correlação, para o fator de avaliação, Formação base – F1

Fórmula geral do coeficiente de correlação (**r**)

$$r = \frac{\Sigma(XY) - n(Mx)(My)}{\sqrt{\{\Sigma(X^2) - n(Mx)^2\}\{(\Sigma Y^2) - n(My)^2\}}}$$

Inicialmente, precisamos dispor dos numerais médios de X (Mx) e de Y (My), obtidos no Quadro 2.15, e, a seguir, aplicamos as fórmulas abaixo, substituindo as incógnitas por seus valores:

$$Mx = \frac{SX}{n}, \quad Mx = \frac{205}{40}, \quad \text{logo, } Mx = 5{,}125$$

$$Mx = \frac{SY}{n}, \quad My = \frac{22494}{40}, \quad \text{logo, } Mx = 562{,}35$$

Agora que já dispomos de todos os valores necessários, estamos em condições de calcular o coeficiente de correlação **r** do fator de avaliação, e de posse dele calcular o coeficiente de determinação (**R^2**).

Substituindo, na fórmula geral, as incógnitas por seus valores, teremos:

$$r = \frac{147.949 - 40 \times 5{,}125 \times 562{,}35}{\sqrt{\{1.245 - 40 \times 5{,}125^2\}\{20.992.408 - 40 \times 562{,}35^2\}}}$$

$$r = \frac{147.949 - 115.281{,}75}{\sqrt{\{1.245 - 1.050{,}625\}\{20.992.408 - 12.649.501\}}} = \frac{32.667{,}25}{\sqrt{194{,}375 \times 8.342.902}}$$

Quadro 2.16 – Procedimentos de cálculo para obtenção de coeficientes (continuação)

$$r = \frac{32.667,25}{\sqrt{194,375 \times 8.342.902}} = \frac{32.667,25}{\sqrt{1.621.652.548,125}} = \frac{32.667,25}{40.269,747}$$

$$r = \frac{32.667,25}{40.269,747} = 0,811210702$$

Logo, o coeficiente de correlação do fator de avaliação, Formação base, é

Coeficiente de correlação r = 0,811210702

Cálculo do coeficiente de determinação, para o mesmo fator de avaliação, Formação base – F1

De posse do coeficiente de correlação (r), obter o coeficiente de determinação (R^2):

Se o coeficiente de correlação é:

$$r = 0,811210702$$

o coeficiente de determinação será:

$$\mathbf{R^2 = r \times r} \quad \text{ou}$$

Substituindo r por seu valor, teremos:

$$\mathbf{R^2} = 0,811210702 \times 0,811210702$$

Logo, o coeficiente de determinação do fator de avaliação, Formação base, é

Coeficiente de determinação R^2 = 0,658062804

O mesmo procedimento é repetido em relação a cada fator de avaliação e com os resultados obtidos elaboramos a Tabela 2.3.

Os números e valores obtidos até agora são, todos eles, provenientes da empresa, ou seja, não foram manipulados nem impostos de fora para dentro.

No momento em que executamos os procedimentos para a determinação da ponderação, simultaneamente, estamos nos preparando para estabelecer a graduação de escala dos fatores. A ponderação de fatores de avaliação representa um peso ou participação percentual médio do fator no valor relativo do cargo.

A graduação de escala de fatores é um processo desenvolvido com base no ajustamento dos salários pela função estatística escolhida, considerando, ainda, a ponderação de fatores como dado essencial à confiabilidade dos resultados a serem obtidos e a certeza da inexistência de manipulação por parte dos analistas envolvidos, quanto à tecnologia adotada na determinação dos valores dos graus dos fatores de avaliação.

Tabela 2.3 — Resumo da ponderação de fatores com base no coeficiente de determinação[11]

Resumo de ponderação de fatores de avaliação de cargos			
Fatores de avaliação	Coeficiente de		Ponderação de fatores
	Correlação	Determinação	
Formação base	0,81121070	**0,6581**	10,4%
Treinamento	0,81111035	0,6579	10,4%
Experiência atual	0,88232647	0,7785	12,3%
Experiência anterior	0,80187280	0,6430	10,2%
Resolução de problemas	0,83821238	0,7026	11,0%
Responsabilidade analítica	0,89576783	0,8024	12,7%
Responsabilidade / Contatos	0,86873471	0,7547	11,9%
Resp. nº Funcionários	0,75053314	0,5633	8,9%
Resp. Folha de pagamento	0,87920419	0,7730	12,2%
Somatório	**7,53897258**	**6,333463**	**100,0%**

Quadro 2.17 — Cálculo dos graus do fator de avaliação, Formação base – F1

Procedimento para cálculo da expressão que representa a função linear
Cálculos desenvolvidos para o fator de avaliação: Formação base – F1
Para o desenvolvimento dos cálculos, precisaremos das seguintes informações, provenientes da Tabela 2.2:
Σ = somatório
X = nível de exigência do fator de avaliação de cargo
Y = salário real do cargo avaliado
n = número de termos (no caso, cargos avaliados)
y = salário calculado (ou ajustado para a função em estudo)
Fórmula geral da função linear ou reta:
$$y = a + bX$$
Sistema de equações para determinação do salário calculado (ou ajustado) por meio da função linear ou reta:

---

[11] Alguns profissionais calculam a ponderação com base no coeficiente de correlação.

Quadro 2.17 — Cálculo dos graus do fator de avaliação, Formação base — F1 (continuação)

$$\Sigma Y = na + b\Sigma X$$
$$\Sigma XY = a\Sigma X + b\Sigma X^2$$

Valor das incógnitas, conforme Tabela 2.2:

$\Sigma X = 205$ $\Sigma XY = 147.949$ $\Sigma Y = 22.494$ $\Sigma X^2 = 1.245$

Substituindo as incógnitas do sistema de equações acima por seus valores:

$$22.494 = 40a + 205b$$
$$147.949 = 205a + 1.245b$$

Multiplicando a primeira equação pelo quociente da divisão de 205 / 40 = 5,125 e trocando seus sinais e adicionando à segunda equação, teremos:

$$-115.281{,}750 = -205a - 1.050{,}625b$$
$$147.949{,}000 = 205a + 1.245{,}000b$$
$$32.667{,}25 = 0 + 194{,}375b \quad \text{ou } 32.667{,}25 = 194{,}375b$$

Donde

$$b = 32.667{,}25 / 194{,}375 \quad \text{logo,} \quad b = 168{,}06$$

Agora que dispomos do valor de **b**, basta substituí-lo em qualquer das equações do sistema de equações e teremos o valor de **a**:

$$22.494 = 40a + 205 \times 168{,}06 = 40a + 34.452{,}3$$
$$40a = 22.494 - 34.452{,}3 = -11.958{,}3$$

donde, $a = -11.958{,}3 / 40$ logo, $a = -298{,}96$

Substituindo a e b na fórmula geral da reta, $y = a + bX$, por seus valores, teremos:

$$y = -298{,}9575 + 168{,}0630X$$

que nos permitirá calcular **y** ao substituirmos **X** (nível de exigência do fator de avaliação) por seu valor.

Cálculo dos graus dos níveis de exigências do fator de avaliação: Formação base — F1

Tomando a equação da reta obtida no quadro acima e o valor da ponderação do fator, 10,4%, registrado na Tabela 2.3, estamos em condições de calcular os níveis do fator de avaliação Formação base — F1. Tomando a equação da reta, obtida no quadro acima, e multiplicando pelo valor da ponderação, 10,4%, de mesmo fator de avaliação — Formação base — F1 —, determinamos os valores dos graus do fator.

A equação obtida acima é:

$$y = -298{,}96 + 168{,}0630X$$

A ponderação do fator **Formação base — F1** é: 10,4%.

Quadro 2.17 — Cálculo dos graus do fator de avaliação, Formação base — F1 (continuação)

Portanto, para o cálculo dos graus é necessário que multipliquemos a equação pelo valor da ponderação e, dessa forma, teremos:

$$y \times 10{,}4\% = \hat{y} \quad \text{ou} \quad \hat{y} = (-298{,}96 + 168{,}0630X)\,10{,}4\%$$

Substituindo **X** por seu valor, isto é, pelo número indicativo do nível de exigência, obteremos o grau do nível do fator de avaliação em estudo:

O fator de avaliação **Formação base — F1** foi elaborado inicialmente com 11 (onze) níveis de exigência, entretanto, apenas 9 (nove) foram efetivamente utilizados na simulação. Nesse caso, os valores a serem calculados corresponderão aos valores dos níveis 1 (um) ao 9 (nove), ficando de fora do cálculo os níveis 10 e 11; assim sendo, teremos para:

$\hat{y}_1 = (-298{,}96+168{,}0630 \times 1)10{,}4\%$ logo, $\hat{y}_1 = (-298{,}96+168{,}0630)10{,}4\%$ ou
$\hat{y}_1 = -130{,}90 \times 10{,}4\% = -13{,}61$

$\hat{y}_2 = (-298{,}96+168{,}0630 \times 2)10{,}4\%$ logo, $\hat{y}_2 = (-298{,}96+336{,}126)10{,}4\%$ ou
$\hat{y}_2 = 37{,}17 \times 10{,}4\% = 3{,}87$

$\hat{y}_3 = (-298{,}96+168{,}0630 \times 3)10{,}4\%$ logo, $\hat{y}_3 = (-298{,}96+504{,}189)10{,}4\%$ ou
$\hat{y}_3 = 205{,}23 \times 10{,}4\% = 21{,}34$

$\hat{y}_4 = (-298{,}96+168{,}0630 \times 4)10{,}4\%$ logo, $\hat{y}_4 = (-298{,}96+672{,}252)10{,}4\%$ ou
$\hat{y}_4 = 373{,}29 \times 10{,}4\% = 38{,}82$

$\hat{y}_5 = (-298{,}96+168{,}0630 \times 5)10{,}4\%$ logo, $\hat{y}_5 = (-298{,}96+840{,}315)10{,}4\%$ ou
$\hat{y}_5 = 541{,}36 \times 10{,}4\% = 56{,}30$

$\hat{y}_6 = (-298{,}96+168{,}0630 \times 6)10{,}4\%$ logo, $\hat{y}_6 = (-298{,}96+1.008{,}378)10{,}4\%$ ou
$\hat{y}_6 = 709{,}42 \times 10{,}4\% = 73{,}78$

$\hat{y}_7 = (-298{,}96+168{,}0630 \times 7)10{,}4\%$ logo, $\hat{y}_7 = (-298{,}96+1.176{,}441)10{,}4\%$ ou
$\hat{y}_7 = 877{,}48 \times 10{,}4\% = 91{,}26$

$\hat{y}_8 = (-298{,}96+168{,}0630 \times 8)10{,}4\%$ logo, $\hat{y}_8 = (-298{,}96+1.344{,}504)10{,}4\%$ ou
$\hat{y}_8 = 1.045{,}54 \times 10{,}4\% = 108{,}74$

$\hat{y}_9 = (-298{,}96+168{,}0630 \times 9)10{,}4\%$ logo, $\hat{y}_9 = (-298{,}96+1.512{,}567)10{,}4\%$ ou
$\hat{y}_9 = 1.213{,}61 \times 10{,}4\% = 126{,}22$

O mesmo procedimento é repetido em relação a cada fator de avaliação e, com os resultados obtidos, montamos o Quadro 15.

A partir da obtenção do valor dos graus dos fatores de avaliação pelo procedimento constante do Quadro 2.17, estamos em condições de preparar uma tabela que nos permita ter uma visão geral dos valores dos níveis de exigência dos fatores de avaliação de cargos.

Tabela 2.4 – Graus dos fatores de avaliação de cargos por níveis de exigência

Tabela dos graus dos fatores de avaliação de cargos por níveis de exigências									
Níveis de exigência	Fatores de avaliação de cargos								
	F1	F2	F3	F4	F5	F6	F7	F8	F9
1	−13,61	18,80	−2,38	15,53	−1,29	13,12	−6,41	34,75	33,00
2	3,87	31,92	16,33	34,54	20,49	41,21	17,43	55,15	65,37
3	21,34	45,04	35,03	53,56	42,26	69,31	41,28	75,54	97,74
4	38,82	58,16	53,74	72,57	64,03	97,41	65,13	95,94	130,11
5	56,30	71,28	72,44	91,58	85,81	125,51	88,98	116,33	162,48
6	73,78	84,40	91,14	110,60	107,58	153,60	112,83	136,73	
7	91,26	97,51	109,85	129,61	129,35	181,70	136,68		
8	108,74	110,63	128,55	148,62			160,53		
9	126,22	123,75					184,38		
10		136,87							

Outro procedimento consiste em fazer uso de uma planilha eletrônica, que fornece os dados e informações com maior exatidão e menor tempo de execução. No gráfico da Figura 2.13, temos a equação da função estatística escolhida (função linear) e o **R²** (coeficiente de determinação).

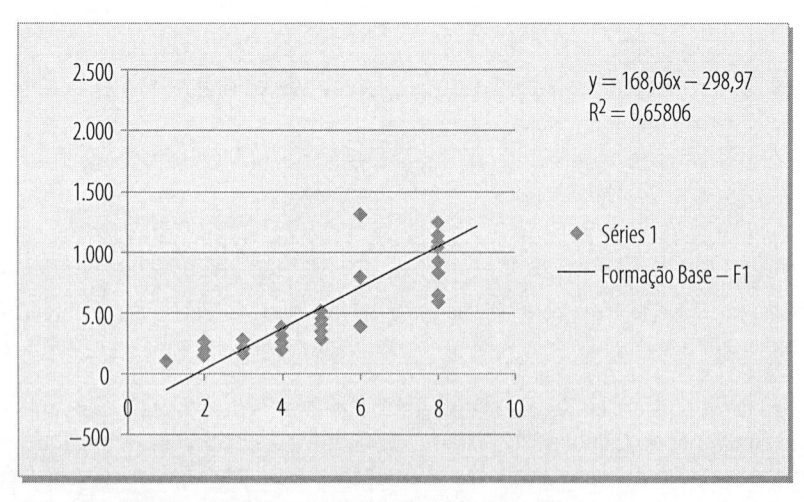

$$y = 168,06x - 298,97$$
$$R^2 = 0,65806$$

Figura 2.13 – Resultado da avaliação dos cargos no fator Formação base – F1.

A base para elaboração do gráfico referente ao fator de avaliação Formação base – F1 é a Tabela 2.2.

O valor relativo dos cargos ou total de pontos se obtém pela soma dos graus dos fatores provenientes da substituição dos números indicativos dos níveis de exigência registrados na Tabela 2.1 por seus valores correspondentes.

Tabela 2.5 – Resumo das avaliações e valor relativo dos cargos ou total de pontos

Resumo das avaliações e valor relativo dos cargos											
Título dos cargos	Fatores de avaliação e graus, por níveis de exigência									Total de pontos	Salários em $
	F1	F2	F3	F4	F5	F6	F7	F8	F9		
01. Contínuo	-13,61	18,80	-2,38	15,53	-1,29	13,12	17,43	34,75	33,00	115,36	108
02. Auxiliar de escritório	21,34	18,80	-2,38	15,53	-1,29	41,21	17,43	34,75	33,00	178,41	137
03. Copeiro	3,87	31,92	16,33	34,54	-1,29	13,12	17,43	34,75	33,00	183,67	163
04. Porteiro	21,34	18,80	16,33	34,54	-1,29	13,12	65,13	34,75	33,00	235,73	175
05. Telefonista	21,34	31,92	16,33	34,54	20,49	41,21	65,13	34,75	33,00	298,72	184
06. Operador duplicadora	21,34	31,92	-2,38	15,53	20,49	41,21	17,43	34,75	33,00	213,31	198
07. Recepcionista	38,82	31,92	-2,38	34,54	-1,29	13,12	65,13	34,75	33,00	247,62	202
08. Vigia	3,87	18,80	-2,38	34,54	-1,29	41,21	17,43	34,75	33,00	179,95	203
09. Datilógrafa	38,82	45,04	-2,38	34,54	20,49	41,21	41,28	34,75	33,00	286,76	234
10. Garçom	3,87	45,04	35,03	34,54	-1,29	13,12	65,13	34,75	33,00	263,19	250
11. Operador off-set	21,34	31,92	53,74	34,54	20,49	41,21	17,43	34,75	33,00	288,43	259
12. Motorista	21,34	31,92	53,74	53,56	42,26	13,12	41,28	34,75	33,00	324,97	273
13. Cozinheiro	21,34	45,04	72,44	34,54	20,49	13,12	-6,41	55,15	65,37	321,07	279
14. Auxiliar contabilidade	38,82	45,04	72,44	34,54	64,03	41,21	41,28	34,75	33,00	405,13	280
15. Mec. refrigeração	38,82	58,16	91,14	53,56	64,03	41,21	17,43	34,75	33,00	432,12	283
16. Auxiliar administrativo	56,30	45,04	72,44	53,56	64,03	41,21	65,13	34,75	33,00	465,47	299
17. Digitador	56,30	45,04	53,74	34,54	64,03	41,21	-6,41	34,75	33,00	356,21	300
18. Bombeiro hidráulico	38,82	58,16	91,14	53,56	64,03	41,21	17,43	34,75	33,00	432,12	327
19. Auxiliar de pessoal	56,30	45,04	72,44	34,54	64,03	41,21	65,13	34,75	33,00	446,46	333
20. Carpinteiro	38,82	58,16	91,14	34,54	42,26	41,21	17,43	34,75	33,00	391,33	347
21. Secretária Jr.	56,30	45,04	72,44	34,54	64,03	41,21	41,28	34,75	33,00	422,61	348
22. Eletricista	38,82	58,16	91,14	53,56	64,03	41,21	17,43	34,75	33,00	432,12	368
23. Téc. telecomunicações	73,78	84,40	91,14	72,57	64,03	125,51	88,98	34,75	33,00	668,16	384
24. Secretária	56,30	45,04	91,14	53,56	64,03	69,31	65,13	34,75	33,00	512,27	414
25. Encarregado Portaria	56,30	45,04	91,14	129,61	64,03	69,31	88,98	116,33	130,11	790,86	452
26. Secretária Sr.	56,30	45,04	109,85	53,56	85,81	97,41	88,98	34,75	65,37	637,07	502

Tabela 2.5 – Resumo das avaliações e valor relativo dos cargos ou total de pontos (continuação)

Resumo das avaliações e valor relativo dos cargos											
Título dos cargos	Fatores de avaliação e graus, por níveis de exigência									Total de pontos	Salários em $
	F1	F2	F3	F4	F5	F6	F7	F8	F9		
27. Advogado Jr.	108,74	18,80	91,14	15,53	85,81	69,31	88,98	34,75	65,37	578,44	588
28. Analista Jr. O & M	108,74	18,80	91,14	15,53	85,81	69,31	65,13	34,75	97,74	586,96	600
29. Secretária executiva	108,74	18,80	91,14	91,58	107,58	125,51	112,83	55,15	97,74	809,07	640
30. Desenhista	73,78	84,40	91,14	72,57	85,81	97,41	88,98	34,75	33,00	661,84	798
31. Analista de O & M	108,74	110,63	91,14	72,57	107,58	97,41	88,98	34,75	130,11	841,92	824
32. Analista Jr. Sist.	108,74	18,80	72,44	15,53	107,58	69,31	88,98	34,75	97,74	613,88	923
33. Auditor Sr.	108,74	136,87	109,85	91,58	107,58	153,60	136,68	75,54	162,48	1.082,92	1.040
34. Analista Sr. O & M	108,74	136,87	109,85	91,58	129,35	153,60	112,83	75,54	162,48	1.080,85	1.085
35. Analista sistema	108,74	110,63	91,14	72,57	107,58	153,60	112,83	34,75	130,11	921,96	1.126
36. Analista Sr. sistema	108,74	136,87	109,85	91,58	129,35	181,70	136,68	75,54	162,48	1.132,80	1.247
37. Enc. manut. elétrica	73,78	97,51	109,85	129,61	107,58	125,51	112,83	136,73	130,11	1.023,51	1.305
38. Enc. manut. mecânica	73,78	97,51	109,85	129,61	107,58	125,51	112,83	136,73	130,11	1.023,51	1.320
39. Chefe engenharia	126,22	136,87	128,55	148,62	129,35	181,70	184,38	116,33	162,48	1.314,51	1.668
40. Chefe contabilidade	126,22	136,87	128,55	148,62	129,35	181,70	184,38	116,33	162,48	1.314,51	2.028

A classificação de cargos consiste em colocar em ordem sequencial do somatório de pontos, que é obtida a partir dos valores relativos ou totais de pontos, conforme se vê na Tabela 2.5, e, a seguir, formar conjuntos de cargos que passarão a receber idêntico tratamento dentro de cada grupo salarial.

Se adotarmos os mesmos procedimentos dos Quadros 2.16 e 2.17 para os totais de pontos e os respectivos salários da Tabela 2.5, teremos os salários calculados ou ajustados com base em uma função linear.

Entretanto, antes de seguirmos adiante, seria interessante fazermos, por exemplo, uma comparação entre as funções linear e parábola. Pelos resultados obtidos com os mesmos dados da Tabela 2.5, e fazendo-se um confronto de resultados, podemos perceber que os provenientes da função polinômio ou parábola, cujo R^2 é superior ao da função linear, vão proporcionar resultados muito mais apropriados que os obtidos pela outra função (veja a Figura 2.14).

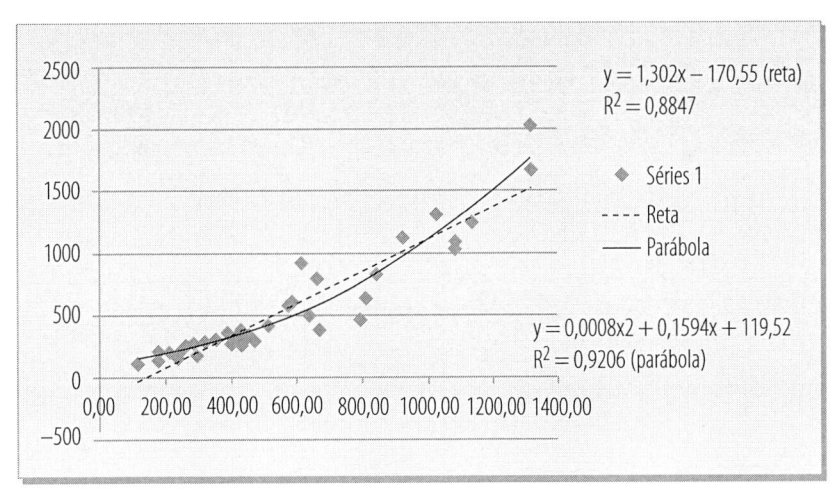

Figura 2.14 — Ajustamento de salários considerando as funções linear e parábola. (Fonte: Tabela 2.5)

Isso nos informa que o ajustamento dos salários utilizando a função parábola, por ter o R^2 maior, é mais recomendável que o aplicado no procedimento anterior com a função linear.

Tabela 2.6 — Comparativo entre ajustamento salarial com diferentes funções estatísticas

Comparativo entre ajustamentos, considerando diferentes funções estatísticas				
Título de cargo	Total de pontos ou valor relativo	Salário real	Ajustamento de salários pela função	
			Linear	Parábola
01. Contínuo	115,36	108	−20,35	148,55
02. Auxiliar de escritório	178,41	137	61,74	173,42
03. Copeiro	183,67	163	68,59	175,79
04. Porteiro	235,73	175	136,37	201,55
05. Telefonista	298,72	184	218,38	238,52
06. Operador de duplicadora	213,31	198	107,17	189,92
07. Recepcionista	247,62	202	151,86	208,05
08. Vigia	179,95	203	63,74	174,11
09. Datilógrafa	286,76	234	202,82	231,02
10. Garçom	263,19	250	172,13	216,89
11. Operador off-set	288,43	259	204,99	232,05
12. Motorista	324,97	273	252,56	255,80
13. Cozinheiro	321,07	279	247,49	253,17
14. Auxiliar de contabilidade	405,13	280	356,93	315,40
15. Mec. refrigeração	432,12	283	392,07	337,78
16. Auxiliar administrativo	465,47	299	435,49	367,05

Tabela 2.6 – Comparativo entre ajustamento salarial com diferentes funções estatísticas (continuação)

Comparativo entre ajustamentos, considerando diferentes funções estatísticas				
Título de cargo	Total de pontos ou valor relativo	Salário real	Ajustamento de salários pela função	
			Linear	Parábola
17. Digitador	356,21	300	293,23	277,81
18. Bombeiro hidráulico	432,12	327	392,07	337,78
19. Auxiliar de pessoal	446,46	333	410,74	350,14
20. Carpinteiro	391,33	347	338,96	304,41
21. Secretária Jr.	422,61	348	379,69	329,76
22. Eletricista	432,12	368	392,07	337,78
23. Téc. telecomunicações	668,16	384	699,40	583,18
24. Secretária	512,27	414	496,43	411,11
25. Encarregado de portaria	790,86	452	859,15	745,96
26. Secretária Sr.	637,07	502	658,91	545,75
27. Advogado Jr.	578,44	588	582,58	479,39
28. Analista Jr. O & M	586,96	600	593,67	488,70
29. Secretária executiva	809,07	640	882,86	772,16
30. Desenhista	661,84	798	691,16	575,44
31. Analista de O & M	841,92	824	925,63	820,78
32. Analista Jr. Sist.	613,88	923	628,72	518,85
33. Auditor Sr.	1.082,92	1.040	1.239,42	1.230,32
34. Analista Sr. O & M	1.080,85	1.085	1.236,72	1.226,40
35. Analista sistema	921,96	1.126	1.029,84	946,49
36. Analista Sr. sistema	1.132,80	1.247	1.304,35	1.326,67
37. Enc. manut. elétrica	1.023,51	1.305	1.162,06	1.120,72
38. Enc. manut. mecânica	1.023,51	1.320	1.162,06	1.120,72
39. Chefe engenharia	1.314,51	1.668	1.540,94	1.711,39
40. Chefe contabilidade	1.314,51	2.028	1.540,94	1.711,39

Ao fazermos o confronto entre os resultados, percebemos que a função parábola ajusta melhor os salários em razão de possuir um coeficiente de determinação maior que o da função linear.

Alerta importante Isso nos leva a afirmar que, se adotarmos esse mesmo procedimento com todos os demais fatores de avaliação, e escolhermos os R^2 mais elevados e adequados, obteremos resultados mais apropriados e legítimos.

A classificação dos cargos em estudo terá a seguinte disposição:

Tabela 2.7 – Classificação dos cargos pelo valor relativo

Classificação dos cargos pelo valor relativo				
Título de cargo	Total de pontos ou valor relativo	Salário real	Ajustamento de salários pela função	
			Linear	Parábola
01. Contínuo	115,36	108	-20,35	148,55
02. Auxiliar de escritório	178,41	137	61,74	173,42
08. Vigia	179,95	203	63,74	174,11
03. Copeiro	183,67	163	68,59	175,79
06. Operador de duplicadora	213,31	198	107,17	189,92
04. Porteiro	235,73	175	136,37	201,55
07. Recepcionista	247,62	202	151,86	208,05
10. Garçom	263,19	250	172,13	216,89
09. Datilógrafa	286,76	234	202,82	231,02
11. Operador off-set	288,43	259	204,99	232,05
05. Telefonista	298,72	184	218,38	238,52
13. Cozinheiro	321,07	279	247,49	253,17
12. Motorista	324,97	273	252,56	255,80
17. Digitador	356,21	300	293,23	277,81
20. Carpinteiro	391,33	347	338,96	304,41
14. Auxiliar de contabilidade	405,13	280	356,93	315,40
21. Secretária Jr.	422,61	348	379,69	329,76
15. Mec. refrigeração	432,12	283	392,07	337,78
18. Bombeiro hidráulico	432,12	327	392,07	337,78
22. Eletricista	432,12	368	392,07	337,78
19. Auxiliar de pessoal	446,46	333	410,74	350,14
16. Auxiliar administrativo	465,47	299	435,49	367,05
24. Secretária	512,27	414	496,43	411,11
27. Advogado Jr.	578,44	588	582,58	479,39
28. Analista Jr. O & M	586,96	600	593,67	488,70
32. Analista Jr. Sist.	613,88	923	628,72	518,85
26. Secretária Sr.	637,07	502	658,91	545,75
30. Desenhista	661,84	798	691,16	575,44
23. Téc. telecomunicações	668,16	384	699,40	583,18
25. Encarregado de portaria	790,86	452	859,15	745,96

Tabela 2.7 – Classificação dos cargos pelo valor relativo (continuação)

Classificação dos cargos pelo valor relativo				
Título de cargo	Total de pontos ou valor relativo	Salário real	Ajustamento de salários pela função	
			Linear	Parábola
29. Secretária executiva	809,07	640	882,86	772,16
31. Analista de O & M	841,92	824	925,63	820,78
35. Analista sistema	921,96	1.126	1.029,84	946,49
37. Enc. manut. elétrica	1.023,51	1.305	1.162,06	1.120,72
38. Enc. manut. mecânica	1.023,51	1.320	1.162,06	1.120,72
34. Analista Sr. O & M	1.080,85	1.085	1.236,72	1.226,40
33. Auditor Sr.	1.082,92	1.040	1.239,42	1.230,32
36. Analista Sr. sistema	1.132,80	1.247	1.304,35	1.326,67
39. Chefe engenharia	1.314,51	1.668	1.540,94	1.711,39
40. Chefe contabilidade	1.314,51	2.028	1.540,94	1.711,39

O processo de classificação de cargos exige que, a partir desse momento, se estabeleçam faixas salariais que serão adotadas pela empresa na remuneração dos ocupantes dos cargos em sua estrutura.

Faixas salariais – consistem em valores monetários, com base em totais de pontos da avaliação de cargos, que a empresa antecipadamente aprova e com os quais está disposta a remunerar os colaboradores no exercício das diferentes funções, mantendo, com isso, um equilíbrio interno, evitando insatisfações desnecessárias e, se possível, com harmonia ou consistência com o mercado concorrente.

Os totais de pontos das avaliações serão dispostos em intervalos de classe de pontos, que vão servir de base para a elaboração das faixas salariais, as quais vão passar a ser identificadas pelos grupos salariais.

Intervalos de classe de totais de pontos – consistem na divisão da extensão geral, representada pelo menor e pelo maior total de pontos, em extensões menores de valores salariais que sejam representativos da remuneração praticada ou a ser praticada na empresa, definindo, em razão disso, os grupos salariais.

Grupo salarial – consiste em uma extensão salarial, aprovada previamente pela direção da empresa, e que se presta a remunerar os ocupantes de cargos classificados com valor relativo compatível com o intervalo de classe que definiu a faixa salarial em razão da análise e avaliação de cargos.

O estabelecimento de intervalo de classe não segue regra fixa, entretanto, quando se conhece o número de observações, existe uma fórmula proposta por Sturges que apresenta um resultado que funciona mais como sugestão, e que é a seguinte:

$$n = 1 + 3{,}3 \log N.$$

onde, n = número de classes N = número de observações
No caso em estudo, o $N = 40$ (número de cargos)

$$n = 1 + 3{,}3 \log 40 = 1 + 3{,}3 \times 1{,}60206 = 1 + 5{,}286798 = 6{,}286798$$

aproximadamente, $n = 6$ classes.

A fórmula de Sturges funciona como sugestão e não como imposição, mesmo porque, em administração de cargos e salários, temos de observar, na classificação, quais cargos devem permanecer ou não em igual grupo salarial, evitando-se que dois ou mais cargos com relação de subordinação tenham idêntico tratamento salarial.

Quadro 2.18 — Procedimentos para construção dos intervalos de classe e das faixas salariais

Procedimentos para elaboração das faixas salariais
Cálculo dos numerais dos intervalos de classe
Os totais de pontos das avaliações serão dispostos em intervalos de pontos, que vão servir de base para a elaboração das faixas salariais que, desse modo, passarão a ser identificadas por grupos salariais. Os intervalos de classe serão elaborados com base em uma progressão geométrica (PG), cujo número de termos corresponde ao número de grupos salariais acrescidos de mais uma unidade (GS + 1).
Ao se experimentar 6 classes, notamos que alguns cargos, que deveriam ficar em grupos diferentes, permaneciam no mesmo grupo, o mesmo ocorrendo com a divisão em 7 e 8 classes. Na divisão com 9 intervalos de classe tais superposições desapareceram. Adotamos, portanto, 9 classes na distribuição dos cargos em estudo.
De acordo com a tabela de graduação de escala, o menor somatório possível de pontos é 91,51 e o maior possível de pontos é 1334,90, conforme Tabela 2.4. Considerando-se, ainda, que 9 seja o número de classes conveniente para o caso em estudo, teremos, seguindo as etapas, como determinar os limites **Menor** e **Maior** dos intervalos de classe, bem como os valores salariais **B – Mínimo** e **C – Máximo** das faixas salariais, conforme Tabela 2.8.
Vejamos como encontrar os valores para compor a Tabela 2.8:
O menor limite de intervalo de classe tem o valor de 91,51 e o maior 1334,90. Os meios serão calculados aplicando a fórmula a seguir:
$$q = \sqrt[n-1]{\frac{M}{m}}$$
Portanto, $\log q = \dfrac{\log (M/m)}{GS + 1 - 1} = \text{antilog}\left(\dfrac{\log (M/m)}{GS + 1 - 1}\right)$
Em que:
• **n** = número de termos (número de grupos salariais do plano de classificação de cargos);
• **M** = valor do maior termo (maior somatório de pontos possíveis);
• **m** = valor do menor termo (menor somatório possível de pontos).

Quadro 2.18 — Procedimentos para construção dos intervalos de classe e das faixas salariais (continuação)

Substituindo na fórmula as incógnitas por seus valores e calculando. teremos: $$q = \text{antilog}\left(\frac{\log 1334,90/91,51}{9+1-1}\right) = \text{antilog}\left(\frac{\log 14,587476778}{9}\right)$$ $$q = \text{antilog}\left(\frac{\log 14,587476778}{9}\right) = \text{antilog}\left(\frac{1,16398017770}{9}\right)$$ $$q = \text{antilog}\left(\frac{1,16398017770}{9}\right) = \text{antilog}\ 0,129331130$$ $$q = \text{antilog}\ 0,129331130 = 1,34688690$$ De posse da razão **q**, calculamos os meios, **n**, cujo resultado representa o limite exato do total de pontos que separa um intervalo de classe de outro e deve ser utilizado para o cálculo dos valores salariais **B – Mínimo** e **C – Máximo** das faixas salariais. Os termos da **PG** são representados por **n**: em que: $n_1 = m$; $n_2 = mq$; $n_3 = mq^2$; $n_4 = mq3$;... $n_n = mq^{n-1}$. $n_1 = 91,51 \times 1,34688690^0 = 91,51$ $n_2 = 91,51 \times 1,34688690^1 = 123,25$ $n_3 = 91,51 \times 1,34688690^2 = 166,01$ $n_4 = 91,51 \times 1,34688690^3 = 223,59$ $n_5 = 91,51 \times 1,34688690^4 = 301,16$ $n_6 = 91,51 \times 1,34688690^5 = 405,62$ $n_7 = 91,51 \times 1,34688690^6 = 546,33$ $n_8 = 91,51 \times 1,34688690^7 = 735,85$ $n_9 = 91,51 \times 1,34688690^8 = 991,10$ $n_{10} = 91,51 \times 1,34688690^9 = 1.334,90$
Cálculo dos numerais referentes aos valores da faixa salarial
Para o cálculo das faixas salariais, vamos utilizar a equação da função estatística parábola, conforme a Figura 2.14: $$y = 0,0008x^2 + 0,1594x + 119,52$$ De posse dos dados acima, cálculo de **n**, termos do intervalo de classe, dependemos ainda do cálculo dos valores **B** e **C** da faixa salarial. Considerando que os termos **n** do intervalo de classe se referem ao total de pontos dos limites de cada intervalo, e que pontos são identificados por **x** temos que: $$n = x$$

Administração de cargos e salários 67

Quadro 2.18 – Procedimentos para construção dos intervalos de classe e das faixas salariais (continuação)

Dessa forma, na fórmula da parábola, substituiremos x por seu valor n, total exato de pontos dos limites dos intervalos de classe, calculados acima, obtendo-se, assim, os valores mínimos e máximos das faixas salariais.

$\hat{y}_1 = 0,0008 \times 91,51^2 + 0,1594 \times 91,51 + 119,52$ donde, $\hat{y}_1 = 140,81$
$\hat{y}_2 = 0,0008 \times 123,25^2 + 0,1594 \times 123,25 + 119,52$ donde, $\hat{y}_2 = 151,32$
$\hat{y}_3 = 0,0008 \times 166,01^2 + 0,1594 \times 166,01 + 119,52$ donde, $\hat{y}_3 = 168,03$
$\hat{y}_4 = 0,0008 \times 223,59^2 + 0,1594 \times 223,59 + 119,52$ donde, $\hat{y}_4 = 195,16$
$\hat{y}_5 = 0,0008 \times 301,16^2 + 0,1594 \times 301,16 + 119,52$ donde, $\hat{y}_5 = 240,08$
$\hat{y}_6 = 0,0008 \times 405,62^2 + 0,1594 \times 405,62 + 119,52$ donde, $\hat{y}_6 = 315,80$
$\hat{y}_7 = 0,0008 \times 546,33^2 + 0,1594 \times 546,33 + 119,52$ donde, $\hat{y}_7 = 445,39$
$\hat{y}_8 = 0,0008 \times 735,85^2 + 0,1594 \times 735,85 + 119,52$ donde, $\hat{y}_8 = 669,99$
$\hat{y}_9 = 0,0008 \times 991,10^2 + 0,1594 \times 991,10 + 119,52$ donde, $\hat{y}_9 = 1.063,33$
$\hat{y}_{10} = 0,0008 \times 1.334,90^2 + 0,1594 \times 1.334,90 + 119,52$ donde, $\hat{y}_{10} = 1.757,87$

Tabela 2.8 – Exemplo de tabela salarial

Correspondência entre grupos salariais, intervalos de classe e faixas salariais					
Grupo salarial	Intervalo de classe do total de pontos da avaliação		Faixas salariais		
			Admissão	Valor absoluto do cargo	Desempenho excepcional
	Menor	Maior	A	B	C	D
1	91,51	123,25	128,01	140,81	151,32	166,45
2	123,25	166,01	137,56	151,32	168,03	184,83
3	166,01	223,59	152,75	168,03	195,16	214,67
4	223,59	301,16	177,42	195,16	240,08	264,09
5	301,16	405,62	218,26	240,08	315,80	347,38
6	405,62	546,33	287,09	315,80	445,39	489,93
7	546,33	735,85	404,90	445,39	669,99	736,99
8	735,85	991,10	609,08	669,99	1.063,33	1.169,66
9	991,10	1.334,90	966,56	1.063,33	1.757,87	1.933,66
Nota: as posições **A** e **D** da tabela de faixas salariais são estabelecidas a critério da empresa, podendo variar os valores extremos para mais ou para menos. Nesse estudo, como exemplo, adotamos para **A**, 10% abaixo de **B** e para **D**, 10% acima de **C**.						

Classificação dos cargos nos grupos salariais – consiste na relação das posições, tendo por base seu valor relativo, de maneira que haja condições de visualizar quantos e quais cargos se encontram em idêntica situação de tratamento salarial.

Tabela 2.9 – Resumo da classificação de cargos, por grupo salarial

Resumo da classificação de cargos									
Grupo salarial	Total de pontos		Cargos classificados, por grupo salarial[12]						
	Mínimo	Máximo							
1	91,51	123,25	1						
2	123,25	166,01							
3	166,01	223,59	2	8	3	6			
4	223,59	301,16	4	7	10	9	11	5	
5	301,16	405,62	13	12	17	20	14		
6	405,62	546,33	21	15	18	22	19	16	24
7	546,33	735,85	27	28	32	26	30	23	
8	735,85	991,10	25	29	31	35			
9	991,10	1.334,90	37	38	34	33	36	39	40

2.4.1 Custo de implantação do plano

Todas as fases do processo de classificação de cargos e salários foram desenvolvidas, faltando conhecer o custo de implantação do plano para que este seja submetido à apreciação e aprovação da direção.

Tabela 2.10 – Custo de implantação, por cargo

Custo de implantação do plano, por cargo									
Grupo salarial	Cargo	Número de pessoas	Salário real	Folha de pagamento		Diferença		Faixa salarial	
				Atual	Proposta	Absoluta	Percentual	B	C
1	1	5	108,00	540,00	704,10	164,10	30%	140,81	151,32
3	2	25	137,00	3.425,00	4.200,70	775,70	23%	168,03	195,16
3	8	4	203,00	812,00	812,00	0,00	0%	168,03	195,16
3	3	1	163,00	163,00	168,00	5,00	3%	168,03	195,16
3	6	3	198,00	594,00	594,00	0,00	0%	168,03	195,16
4	4	3	175,00	525,00	585,50	60,50	12%	195,16	240,08
4	7	3	202,00	606,00	606,00	0,00	0%	195,16	240,08
4	10	2	250,00	500,00	500,00	0,00	0%	195,16	240,08
4	9	15	234,00	3.510,00	3510,00	0,00	0%	195,16	240,08

[12] Cargos identificados por seus códigos.

Tabela 2.10 – Custo de implantação, por cargo (continuação)

Custo de implantação do plano, por cargo									
Grupo salarial	Cargo	Número de pessoas	Salário real	Folha de pagamento		Diferença		Faixa salarial	
				Atual	Proposta	Absoluta	Percentual	B	C
5	13	1	279,00	279,00	279,00	0,00	0%	240,08	315,80
5	12	4	273,00	1.092,00	1.092,00	0,00	0%	240,08	315,80
5	17	5	300,00	1.500,00	1.500,00	0,00	0%	240,08	315,80
5	20	14	347,00	4.858,00	4.858,00	0,00	0%	240,08	315,80
5	14	4	280,00	1.120,00	1.120,00	0,00	0%	240,08	315,80
6	21	3	348,00	1.044,00	1.044,00	0,00	0%	315,80	445,39
6	15	28	283,00	7.924,00	8.842,40	918,40	12%	315,80	445,39
6	18	23	327,00	7.521,00	7.521,00	0,00	0%	315,80	445,39
6	22	27	368,00	9.936,00	9.936,00	0,00	0%	315,80	445,39
6	19	6	333,00	1.998,00	1.998,00	0,00	0%	315,80	445,39
6	16	12	299,00	3.588,00	3.789,60	201,60	6%	315,80	445,39
6	24	6	414,00	2.484,00	2.484,00	0,00	0%	315,80	445,39
7	27	2	588,00	1.176,00	1.176,00	0,00	0%	445,39	669,99
7	28	3	600,00	1.800,00	1.800,00	0,00	0%	445,39	669,99
7	32	2	923,00	1.846,00	1.846,00	0,00	0%	445,39	669,99
7	26	2	502,00	1.004,00	1.004,00	0,00	0%	445,39	669,99
7	30	2	798,00	1.596,00	1.596,00	0,00	0%	445,39	669,99
7	23	2	384,00	768,00	890,80	122,80	16%	445,39	669,99
8	25	1	452,00	452,00	670,00	218,00	48%	669,99	1.063,33
8	29	1	640,00	640,00	670,00	30,00	5%	669,99	1.063,33
8	31	2	824,00	1.648,00	1.648,00	0,00	0%	669,99	1.063,33
8	35	1	1.126,00	1.126,00	1.126,00	0,00	0%	6.69,99	1.063,33
9	37	1	1.305,00	1.305,00	1.305,00	0,00	0%	1.063,33	1.757,87
9	38	1	1.320,00	1.320,00	1.320,00	0,00	0%	1.063,33	1.757,87
9	34	1	1.085,00	1.085,00	1.085,00	0,00	0%	1.063,33	1.757,87
9	33	1	1.040,00	1.040,00	1.063,30	23,30	2%	1.063,33	1.757,87
9	36	1	1.247,00	1.247,00	1.247,00	0,00	0%	1.063,33	1.757,87
9	39	1	1.668,00	1.668,00	1.668,00	0,00	0%	1.063,33	1.757,87
9	40	1	2.028,00	2.028,00	2.028,00	0,00	0%	1.063,33	1.757,87
Resumo		225		77.022,00	79.586,10	2.564,10	3%		

Tabela 2.11 – Custo de implantação, por grupo salarial

Custo de implantação do plano, por grupo salarial									
Grupo salarial	Cargo	Número de func.	Salário real	Folha de pagamento		Diferença		Faixa salarial	
				Atual	Proposta	Absoluta	Percentual	B	C
1	1	5		540,00	704,10	164,10	30%	140,81	151,32
2	0	0		0,00	0,00	0,00	0%	151,32	168,03
3	4	33		4.994,00	5.775,00	781,00	16%	168,03	195,16
4	6	29		6.395,00	6.500,00	105,00	2%	195,16	240,08
5	5	28		8.849,00	8.849,00	0,00	0%	240,08	315,80
6	7	105		34.495,00	35.615,00	1.120,00	3%	315,80	445,39
7	6	13		8.190,00	8.313,00	123,00	1%	445,39	669,99
8	4	5		3.866,00	4.114,00	248,00	6%	669,99	1.063,33
9	7	7		9.693,00	9.716,00	23,00	0%	1.063,33	1.757,87
Resumo		225		77.022,00	79.586,10	2.564,10	3%		

Custo de implantação do plano – consiste em se conhecer o valor da nova folha de pagamento com a finalidade de obter-se o equilíbrio interno, uma vez que os valores das faixas salariais são oriundos dos salários praticados pela própria empresa; portanto, nenhum valor salarial foi, até o presente momento, importado do mercado.

O relatório deverá conter tabelas que representem os custos por cargo e por grupo salarial, complementados por diferenças de aumentos absolutos e percentuais, bem como do total de folha de pagamento.

No caso em estudo, foram estabelecidos os seguintes critérios:

- admissões e promoções terão os salários fixados na posição "**A**" da faixa salarial;
- ocupantes dos cargos cujos salários estiverem abaixo da posição "**B**" da faixa salarial terão estes enquadrados na posição "**B**";
- ocupantes de cargos cujos salários forem iguais ou superiores ao valor da posição "**B**" da faixa salarial permanecem com o mesmo salário.

2.5 Pesquisa salarial

Pesquisa de salários – é um processo de levantamento de dados e informações do mercado, referentes às políticas de remuneração praticadas pela empresa em confronto às demais, da mesma região geoeconômica, em relação a determinado conjunto de cargos que seja representativo da estrutura e existentes nas outras participantes da pesquisa.

A pesquisa precisa contemplar cargo, salário e, se possível, o plano de classificação de cargos, por meio de tratamento estatístico que permita ação firme, segura e confiável por parte da empresa pesquisadora.

Os preceitos que dizem respeito à precisão, veracidade e honestidade, que caracterizam as virtudes inerentes à Metodologia da Pesquisa, precisam estar presentes proporcionando fidedignidade às informações obtidas após o processamento.

Objetivo – apresentar um cenário do mercado, em termos de remuneração, oferecendo à empresa pesquisadora os elementos necessários para comparar e corrigir eventuais discrepâncias que se apresentem como inconveniências para a manutenção da harmonia e da ordem no ambiente profissional.

Ocorre que, mesmo aplicando com rigor os preceitos recomendados pela Metodologia Científica, nem sempre se obtêm os resultados satisfatórios esperados. Isso se deve a vários motivos que interferem na realização da pesquisa, exigindo sua identificação para que se possa conseguir uma análise criteriosa.

A pesquisa salarial deve ser realizada, pelo menos, em duas oportunidades: por ocasião da implantação e na revisão do plano de classificação de cargos, implicando sempre na essencial e indispensável tabulação dos dados.

2.5.1 Pesquisa na implantação do plano de classificação

Consiste no estudo do mercado concorrente em relação às políticas e práticas salariais, de modo que a empresa possa se posicionar em equilíbrio com as demais instituições competidoras ou rivais, no mesmo tipo de colaboradores profissionais, ocupantes de posições idênticas ou assemelhadas.

O estudo que permite conhecer os valores de mercado e consolidar o plano de cargos é materializado através da execução de um processo que envolve várias etapas:

- organizando o manual de coleta de dados;
- convidando empresas significativas do mercado;
- estabelecendo roteiro de visitas;
- procedendo à distribuição e agendando devolução;
- orientando o preenchimento do manual de coleta.

Manual de coleta de dados – é o instrumento que permite registrar, de forma criteriosa, os dados necessários à realização de uma pesquisa.

Convite às empresas – consiste em convidar e agendar, antecipadamente, com as empresas participantes, tendo em vista que estamos acrescentando serviço extra aos nossos colaboradores.

Roteiro de visitas – consiste em atender às necessidades da empresa e às conveniências dos participantes, procurando racionalizar a coleta de dados e, assim, evitando desperdício de tempo.

Distribuição, preenchimento e devolução – referem-se à etapa em que se procura cumprir datas de entrega e devolução do manual de coleta de dados, incluindo as necessárias explicações sobre o que e como preencher.

2.5.2 Pesquisa na revisão do plano de classificação

A pesquisa salarial na revisão do plano de classificação tem as mesmas características examinadas e atendidas por ocasião da pesquisa na implantação do plano, observando-se, portanto, as políticas e práticas de remuneração e o estado ou situação em que se encontra, no momento, o plano de classificação de cargos.

Revisão do plano de classificação – consiste no reestudo das descrições e avaliações de cargos, dos diferentes planos salariais, da ponderação e graduação de escala de fatores, assegurando total atualização e precisão no que diz respeito aos valores relativos dos cargos.

Objetivo – atualizar os dados e informações, se necessário, de modo a proporcionar caráter de precisão e confiabilidade aos procedimentos anteriormente desenvolvidos, mantendo atuantes os aspectos de equilíbrio interno e externo.

Pelo que tivemos oportunidade de acompanhar, podemos imaginar o quanto de tempo, serviço e responsabilidade envolve a revisão do plano de classificação de cargos. O ideal seria dispor de um instrumento que identificasse antecipadamente quais cargos estariam em desarmonia com o mercado, não somente em termos de estrutura de salários, mas também em razão da estrutura de cargos.

Procedimento – no processo de revisão, normalmente, desenvolvemos uma pesquisa de salários. Logo, as condutas[13] mais indicadas, uma vez que os cargos que apresentarem disparidade,[14] em termos de posição hierárquica entre estrutura da empresa e estrutura do mercado, serão revistos, diminuindo-se, significativamente, para os profissionais envolvidos, o tempo de trabalho na realização do trabalho.

2.5.3 Tabulação da pesquisa salarial

Tabulação da pesquisa salarial – consiste na apresentação, em variados formatos, de um conteúdo estatístico referente às medidas de tendência que costuma ser o mesmo, salvo exceções praticadas por algumas empresas. As medidas de tendência utilizadas são:

---

[13] Veja o item Análise da pesquisa salarial, p. 75.
[14] Aplicação do princípio da exceção, que é um dos princípios estabelecidos por Taylor, em sua obra *Administração científica*.

- menor salário;
- maior salário;
- salário médio;
- 1º quartil;
- 2º quartil (ou mediana);
- 3º quartil;
- moda;
- desvio padrão.

Procedimento – a pesquisa salarial é o instrumento de comparação das informações da empresa com as do mercado. Portanto, quando da tabulação, os dados da pesquisadora não se misturam com os do mercado. Significa dizer que, embora mereçam tratamento estatístico, são registrados de forma que se estabeleça o confronto a fim de se conhecer a posição dos cargos da empresa em relação ao mercado concorrente.

Objetivo – conhecer o mercado e permitir que a empresa pesquisadora promova o equilíbrio externo através de salários compatíveis com as outras empresas, evitando em contrapartida a prática de salários defasados para mais ou menos em relação ao mercado.

Equilíbrio interno – é importante porque determina tratamento salarial igual para os ocupantes de mesmos cargos, dentro da empresa.

Equilíbrio externo – é importante porque coloca a empresa, em termos de prática salarial, em igualdade de condições com as demais do mercado concorrente. Mostramos, na Tabela 2.12, a título de ilustração, um modelo de tabulação de pesquisa salarial, com os cargos indicados por códigos e a empresa identificada apenas por "pesquisadora".

Tabulação por grupo salarial[15] – é a tabulação de conjuntos de cargos do mercado, representativos dos mesmos conjuntos de cargos da empresa pesquisadora, de acordo com a estrutura hierárquica de cargos.

Objetivo – exteriorizar, através do confronto, o tratamento salarial, generalizado, da estrutura de cargos da empresa perante a estrutura, políticas e práticas do mercado concorrente.

---

[15] Grupo salarial, para o nosso texto, possui o mesmo significado que classe salarial ou nível salarial.

Tabela 2.12 — Amostra de uma tabulação de pesquisa salarial, por cargos

Amostra de uma tabulação de cargos										
Cargo	Número		Valores pagos			Tendência central			Faixa salarial	
Dados	Emp.	Func.	Menor	MAP	Maior	Q1	Q2	Q3	Mínimo	Máximo
20101 M. Inf	9	82	174	311	540	264	283	328	261	341
M. Dep	6	75	234	313	540	265	283	321	278	359
Pesquisadora		1	233	233	233				214	229
20201 M. Inf	9	12	254	328	590	261	307	321	308	424
M. Dep	8	11	254	304	392	260	307	321	282	401
Pesquisadora		1	246	246	246				246	282
20202 M. Inf	8	24	247	341	414	284	355	383	297	419
M. Dep	4	11	300	360	388	321	368	379	304	432
Pesquisadora		2	297	318	339				246	282
20502 M. Inf	4	6	300	696	993	300	612	809	560	859
M. Dep	3	5	480	775	993	480	743	828	665	1.043
Pesquisadora		1	495	495	495				374	525

Número emp. = número de empresas que responderam;
Número func. = número de funcionários no cargo;
Menor = menor salário informado;
MAP = média aritmética ponderada;
Maior = maior salário informado;
Q1 = primeiro quartil;
Q2 = segundo quartil (ou mediana);
Q3 = terceiro quartil;
Mín = mínimo de faixa salarial;
Máx = máximo de faixa salarial;
M. Inf = mercado informado;
M. Dep = mercado depurado.

Análise da pesquisa salarial

Analisar uma pesquisa é atividade que consiste em um exame profundo e variado, levando-se em conta diferentes abordagens para que se obtenha um conjunto de informações que nos proporcione segurança e confiabilidade no momento de uma tomada de decisão.

A pesquisa salarial pode ser analisada conforme vários enfoques e, entre eles, podemos citar: análise por cargo, análise por grupo salarial, análise pelo número de empresas, análise pela amplitude salarial e análise pelo índice de permanência.

Cada um de nós, ao examinarmos uma pesquisa, tem um sentimento ou percepção do que pode estar bom ou ruim, isto é, se consideramos confiável e seguro os dados e informações salariais provenientes da tabulação para recomendá-la à direção da empresa ou não.

Análise da pesquisa salarial – analisar uma pesquisa não significa apenas verificar qual a situação salarial de um cargo ou de grupo de cargos em relação ao mercado ou qual a tendência deles no mercado. Significa muito mais, uma vez que representa saber, além das virtudes de coleta e de tratamento estatístico, se os dados tabulados são seguros, representativos e confiáveis, além de honestos e verdadeiros.

Análise por cargo – consiste no estudo minucioso da situação do cargo no confronto entre as práticas e políticas da empresa pesquisadora e as do mercado concorrente.

Análise por grupo salarial – consiste no estudo criterioso da situação de cada conjunto de cargos de um mesmo grupo salarial, conforme estrutura da empresa pesquisadora, no confronto entre as práticas e políticas da empresa pesquisadora e as do mercado concorrente.

Análise pelo número de empresas – consiste no exame que se faz diante do número de empresas, entre as participantes que responderam sobre determinado cargo, considerando, por exemplo, a seguinte situação: em uma pesquisa com 15 empresas participantes, obtivemos para cada cargo número de respostas diferentes do de organizações convidadas.

O que se deseja saber é se as empresas que responderam podem representar, com segurança e confiabilidade, o mercado pesquisado, considerando, como foi dito anteriormente, que entre as 15 participantes, apenas um grupo de 12, ou 9, ou 5, ou quaisquer outros números de empresas responderam, informando os dados referentes a determinado cargo.

O que podemos perceber e considerar seguro e confiável é que, quanto maior o número de empresas, entre as participantes, que responderem informando dados sobre determinado cargo, maior a representatividade de mercado.

Análise pela amplitude salarial – consiste na verificação de quais amplitudes salariais são praticadas pelo mercado para cada cargo. Consideremos a seguinte situação: em uma pesquisa temos a oportunidade de observar as amplitudes salariais entre Maior Salário e Menor Salário e/ou entre 3º Quartil e 1º Quartil, ou quaisquer outras medidas de tendência central.

O propósito dessa análise é estabelecer um padrão de confiabilidade, com base nas amplitudes salariais de diferentes cargos do mercado, de modo que o profissional responsável pela pesquisa possa fazer uma recomendação à diretoria para uma tomada de decisão.

Dependendo do cargo pesquisado e das circunstâncias, o resultado de uma pesquisa, em termos de amplitude salarial, pode se apresentar estreita ou de pequena amplitude ou ampla ou de grande amplitude. As diferenças percentuais entre os salários extremos (maior e menor) de uma pesquisa podem apresentar amplitude de, por exemplo, 5% para um cargo e de 600% para outro, que comparados entre si, representam, respectivamente, uma pequena e uma grande amplitude.

O que podemos perceber e considerar seguro e confiável é que, quanto menor a amplitude salarial entre os extremos, maior o grau ou índice de representatividade do mercado para o cargo pesquisado, entre as diversas amplitudes apuradas, para diferentes cargos.

Conclusão: quanto mais concentrados, isto é, quanto menor for a amplitude salarial, maior será a segurança e a confiabilidade que teremos para recomendar os salários. De outro modo, quanto mais dispersos, ou seja, quanto maior a amplitude salarial, menor será a segurança e confiabilidade.

Podemos considerar que, se os salários estiverem concentrados, o mercado identifica bem o cargo e pratica salários adequados; entretanto, se os salários estiverem dispersos, dependendo dessa dispersão, podemos até entender que o cargo possui mais de um significado, isto é, podemos estar diante de dois ou mais cargos ou de mais de um status de cargo.

Análise pelo índice de permanência – consiste em um indicador quantitativo do número de empresas que permanecem na tabulação, informando valores salariais após a depuração.

A depuração de salários em uma pesquisa é representada por corte ou eliminação dos maiores e menores valores, conforme critério adotado que pode ser o de desvio padrão, de quartil ou quaisquer outros podendo, em determinadas circunstâncias, atingir empresas, excluindo-as ou não da tabulação.

Consideremos, por exemplo, a seguinte situação: em uma pesquisa com 15 empresas participantes, observamos que houve variação tanto no número de empresas informantes como no número de empresas após a depuração.

O que se deseja saber é qual a quantidade ou percentual de empresas remanescentes após a realização da depuração que, de forma confiável e segura, pode representar o mercado.

Dependendo do cargo pesquisado e das circunstâncias, o resultado de uma pesquisa, em termos de índice de permanência de empresas, pode se apresentar com uma variação no número de informantes remanescentes, com referência aos que aceitaram o convite de participação na pesquisa. Essa variação no número de empresas remanescentes é decorrência dos procedimentos de depuração que pode provocar, em razão dos valores salariais apresentados pelas empresas informantes, cortes de amplitudes variadas, determinando quais empresas estão dentro e quais estão fora dos limites estabelecidos.

As empresas em uma pesquisa podem ser segmentadas da seguinte maneira:

- **participantes** – convidadas e que aceitaram responder à pesquisa;
- **informantes** – participantes e que responderam a determinado cargo;
- **remanescentes** – informantes que permaneceram após depuração.

Se em uma pesquisa participam 15 empresas, podemos ter após a depuração até 15 ou um número menor de empresas que permanecem e dão respostas. Se por outro lado, das 15 participantes apenas 8, entre elas, respondem, após a depuração, podemos ter até 8 ou um número menor de empresas que permanecem e que dão respostas.

O que podemos perceber e considerar seguro e confiável é que, quanto maior o número de empresas que permanecem respondendo a pesquisa, mais seguras e confiáveis as respostas que se obtêm.

Podemos concluir que quanto maior for o número de empresas, após a depuração, que permanecem respondendo aos cargos da pesquisa, mais seguros e confiáveis para recomendar à direção os salários de mercado.

De outro modo, quanto menor o número de empresas que permanecerem após a depuração, menor segurança e confiabilidade. Isso significa que, quanto maior for o percentual de aproveitamento de empresas após a depuração, maior segurança e confiabilidade para considerar a tabulação representativa de mercado.

Temos observado que a análise da pesquisa constitui uma fase da mais alta importância, tendo em vista que traduz com muita clareza o verdadeiro significado dos dados informados pelo mercado e tabulados para conhecimento da empresa.

É imprescindível, portanto, que a análise da pesquisa seja realizada. Entretanto, essa análise somente apresenta um significado maior quando examinamos o conjunto completo das informações.

Relatório conclusivo ou fim da pesquisa salarial

Relatório conclusivo da pesquisa salarial – é um documento, normalmente de poucas páginas, que é apresentado em reunião de diretoria, mostrando a posição atual, comparada com a situação que ficaria após a implantação e o confronto final em relação ao mercado. Sugere, ainda, com base em valores praticados do mercado, novas faixas salariais e os custos de implantação referentes à situação proposta.

Esse relatório, embora sucinto, costuma ocupar o profissional por vários dias e até por semanas. Uma das atividades consiste em registrar os valores salariais dos cargos, com base no mercado, na estrutura de cargos da empresa e a seguir ajustar estatisticamente os salários em diferentes curvas estatísticas e selecionar aquela de maior coeficiente de determinação. Para cada medida de tendência do mercado ou para uma delas em particular, deve-se fazer o ajuste estatístico, levando em consideração as práticas e políticas da empresa, para que possamos escolher aquele ajustamento que melhor se adapte aos perfis da empresa e do mercado.

Faixas salariais – consiste em considerar, em sua elaboração, a curva ou função estatística de maior coeficiente de determinação como medida de tendência a ser praticada pela empresa, construindo-se em torno dela a tabela de faixas salariais.

Constituída a tabela de faixas salariais da empresa, representativa do mercado, a atividade seguinte é adequar os salários dos cargos aos seus valores, então verificar o custo absoluto e percentual por cargo e por grupo salarial, bem como o total geral. Logicamente, o relatório conclusivo deve ser acompanhado de um gráfico com as principais medidas de tendência do mercado em confronto com as da empresa.

Tabela 2.13 — Resumo da simulação de pesquisa salarial do mercado

Simulação da tabulação da pesquisa salarial do mercado						
Grupo salarial	Cargo	Total de pontos	Pesquisadora		Empresas do mercado	
			Func.	Salário	Func.	MAP
1	01	56	5	108	33	115
2	02	71	25	137	182	168
2	08	79	4	203	41	228
2	03	90	1	163	17	205
2	04	90	3	175	62	180
2	06	90	3	198	53	218
3	07	106	3	202	84	218
3	10	107	2	250	19	240
3	05	115	4	184	17	247
3	09	118	15	234	276	338
3	11	120	2	259	28	323
4	12	132	4	273	31	390
4	13	137	1	279	27	405
4	17	152	5	300	23	348
4	14	165	4	280	12	430
4	20	170	14	347	163	478
4	21	175	3	348	81	490
4	19	179	6	333	74	440
5	16	185	12	299	151	570
5	15	188	28	283	360	605
5	18	188	23	327	210	542
5	22	188	27	368	244	680
5	24	209	6	414	90	480
5	32	251	2	923	16	720
6	27	259	2	588	23	799
6	28	259	3	600	48	858
6	26	267	2	502	32	917
6	30	293	2	798	37	975
6	23	294	2	384	29	707
6	25	350	1	452	18	760
7	29	384	1	640	17	1.035
7	31	418	2	824	25	1.180
7	35	476	1	1.126	15	1.340
8	37	528	1	1.305	13	1.860

Tabela 2.13 — Resumo da simulação de pesquisa salarial do mercado (continuação)

Simulação da tabulação da pesquisa salarial do mercado						
Grupo salarial	Cargo	Total de pontos	Pesquisadora		Empresas do mercado	
			Func.	Salário	Func.	MAP
8	38	528	1	1.320	18	1.928
8	33	616	1	1.040	21	1.427
8	34	641	1	1.085	12	1.496
8	36	695	1	1.247	14	1.674
9	40	907	1	2.028	19	2.665
9	39	934	1	1.668	21	2.065

Para exemplificar o que foi apresentado, será desenvolvido um modelo de relatório conclusivo para que se tenha uma visão mais aproximada do que se pode praticar na empresa.

Considerando a "empresa" e os "cargos" da Tabela 2.1 do tópico Aplicação prática, p. 50, faremos uma simulação de pesquisa salarial para ilustrar o que dissemos anteriormente.

Nossa "empresa", ao concluir a classificação dos cargos estabeleceu, supostamente, algumas práticas e políticas de Recursos Humanos que passaremos a expor:

- implantação do plano de classificação de cargos e salários somente será efetivada após realização de uma pesquisa de salários no mercado concorrente;
- medida de tendência central, base da construção de faixas salariais, será a **MAP** (média aritmética ponderada);
- curva estatística exponencial será a base dos cálculos dos valores das faixas salariais;
- faixas salariais terão 4 (quatro) posições de valores básicos **A**, **B**, **C** e **D** (veja o tópico Aplicação prática, p. 50, e Tabela 2.8, p. 67);
- salários abaixo da posição **B** da faixa salarial correspondente serão imediatamente enquadrados naquele valor;
- salários iguais ou superiores ao da posição **B** da faixa salarial correspondente permanecerão inalterados;
- salários superiores ao máximo da faixa salarial serão motivo de estudos a serem definidos;
- curva estatística, que servirá de base para construção das faixas salariais, terá, em relação à curva de mercado, as seguintes características:
  - ao menor total de pontos do intervalo de classe, início do grupo salarial 1, corresponderá um valor que ficará 6,50% abaixo do mercado;
  - ao maior total de pontos do intervalo de classe, na nossa simulação, grupo salarial 9, corresponderá um valor que ficará 25,00% acima do mercado;

- para o total de pontos intermediário do intervalo de classe, teremos um valor que corresponderá à média aritmética dos percentuais atribuídos aos extremos.

Dessa forma, neste caso, teremos:

$$P = \frac{-6,5\% + 25,00\%}{2}, \qquad \text{donde } P = 9,25\%$$

Quadro 2.19 – Procedimentos para determinação dos valores das faixas salariais

Resumo dos procedimentos para obtenção dos valores das faixas salariais

Cálculo dos valores salariais, com base na empresa

Os salários da empresa são ajustados pela fórmula $y = 0,0008x^2 + 0,1594x + 119,52$, como se vê na Figura 2.15:

	Pontos	Salário
Mínimo	91,51	140,81
Médio	713,21	640,13
Máximo	1.334,90	1.757,87

Cálculo dos valores salariais, com base no mercado real

Os salários da empresa são ajustados pela fórmula $y = 0,0007x^2 + 0,7345x + 55,328$, como se vê na Figura 2.15:

	Pontos	Salário
Mínimo	91,51	128,40
Médio	713,21	935,24
Máximo	1.334,90	2.283,18

Cálculo dos valores salariais, com base no mercado ajustado, aplicando política da empresa

Os salários da empresa são ajustados pela fórmula $y = 0,0012x^2 + 0,4803x + 66,527$, como se vê na Figura 2.15:

	Pontos	Salário	Condições de ajuste
Mínimo	91,51	120,57	–6,50%
Médio	713,21	1.021,75	9,25%
Máximo	1.334,90	2.853,98	25,00%

Tabela 2.14 – Faixas salariais

Tabela de faixas salariais com base nas práticas e políticas da empresa pesquisadora								
Grupo salarial	Intervalo de classe		Faixas salariais					
			Empresa		Mercado real		Mercado ajustado	
	Mínimo	Máximo	B	C	B	C	B	C
1	92,51	123,25	140,81	151,32	128,40	156,49	120,53	143,96
2	123,25	166,01	151,32	168,03	156,49	196,55	143,96	179,33
3	166,01	223,59	168,03	195,16	196,55	254,55	179,33	233,91
4	223,59	301,16	195,16	240,08	254,55	340,01	233,91	320,01
5	301,16	405,62	240,08	315,80	340,01	468,43	320,01	458,79
6	405,62	546,33	315,80	445,39	468,43	665,54	458,79	687,10
7	546,33	735,85	445,39	669,99	665,54	974,83	687,10	1.069,72
8	735,85	991,10	669,99	1.063,33	974,83	1.470,89	1.069,72	1.721,29
9	991,10	1.334,90	1.063,33	1.757,87	1.470,89	2.283,18	1.721,29	2.846,03

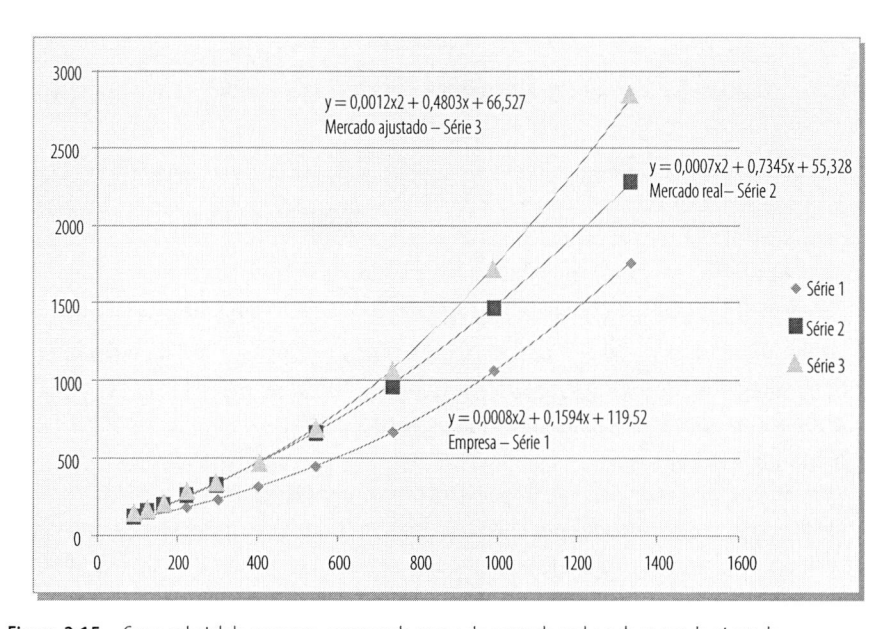

Figura 2.15 – Curva salarial da empresa, comparada com a do mercado real e a do mercado ajustado.

De posse das informações elaboradas e desenvolvidas, estamos em condições de preparar a tabela completa de faixas salariais e o quadro de custo de implantação do plano de classificação de cargos e salários em relativo equilíbrio com o mercado.

Tabela 2.15 – Faixas salariais após complementação de estudos e aprovação

Tabela de faixas salariais com base em pesquisa de mercado e práticas e políticas da empresa						
Grupo salarial	Intervalo de classe		Faixa salarial			
			Valor para admissão	Valor absoluto do cargo		Desempenho excepcional
	Mínimo	Máximo	A	B	C	D
1	92,51	123,25	109,57	120,53	143,96	158,35
2	123,25	166,01	130,87	143,96	179,33	197,26
3	166,01	223,59	163,03	179,33	233,91	257,30
4	223,59	301,16	212,65	233,91	320,01	352,01
5	301,16	405,62	290,92	320,01	458,79	504,66
6	405,62	546,33	417,08	458,79	687,10	755,81
7	546,33	735,85	624,64	687,10	1.069,72	1.176,69
8	735,85	991,10	972,47	1.069,72	1.721,29	1.893,42
9	991,10	1.334,90	1.564,81	1.721,29	2.846,03	3.130,63

Nota: As posições **A** e **D** da tabela de faixas salariais são estabelecidas a critério da empresa, podendo variar os valores extremos para mais ou para menos.

Durante a simulação de reunião com a direção da empresa, é importante que se registre, várias mudanças foram aprovadas. Entre elas, a utilização de uma nova faixa salarial, já aplicada na Tabela 2.10, com origem na Tabela 2.14, do tópico Relatório conclusivo ou fim da pesquisa salarial, p. 77, com base no mercado pesquisado.

No caso em estudo, foram estabelecidos os seguintes critérios:

- admissões e promoções terão os salários fixados na posição "**A**" da faixa salarial;
- ocupantes dos cargos cujos salários estiverem abaixo da posição "**B**" da faixa salarial terão os mesmos enquadrados na posição "**B**";
- ocupantes de cargos cujos salários forem iguais ou superiores ao valor da posição "**B**" da faixa salarial permanecem com o mesmo salário.

O relatório conclusivo da pesquisa salarial é o instrumento indispensável para tomada de decisão pelos componentes da alta administração. A análise do relatório permite visualizar a situação da empresa em relação ao mercado, bem como identificar cargos que, possivelmente, necessitem de revisão de descrição e/ou de reavaliação.

Tabela 2.16 — Custo de implantação, por cargo

Custo de implantação do plano, por cargo									
Grupo salarial	Cargo	Número de pessoas	Salário real	Folha de pagamento		Diferença		Faixa salarial	
				Atual	Proposta	Absoluta	Percentual	B	C
1	1	5	108,00	540,00	602,6	62,6	12%	120,52	143,96
3	2	25	137,00	3.425,00	4.483,3	1.058,3	31%	179,33	233,91
3	8	4	203,00	812,00	812,0	0,0	0%	179,33	233,91
3	3	1	163,00	163,00	179,3	16,3	10%	179,33	233,91
3	6	3	198,00	594,00	594,0	0,0	0%	179,33	233,91
4	4	3	175,00	525,00	701,7	176,7	34%	233,91	320,00
4	7	3	202,00	606,00	701,7	95,7	16%	233,91	320,00
4	10	2	250,00	500,00	500,0	0,0	0%	233,91	320,00
4	9	15	234,00	3.510,00	3.510,0	0,0	0%	233,91	320,00
4	11	2	259,00	518,00	518,0	0,0	0%	233,91	320,00
4	5	4	184,00	736,00	935,7	199,7	27%	233,91	320,00
5	13	1	279,00	279,00	320,0	41,0	15%	320,00	458,78
5	12	4	273,00	1.092,00	1.280,0	188,0	17%	320,00	458,78
5	17	5	300,00	1.500,00	1.600,0	100,0	7%	320,00	458,78
5	20	14	347,00	4.858,00	4.858,0	0,0	0%	320,00	458,78
5	14	4	280,00	1.120,00	1.280,0	160,0	14%	320,00	458,78
6	21	3	348,00	1.044,00	1.376,4	332,4	32%	458,78	687,10
6	15	28	283,00	7.924,00	12.846,0	4.922,0	62%	458,78	687,10
6	18	23	327,00	7.521,00	10.552,1	3.031,1	40%	458,78	687,10
6	22	27	368,00	9.936,00	12.387,2	2.451,2	25%	458,78	687,10
6	19	6	333,00	1.998,00	2.752,7	754,7	38%	458,78	687,10
6	16	12	299,00	3.588,00	5.505,4	1.917,4	53%	458,78	687,10
6	24	6	414,00	2.484,00	2.752,7	268,7	11%	458,78	687,10
7	27	2	588,00	1.176,00	1.374,2	198,2	17%	687,10	1.069,71
7	28	3	600,00	1.800,00	2.061,3	261,3	15%	687,10	1.069,71
7	32	2	923,00	1.846,00	1.846,0	0,0	0%	687,10	1.069,71
7	26	2	502,00	1.004,00	1.374,2	370,2	37%	687,10	1.069,71
7	30	2	798,00	1.596,00	1.596,0	0,0	0%	687,10	1.069,71
7	23	2	384,00	768,00	1.374,2	606,2	79%	687,10	1.069,71
8	25	1	452,00	452,00	1.069,7	617,7	137%	1.069,72	1.721,28
8	29	1	640,00	640,00	1.069,7	429,7	67%	1.069,72	1.721,28
8	31	2	824,00	1.648,00	2.139,4	491,4	30%	1.069,72	1.721,28

Tabela 2.16 — Custo de implantação, por cargo(continuação)

Custo de implantação do plano, por cargo								
Grupo salarial	Cargo	Número de pessoas	Salário real	Folha de pagamento		Diferença		Faixa salarial	
				Atual	Proposta	Absoluta	Percentual	B	C
8	35	1	1.126,00	1.126,00	1.126,0	0,0	0%	1.069,72	1.721,28
9	37	1	1.305,00	1.305,00	1.721,3	416,3	32%	1.721,29	2.846,02
9	38	1	1.320,00	1.320,00	1.721,3	401,3	30%	1.721,29	2.846,02
9	34	1	1.085,00	1.085,00	1.721,3	636,3	59%	1.721,29	2.846,02
9	33	1	1.040,00	1.040,00	1.721,3	681,3	66%	1.721,29	2.846,02
9	36	1	1.247,00	1.247,00	1.721,3	474,3	38%	1.721,29	2.846,02
9	39	1	1.668,00	1.668,00	1.721,3	53,3	3%	1.721,29	2.846,02
9	40	1	2.028,00	2.028,00	2.028,0	0,0	0%	1.721,29	2.846,02
Resumo		225		77.022,00	98.435,50	21.413,50	28%		

Tabela 2.17 — Custo de implantação, por grupo salarial

Custo de implantação do plano, por grupo salarial								
Grupo salarial	Cargo	Número de func.	Salário real	Folha de pagamento		Diferença		Faixa salarial	
				Atual	Proposta	Absoluta	Percentual	B	C
1	1	5		540,00	704,10	164,10	30%	120,52	143,95
2	0	0		0,00	0,00	0,00		143,95	179,33
3	4	33		4.994,00	6.069,00	1.075,00	22%	179,33	233,91
4	6	29		6.395,00	6.867,00	472,00	7%	233,91	320,00
5	5	28		8.849,00	9.338,00	489,00	6%	320,00	458,78
6	7	105		34.495,00	48.173,00	13.678,00	40%	458,78	687,10
7	6	13		8.190,00	9.626,00	1.436,00	18%	687,10	1.069,72
8	4	5		3.866,00	5.405,00	1.539,00	40%	1.069,72	1.721,29
9	7	7		9.693,00	12.356,00	2.663,00	27%	1.721,29	2.846,03
Resumo		225		77.022,00	98.537,00	21.515,00	28%		

2.6 Considerações finais

Ao longo deste capítulo foram apresentados conceitos, objetivos e procedimentos, entre outros que, de certa forma, se comprometem com a elaboração e o desenvolvimento dos processos de administração de cargos e salários.

Acreditamos que o objeto de estudo – um conjunto de recomendações e sugestões de conteúdo teórico, em apoio à realização prática, que especifica, até mesmo, o "como fazer" – foi abordado de forma ampla. Demonstramos, por meio de exemplos, a possibilidade de proporcionar uma orientação que sirva de base à elaboração de diferentes planos de cargos e salários que eventualmente venham a surgir na vida profissional do leitor.

Desse modo, consideramos que o objetivo tenha sido atingido, uma vez que conseguimos estabelecer um conjunto de sugestões que atendesse às necessidades apontadas no problema, que era exatamente o de verificar se existia uma possibilidade de se desenvolverem procedimentos que proporcionassem maior exatidão e confiabilidade aos resultados obtidos, diminuindo as incertezas, sem prejudicar a criatividade do analista ou gestor, na condução das atividades.

De outro modo, nossa hipótese parece ter sido confirmada, tendo em vista que o exemplo apresentado traz em seu bojo um conjunto de informações passíveis de aplicação imediata na simulação apresentada, sem que tenha acontecido manipulação de informações.

No desenvolvimento do capítulo tivemos a oportunidade de tomar conhecimento de aspectos que denotam ter facilitado a obtenção de resultados mais exatos através de uma melhor utilização da ciência estatística. Vimos como aplicar a ciência estatística no desenvolvimento dos processos próprios para classificação de cargos.

Sugere-se, então, que se dê continuidade aos estudos, para facilitar a vida daquele que se propõe a desenvolver uma atividade voltada para a gestão competente de cargos e salários.

2.7 Exercícios, questionários e gabaritos

Questionário de autoavaliação – 2.2

1. O que pressupõe a administração de cargos, em relação a conteúdo?
2. O que entende por função e por cargo? Estabeleça a diferença.
3. Qual é a diferença entre valor relativo e valor absoluto?
4. O que pressupõe a administração de cargos em relação a atribuições?
5. No levantamento de informações, quais são os processos utilizados?
6. Em que consiste a padronização de cargos?
7. O que entende por: ação processo e finalidade?
8. O que entende por titulação de cargos?
9. O que entende por: sistema, método e técnica?
10. O que entende por método quantitativo em administração de cargos?

Gabarito:

Pergunta	1	2	3	4	5	6	7	8	9	10
Resposta	2.2	2.2.1	2.2.1	2.2.2	2.2.2	2.2.2	2.2.2	2.2.2	2.2.3	2.2.3

Questionário de autoavaliação – 2.3

1. O que entende por classificação de cargos?
2. O que é análise de requisitos?
3. Em que consiste um fator de avaliação de cargos?
4. O que é manual de avaliação de cargos?
5. Qual é o objetivo do manual de avaliação de cargos?
6. Quantos níveis de exigência devem ter cada fator de avaliação de cargos?
7. Em que consiste o resultado da avaliação de cargos?
8. Qual é o objetivo da avaliação de cargos?
9. A classificação de cargos é obtida a partir de quais informações?
10. O que entende por ponderação de fatores de avaliação de cargos?

Gabarito:

Pergunta	1	2	3	4	5	6	7	8	9	10
Resposta	2.3	2.3.1	2.3.2	2.3.3	2.3.3	2.3.3	2.3.4	2.3.4	2.3.4	2.3.4

Exercício 2.4.1

Assunto: Elaboração do plano de classificação de cargos e salários

Com base neste capítulo, elabore um novo modelo de manual de avaliação de cargos, atendendo a determinado grupo ocupacional: estabeleça os níveis dos fatores; avalie um conjunto de cargos; calcule os coeficientes de correlação; pondere os fatores; gradue as escalas de fatores; organize o quadro resumo das avaliações; defina o quadro resumo das escalas de fatores de avaliação; classifique os cargos com base na avaliação; estabeleça o número mais adequado de intervalos de classe de totais de pontos; calcule as faixas salariais; classifique os cargos nos grupos salariais; calcule o custo de implantação do plano de classificação de cargos e salários (por cargo e por grupo salarial).

Recorra ao setor de Recursos Humanos e/ou Administração de Cargos e Salários para que seu projeto seja o mais completo possível.

Questionário de autoavaliação – 2.4.1

1. Desenvolva o cálculo do coeficiente de correlação r, para o fator de avaliação, Treinamento.
2. Desenvolva o cálculo do coeficiente de determinação R^2, para o fator de avaliação, Treinamento.
3. Desenvolva os procedimentos para o cálculo da expressão que representa a função linear, para o fator de avaliação Treinamento.

4. Desenvolva os procedimentos para obtenção dos graus dos níveis de exigências do fator de avaliação Treinamento.
5. Desenvolva os procedimentos, se dispuser de planilha eletrônica, para encontrar as informações de expressão da função linear e o valor do coeficiente de determinação do fator de avaliação Treinamento.
6. O que são faixas salariais?
7. Utilizando as informações contidas no quadro com os procedimentos para construção dos intervalos de classe e de faixas salariais, desenvolva: a) o cálculo para os numerais dos intervalos de classe, considerando que são sete intervalos; b) o cálculo dos numerais referentes aos valores da faixa salarial, para os intervalos acima.
8. Em que consistem os intervalos de classe de totais de pontos?
9. Em que consiste a classificação de cargos nos grupos salariais?
10. O que entende por custo de implantação do plano?

Gabarito 2.4.1:

Pergunta	1	2	3	4	5	6	7	8	9	10
Resposta	2.4	2.4	2.4	2.4	2.4	2.4	2.4	2.4	2.4	2.4.1

Exercício – 2.5.3

Assunto: Projeto de pesquisa salarial

Com base neste capítulo, elabore um projeto de pesquisa salarial: colete os dados; tabule os dados da pesquisa; analise o resultado da tabulação no que se refere a número de empresas e de cargos, bem como quanto às amplitudes salariais dos cargos do mercado, e proponha sua conclusão para cada cargo; elabore o relatório conclusivo da pesquisa salarial, considerando as práticas e políticas da empresa; analise o relatório final com o objetivo de identificar cargos que necessitem de revisão de descrição e/ou de reavaliação e faça as correções.

Recorra ao setor de Recursos Humanos e/ou Administração de Cargos e Salários para que seu projeto seja o mais completo possível.

Questionário de autoavaliação – 2.5.3

1. O que entende por pesquisa salarial?
2. Qual é o objetivo de uma pesquisa de salários?
3. Em que consiste a pesquisa na implantação do plano de classificação?
4. O que é manual de coleta de dados de pesquisa salarial?
5. Em que consiste o processo de revisão do plano de classificação?
6. Em que consiste a tabulação da pesquisa salarial?
7. O que é análise de pesquisa salarial?
8. O que é relatório conclusivo da pesquisa salarial?

9. Considere que a direção da empresa aprovou os seguintes critérios: a) ao menor total de pontos do intervalo de classe corresponderá um valor que ficará 12% abaixo do mercado; b) ao maior total de pontos do intervalo de classe corresponderá um valor que ficará 18% acima do mercado. Com base nas informações anteriores, calcule os valores extremos (B e C) das faixas salariais, tendo como orientação as informações prestadas no quadro que mostra os procedimentos para determinação dos valores das faixas salariais.

10. O que vem a ser o relatório conclusivo da pesquisa salarial?

Gabarito – 2.5.3:

Pergunta	1	2	3	4	5	6	7	8	9
Resposta	2.5	2.5	2.5.1	2.5.1	2.5.2	2.5.3	2.5.3.1	2.5.3.2	2.5.3.2

Referências bibliográficas

CARNEIRO, E. de A. *Avaliação de funções*: teoria e prática. Rio de Janeiro: Ao Livro Técnico S/A, 1970. 283 p.

CASTRO, C. de M. *A prática da pesquisa*. São Paulo: McGraw-Hill, 1977. 154 p.

CHIAVENATO, I. *Administração de recursos humanos*. 2. ed. São Paulo: Atlas, 1980. 3 v.

FERREIRA, P. P. *Administração de pessoal*: relações industriais. 5. ed. São Paulo: Atlas, 1979. 339 p.

NASCIMENTO, L. P. do. *Administração de cargos e salários*. São Paulo: Pioneira Thomson Learning, 2001.

_____. *Método de pontos em administração de cargos e salários*: uma contribuição para o aperfeiçoamento técnico. Rio de Janeiro: Unesa, 1998.

NASCIMENTO, L. P. do; CARVALHO, A. V. de. *Gestão estratégica de pessoas*. Rio de Janeiro: Qualitymark, 2007.

PONTES, B. R. *Administração de cargos e salários*. 3. ed. São Paulo: LTr, 1989. p. 221.

SANTOS, Roberto. *Administração de salários na empresa*. São Paulo: LTr, 1975. p. 184.

ZIMPECK, Beverly Glen. *Administração de salários*. 7. ed. São Paulo: Atlas, 1990. p. 346.

capítulo 3

Recrutamento de pessoas

Objetivos do capítulo

1. Conscientizar o leitor acerca da importância estratégica do processo de recrutamento no sistema aberto de RH.
2. Identificar, de forma clara, os vários instrumentos destinados a recrutar profissionais que atendam às expectativas da empresa.
3. Ao acompanhar e assimilar o conteúdo exposto neste capítulo, o leitor, possivelmente, deverá estar em melhores condições de:

    a. aplicar os meios adequados, econômicos e eficazes para recrutar colaboradores;

    b. proporcionar à empresa um quadro de candidatos em potencial para executar determinadas tarefas.

> Recrutar os bons, para entre eles selecionar os melhores, é a palavra de ordem, onde e quando a eficiência constitui o objetivo a atingir.
> *Tomás de Vilanov Monteiro Lopes*

Introdução

A apresentação de candidatos a emprego por meio da área de recrutamento de pessoas, seja de vagas de posições operacionais, administrativas, executivas ou de alta gestão, é uma atividade de elevada responsabilidade que, de modo geral, costuma deixar os candidatos em estado de insegurança, tensão, preocupação e dúvidas.

É comum alguns candidatos pensarem que o momento de triagem, pelo qual vão passar a fim de pleitear uma vaga na empresa, represente uma situação de expectativa gerada em virtude de conseguir ou não a indicação para a fase seguinte, que é a de seleção.

O *objeto de estudo* é uma abordagem sobre os processos que atendem às atividades de recrutamento de pessoas, amparada por sugestões teóricas como reforço à realização prática e protegida de resultados indesejáveis.

Existe um natural temor por parte do candidato, possivelmente em função de não possuir ou não atender a pré-requisitos exigidos pela empresa, no preenchimento da vaga existente.

O candidato, ao se apresentar para o recrutamento, deve estar consciente das reais possibilidades de vir a ser escolhido em razão dos conhecimentos e habilidades que possui; portanto, precisa manter a confiança na escolha que o processo de recrutamento há de apontar.

Já o recrutador, tem a elevada e significativa responsabilidade de examinar os dados e as informações pertinentes a cada candidato, cujo objetivo é o de encaminhar para a fase seguinte aqueles que possuem realmente condições de atender às expectativas organizacionais.

Nesse caso, seria interessante que o recrutador tivesse a possibilidade de interagir com todos os integrantes do processo, incluindo as áreas de seleção e a própria área solicitante e detentora da vaga em apreço.

O *objetivo* do capítulo é o de exteriorizar os processos com seus conselhos e sequências de rotinas, procurando facilitar a visão do usuário para a execução das pertinências inerentes às práticas de recrutamento de pessoas.

O *problema* que precisamos resolver, neste capítulo, talvez possa ser resumido na seguinte questão: existe a possibilidade de se aplicar algum processo das funções de recrutamento que, além de atender à empresa em suas especificações, contemple as necessidades dos candidatos, especialmente quando estes não têm oportunidade de aproveitamento nos quadros do contingente de pessoal?

Na medida do desenvolvimento das atividades de recrutamento, cópias do trabalho poderiam ser feitas e repassadas aos integrantes do processo, com o objetivo de tomar conhecimento e repassar ao recrutador eventuais divergências, para que estas fossem consideradas, visando o aperfeiçoamento das atividades de recrutamento.

Como *justificativa*, pretende-se que o responsável pelo recrutamento de pessoas, conhecendo o processo, possa atender às necessidades da empresa sem, no entanto, deixar de fazer recomendações aos candidatos não aproveitados naquele momento, de modo a transformar sua responsabilidade em uma função humanizada pelo relacionamento cordial e afetivo.

É possível que o conjunto de conhecimentos aliados aos processos e atitudes possa oferecer, por *hipótese*, melhores resultados na indicação de candidatos aos postos em aberto, atendendo, dessa forma, aos interesses da empresa e proporcionando aos candidatos a possibilidade de se aprimorar para obtenção de conquistas futuras.

A partir dessa interação dos integrantes do processo de recrutamento, é possível que todos possam sair ganhando, até o próprio candidato, independentemente de ser ou não considerado apto para participar da fase seguinte, em razão das trocas de informações e do enriquecimento proveniente das recomendações.

É preciso entender que todo instante é momento de se sentir bem, de estar feliz, seja pela aprovação e admissão na empresa, seja pelas orientações que proporcionem mudanças que representem melhorias e novas alternativas que possam se refletir na vida profissional e particular.

A série de procedimentos, recomendados de "como fazer", talvez possa resultar em prática saudável, ativa e dinâmica provocada pelas recomendações, por ocasião do relacionamento com pessoas em busca de ocupação profissional.

O conjunto de procedimentos e sugestões – *variáveis* – referente ao conteúdo de caráter teórico representa fator determinante para mudanças que poderão ser verificadas, em seus efeitos, colocando a empresa como uma instituição humanizada.

Para se atingir o objetivo estabelecido, optou-se, como *metodologia*, pelo estudo resultante de pesquisa bibliográfica de caráter teórico para a transformação e aperfeiçoamento dos processos de recrutamento em uma função que realmente lida no dia a dia em termos de relacionamento com gente.

O recrutamento de pessoas é considerado um instrumento que tem a finalidade de atrair candidatos potencialmente qualificados e adequados para atender às necessidades da instituição.

O capítulo Recrutamento de pessoas foi estruturado em tópicos, de modo que o leitor tenha uma ideia de como o processo de recrutamento é desenvolvido.

A Introdução coloca em evidência, como acabamos de constatar, o objeto de estudo, objetivo, problema, justificativa, hipóteses, variáveis e a metodologia, e finaliza, a seguir, apresentando a estrutura do capítulo, informando como este foi elaborado e desenvolvido e o que, em resumo, contém cada tópico.

O primeiro aborda a questão do fluxo do processo de recrutamento, em que fica caracterizada a ligação que a função executa em termos de relação do mercado de trabalho com a empresa.

O seguinte assinala as questões relevantes que dizem respeito aos aspectos de competência que os profissionais precisam ter para assumir os cargos com expectativas positivas de alcançar o sucesso em suas atividades.

O terceiro aborda as questões relativas ao perfil dos recursos humanos de que a empresa tem necessidade, em razão das causas da demanda, e as pertinentes ao tipo de profissional que a empresa precisa trazer do mercado para compor seu contingente.

O seguinte trata do levantamento de necessidades de recursos humanos. Trata-se de uma atividade que busca perscrutar o futuro, antecipando-se às ações de busca de candidatos, fazendo previsões para os momentos em que haja precisão do empenho de tais profissionais.

O quinto discorre sobre o processo e o planejamento das atividades de recrutamento, incluindo o exame das condições de mercado, inventário de candidatos, convocação e classificação, além de análise qualitativa e quantitativa dos profissionais disponíveis no mercado de trabalho.

O sexto apresenta as diferentes e mais significativas fontes de recrutamento que compõem o ambiente de negociação no qual a empresa atua.

A seguir temos o tópico que sugere e trata de um modelo de formulário que se presta a informar os dados mais significativos dos candidatos que se apresentaram ao órgão de recrutamento da empresa.

As considerações finais fazem um passeio pelo capítulo mostrando os variados aspectos que dizem respeito às significativas atribuições do órgão de recrutamento de pessoas.

3.1 Fluxo do processo de recrutamento

Nesse caso, a característica dominante das atividades que antecedem o recrutamento – análise, avaliação e classificação de cargos e salários – é também a *impessoalidade*, pois a finalidade central dessas funções é mostrar a estrutura salarial e ocupacional da empresa.

Com o recrutamento, o sistema de RH passa a centralizar suas ações e programas no candidato que concorre ao exercício das funções que compõem as posições em aberto.

Na identificação do cargo, a empresa recorre ao mercado de trabalho de acordo com as exigências a serem preenchidas.

O mercado de trabalho pode ser entendido como uma área regional, próxima ou mesmo distante, podendo, até mesmo, contar com a participação de profissionais oriundos de outros países, conforme abordamos anteriormente.

Esse intercâmbio é de responsabilidade da atividade de recrutamento, a qual pode ser identificada, conforme afirma Carvalho (s. d., p. 9), como o processo que tem por objetivo pesquisar, dentro e fora da empresa, os "[...] candidatos potencialmente capacitados para preencher os cargos disponíveis em uma determinada empresa".

De outro modo, o recrutamento deficiente ou inadequado pode proporcionar prejuízos à empresa, entre os quais destacamos:

- alto índice de giro de pessoal (*turnover*);
- aumento substancial dos custos de recrutamento;
- ambiente de trabalho comprometido com funcionários pouco qualificados para o exercício de suas funções.

Uma força de trabalho que foi recrutada, atendendo aos pré-requisitos estabelecidos, pode contribuir para que a empresa produza bens e serviços em escala mais elevada.

Recrutamento – constitui o elo entre organização e mercado de trabalho que atua como ponto de referência que une candidato à empresa.

Os tópicos a serem abordados se referem aos estudos de: grau de competência do profissional, perfil de recursos humanos da empresa, levantamento de necessidades de recursos humanos, etapas do processo de recrutamento, fontes de recrutamento e formulário para solicitação de candidatos ao cargo.

O processo de recrutamento pode ser assim representado:

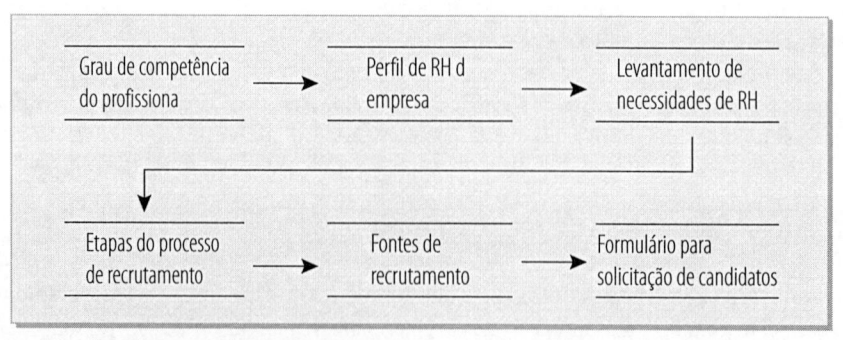

Figura 3.1 — Fluxo do processo de recrutamento.

A seguir, abordaremos os componentes descritos anteriormente.

3.2 Grau de competência do profissional

Os cargos disponíveis na empresa devem ser analisados, avaliados e classificados, conforme exposto no Capítulo 2. A seguir, esses cargos recebem cotações salariais de acordo com uma série de fatores internos (oriundos da própria empresa) e de fatores externos (meio ambiente).

Diante das mudancas aceleradas que se apresentam no mundo atual, vários são os fatores que exercem influências no processo de recrutamento, trazendo alterações significativas para o sistema empresarial.

Entre eles, observamos a hegemonia da globalização econômica e avanços tecnológicos que, apesar de, aparentemente, abrir fronteiras, aproximar pessoas e expandir oportunidades de trabalho, é tomada por muitos trabalhadores como uma grande ameaça em razão dos possíveis choques culturais oriundos da internacionalização.

Temos, assim, exemplo de funcionários de várias nacionalidades trabalhando em equipe, o que, de certo modo, e de acordo com o perfil emocional de cada um deles, pode gerar conflitos mais severos que devem ser analisados com cautela. De outro modo, essas variáveis também podem proporcionar resultados positivos, dependendo da disposição e interesse de cada um deles em buscar, por seus próprios esforços e anseios, possíveis saídas para situações aparentemente impossíveis.

O mercado empresarial, atualmente, exige pessoas que possam resistir e suportar a todos os impasses apresentados no dia a dia da instituição, mostrando, assim, equilíbrio emocional, o que pode ser traduzido como resiliência.

Ao analisar tais aspectos e interligá-los às funções de recrutamento, podemos dizer que as pessoas, com um currículo compatível ao cargo, competência técnica correspondente e com um perfil adequado, podem mostrar fragilidade emocional no próprio processo de seleção sem, entretanto, dar, previamente, demonstrações de incapacidade para suportar exigências, obstáculos, frustrações e pressões constantes.

Em decorrência do que vimos anteriormente, pessoas recrutadas e julgadas capazes para ocupar um cargo na empresa podem expressar, ao longo do desempenho na função, aspectos que não foram observados no processo seletivo e, dessa forma, demonstrar que, na realidade, não poderiam ser consideradas aptas a enfrentar e acompanhar as mudanças que ocorrem no ritmo em que se apresentam e, em razão desse aspecto, perder oportunidades.

De outro modo, o profissional da área de gestão de pessoas que tem a função de recrutar, selecionar e lidar com o lado humano da empresa deve, também, estar preparado emocionalmente para conduzir sua tarefa com imparcialidade, não se deixando envolver por questões pessoais.

Embora o ser humano tenha fragilidades, torna-se fundamental, para o bom desenvolvimento das relações de trabalho, que este profissional possua habilidade política para lidar e saber contornar as situações conflitantes que são inerentes à condição humana.

Diante dessas realidades vivenciadas pelo sistema empresarial atual, associadas à internacionalização diretamente relacionada à globalização, técnicas de recrutamento vêm sendo usadas, engendrando diversificadas formas de lidar com as demandas do mercado. Uma das mais usadas, no momento, tem sido a chamada entrevista por competência.

A maioria dos autores defende a ideia de que a competência se constitui na articulação entre o campo emocional e o técnico.[1] A autora Maria Odete Rabaglio, em seu artigo,[2] declara que esse tipo de seleção parece assegurar o grau de competência de que o cargo necessita e o que o candidato apresenta no seu arcabouço técnico e comportamental, garantindo a escolha de um profissional apto para ocupar o referido cargo.

Essa visão oferece perspectivas à área de gestão de pessoas, pois o mercado está atento não apenas à competência técnica, mas também à comportamental[3] e aos saberes relacionais, uma vez que contempla aspectos individuais do trabalhador em situação profissional.

Outros pesquisadores[4] indicam que as entrevistas têm o objetivo de reunir exemplos de situações vividas pelo candidato, a fim de obter dados substanciais a respeito do seu comportamento pregresso no trabalho, para saber a probabilidade de como o candidato vai poder comportar-se no futuro.

Esse tipo de entrevista tende a deixar o candidato mais à vontade para que possa transparecer o que se encontra latente. Tal modelo parece romper com o taylorismo, que ainda vigora em algumas empresas, de modo rígido e inflexível.

Diante dos modelos apresentados, indagamo-nos a respeito da subjetividade do trabalhador, uma vez que eles se restringem à competência e ao comportamento no âmbito do trabalho.

Parece-nos, portanto, que os conflitos pessoais e o mal-estar inerente às relações humanas, que acompanham o dia a dia do ser humano, devem ser velados no ambiente de trabalho a fim de que o trabalhador esteja inteiramente a serviço da empresa e em prol da qualidade total.

Assim, o recrutamento parece confirmar o que destacamos anteriormente, pois o caráter impessoal se associa a outros fatores que contemplam o bom funciona-

---

[1] Cf. Rabaglio, M. O. Disponível em: http://www.guiarh.com.br/o4.htm. Cf. também Felippe, M. I. Disponível em: http://www.mariainesfelippe.com.br/artigos/artigos.asp?registro=49. Acesso em: 27 fev. 2010.

[2] Idem Rabaglio, M. O. Disponível em: http://www.guiarh.com.br/o4.htm.

[3] Os assuntos referentes à competência (que hoje se conhece dessa maneira) precisam de um maior aprofundamento.

[4] Cf. estudos a respeito do tema, disponíveis em: http://www.rhportal.com.br/artigos/wmview.php?idc_cad=eigylg04h, http://www.igf.com.br/aprende/dicas/dicas-Resp.aspx?dica_Id=5523 e http://www.trabalhando.com.br/detallecontenido/c/empresa/id-noticia/6830/. Acesso em: 28 fev. 2010.

mento da estrutura organizacional, tais como sucesso, excelência no desempenho e dedicação total.

3.3 Perfil de Recursos Humanos da empresa

A finalidade central da pesquisa do potencial que as pessoas possuem é proporcionar à empresa uma visão clara do número e dos tipos de funcionários necessários ao seu funcionamento em determinado período.

Muitas questões são levantadas quanto a esse potencial. No entanto, considerando que o mercado de trabalho é composto de seres humanos e que, em sua essência, são dinâmicos, partimos do pressuposto de que esse mercado, por sua vez, acompanha a mesma característica, isto é, está em constante mutação. Entrementes, somos advertidos por Lobos (1979) que: "[...] é justamente nessas condições que o esforço de recrutamento, ainda que reconhecidamente 'eficiente', pode ser 'ineficaz', quanto ao aproveitamento de RH internos, à orientação do processo de seleção e treinamento e/ou à formulação de uma política salarial consistente".

Diante do que foi apresentado, percebemos que a função de recrutamento mantém sua legitimidade e sua importância.

3.3.1 Causas da demanda de Recursos Humanos

As principais razões que levam à demanda de RH incluem *causas externas* e *causas internas*. Quanto às causas externas, destacamos algumas relevantes, tais como:

- nível de atividade econômica, levando em conta, entre outros, os seguintes fatores: mercado consumidor, taxas de emprego ou desemprego, recessão ou crescimento econômico, taxa de inflação, juros etc.;
- aspectos sociais, culturais, políticos e legais.

Em relação às causas internas, podemos considerar as seguintes:

- orçamento disponível;
- planos estratégicos;
- mobilidade interna da força de trabalho: admissões, desligamentos, transferências, promoções, afastamentos por motivos de saúde, aposentadorias etc.;
- níveis de automatização industrial e administrativa.

Como fase inicial do processo de recrutamento, o perfil de RH da empresa visa:

- coletar dados acerca da força de trabalho da empresa;
- preparar e divulgar as necessidades de RH no mercado de trabalho.

Desse modo, o perfil de RH possibilita à gestão de pessoal ter uma visão ampla e atualizada da composição do quadro de funcionários da organização, bem como do grau de extensão de sua movimentação (*turnover*).

3.3.2 Pesquisa do perfil de RH da empresa

O Quadro 3.1 apresenta um modelo-sugestão que pode, com as adaptações necessárias, ser aplicado à pesquisa do perfil de RH da empresa.

De posse das informações de todas as unidades da empresa, a área de RH vai estar em condições de:

- obter uma classificação da estrutura ocupacional compatível com a organização;
- definir, com clareza e objetividade, a mobilidade ocupacional da empresa;
- identificar a diferença existente entre necessidades de RH e disponibilidades efetivas da força de trabalho da empresa.

Quadro 3.1 – Modelo de questionário para pesquisar o perfil de RH da empresa

Logotipo da empresa
Perfil do potencial de Recursos Humanos
Unidade (divisão, departamento, seção, setor, serviço etc.) ....
Responsável pela pesquisa (nome completo): ....
Cargo: ....
Período coberto pela pesquisa: ....
Orientação: solicita-se ao responsável pela pesquisa que responda de forma clara e objetiva às questões a seguir. Esse procedimento é indispensável para que a unidade de RH tenha uma visão ampla e atualizada do perfil de profissionais de nossa empresa. Agradecemos a colaboração.
1. Quantas pessoas trabalham na unidade? ....
2. Quantas dessas pessoas exercem:
2.1 cargos de direção? ....
2.2 funções de supervisão e chefia? ....
2.3 atividades administrativas? ....
2.4 atividades industriais (operacionais)? ....
2.5 outros tipos de atividades (especificar natureza das funções e nº respectivo de funcionários)? ....
3. Quais as categorias profissionais (metalúrgicos, bancários, comerciários etc.) em que se divide o pessoal da unidade? ....
3.1. Qual é a proporção com que cada categoria participa do total de funcionários? ....
4. Os funcionários atuais são suficientes para atender às necessidades da unidade? ....
4.1 Em face das tendências dos negócios, pode-se prever, para o futuro próximo:
aumento de quadro? ....
diminuição de quadro? ....

Quadro 3.1 — Modelo de questionário para pesquisar o perfil de RH da empresa (continuação)

4.2. Quais são as categorias de empregados que serão mais afetadas pelo aumento ou diminuição de quadros da unidade? ....
5. Qual é o tempo médio de permanência do funcionário da unidade no serviço, em cada categoria? ....
6. Quantos empregados se desligaram da unidade e da empresa nos últimos seis meses? ....
6.1 Quais as causas desses desligamentos da unidade e a porcentagem com que cada uma delas contribui para o total? ....
6.2. Os desligamentos da unidade se distribuem ao longo de todo o período considerado? .... Se não, em que épocas houve maior número de desligamentos? ....
6.3. Quais são as causas prováveis para que tenha havido maior concentração nos desligamentos de funcionários da unidade? ....
6.4. Houve categorias nas quais o número de desligamentos foi maior? .... Por quê? ....
7. Do ponto de vista da qualidade, os funcionários atendem às necessidades da unidade? ....
7.1. Em cada nível de empregados da unidade, qual é o nível:
de cultura geral (excelente, bom, regular, insuficiente)? ....
de instrução especializada ou técnica? ....
de prática profissional? ....
8. Quais são as categorias em que é mais evidente a necessidade de se melhorar o nível qualitativo do pessoal? ....
8.1 Como se poderia obter essa melhoria? ....
8.2 Em cada categoria, o nível dos RH da unidade é, em média, igual, superior ou inferior ao das demais unidades da empresa? ....
9. Qual é o equipamento de que se utilizam os empregados da unidade, em cada categoria? ....
9.1 Caso a unidade pretenda adquirir equipamento novo ou adotar processos, técnicas e métodos de trabalho mais aperfeiçoados, poderia contar com os atuais funcionários? ....
9.2 Quais são as categorias de empregados que teriam maiores dificuldades em adaptar-se à nova situação? ....
9.3 O que poderia ser feito para melhorar esse quadro? ....
Local e data da pesquisa   Responsável pela pesquisa

3.4 Levantamento de necessidades de Recursos Humanos

Entre os meios disponíveis para se processar o levantamento de necessidades de RH, a empresa pode utilizar os seguintes:

- preenchimento de formulários específicos de previsão de vagas (ver Quadro 3.2);
- indicação direta, em termos de direção, diante de determinado plano de provimento de colaboradores;
- contatos diretos das unidades da empresa com o órgão de recrutamento.

Nesse caso, ao levantar as necessidades de força de trabalho, o sistema de RH deve levar em conta:
- a caracterização inicial das necessidades de profissionais a serem contratados pela empresa;
- a análise de todos os aspectos (financeiros, de oportunidade, estruturais etc.) relacionados com essas necessidades;
- a verificação da extensão das necessidades nas áreas nas quais ocorrem com maior ou menor frequência;
- o procedimento de um inventário da força de trabalho necessária, tais como: tipos de funções, qualificações exigidas, conhecimentos e habilidades necessários;
- a definição da urgência ou não da necessidade solicitada.

As informações do Perfil do Potencial de RH são extremamente úteis e decisivas para que o levantamento de necessidades de pessoal possa alcançar as metas da empresa.

Não existe um modelo de formulário ideal para proceder ao levantamento de necessidades de força de trabalho na empresa. Isso porque este depende de uma série de fatores, como: tamanho da organização, política de RH, filosofia, missão etc.

O modelo apresentado no Quadro 3.2 constitui apenas um parâmetro para a elaboração de outros instrumentos mais específicos a cada situação:

Quadro 3.2 — Modelo de previsão de necessidades de colaboradores

Previsão de vagas	
Período de: / / a / /	
Seção:	Departamento:
Responsável pela Seção:	
Data: / /	Assinatura:
Nº de funcionários existente:	
Quadro de pessoal previsto:	
Previsão de substituições	Previsão de aumento de quadro
em 15 dias	em 15 dias
em um mês	em um mês
em dois meses	em dois meses
em três meses	em três meses
Justificativa de aumento de quadro:	

Fonte: Lodi, 1992, p. 27.

As instruções do Quadro 3.2 podem ser, de acordo com Lodi (1992, p. 27):

- essa previsão é válida por três meses;
- o *standard* de pessoal é representado pelo número fixo de funcionários, para o órgão em estudo, estabelecido pelo Departamento de Organização, Sistemas e Métodos;
- as substituições se referem a pessoas que se prevê que serão promovidas, transferidas ou desligadas, nos próximos três meses;
- todo o aumento de quadro deverá ser justificado e aprovado para evitar o crescimento desnecessário dos custos de administração;
- de posse dessa previsão, o profissional da área de recrutamento deverá procurar os responsáveis pela emissão das requisições de pessoal.

3.4.1 Técnicas de previsão de Recursos Humanos

As técnicas de previsão de RH constituem tentativas de prever a demanda futura de empregados nas empresas. Nesse caso, algumas se prestam a verificar, de forma mais ou menos aproximada, quais são as necessidades de força de trabalho que funcionam no médio e longo prazo.

De modo geral, as empresas elaboram apenas estimativas casuais tendo em vista ao futuro. Assim, o quadro a seguir reproduz os estágios de complexidade e sofisticação nos métodos de previsão de RH:

Quadro 3.3 — Estágios de elaboração na previsão de RH

Estágio 1	Discutir metas, planos, tipos e pessoas necessárias; Apresentar aspecto informal.
Estágio 2	Planejar o orçamento, incluindo as necessidades de recursos humanos; Especificar quantidade e qualidade das necessidades de talento.
Estágio 3	Verificar análises geradas por computador, examinando causas de problemas e tendências futuras quanto ao fluxo de talento; Usar computador, facilitando a tarefa dos gestores na previsão rotineira de vagas e rotatividade.
Estágio 4	Modelar e simular, em computador, as necessidades de talento, bem como de fluxos e custos em processos contínuos; Atualizar e projetar necessidades e planos de preenchimento de vagas e oportunidades de carreira; Proporcionar a melhor informação possível para decisões gerenciais; Trocar informações com empresas e com o governo.

Fonte: Walker, 1974.

3.5 Etapas do processo de recrutamento

O processo de recrutamento se caracteriza pelo planejamento, execução (ou organização) e avaliação dos resultados de recrutamento.

3.5.1 Planejamento do recrutamento

O processo de planejamento contempla o que se segue:

- requisição de recursos humanos;
- estudo e formas de mercado de trabalho;
- execução do recrutamento;
- avaliação de resultados.

Requisição de Recursos Humanos

Também denominada "Requisição de Empregado" ou "Requisição de Pessoal", o formulário de recrutamento envolve a solicitação pelas unidades interessadas dos funcionários necessários ao número de vagas oferecidas.

Desse modo, a requisição é um documento que visa fornecer ao setor de RH da empresa a maior soma possível de informações relativas ao candidato, tais como:

- título e exigências do cargo;
- experiência requerida;
- tarefas a executar;
- responsabilidades;
- habilidades exigidas;
- grau de instrução necessário.

O modelo, a seguir, reproduz um exemplo de formulário de requisição de RH:

Quadro 3.4 – Modelo de formulário de requisição de empregado – Frente

Requisição de empregado			
Nº Emitida em:		Recebida em:	Atendida em:
Empresa:		Órgão:	Responsável:
Cargo:		Faixa salarial:	Salário admissão:
Expediente de trabalho:		Local de trabalho:	
Idade: Sexo:		Escolaridade:	Curso especial:
Experiência desejada em:			
Em substituição a:			
Aumento de quadro em razão de:	( ) Aumento de tarefas;		( ) Desdobramento de funções;
	( ) Trabalho temporário;		( ) Outra razão

Quadro 3.4 — Modelo de formulário de requisição de empregado – Frente (continuação)

Tarefas típicas:
1
2
3
4
5
Qualificações (aponte as características pessoais, tendo em vista: natureza do trabalho, condições de ambiente, grau de responsabilidade etc.):
Obs.: O preenchimento completo deste formulário facilita as ações de seleção.
Assinatura do responsável solicitante: Seleção de recursos humanos:

Fonte: Lodi, 1992.

Estudo e forma do mercado de trabalho

Como vimos no Capítulo 1, tópico 1.6.2, p. 13, o mercado de trabalho representa um papel idêntico ao de um termômetro das entradas fundamentais para que possa propiciar o funcionamento do sistema de RH.

Nesse sentido, para o recrutamento de pessoas, o mercado de trabalho pode ser considerado a fonte da qual afluem os candidatos ao preenchimento de vagas oferecidas pela empresa.

Como parte do planejamento dessa função, o exame das condições do mercado acontece logo após a fase de emissão da requisição de RH.

Para tanto, a administração de cargos e salários guarda estreita relação com o ambiente externo, o qual, em algumas ocasiões, pode ou não ter condições de atender à demanda para certos cargos oferecidos pela empresa. Quando isso acontece, torna-se necessário, até mesmo, alterar a própria estrutura salarial e ocupacional da organização.

Portanto, a pesquisa do mercado de trabalho, à luz de parâmetros exclusivamente econômicos, possui enfoque limitado, uma vez que o processo de recrutamento está intimamente relacionado ao conceito de profissão ou ofício particular.

Desse modo, podemos entender que, para fins de recrutamento, cada profissão possui seu mercado de trabalho autônomo, não tendo maior significado a soma dos diversos mercados.

Na fase de recrutamento, o mercado de trabalho apresenta-se das seguintes formas:

- *ocupado* – candidatos em potencial já se encontram empregados;
- *disponível* – os candidatos em potencial estão à disposição da empresa que recruta;
- *fixo* – há disponibilidade mais ou menos constante de candidatos em potencial. Ex.: escriturários, serventes de limpeza, office-boys etc.;

- *cíclico* – a força de trabalho somente está disponível em certas ocasiões. Ex.: alunos que concluem seus cursos, baixa das forças armadas, estagiários;
- *limitado/ilimitado* – depende da localização da empresa em relação ao mercado de trabalho. Se estiver perto, as condições de atração de candidatos serão diferentes da organização que estiver longe do mercado;
- *abundante* – existe excesso de pretendentes no preenchimento de determinados cargos oferecidos pela empresa;
- *suficiente* – há equilíbrio entre a oferta e a procura de candidatos;
- *exíguo* – oferta limitada de candidatos para certas vagas.

Quadro 3.5 — Modelo de questionário para análise do mercado de trabalho

Questionário para análise do mercado
A. Situação do mercado
1. Quantos desses profissionais há em nosso mercado?
2. Estão procurando emprego? O mercado está móvel?
3. Que condições econômicas existem para a mudança de emprego?
4. Como se encontra o mercado? Podemos dizer que está: em crise? Em recessão? Em euforia? Em crescimento? Poupador ou consumista? De que outra forma?
5. Esse profissional mudaria de emprego em que condições?
6. Há facilidade ou dificuldade em encontrar esse tipo de pessoal?
7. Quanto se prevê o custo do recrutamento?
B. Localização do mercado
8. Em que empresas estão?
9. O que essas empresas oferecem?
10. O que provoca a sensação de insatisfação nesses empregos nos profissionais?
11. Onde se reúnem?
12. Pertencem a que associação?
13. Quais são as revistas ou jornais que costumam ler?
C. Condições de oferta
14. Qual é o salário que recebem?
15. Quais são as condições de trabalho?
16. Que benefícios são oferecidos a eles?
17. A empresa que recruta tem condições de competir com as empregadoras?

Quadro 3.5 — Modelo de questionário para análise do mercado de trabalho (continuaçnao)

D. Meios de recrutamento
18. Alguém já anunciou para essa categoria?
19. Obteve quais resultados?
20. Que tipo de veículo é mais eficaz?
21. O que dizem os outros anúncios?
22. Em que ponto os professores e consultores podem indicar essas pessoas?
23. Qual é a fonte de recrutamento mais adequada?

Fonte: Lodi, 1992, p. 29-30.

Execução do recrutamento

Depois de programar o recrutamento, o sistema de RH deve colocar em prática as medidas propostas na fase inicial do processo. É na etapa da execução, dependendo do porte da empresa, que surge uma questão importante que está relacionada a quem deve ser o responsável pela função de recrutamento.

O próprio gerente de RH, nas médias e pequenas empresas, acumula, entre outras, as funções de recrutamento. Nas grandes organizações tem havido um incentivo maior na formação de recrutadores de pessoal. O quadro a seguir apresenta, de forma resumida, a descrição de cargo do recrutador:

Quadro 3.6 — Modelo de descrição de cargo de recrutador de RH

Título do cargo
Recrutador de Recursos Humanos.
Vinculação hierárquica
O recrutador de RH responde hierarquicamente perante o gerente de Recursos Humanos.
Descrição sumária do cargo
O recrutador de RH é o responsável pelo desenvolvimento e coordenação do processo de recrutamento de pessoal da empresa, tendo em vista os objetivos fixados pelo gerente de RH.
Função principal
Programar e atender às necessidades de colaboradores da companhia, servindo-se para isso dos meios e fontes de recrutamento postos à sua disposição.
Funções complementares
• Atendimento, de acordo com a política de RH da empresa, das requisições de pessoal, utilizando técnicas apropriadas para atrair candidatos do mercado de trabalho;
• Proceder à triagem, na fase preliminar do processo, dos candidatos aos cargos oferecidos pela empresa;
• Manter em dia o fichário contendo candidatos em potencial para o preenchimento de certas vagas;

Quadro 3.6 — Modelo de descrição de cargo de recrutador de RH (continuação)

- Contatar e aferir as várias fontes de recrutamento da empresa, propondo ao gerente de RH sua manutenção, ampliação ou eliminação;
- Executar outras funções correlatas às anteriormente descritas, a critério de seu superior hierárquico.

Requisitos para o exercício do cargo

- quanto ao Nível de Instrução — mínimo equivalente ao segundo grau completo; preferencialmente que esteja cursando psicologia organizacional (terceiro grau).
- quanto às Características Mentais:
- razoável capacidade para contatos pessoais;
- prática de redação;
- boa estabilidade emocional;
- algum conhecimento de psicologia aplicada à administração.

Avaliação de desempenho

A avaliação de desempenho do recrutador de RH será feita pelo gerente de RH com base:

- na presente descrição de cargo;
- no estabelecimento de padrões de desempenho, constantes de orientação complementar;
- na consecução quantitativa e qualitativa dos objetivos de recrutamento da empresa;
- na qualificação adquirida no contínuo processo de seu desempenho profissional.

Periodicidade da avaliação

A avaliação de desempenho do recrutador de RH dar-se-á sempre que, a juízo do gerente de RH, se fizer necessária e, regularmente, a cada seis meses, mediante entrevistas, aplicação de formulários e testes específicos.

Avaliação de resultados

Nessa fase, o recrutamento é avaliado em virtude dos resultados obtidos quanto à atração e fixação de candidatos em potencial para o preenchimento de vagas oferecidas pela empresa ao mercado de trabalho.

Devemos considerar a avaliação de qualquer programa de recrutamento que possa se basear, primordialmente, nos seguintes tópicos:

- rapidez de atendimento à requisição de RH encaminhada pela unidade interessada;
- número de candidatos potencialmente capacitados para cada vaga anunciada;
- custo operacional relativamente baixo do recrutamento em face da qualidade e da quantidade dos candidatos encaminhados;
- maior permanência dos candidatos no emprego ao serem efetivados.

Resumindo, as fases do processo de recrutamento podem ser assim ilustradas:

Seleção de RH		
1ª fase	2ª fase	3ª fase
Planejamento	Execução do recrutamento	Avaliação de resultados
Inventário de RH	Convocação e classificação de candidatos	Análise qualitativa/ quantitativa dos candidatos

Figura 3.2 — Etapas do processo de recrutamento de RH.

3.6 Fontes de recrutamento

> "A melhor fonte de recrutamento de pessoal é a que atende a empresa sem ferir seus princípios de eficiência, custo e ética."
>
> Cleber Pinheiro de Aquino

As fontes de recrutamento dizem respeito à origem dos candidatos ao preenchimento dos cargos a serem ocupados, origem essa que pode ser interna ou externa, de modo a atingir os objetivos da instituição. Veremos, a seguir, que o recrutamento interno possui algumas características, entre as quais destacamos: vantagens, limitações e meios. Quanto ao recrutamento externo, temos os veiculados na imprensa, o das instituições de ensino e formação, as associações de classe e sindicatos, recomendações de empregados, agências de emprego, arquivo de candidatos, candidatos espontâneos e intercâmbio de empresas.

3.6.1 Recrutamento interno

Essencialmente, o recrutamento interno está fundamentado na movimentação de quadros de pessoal da própria organização, envolvendo, entre outros, os seguintes pontos:

- transferência de empregados;
- promoções de colaboradores;
- programas de desenvolvimento de RH;
- planos de carreira funcional.

Vantagens do recrutamento interno

Podemos considerar vantagens os aspectos de: proximidade, economia, rapidez, conhecimento, promoção e aumento de moral de trabalho.

Proximidade – refere-se ao candidato que atua na organização e que, por ser conhecido, está integrado, tornando-se um aspirante em potencial, com possibilidade de êxito no preenchimento da vaga anunciada pela empresa.

Economia – custos bem menores quando comparados aos do recrutamento externo, pois não apresenta despesas de anúncios nem ligações com agências de emprego.

Rapidez – a caracterização se faz tanto pela proximidade como pela identificação imediata entre os vários quadros de pessoal da própria organização no preenchimento de vagas disponíveis.

Conhecimento – é o aproveitamento de candidatos da própria empresa, com base nos resultados de suas avaliações de desempenho, além do fato de ter ciência dos hábitos, limitações, méritos e comportamentos, ou seja, das questões referentes à competência.

Promoção – representa um excelente incentivo e oportunidade de fazer carreira na empresa. Essa situação pode gerar duplo interesse tanto por parte dos empregados, levando-os a despertar a vontade e o desejo de obter crescimento e desenvolvimento pessoal e profissional, o que pode ser conquistado por meio da capacitação, como pela empresa que contempla e valoriza o ser humano, mantendo baixos os custos operacionais. Dessa forma, a organização atende às suas necessidades sem prescindir da sua qualidade.

Motivação – é originária da própria pessoa, podendo ficar latente ou escamoteada. Nesse caso, o indivíduo, na maioria das vezes, precisa de estímulos para que ela possa emergir. Esse dado é de extrema relevância para que o colaborador, uma vez consciente da sua motivação, possa desenvolver suas habilidades com prazer, desembaraço e empenho. Diante desse aspecto, torna-se primordial que a empresa invista e aposte no potencial das pessoas e possa oferecer oportunidades de aumento de conhecimentos e progresso profissional.

Limitações do recrutamento interno

Há que se levar em conta, na execução do recrutamento interno, certas dificuldades que costumam prejudicar a apresentação de candidatos da própria companhia para o preenchimento de certos cargos disponíveis. Entre essas limitações, podem ser citadas:

- insuficiência de recursos humanos internos para cobrir as necessidades de preenchimento de vagas;
- gerentes que dificultam a aprovação para liberar seus colaboradores mais eficientes, os quais são candidatos naturais à promoção;

- ausência de avaliação criteriosa, eventualmente, na apreciação da carreira de determinado funcionário que é candidato, em potencial, à promoção;
- as frustrações que são inerentes ao funcionário, no dia a dia do trabalho, devem ser avaliadas e consideradas de forma que não prejudiquem sua produtividade;
- "carreirismo" provocado pela promoção interna quando esta não é bem estruturada, deixando de lado a eficiência funcional no exercício das funções atuais.

A despeito dessas limitações, o recrutamento interno continua se desenvolvendo em busca de novas saídas, apresentando perspectivas para as empresas, mostrando que suas vantagens se sobrepõem às eventuais desvantagens do sistema.

Meios de recrutamento interno

Os principais meios utilizados no processo de recrutamento interno de RH podem ser descritos da seguinte maneira:

- quadros de avisos ao pessoal, comunicando as vagas previstas a fim de promover encontros com pessoal de categoria funcional, tais como: auxiliares de laboratório, operadores de computador etc., informando-os sobre as características das vagas disponíveis, com o propósito de divulgar essa informação fora da empresa para pessoas de seu relacionamento e de sua confiança;
- comunicações internas dirigidas aos gerentes de unidades, contendo listas de funcionários disponíveis para transferências e/ou remanejamentos, com especificação de características individuais referentes a cada empregado considerado;
- banco de recursos humanos, disponível na empresa, para utilização no momento oportuno;
- periódicos da empresa para divulgação, entre outras, de vagas existentes e destinadas aos funcionários de acordo com sua capacitação e competência.

3.6.2 Recrutamento externo

Conforme vimos no tópico Técnicas de previsão de Recursos Humanos, p. 99, o recrutamento interno é um recurso que pode estimular a motivação dos funcionários da empresa para contemplar, entre o quadro existente, aqueles que estejam em condições de aproveitamento em posições de maior responsabilidade e comprometimento. No entanto, quando esse aproveitamento não for possível, a empresa deverá recorrer à busca de candidatos fora de seu âmbito organizacional, isto é, optando pelo recrutamento externo.

Meios de recrutamento externo – aquele que ocorre no ambiente externo à empresa, ou ambiente de negociação no qual, entre diferentes formas e origens, podemos identificar os provenientes de:

- anúncios na imprensa (rádio, TV, jornais, revistas etc.);

- instituições de ensino e formação (escolas, universidades e forças armadas);
- associações de classe e sindicatos;
- recomendações de empregados da empresa;
- agências de emprego (físicas e virtuais);
- arquivos de candidatos que se apresentaram à empresa anteriormente;
- apresentação espontânea de candidatos;
- intercâmbio de empresas.

Assim, a escolha de um ou mais desses meios para recrutar candidatos do mercado externo depende de uma série de fatores, entre os quais destacamos:

- custo operacional;
- rapidez no atendimento e nos resultados;
- eficiência no trabalho prestado.

Serão apresentadas, a seguir, de forma resumida, as principais técnicas utilizadas no processo de recrutamento externo.

Anúncios na imprensa

Os classificados de imprensa – jornais, revistas, tabloides etc. – constituem uma das formas mais utilizadas pelas empresas para atrair candidatos ao preenchimento de vagas. Trata-se de um recurso que dispensa a pesquisa no mercado de trabalho, bem como não necessita da localização das fontes de suprimento de profissionais.

Por outro lado, não se pode esquecer o fato de que o anúncio na imprensa é, de modo geral, de custo elevado, principalmente nos veículos de circulação nacional e presentes em todas as camadas de leitores. Por essa razão, necessita de uma cuidadosa programação, desde sua concepção até a escolha do veículo adequado para divulgação.

Características de um anúncio eficiente – funciona como um cartão de visita da organização, desde que bem elaborado. Isso é possível quando se atenta para os cuidados em relação ao texto do anúncio, sua apresentação e localização correta. Os anúncios podem, ainda, ser classificados como: abertos, semiabertos, fechados.

Entre os pontos básicos de um anúncio que atenda às necessidades da empresa, encontrados na imprensa, destacamos:

- informação resumida sobre a empresa anunciante (desde que seja um anúncio aberto ou semiaberto), sua atividade e seus objetivos e, se tiver, acrescentar símbolo ou logotipo;
- informação do título do cargo oferecido;
- indicação sucinta sobre atividades da unidade onde ocorre a vaga;
- descrição resumida e clara das funções do cargo, indicando, sempre que possível, o cargo do superior hierárquico, dos colegas e subordinados e, conforme o caso, as perspectivas de carreira;

- qualificação e conhecimento que o candidato deve possuir ou que são necessários para satisfazer as exigências do posto de trabalho;
- informação sobre o modo de responder ao anúncio.

Anúncio aberto – é aquele que identifica o empregador indicando o nome da organização, endereço, setor para contatos e horário de atendimento. A seguir, um exemplo de anúncio aberto.

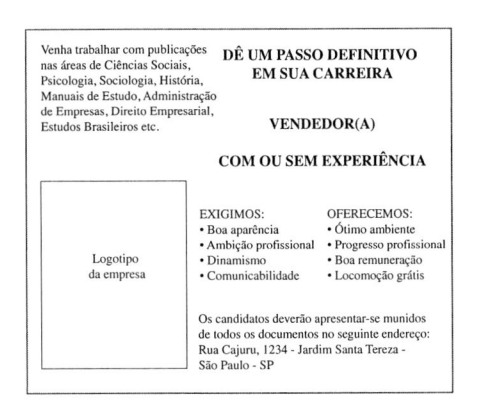

```
Venha trabalhar com publicações        DÊ UM PASSO DEFINITIVO
nas áreas de Ciências Sociais,             EM SUA CARREIRA
Psicologia, Sociologia, História,
Manuais de Estudo, Administração
de Empresas, Direito Empresarial,            VENDEDOR(A)
Estudos Brasileiros etc.
                                        COM OU SEM EXPERIÊNCIA

                    EXIGIMOS:           OFERECEMOS:
                    • Boa aparência     • Ótimo ambiente
                    • Ambição profissional  • Progresso profissional
   Logotipo         • Dinamismo         • Boa remuneração
   da empresa       • Comunicabilidade  • Locomoção grátis

                    Os candidatos deverão apresentar-se munidos
                    de todos os documentos no seguinte endereço:
                    Rua Cajuru, 1234 - Jardim Santa Tereza -
                    São Paulo - SP
```

O anúncio anterior descreve, de modo sucinto, a identificação da empresa, o cargo exigido, a relação dos produtos a vender, listagens das exigências e das ofertas da organização, finalizando com a apresentação dos endereços para atendimento dos candidatos.

Anúncio semiaberto – aparece a identificação da empresa, mas ocorre uma pré-triagem ao se exigir que os candidatos remetam seus currículos para o endereço da companhia ou aos cuidados do veículo divulgador do anúncio. Com essa providência, o anunciante quer evitar os eventuais inconvenientes do anúncio aberto em matéria de corrida de candidatos. Segue um exemplo de anúncio semiaberto:

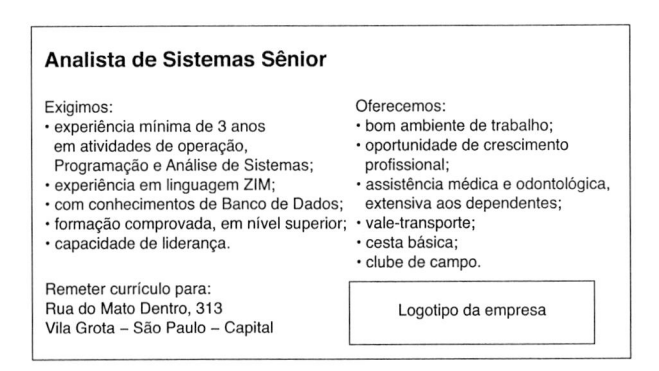

```
Analista de Sistemas Sênior

Exigimos:                                    Oferecemos:
• experiência mínima de 3 anos               • bom ambiente de trabalho;
  em atividades de operação,                 • oportunidade de crescimento
  Programação e Análise de Sistemas;           profissional;
• experiência em linguagem ZIM;              • assistência médica e odontológica,
• com conhecimentos de Banco de Dados;         extensiva aos dependentes;
• formação comprovada, em nível superior;    • vale-transporte;
• capacidade de liderança.                   • cesta básica;
                                             • clube de campo.
Remeter currículo para:
Rua do Mato Dentro, 313
Vila Grota – São Paulo – Capital                Logotipo da empresa
```

Anúncio fechado – é aquele em que a empresa patrocinadora da vaga não se declara abertamente. Assim, o recrutador vai examinar as propostas que são encaminhadas a ele, selecionando os contatos em uma pré-seleção e evitando, com essa providência, a presença de um número demasiado de candidatos. O modelo a seguir reproduz este exemplo.

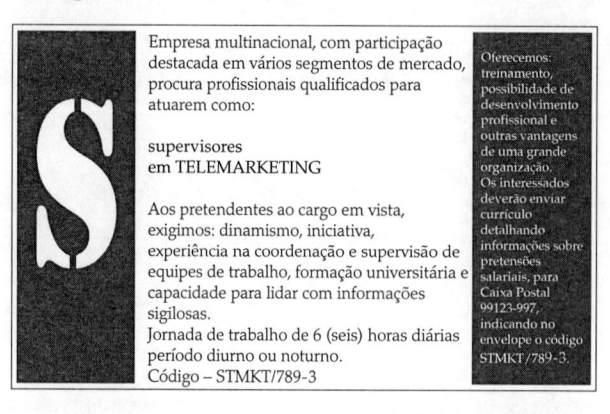

> **S** Empresa multinacional, com participação destacada em vários segmentos de mercado, procura profissionais qualificados para atuarem como:
>
> supervisores
> em TELEMARKETING
>
> Aos pretendentes ao cargo em vista, exigimos: dinamismo, iniciativa, experiência na coordenação e supervisão de equipes de trabalho, formação universitária e capacidade para lidar com informações sigilosas.
> Jornada de trabalho de 6 (seis) horas diárias período diurno ou noturno.
> Código – STMKT/789-3
>
> Oferecemos: treinamento, possibilidade de desenvolvimento profissional e outras vantagens de uma grande organização. Os interessados deverão enviar currículo detalhando informações sobre pretensões salariais, para Caixa Postal 99123-997, indicando no envelope o código STMKT/789-3.

Avaliação do anúncio – a eficiência de um anúncio é caracterizada por meio da consecução de seu objetivo final, o qual é traduzido nos candidatos aprovados. Dessa forma, um anúncio pode ser tecnicamente bem elaborado, mas não atingir sua finalidade de atrair bons candidatos para preencher as vagas oferecidas.

É sabido que o anúncio é uma técnica de recrutamento externo que produz, de modo geral, mais quantidade que qualidade de candidatos interessados. Assim, um bom anúncio é aquele que, ao lado da relativa quantidade de candidatos, consegue atrair pessoal potencialmente capaz de ser admitido pela empresa.

Os principais pontos a serem considerados em uma avaliação adequada de anúncio são os que se referem a: veiculação, apelo, tamanho, distribuição de texto e resultados finais.

Veiculação – refere-se à escolha da mídia certa na apresentação de um anúncio, se constituindo em ação vital para seu sucesso.

Um anúncio para atrair candidatos a postos executivos deve ser divulgado por órgãos de imprensa que tenham maior reconhecimento no mercado gerencial. Do mesmo modo, anúncios comunicando vagas para pessoal operacional – eletricistas, mecânicos, pedreiros, motoristas etc. – devem ser veiculados em jornais de maior aceitação nessas camadas profissionais.

Apelo – tem o propósito de, por meio do anúncio de emprego, atrair o candidato para ocupar a vaga, devendo levar em consideração dois aspectos:

- adequação ao tipo do cargo oferecido;
- urgência da contratação do candidato.

Isso significa que um anúncio de oferta de vagas para pesquisadores de laboratório, por exemplo, deve ter, necessariamente, um apelo bem diverso de outro comunicando vagas para vendedores de bens de consumo de massa, evitando-se misturar essas duas categorias profissionais em um único espaço.

Tamanho – fundamental assinalar que o conteúdo de um anúncio e sua forma de divulgação possui importância maior do que propriamente seu tamanho. Assim, um anúncio de grandes dimensões pode não atingir seus objetivos, enquanto um bem formulado, independentemente de sua extensão, pode alcançar suas finalidades.

Desse modo, entendemos que o anúncio, para atingir seu objetivo, deve estar relacionado com o tipo de cargo oferecido, urgência de contratação e características dos candidatos a atingir.

Distribuição de texto – essencialmente, a apresentação do conteúdo do anúncio deve levar em conta os seguintes aspectos:

- utilização de tipos gráficos, dando-lhe a simplicidade e ênfase necessárias;
- destaque para a titulação direta e correta dos cargos oferecidos;
- localização adequada da empresa anunciante (título da organização, endereço etc.), quando for o caso;
- qualificações para o cargo apresentadas de forma clara, direta e resumida;
- referência correta à remuneração, quando for o caso.

Resultados finais – em termos de custos, a avaliação do anúncio deve considerar o número de bons candidatos em potencial que foram atraídos por seu intermédio. Caso os resultados finais não sejam compensadores, cabe ao recrutador analisar cuidadosamente as causas do insucesso, reprogramando-o com as correções necessárias.

Instituições de ensino e formação

As instituições de ensino e formação de nível médio e nível superior, junto com Senai, Senac e as forças armadas, constituem promissoras fontes de recrutamento a que as empresas têm recorrido para preencher os cargos oferecidos ao mercado de trabalho.

Recrutamento escolar – é constituído de profissionais provenientes das escolas de segundo grau, representando um segmento significativo para o mercado de trabalho, para o preenchimento de cargos qualificados e semiqualificados de nível médio.

Recrutamento profissional – é aquele proveniente das instituições de ensino profissionalizante que privilegiam o nível médio, realizados por Senai, Senac e instituições similares, os quais fornecem profissionais devidamente habilitados, através da assimilação de técnicas de aprendizagem racional, às empresas, onde os cursos atendem aos seguintes segmentos:

- **ensino industrial** – de padrão federal, que se destina à juventude estudantil em idade apropriada, realizado nas escolas artesanais, industriais ou técnicas, dando acesso ao terceiro grau;
- **ensino industrial e comercial** – para os trabalhadores da indústria e do comércio, compreendendo: aprendizagem no Senai e no Senac, bem como em estabelecimentos industriais do Estado;
- **ensino profissional livre** – a cargo de instituições particulares, não oficializadas.

Paralelamente à oferta de força de trabalho qualificada, os centros de ensino profissional colaboram com o recrutador de RH em termos de:

- delimitar o campo da profissão e definir qualificações para o seu exercício;
- padronizar as técnicas de trabalho e a nomenclatura profissional;
- estabelecer métodos de aprendizagem mais eficientes;
- organizar os recursos didáticos e mantê-los permanentemente atualizados;
- promover o aproveitamento da experiência de outras instituições, mediante seus serviços de documentação e intercâmbio.

Recrutamento universitário – é aquele proveniente das instituições de ensino superior realizado entre candidatos com potencial para o preenchimento de cargos técnicos e/ou administrativos de nível superior. O aluno de terceiro grau desponta como a reserva de candidatos mais complexa de se abordar.

Egresso do ambiente universitário, o estudante, de modo geral, almeja o enriquecimento de seu currículo por meio da prática de sua teoria acadêmica no ambiente da realidade empresarial. É nesse contexto que surgem alguns problemas, os quais, bem conduzidos e administrados pela direção da empresa, produzem resultados positivos.

Por ser questionador naturalmente, o recém-formado busca entender melhor o que se passa entre a empresa e a escola em termos de produtividade e eficiência no trabalho. Em muitos casos, o funcionário, recém-saído da faculdade, pode se constituir uma espécie de "ameaça" ao *status quo* vigente por causa de suas novas ideias adquiridas no meio acadêmico.

Por esse motivo, há necessidade de se programar cuidadosamente a demanda de candidatos universitários. Uma das providências preliminares que a direção de empresa deve adotar é subordinar o jovem estudante a gerentes de mente aberta e dinâmica, pois, caso contrário, poderá haver conflitos inevitáveis entre um universitário recém-admitido e um gerente resistente às mudanças de mentalidade e de metodologia de trabalho.

Recrutamento de estagiários – o estágio de estudantes de estabelecimentos de ensino superior se configura como uma das mais importantes ações na formação profissional dos universitários, desde que as funções desenvolvidas estejam em conformidade com o conteúdo do curso e que haja acompanhamento realizado por profissional competente na empresa.

Levando em conta a melhoria do relacionamento entre a escola e a empresa, o Instituto Euvaldo Lodi (IEL) sugere que a primeira deve desenvolver, durante o estágio, um acompanhamento didático e prático com relatórios das tarefas desenvolvidas pelo estagiário. À empresa cabe valorizar o estagiário como um instrumento estratégico de formação profissional, sendo indispensável que indique um supervisor técnico para o acompanhamento e avaliação do estágio.

Quanto aos agentes de recrutamento de estagiários, os centros de integração empresa-escola, o relatório do IEL, citado por Lodi (1992, p. 29-30), ressalta que:

[...] devem formular um plano anual de trabalho com as instituições de ensino e as unidades concedentes de estágio, criando condições institucionais à realização, colaborando no planejamento, administração e avaliação do processo e firmar convênios e termos de colaboração que assegurem o desenvolvimento do programa.

Cabe ainda a esses agentes criar condições para uma crescente harmonização entre a filosofia do curso e aquilo que se entende por prática, entre a formação teórica e a formação experimental.

Há inúmeras empresas que vêm desenvolvendo bons programas de recrutamento, seleção, acompanhamento e fixação de estagiários em seus quadros.

Associações de classe e sindicatos

Fonte de maior proximidade com os profissionais representados por essas entidades, que, entre outros serviços prestados aos associados, realiza levantamento das oportunidades de emprego e promove a aproximação entre as partes interessadas.

Recomendação de empregados da empresa

Tem origem nas indicações de funcionários da própria organização, informando sobre as características das vagas disponíveis na instituição, tendo por propósito divulgar essas oportunidades de trabalho para pessoas de seu relacionamento e confiança.

Agências de emprego

Boa parte dos grandes centros urbanos dispõe de agências de emprego que procuram responder, da forma mais rápida possível, às necessidades de candidatos para a empresa.

Essas agências, intermediárias entre a empresa e o mercado de trabalho, se dedicam a recrutar candidatos para todos os cargos e níveis de especialização e conhecimento, incluindo desde colaboradores não qualificados até aqueles da mais alta capacidade profissional.

O custo do recrutamento é bem mais alto que em outras fontes, mas torna-se compensador quando a empresa necessita de certo tipo de profissional com rapidez. Entre as vantagens da utilização de uma agência de empregos eficiente e idônea, podemos destacar:

- praticidade para a empresa: atendimento e triagem dos candidatos é de responsabilidade da agência, evitando esse trabalho por parte da empresa e conservando sigilo, que, muitas vezes, se torna importante;
- rapidez: quando a agência dispõe de um bom cadastro de candidatos em potencial;
- praticidade e funcionalidade para o candidato: há muitos candidatos que, em vez de procurarem uma infinidade de empresas para uma escolha mais segura, preferem recorrer a uma ou mais agências.

Arquivos de candidatos

Cadastro de informações preparado pela empresa, resultado das ações pró-ativas de recrutamento que a empresa provocou, constituído por fichas de solicitação de emprego e de currículos de candidatos que, atendendo à convocação, se apresentaram e que, naquela ocasião, não foram aproveitados, embora tenham sido considerados aptos.

Apresentação espontânea

Conjunto de fichas de informações de candidatos preservadas pela empresa, fruto das ações originárias de candidatos autônomos que se apresentaram à empresa independentemente de convocação, constituído por fichas de solicitação de emprego e de currículos que, apresentados, naquela ocasião, não foram aproveitados por inexistência de vagas.

Intercâmbio de empresas

Relação de candidatos demitidos e de vagas existentes que a empresa elabora, propondo-se a trocar informações com outras, ou seja, fazendo a troca de relatórios da sua empresa com os relatórios das demais, que também forneceriam cadastros com o mesmo tipo de informação. Organizações que necessitam de colaboradores de determinado tipo podem identificar profissionais disponíveis em listas de suas coirmãs para realizar o preenchimento de vagas existentes sem perda de tempo e custo elevado.

3.7 Formulário de Solicitação de Emprego (FSE)

O FSE é a última fase do processo de recrutamento. Constitui o registro de candidatos ao preenchimento de vagas oferecidas pela empresa por meio de seus vários recursos de recrutamento.

Uma vez informados acerca das condições dos cargos oferecidos pela organização, os candidatos devem ser registrados para posterior encaminhamento ao setor de seleção. Esse registro é feito com o preenchimento, pelo candidato, do chamado Formulário de Solicitação de Emprego (FSE).

A forma e o conteúdo do FSE estão relacionados com a política de RH adotada pela empresa. Nesse sentido, trata-se de um documento que visa informar ao setor de seleção dados básicos do candidato, tais como:

- qualificação pessoal: nome, estado civil, nacionalidade, residência etc.;
- grau de instrução: cursos realizados, data do início e término dos estudos e estabelecimentos de ensino frequentados;
- vida profissional anterior: cargos, ocupações, salários recebidos, período de permanência em cada emprego, motivo de dispensa do cargo, experiência profissional adquirida;

- possibilidade de aperfeiçoamento: estudos que pretende realizar, oportunidade de contato com instituições profissionais de bom nível;
- referências: relações sociais com pessoas e empresas idôneas, testemunhos de conduta, títulos de confiança.

3.7.1 Características básicas do FSE

Para que o FSE atinja sua finalidade central de obter o máximo de informações dos candidatos ao preenchimento de vagas disponíveis na empresa, deve possuir, entre outras, as seguintes características:

- fácil compreensão e preenchimento por parte do candidato;
- máximo de questões objetivas com a menor extensão possível;
- espaço suficiente para preenchimento das informações;
- modelo de FSE específico com questões características para cargos especiais (FSE para vendedor, engenheiro etc.).

O modelo a seguir descreve um exemplo de FSE dirigido a candidatos em geral:

Quadro 3.7 — Modelo de formulário de solicitação de emprego

(logotipo da empresa)
Formulário de solicitação de emprego
Orientação: - preencha este formulário de próprio punho, em letra legível; - forneça seus dados de forma correta, pois só assim poderemos ajudá-lo na aplicação mais adequada de seu potencial; - toda a informação fornecida será considerada confidencial. Data: .... de .... de 201... Salário pretendido: R$ .... Cargo: .... **Dados pessoais** Nome completo: .... Sexo: .... Data de Nascimento: .... de .... de ..... Endereço: ...., n°................, apt°............ (rua, avenida, praça etc.) Bairro: .... Cidade: .... CEP: .... Fone:.................. Estado civil: solteiro(a) ☐   casado(a) ☐   desquitado(a)☐   divorciado(a) ☐ Nome do(a) esposo(a): ....

Quadro 3.7 — Modelo de formulário de solicitação de emprego (continuação)

Nº de filhos: .... Nomes e datas de nascimento: ....
....
....
....
Tem outros dependentes, além de esposa(o) e filhos? .... Quantos? ....
Nacionalidade: .... Altura: .... Peso: ....
Filiação: ....
Conta com outros rendimentos, além de seu trabalho? ....
Possui imóveis? .... Sua residência está vinculada ao BNH? ....
Tem automóvel? .... Marca: .... Tipo: .... Ano de fabricação: ....
Tem algum parente trabalhando nesta empresa?..
Habilidades/instrução/treinamento
É motorista habilitado? .... Categoria: .... Há quanto tempo? ....
Possui experiência ou formação em processamento de dados?...
Possui outros conhecimentos e habilidades especiais? .... Quais? ....

Assinale com um "x" os idiomas estrangeiros que você:	Nenhuma	Inglês	Francês	Outra
Lê e escreve				
Fala fluentemente e entende				
Lê, entende, fala e escreve				

Nível de instrução:

Grau	Anos	Período	Escola	Endereço
1º Grau				
2º Grau				
3º Grau				
pós-graduação				

Que títulos ou diplomas possui? .... Continua estudando? ....
Que tipo de estudo? ....
Qual o título ou diploma que vai obter ao terminar seus estudos atuais? ....
....

Empregos anteriores
Mencione seus três últimos empregos
....
....
....

Quadro 3.7 — Modelo de formulário de solicitação de emprego (continuação)

Documentação
Carteira de Trabalho nº: .... Série: .... Expedida por: .... Em: ..../........./............ PIS nº: .... CPF-MF: .... Identidade Civil nº .... Estado: .... Título de Eleitor nº: .... Vota na zona: .... Carteira de Identidade Funcional (CRC, OAB etc.) nº: .... Est.: .... Região: .... Carteira de Habilitação nº: .... Expedida por: .... Em: ..../........./............ Mod. 19 nº .... Expedida em: ..../........./............ Sindicalizado? .... Sindicato: .... Carteira nº .... Outros dados: ....
Referências particulares
<table><tr><td>Nome</td><td>Cargo</td><td>Endereço</td></tr><tr><td></td><td></td><td></td></tr><tr><td></td><td></td><td></td></tr><tr><td></td><td></td><td></td></tr></table>
Declaro a veracidade das informações apresentadas, ficando a empresa autorizada a efetuar qualquer confirmação que achar necessária. .... Local (cidade)   Assinatura do candidato

3.7.2 Diagnóstico sobre recrutamento de pessoas

Waldyr Gutierrez Fortes (1990, p. 85-86) desenvolveu uma interessante série de questionários para o diagnóstico organizacional. Um desses questionários se aplica à atividade de recrutamento, como veremos no quadro a seguir:

Questionário de pesquisa institucional para o diagnóstico organizacional

1. Existem métodos definidos de recrutamento de pessoal?   ( ) Sim   ( ) Não
   Se positivo, quais são os mais utilizados?
   ( ) oferece empregos sem levar em conta o nível de instrução do candidato;
   ( ) oferece empregos sem levar em conta a experiência do candidato;
   ( ) oferece empregos para candidato indicado por amigos, parentes, sócios etc.;
   ( ) oferece empregos para candidatos aprovados em provas previamente preparadas;
   ( ) exige, para dar emprego, cartas de recomendações;
   ( ) oferece emprego, após realização de entrevistas com diversos candidatos, mesmo quando não há uma vaga muito bem estabelecida;
   ( ) julga que experiência em outras empresas semelhantes é muito importante;
   ( ) delega a seleção de pessoal a organizações idôneas e especializadas.

2. Normalmente, quais são os meios utilizados para o recrutamento de pessoal?

   ( ) agências de emprego;

   ( ) anúncios em jornais e/ou revistas;

   ( ) anúncios em rádio e/ou televisão;

   ( ) cartazes e/ou avisos na entrada da empresa;

   ( ) outros. Quais?

3. Os atuais funcionários têm prioridade para o preenchimento de vagas? ( ) Sim ( ) Não

4. Há, na organização, um arquivo com informações particularizadas sobre os atuais funcionários?
   ( ) Sim ( ) Não.

5. A ficha de emprego:

   ( ) oferece facilidades de preenchimento e entendimento;

   ( ) possibilita destacar eventuais qualidades específicas;

   ( ) foi simplesmente comprada numa papelaria.

6. Mesmo não havendo vagas:

   ( ) é permitido ao candidato preencher a ficha de emprego;

   ( ) candidatos são registrados e eventualmente chamados para entrevista mais detalhada;

   ( ) não são aceitos candidatos.

7. Se a empresa adota o sistema de entrevista prévia, ela é realizada para:

   ( ) eliminar os candidatos não capacitados;

   ( ) cumprir uma burocracia;

   ( ) tentar descobrir eventuais potencialidades;

   ( ) interessar o candidato para atuar na empresa;

   ( ) recrutar para outras funções;

   ( ) outros. Quais? ....

8. Quando um candidato apresenta uma referência, qual é o comportamento da empresa?

9. A procura voluntária dos candidatos a emprego é grande? ( ) Sim ( ) Não

3.8 Considerações finais

Neste capítulo tivemos a oportunidade de apresentar a ferramenta que se propõe a atrair e cativar candidatos que sejam adequados aos interesses da empresa. Vimos que a função é exercida a partir da utilização de inúmeros recursos que interagem de forma harmoniosa com o mercado e com a empresa, sem descuidar das demais funções de Recursos Humanos.

O relacionamento com o mercado de trabalho, o conhecimento dos valores para diferentes cargos e as formas de remuneração existentes e praticadas pelas diversas organizações representam aspectos significativos para o exercício do recrutamento de candidatos, tanto em qualidade como em qualificação competente.

O texto também nos proporcionou a visão sistêmica na qual uma teia ou rede se liga a outras funções que dão sustentação à estrutura organizacional. Essa visão será percebida no decorrer da apresentação dos demais capítulos.

A visão de alterações constantes no cenário mundial que a área acompanha por força de suas atribuições oferece a medida da importância que esta representa no contexto do sistema empresarial.

As exigências empresariais, ao longo do tempo, passaram por mudanças que, hoje, exigem profissionais atualizados, competentes e capazes de resistir às pressões, mantendo, entretanto, o equilíbrio emocional. O próprio profissional responsável pela função de recrutar e selecionar precisa estar devidamente preparado para não se deixar envolver pelos variados problemas de ordem pessoal com os quais haverá de se defrontar.

Essa preparação diz respeito a estar a par do que é conhecido como entrevista por competência no sistema empresarial globalizado.

Vários estudiosos se debruçaram sobre o assunto, defendendo a ideia de que a competência se constitui em uma articulação que ocorre entre o campo emocional e o técnico. Entretanto, cabe ressaltar que, além da competência técnica, o mercado tem interesse também na competência comportamental e nos saberes relacionais que procuram ver o indivíduo em sua ação profissional.

O recrutamento, como parte integrante do sistema de RH, visualiza o candidato e simultaneamente o mercado de trabalho, procurando identificar exigências que atendam às necessidades da empresa. A ligação entre a empresa e o mercado de trabalho é realizada pelo órgão de recrutamento de pessoas.

No decorrer do capítulo vimos o desenvolvimento dos tópicos referentes a perfil, necessidades, processos e fontes de recursos humanos, além do formulário para solicitação de candidatos ao cargo.

3.9 Exercícios, perguntas, questionários e gabarito

Perguntas para reflexão – 3.4

Veja: Explicação preliminar no Capítulo 1, p. 14

1. Sua empresa mantém uma política de recrutamento coerente com a filosofia de RH adotada pela organização? ....

    Em caso negativo, que razões você veria para que essa sintonia não ocorra e como essa situação poderia
    ser revertida? ....
    ....

2. Como é desenvolvida a sistemática de requisição de RH em sua organização? ....
    .... Pode ser melhorada? ....
    Como? ....

Perguntas para reflexão

Veja: Explicação preliminar no Capítulo 1, p. 14

1. Em sua opinião, quais as razões principais que levam o processo de recrutamento interno a não funcionar a contento? ....
2. Alguns profissionais de RH criticam a eficiência dos quadros de aviso ao pessoal como um dos meios de recrutamento interno da empresa. O que poderia ser feito para que tais recursos possam, de fato, cumprir sua finalidade? ....
3. A solicitação de um candidato a diretor financeiro deveria ser feita, preferencialmente, por uma agência especializada ou pela própria empresa? ....
Por quê? ....
4. Quanto à empresa em que você atua: ela tem uma política clara e definida sobre recrutamento de estagiários? Se não, qual seria sua sugestão para dinamizar esse importante segmento potencial do mercado de trabalho? ....

Exercício – 3.5

Assunto: Perfil de Recursos Humanos

Com base no Quadro 3.1 e no texto apresentado até aqui, procure traçar o Perfil de RH de sua empresa, levando em conta, basicamente, os seguintes aspectos:

- causas externas (tópico 3.2.1) em que a organização atua;
- causas internas (tópico 3.2.1);
- política de RH da empresa.

Exercício – 3.6

Assunto: Avaliação de anúncio de emprego

Segue abaixo exemplo de anúncio:

> **ENGENHEIROS DE PRODUÇÃO**
> Indústria Multinacional de Grande Porte busca profissionais jovens e dinâmicos dispostos a novos desafios para atuarem em área de Produção com Filosofia de Células de Manufaturas.
> Formação completa em Engenharia Mecânica, Elétrica ou Eletrônica, Inglês fluente e experiente em Indústria com Coordenação de Produção em Processo de Fabricação em linha seriada e não seriada com qualidade total.
>
> A Empresa oferece excelente salário aliado a benefícios próprios de Indústria de grande porte.
> Solicitamos enviar Currículo Vitae para Caixa Postal n° 15.584 Rio de Janeiro/RJ – CEP 90110-000 sob o Código n° 7959.

Procure avaliar o anúncio anterior com base nos seguintes parâmetros:
- quanto ao apelo (até mesmo em relação ao título): ....
- quanto à distribuição do texto: ....
- quanto ao tamanho do anúncio em relação ao texto: ....

Exercício – 3.7

Assunto: Recrutamento de RH

Uma empresa produtora de artigos altamente especializados (aparelhos de precisão para cirurgia) está em expansão. A força de trabalho da organização, diante do desenvolvimento dos negócios, precisa ser ampliada também.

Imagine-se como gestor de RH dessa companhia que recebe de seu colega de vendas uma solicitação para proceder ao recrutamento e à seleção de candidatos à força de vendas da empresa.

Essa equipe de vendedores e promotores deve ser ampliada com certa urgência, sem o que a organização poderá perder parte de seu mercado consumidor (lojas especializadas em revenda de aparelhos médicos e odontológicos espalhadas por todo o Brasil).

Acresce registrar que a referida empresa paga salários acrescidos de comissões de acordo com os padrões do mercado para esses tipos de produtos.

Como responsável direto pelo recrutamento e pela seleção de RH, você não terá muito tempo disponível para proceder à convocação de candidatos à força de vendas da empresa.

Você adotaria que providências em termos de recrutamento a fim de atrair candidatos em potencial para os cargos de vendedor e de promotor dos produtos anteriormente descritos?

....
....
....

Questionário de autoavaliação do Capítulo 3

Veja: Explicação preliminar no Capítulo 1, p. 14

1. A finalidade central da pesquisa do .... de RH é proporcionar à organização uma visão clara do número e .... de funcionários necessários ao pleno funcionamento da empresa em um determinado ....

2. O levantamento de necessidades de RH vem antes da análise do perfil desses mesmos RH.
   Certo ( )   Errado ( ).

3. A segunda fase do processo de recrutamento de RH é:
   - o estudo do mercado de trabalho ( );
   - a execução do recrutamento ( );
   - o planejamento do recrutamento ( );
   - a avaliação dos resultados ( ).

4. A que fonte de recrutamento se aplicam, entre outras, as vantagens da proximidade e economia?
   Resposta: ....

5. Os classificados de imprensa: ...., revistas, tabloides etc. constituem-se uma das fontes mais utilizadas pelas empresas para atrair candidatos ao preenchimento de vagas. Trata-se de um recurso que dispensa a pesquisa no .... de trabalho, bem como não necessita da localização das .... de suprimento de profissionais.

6. O anúncio abaixo pode ser considerado fechado.

> ARQUITETO ENGENHEIRO
>
> Para execução de obras de fino acabamento (lojas e escritórios), com experiência comprovada, mandar currículo para portaria deste jornal sob o n° 03-55136.

   Certo ( )   Errado ( ).

7. Quando a força de trabalho somente está disponível no mercado de trabalho em certas ocasiões, sua forma é chamada:
   - abundante ( );
   - suficiente ( );
   - exígua ( );
   - cíclica ( ).

8. Qual é a maior vantagem oferecida pelas agências de emprego?
   Resposta:...

9. O formulário de .... de empregos constitui-se na última .... do processo de recrutamento. É o registro de candidatos ao preenchimento de vagas oferecidas pela empresa através de seus vários meios de ....

10. O Senai e o Senac constituem exemplos de ensino profissional livre.
    Certo ( )   Errado ( ).

Gabarito

1. potencial... tipos ... período/tempo;
2. errado;
3. alternativa c;
4. recrutamento interno;
5. jornais ... mercado ... fontes;
6. certo;
7. alternativa d;
8. rapidez;
9. solicitação ... fase / etapa ... recrutamento;
10. errado.

Referências bibliográficas

CARVALHO, A. V. de. *Recrutamento e seleção*. São Paulo: IOB, s.d. Coleção Empresarial. v. 28, p. 9.

FORTES, W. G. *Pesquisa institucional*. São Paulo: Loyola, 1990. p. 85-86.
LOBOS, J. A. *Administração de recursos humanos*. São Paulo: Atlas, 1979.
LODI, J. B. *Recrutamento de pessoal*. São Paulo: Pioneira, 1992. p. 27.
WALKER, J. W. Evaluating the Practical Effectiveness of Human Resource Planning Application. *Human Resource Management*, 1974.

Seleção de Recursos Humanos

Objetivos do capítulo

1. Introduzir o leitor no estudo das principais características dos testes de seleção mais empregados pelo setor ou órgão de RH.
2. Conscientizar o leitor sobre a importância e o alcance da entrevista de seleção.
3. Se você assimilar o presente capítulo, vai poder apresentar condições de:
    a. otimizar o processo de seleção de RH, buscando atrair o máximo de candidatos potencialmente
    b. capazes de exercer as funções para as quais concorreram.

> Decisões corretas sobre pessoas exigem,
> de modo geral, conhecimento de sua
> individualidade e de como as habilidades
> de cada uma podem ser reconhecidas
> e utilizadas da melhor maneira.
> *Marvin D. Dunnette*

Introdução

Este capítulo expõe ao estudante universitário e ao leitor interessado informações que podem proporcionar conhecimento e desenvolvimento de atividades que apresentem por propósito fornecer os profissionais adequados de que a empresa necessita.

Essas informações são fruto de estudos de caráter científico, de maneira a atender pré-requisitos metodológicos.

O *objeto de estudo* se constitui em uma pesquisa a respeito do sistema que tem como prerrogativa a seleção de pessoas com a utilização de seus processos e técnicas apoiados por sugestões de conteúdo teórico, procurando atender às indispensáveis exigências de ordem prática.

O *objetivo* deste capítulo consiste em apresentar os processos que compõem a estrutura das diferentes fases para que o usuário interessado veja, de forma ampla, todo o conjunto de atividades próprias às práticas e políticas de seleção de profissionais.

O *problema* a ser resolvido, neste capítulo, é apresentado a seguir, em forma de questionamento: há a possibilidade de, ao aplicar o processo inerente às funções de seleção que se pretende, além de atender à empresa em suas necessidades, contemplar o anseio do candidato, tanto quando admitido nos quadros da empresa como nas circunstâncias em que seu aproveitamento não foi confirmado por ocasião do processo seletivo?

Como *justificativa*, esperamos que o responsável pela seleção de pessoas tenha conhecimento suficiente sobre todo o processo para que possa atender às necessidades da empresa sem, no entanto, deixar de fazer recomendações aos candidatos não aproveitados naquela ocasião, de modo a transformar sua responsabilidade em uma função humanizada pelo contato afetivo e cordial com candidatos em potencial. Dessa forma, os pretendentes atendidos pela empresa, mesmo que não venham a ser aproveitados em seus quadros, poderão ser beneficiados, de algum modo, com as recomendações e orientações recebidas, que provavelmente lhe serão úteis em oportunidades futuras em suas vidas profissionais.

É possível que, por *hipótese*, o conjunto de conhecimentos, aliados aos processos de seleção e às atitudes do selecionador, possa oferecer melhores resultados na indicação e aproveitamento de candidatos aos postos de trabalho, atendendo, dessa forma, aos interesses da empresa e proporcionando aos candidatos não aproveitados a possibilidade de melhorar seus pontos fortes e neutralizar os fracos com o objetivo de obter conquistas futuras em outras empresas do mercado.

A partir do momento em que os participantes do processo seletivo interagirem de modo abrangente e equilibrado em busca do benefício geral, todos passam a ser favorecidos. Assim, independentemente de qual seja o resultado seletivo, em termos de admissão ou não, as orientações podem proporcionar mudanças úteis que se reflitam na vida profissional e particular.

O conjunto de procedimentos e sugestões – *variáveis* – referente ao conteúdo de caráter teórico representa fator determinante para mudanças que poderão ser verificadas, em seus efeitos, colocando a empresa como uma instituição humanizada.

A pesquisa bibliográfica, de caráter científico, foi adotada como *metodologia* para a transformação e aperfeiçoamento dos processos de seleção em uma função humana que lida, no seu dia a dia, com gente.

A Introdução coloca em evidência, como acabamos de constatar, o objeto de estudo, objetivo, problema, justificativa, hipóteses, variáveis e a metodologia, e finaliza apresentando a estrutura do capítulo, informando como este foi elaborado e desenvolvido e o que, em resumo, contém cada tópico.

O primeiro tópico discursa sobre o conceito e a importância da seleção de pessoas, discorrendo, ainda, sobre os insumos e ficha profissiográfica.

O seguinte, Processo de Seleção, aborda os variados testes que são comumente aplicados pelas empresas quando em busca de reforços em seus quadros de pessoal e entre os quais destacamos: de conhecimento, psicológicos, de personalidade e grafológicos, abordando métodos e técnicas.

O terceiro discorre sobre o processo da entrevista, que é um dos procedimentos mais utilizados, explicando objetivos, dinâmica e utilidade, argumentando sobre os tipos, preparação, acompanhamento, desenvolvimento e sobre o diagnóstico proveniente que se realiza.

As considerações finais fazem um passeio pelo capítulo, mostrando os variados aspectos que dizem respeito às significativas atribuições do órgão de seleção de pessoas.

4.1 Conceituação e importância da seleção de pessoas

Conforme estudamos no Capítulo 3, o recrutamento é o procedimento sistêmico de RH que tem por objetivo atrair o maior número possível de candidatos ao preenchimento de determinados cargos oferecidos pela empresa.

Seleção de pessoas – consiste no processo sistêmico que tem por finalidade escolher, entre os candidatos recrutados, aquele que contemple o perfil traçado pela empresa para ocupar o cargo em questão.

Nesse caso, fica claro que recrutamento e seleção podem ser considerados duas etapas de um mesmo processo, a saber: a atração e o encaminhamento, de um lado, e a escolha e admissão de colaboradores na empresa, de outro.

De forma geral, a seleção constitui a escolha de candidatos, entre os mais aptos para a execução de determinado trabalho, classificando-os conforme o grau de aptidão de cada um deles.

Assim, podemos entender que todo procedimento de recrutar RH está fundamentado em informações oriundas da análise, descrição, avaliação e classificação do cargo a ser preenchido, estando incluída a questão salarial, enquanto o de selecionar poderá se basear em duas variáveis: aspectos físicos e aspectos psicológicos.

Aspecto físico – caracteriza-se por examinar variáveis objetivas importantes para o desempenho das atividades, como tempo de reação, destreza digital e manual, controle de ritmo, compleição física, peso, estatura, força, resistência e outros que estejam de acordo com o cargo a ser ocupado.

Aspecto psicológico – caracteriza-se por examinar variáveis subjetivas que têm importância no desempenho das atividades, como memória, capacidade, inteligência, atenção, competência, motivação, temperamento, que podem ser demonstrados por meio de avaliações dos testes de aptidões psicomotoras, mentais, mecânicas e visuais.

Temos observado, por meio de pesquisas, que alguns estudiosos da área de RH, na atualidade, relevam ou enfatizam, conforme Davel e Vasconcelos (1997) e Davel e Vergara (2001), que algumas empresas também abriram espaço para as expectativas, os desejos e as angústias do ser humano, uma vez que a área emocional demonstra ser um fator de grande importância nas relações de trabalho e fator preponderante para a produtividade.

Em um mercado de trabalho que prima pelo ideal, o objetivo da seleção de pessoas seria o de colocar todos os candidatos em empregos adequados ao seu perfil, mas nem sempre isso acontece conforme as exigências da empresa.

Como vimos anteriormente, temos os requisitos do cargo indispensáveis ao ocupante da posição com base na análise do cargo a ser preenchido, bem como inúmeros candidatos extremamente diferenciados entre si concorrendo às vagas oferecidas pela empresa. Nesse contexto, a seleção tem contribuído bastante como um processo de comparação entre essas duas variáveis.

4.1.1 Insumos do processo de seleção

De acordo com pesquisas, temos visto que o processo de seleção de RH está apoiado em três insumos interdependentes conforme mostra a Figura 4.1.

A análise, a avaliação e a classificação de cargos informam ao recrutador as descrições de cargos da empresa, oferecem dados importantes sobre as exigências físicas e psicológicas dos ocupantes desses cargos, bem como transmitem seus padrões de desempenho.

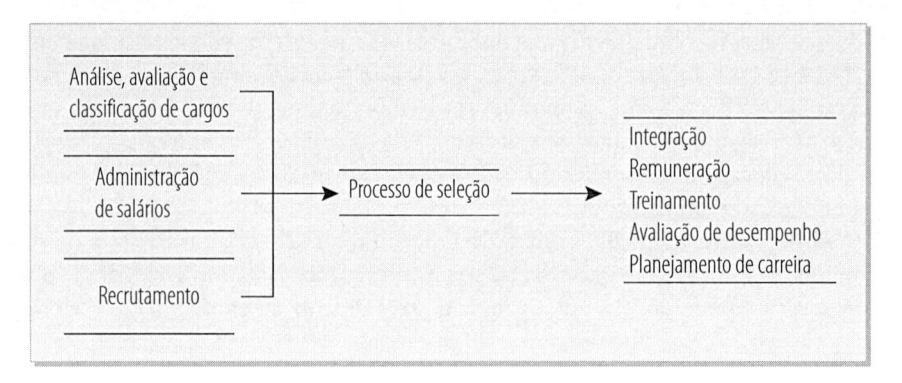

Figura 4.1 – Insumos do processo de seleção.

Ao lado da análise do cargo, o selecionador de RH deve buscar subsídios na requisição de empregados (Quadro 3.5, p. 103), em que vai encontrar valiosas informações sobre os candidatos em virtude da natureza do trabalho, das condições do ambiente, do grau de responsabilidade etc.

Por sua vez, a administração salarial orienta a seleção de RH em matéria de parâmetros de classes de salários em conformidade com a política salarial da organização. Assim, o recrutamento alimenta o processo seletivo com um número adequado de candidatos para o preenchimento de cargos ou vagas disponíveis.

4.1.2 Ficha profissiográfica

A ficha profissiográfica é um resumo analítico das atividades específicas de um cargo, podendo ser chamado de resumo da análise profissiográfica ou de "ficha de especificação". De acordo com Carvalho (2000), a ficha é produto das informações transmitidas pela análise de cargo, requisição de empregados e outros instrumentos afins, caracterizando aptidões, habilidades e aspectos da personalidade necessários ao pleno exercício de determinado cargo. O autor parece demonstrar, de forma implícita, outros aspectos relacionados à análise profissiográfica: os físicos e os psicológicos. A ficha deve ser preenchida de acordo com o cargo proposto com base nas aptidões por ele requeridas.

Na composição do formulário que registra os elementos básicos na análise profissiográfica, um dos esquemas mais seguidos pelos elaboradores desse instrumento de seleção é o proposto por Emílio Mira y Lopes (v. 28, p. 41-42), conforme quadro a seguir:

De acordo com Mira y López (1981, p. 93-94), segue um exemplo no qual se faz uma caracterização profissiográfica de determinado cargo:

> Bibliotecário: trabalho predominantemente psíquico, abstrato-verbo-espacial, determinado, percepto-racional. Requer bom nível intelectual, com ampla capacidade de classificação e ordenação de conteúdos conceituais. Temperamento com bom equilíbrio e simetria de tendências. Caráter perseverante, ordenado, plástico e ativo. Excelente memória para nomes próprios e títulos. Boa precisão de movimentos, boa capacidade discriminativa tátil.

No entanto, a ficha profissiográfica não se restringe ao que se refere às qualidades do trabalhador mencionadas anteriormente, uma vez que pesquisas mostram que outros aspectos são contemplados, tais como: ambiente, condições de trabalho, ergonomia e riscos à saúde do trabalhador.

1 Pelo grau de complicação psíquica requerida
- 1.1 Trabalhos predominantemente psíquicos (exemplo: profissionais liberais em geral).
- 1.2 Trabalhos predominantemente físicos (exemplo: carregador).
- 1.3 Trabalhos equilibradamente psicofísicos (exemplo: ofícios artesanais em geral).

2 Pelo tipo de atividade mental requerida
- 2.1 Trabalhos especiais
    - 2.1.1 de pequenas dimensões (exemplo: relojoeiro);
    - 2.1.2 de todas as dimensões (exemplo: alfaiate);
    - 2.1.3 de grandes dimensões (exemplo: maquinista de trem).
- 2.2 Trabalhos verbais (exemplo: jornalista).
- 2.3 Trabalhos abstratos (exemplo: especulação filosófica)
- 2.4 Formas compostas
    - 2.4.1 verbo-espaciais.
    - 2.4.2 espaço-verbais.
    - 2.4.3 espaço-abstratos.
    - 2.4.4 abstrato-verbais.

3 Pela reação psíquica preferencialmente utilizada
- 3.1 Trabalhos reacionais internos ou percepto-associativos (exemplo: chefe de oficina)
- 3.2 Trabalhos reacionais externos ou percepto-reacionais (exemplo: dançarino).
- 3.3 Trabalhos integrais ou mistos (ex.: cirurgia).

4 Pelo perfil emperamental
- 4.1 Trabalhos automatizáveis ou preferentemente monótonos (exemplo: operador de computador).
- 4.2 Trabalhos não automatizáveis ou variáveis (exemplo: motorista de carro).
- 4.3 Trabalhos equilibradamente variáveis e determinados ou mistos (exemplo: taquígrafo).

De acordo com o *site* Wikipédia,[1]

> O Perfil Profissiográfico Previdenciário (PPP) é um documento histórico-laboral que contém várias informações relativas às atividades do trabalhador na empresa referente a informações administrativas e resultado de monitoração biológica e ambiental. É um documento apresentado em formulário instituído pelo Instituto Nacional do Seguro Social (INSS), que contém informações detalhadas sobre as atividades do trabalhador, exposição a agentes nocivos à saúde e outras informações de caráter administrativo.

No entanto, o Ministério da Previdência se atém aos riscos a que o trabalhador está exposto. Para isso, as empresas precisam estar respaldadas por corpo técnico formado por médico do Trabalho e engenheiro de Segurança do Trabalho, conforme o *site* Wikipédia,[2] uma vez que:

> O Perfil Profissiográfico Previdenciário (PPP) é um formulário com campos a serem preenchidos com todas as informações relativas ao empregado, como por exemplo: a) atividade exercida, b) exposição a agente nocivo, considerando intensidade e concentração do agente, c) exames médicos clínicos, além de dados referentes à empresa.

Para o processo de seleção, a ficha profissiográfica tem como uma de suas vantagens a possibilidade de apontar as técnicas de seleção mais adequadas, tendo como objetivo investigar os aspectos psicológicos e físicos exigidos aos candidatos para o preenchimento de determinado cargo.

O Quadro a seguir mostra um exemplo de ficha profissiográfica:

Quadro 4.1 – Exemplo de ficha profissiográfica

Características exigidas		Graus				
		1	2	3	4	5
Físicas						
1	Idade (até _____ anos)					
2	Estatura					
3	Compleição física					
4	Aptidão para permanecer em pé					
5	Aptidão para permanecer sentado					
6	Exigências estéticas					
7	Carregar pesos					

---

[1] Disponível em: http://pt.wikipedia.org/wiki/Perfil_profissiogr%C3%A1fico_previdenci%C3%A1rio. Acessado em: 15 mar. 2010.
[2] Disponível em: http://www1.previdencia.gov.br/pg_secundarias/paginas_perfis/perfil_Empregador_10_07.asp. Acessado em: 15 mar. 2010.

Quadro 4.1 – Exemplo de ficha profissiográfica (continuação)

Características exigidas		Graus				
		1	2	3	4	5
Físicas						
8	Saúde geral e exposição ambiental					
	8.1 Agentes físicos					
	8.1.1 Trepidações					
	8.1.2 Ruídos					
	8.2 Físicos					
	8.3 Agentes químicos					
	8.3.1 Intoxicações cutâneas					
	8.3.2 Intoxicações respiratórias					
	8.3.3 Tóxicos					
	8.4 Horários					
	8.5 Turnos					
Conhecimentos						
9	Instrução geral					
10	Instrução profissional					
11	Conhecimentos teóricos especiais					
12	Experiência					
13	Redação própria					
14	Outros idiomas					
Sensoriais						
15	Boa visão					
16	Visão cromática					
17	Visão estereoscópica					
18	Boa audição					
Manuais						
19	Destreza manual					
20	Destreza digital					
21	Estado higrométrico das mãos					
22	Lateralidade manual					
23	Coordenação bimanual					
24	Coordenação visomotora					
25	Velocidade de reação					

Quadro 4.1 — Exemplo de ficha profissiográfica (continuação)

Características exigidas		Graus				
		1	2	3	4	5
Conceituais						
26	Forma expressional					
27	Forma ideacional					
Mentais						
28	Memória					
29	Atenção					
30	Inteligência					
	30.1 Global					
	30.2 Espacial					
	30.3 Abstrata					
	30.4 Verbal					
	30.5 Técnica					
	30.6 Aritmética					
	30.7 Numérica					
Perceptivo-visuais						
31	Rapidez perceptiva					
32	Capacidade de reestruturação					
33	Percepção de distâncias					
Temperamentais						
34	Rapidez de trabalho					
35	Dinamismo					
36	Regularidade					
37	Adaptabilidade					
Sociais						
38	Apresentação					
39	Sociabilidade					
40	Senso de trabalho em comum					
41	Espírito de disciplina					
42	Obediência a ordens					
43	Capacidade de comando					

Quadro 4.1 — Exemplo de ficha profissiográfica (continuação)

Características exigidas		Graus				
		1	2	3	4	5
Sociais						
44	Contatos					
	44.1 Com pessoal de sua área					
	44.2 Com pessoal de outra unidade					
	44.3 Com pessoal de outra empresa					
Responsabilidades						
45	Por equipamento					
46	Pelo desempenho de terceiros					
47	Pela segurança de terceiros					
48	Por erros					
Outras Exigências						
49	Monotonia – iniciativa					
50	Prudência					
51	Ordem					
52	Capacidade de organização					
53	Resistência nervosa					

Fonte: Chiavenato, 1981, p. 93-94.

Entre os pontos positivos de uma ficha profissiográfica bem elaborada, merecem citação:

- descrição resumida e atualizada das aptidões, habilidades e traços da personalidade do ocupante do cargo;
- listagem das principais características sociais exigidas para o exercício das funções que compõem o cargo a ser preenchido;
- destaque às responsabilidades inerentes ao cargo descrito.

Portanto, de posse da ficha profissiográfica, a direção de RH pode definir os testes e outras técnicas de seleção mais adequadas para cada caso, como as entrevistas, que procuram aferir o comportamento dos candidatos diante de situações que estes tenham criado.

Apresentaremos a seguir uma introdução aos principais testes de seleção de RH utilizados pelas empresas, os quais, formulados e aplicados, conduzem a uma escolha mais adequada de candidatos recrutados.

4.2 Processos de seleção

4.2.1 Testes de seleção

As diferenças individuais vêm sendo observadas e comparadas há milhares de anos, mesmo assim, a própria psicologia e outros autores interessados no assunto, pelo que temos pesquisado em estudos atuais, tentam igualar as pessoas. Portanto, a título de ilustração, trazemos o parecer do filósofo grego Platão (428-348 a.C), na sua obra *República*, quando sugeria uma série de provas para a seleção dos guardiões da república que imaginou. Bem antes dessa época, na China, a burocracia dos mandarins também era escolhida com base em testes ou provas que tinham a finalidade de constatar o grau de erudição entre os candidatos.

No entanto, foi só a partir da Primeira Guerra Mundial (1914-1918) que a sistematização e aplicação de testes de seleção a grupos ganharam um novo interesse e uma nova dimensão com a necessidade de selecionar um grande número de combatentes para as Forças Armadas.

Tais testes, como, por exemplo, o *Army Alpha Intelligence Test* e o *Army Beta Intelligence Test* (este último para analfabetos) foram muito empregados especialmente nos Estados Unidos e, ao começar a Segunda Guerra Mundial (1939-1945), já tinham sido desenvolvidos e, por sua praticidade na aplicação em grandes contingentes com poucos anos de escola, foi um dos mais aplicados tanto naquela época como na atualidade.

O conceito de teste tem origem no século XIX, no qual Catell, um psicólogo norte-americano, o identificou como sendo a aplicação de um conjunto de provas psicofisiológicas, acrescido de experiências sobre a memória.

Entretanto, foi F. S. Freeman (1962) quem melhor identificou o teste, caracterizando-o como um "[...] instrumento padronizado cuja finalidade consiste em medir objetivamente um ou mais aspectos de uma personalidade total, através de amostras de rendimento ou comportamento".

Os testes de seleção devem ser sempre elaborados com base nas exigências do cargo a ser preenchido pelo candidato, aferindo o conjunto de seus

| Conhecimentos | + | Habilidades | + | Aptidões |

Esses testes são empregados, de forma sistemática, na administração de RH. Além da seleção de candidatos recrutados, os testes têm aplicação em casos de transferência, promoções e em certas áreas nas quais o treinamento é indispensável.

A validade de determinado teste de seleção refere-se ao seu grau de representação da característica pessoal que pode levar o candidato a preencher, de forma adequada, o denominado critério de desempenho correspondente a determinado cargo. Entretanto, precisamos levar em conta que, de modo geral, é no conjunto de testes que se passa a ter um maior grau de confiabilidade em seus resultados.

De modo geral, podemos considerar que a validade de um teste diz respeito ao grau que é capaz de atingir na consecução dos objetivos para os quais foi programado.

São três, de acordo com Carvalho (s. d.b, p. 45-46), os tipos de validade relacionados com os diversos objetivos de um teste, a saber: do conteúdo, relativa ao critério e do conceito.

Validade do conteúdo – é estimada pela demonstração de quão bem o conteúdo de um teste serve como amostra do campo ou tipos de situações que este pretende medir. Aplica-se, particularmente, aos testes de aproveitamento.

Validade relativa ao critério – determinada pela comparação dos resultados no teste com um ou mais critérios independentes.

Validade do conceito – determinação de qual "qualidade" psicológica um teste mede, como "introversão" ou "inteligência".

Quadro 4.2 – Testes de seleção de recursos humanos

Testes de seleção de pessoas
Testes de conhecimentos (gerais e específicos)
Testes escritos
Respostas livres
Respostas dirigidas
Testes orais
Testes práticos
Réplicas
Miméticas
Analógicas
Testes psicológicos
Testes de aptidões mentais
Testes de visualização ou percepção espacial
Testes das mãos
Testes das bandeiras
Testes das áreas
Testes de relações verbais
Testes de fluência oral
Testes de facilidade para lidar com números
Testes de memorização
Testes de indução
Testes de percepção de detalhes

Quadro 4.2 – Testes de seleção de recursos humanos (continuação)

Testes de seleção de pessoas
Testes das aptidões mecânicas
Teste Bennett
Testes de aptidões psicomotoras
Tipos de testes psicomotores
Escolha do tempo de reação
Tempo de reação
Reação dos movimentos dos membros
Rapidez punhos-dedos
Destreza digital
Destreza manual
Controle de ritmo
Precisão de controle
Teste de Pontuado
Teste de Recorte de Figuras
Teste de Perfurar Pontos ou Círculos
Testes de aptidões visuais
Acuidade visual
Percepção de profundidade
Discriminação das cores
Testes de personalidade
Testes projetivos
Teste de Borrões de Tinta, de Rorscharch
Teste de Apercepção Temática (TAT)
Psicodiagnóstico Miocinético (Teste PMK)
Inventários de Personalidade

Para que a validade de um teste tenha a evidência comprovada, McCormick e Tiffin (1977, p. 121) propõem um método de validação de teste, envolvendo o uso de uma amostra de empregados atuais no cargo em questão, cujas fases são as seguintes:

- selecionar uma bateria de testes experimentais. Essa seleção deve ser feita com base em informações obtidas da análise do cargo;
- administrar os testes aos empregados atuais;
- selecionar critérios apropriados;
- obter informações do critério sobre os empregados atuais;
- analisar os resultados.

A seguir, destacamos uma visão panorâmica dos principais testes aplicados em seleção de RH, que podem se desdobrar em testes de: conhecimentos, psicológicos, personalidade e grafológico.

4.2.2 Testes de conhecimentos

A finalidade central dos testes de conhecimentos é medir o grau de conhecimentos e habilidades que o candidato possui sobre determinados assuntos.

A medição desses conhecimentos representa uma significativa cooperação para decidir a conveniência ou não da admissão do candidato e para apontar a classe e a intensidade do treinamento exigido para o caso.

Quanto às formas de apresentação, os testes de conhecimentos podem ser: escritos, orais e práticos (prova mecânica, teste de digitação, prova de desenho etc.).

Esses testes, no que se refere ao conteúdo, podem ser de *conhecimentos gerais* ou de *conhecimentos específicos*.

Testes escritos – há dois tipos: testes escritos de respostas livres e testes escritos de respostas dirigidas.

Testes escritos de respostas livres – são constituídos, principalmente, por provas de redação e/ou provas com questões de respostas livres.

Nos testes escritos de respostas livres, o candidato fica à vontade para responder ao assunto proposto. As principais vantagens desses testes são:

- aferir a capacidade de redação do candidato;
- identificar os níveis de imaginação e de organização das ideias do indivíduo;
- testar a clareza da exposição;
- verificar a capacidade de interesse do candidato.

De outro modo, os testes escritos de respostas livres, também chamados "provas clássicas", possuem as seguintes limitações:

- cobrem apenas uma área limitada de conhecimentos;
- são difíceis de ser avaliados;
- apresentam respostas subjetivas, variando bastante o julgamento de um examinador para outro.

Nos casos de seleção de pessoas em que para o cargo a ser ocupado haja necessidade de redação própria, é necessário que o tema escolhido esteja de acordo com a posição a ser preenchida, evitando-se, com isso, estabelecer dificuldades desnecessárias tanto na proposição como no julgamento dos textos apresentados.

Nesse caso, o leitor vai encontrar exemplos de testes de respostas livres nas perguntas para reflexão que acompanham todo o texto do presente trabalho.

Testes escritos de respostas dirigidas – também conhecidos como "provas objetivas", os testes escritos de respostas dirigidas abrangem um maior número de questões comparativamente às provas clássicas. Ao mesmo tempo, esses testes podem cobrir uma grande área de conhecimentos do candidato, exigindo respostas objetivas e padronizadas, não se abstendo de relevar o campo subjetivo.

Outro ponto alto dos testes objetivos é que sua avaliação é impessoal, uniforme e bem mais rápida em relação às provas clássicas.

Paralelamente, as principais limitações dos testes de respostas dirigidas são:

- demora e complexidade na estruturação de provas objetivas;
- possibilidade de acerto casual por parte do candidato;
- falta de liberdade para o candidato descrever suas ideias;
- restrição para avaliar com profundidade os conhecimentos dos candidatos.

Nos questionários de autoavaliação, que se seguem ao final de cada capítulo, o leitor vai ter alguns exemplos de questões que pedem respostas dirigidas (preenchimento de lacunas, alternativas, "certo" e "errado" etc.).

O quadro a seguir compara as principais características dos testes objetivos e clássicos.

Quadro 4.3 – Quadro comparativo das características das provas clássicas e objetivas

Prova clássica	Prova objetiva
• É de fácil organização.	• É de fácil organização.
• Apresenta resultados diferentes, quando aplicada por diferentes indivíduos, simultaneamente, ou por um mesmo indivíduo em diferentes ocasiões.	• É constante na medida.
• Abrange uma área de conhecimentos muito limitada.	• Abrange uma área de conhecimentos bastante ampla.
• Favorece o embuste.	• Restringe as possibilidades de embuste.
• É de resposta livre.	• Não admite senão respostas determinadas.
• Sua duração é fixada arbitrariamente.	• Sua duração é estabelecida em face da cronometragem realizada durante a prova de ensaio.
• Não pode ser corrigida por equipamento mecânico (Score Machine).	• Pode ser corrigida por equipamento mecânico.
• É de julgamento individual.	• Admite o julgamento por equipe.
• Não assegura, com o necessário rigor, a classificação dos indivíduos conforme o grau em que cada um deles possui o conhecimento da matéria que é o objetivo do exame.	• É altamente seletiva.
• Propicia a demonstração dos recursos de expressão verbal.	• Não dá margem à demonstração dos recursos de expressão verbal.
• Deixa inteira liberdade ao indivíduo que é examinado.	• Cerceia a liberdade do indivíduo submetido ao exame.

Fonte: Baseado em Lopes, 1980.

Testes orais – consistem na verificação do desempenho e do desembaraço na apresentação de assuntos próprios e característicos da atividade profissional que exija dos candidatos contatos com o público (vendedores, locutores, atendentes etc.). Esses testes costumam colaborar no processo de seleção de RH.

No teste oral estão presentes, por associação, os testes de conhecimentos e de personalidade (sobre este último tipo, veja tópico 4.2.4).

O ponto fraco do teste oral é a sua pouca objetividade, bem como dificuldades de julgamento do desempenho do candidato.

Os testes orais, da mesma forma que os testes escritos objetivos, devem ser elaborados com base na análise do trabalho, sendo testado em um grupo de ensaio antes de sua aplicação aos candidatos.

Entre os vários exemplos de teste oral, merece citação a entrevista, técnica universal utilizada com frequência nas atividades de recrutar e selecionar RH.

Testes práticos – consistem na verificação do desempenho e desembaraço na execução de atividades próprias do cargo ao qual se está candidatando ou em atividades que simulam uma situação real de trabalho.

Objetivo – detectar o nível de conhecimentos e de capacidade dos candidatos em situação normal de trabalho.

As provas práticas podem ser classificadas de três formas: réplicas, miméticas e analógicas.

- **Réplicas** – também conhecidas como testes de símbolos ou testes de miniaturas, representam a situação de trabalho em escala menor;
- **Miméticas** – reproduzem a situação de trabalho de forma fiel;
- **Analógicas** – apresentam a situação de trabalho na forma esquemática.

Algumas providências devem ser adotadas para que os testes práticos possam atingir seus objetivos, possibilitando ao avaliador examinar os resultados alcançados pelos candidatos. Entre essas, destacamos o que deve ser considerado:

- julgamento dos testes por banca experiente;
- assistência e anotação de deficiências, falhas e pontos positivos observados em cada candidato, por examinadores experientes;
- isolamento que assegure ao candidato não ser observado pelos demais;

- respeito à concentração do candidato, evitando perguntas ou outras ações que possam prejudicar o que estiver fazendo;
- resultado alcançado pelo candidato com base nos elementos do teste, tendo em vista modo de execução, peças apresentadas, relatórios elaborados pelos examinadores etc.

4.2.3 Testes psicológicos

Do ponto de vista da empresa, os testes psicológicos podem ser úteis na tomada de decisões sobre quem selecionar para o preenchimento de determinados cargos.

No entanto, é preciso destacar que o uso de testes é exclusivo do profissional de psicologia, o qual será capaz de avaliar, escolher e aplicar os testes regulamentados e aprovados pelo Conselho Federal de Psicologia (CFP). Apesar de vários testes serem apresentados ao longo deste capítulo, somente alguns, entre eles, podem ser utilizados por psicólogos (o CFP adverte que o uso indevido de testes psicológicos é considerado falta de ética).[3]

O emprego de testes na seleção de RH tem se tornado uma prática bem aceita pela maioria das empresas, principalmente nas organizações que apresentam visão mais ampla do mercado.

Desse modo, os instrumentos de verificação psicológica dos candidatos a emprego vêm sendo utilizados de forma crescente pelo processo de seleção.

Em síntese, os testes psicológicos pretendem facilitar a avaliação de candidatos, considerando padronização das provas, meio ambiente e comportamento do selecionador.

Alguns estudiosos têm contemplado o ser humano em seu âmbito subjetivo, como vimos no início deste capítulo, privilegiando a singularidade, o "caso a caso", na medida em que cada um se expressa na organização em questão de comportamentos, pensamentos e emoções. Lembramos, no entanto, que tais questões dizem respeito tanto ao candidato a ser avaliado como ao avaliador e/ou examinador.

Assim sendo, ressaltamos que há muita discussão sobre o poder de decidir dos testes psicológicos em relação aos candidatos a emprego. A esse respeito, é preciso levar em conta que eles não devem ser considerados a última e definitiva palavra em matéria de tomada de decisões sobre seleção de candidatos.

Os psicólogos McCormick e Tiffin (1977, p. 15) afirmam que "[...] o defensor de métodos de teste jamais deveria esquecer-se de que os testes psicológicos não são infalíveis, porque eles às vezes dão resultados que não representam uma indicação real da eficiência potencial no cargo do candidato". Esse pensamento corrobora com o que temos abordado sobre os aspectos subjetivos.

---

[3] Fonte: *Jornal do Conselho Federal de Psicologia*, ano XX, n. 97, jun. 2010.

A seguir, descreveremos, ainda que de forma resumida, os tipos de testes psicológicos mais utilizados na seleção de RH, classificados como testes de aptidões: mentais, mecânicas, psicomotoras e visuais.

Aptidão – entendida como uma característica individual advinda da constituição do ser humano que pode ser duradoura e, não necessariamente, constante ou imutável. Essas habilidades são, portanto, adquiridas através de seu meio ambiente e nas relações sociais. Outro ponto relevante é que esses aspectos têm a possibilidade de permanecerem latentes. Considerando que o treinamento possui a função de estimular a aprendizagem; logo, este possui a faculdade de se constituir em um dos elementos facilitadores para emergir o potencial inerente a cada pessoa, por isso, reconhecida como inata.

Quando isso ocorre, brota a capacidade, que é uma questão de melhoria do exercício da aptidão: quanto maior for essa competência do colaborador, tanto mais aperfeiçoada é sua técnica de aplicar a habilidade ou o talento que possui.

A Figura 4.2 mostra como esse desenvolvimento da capacidade se manifesta em um processo no qual se considera a interação entre aptidão e desenvolvimento.

Como podemos perceber, o conceito de aptidão envolve os seguintes aspectos essenciais:

- **componente inato** – o candidato traz consigo o fator aptidão que é inerente a ele;
- **disposição natural** – o candidato manifesta tendência ao aperfeiçoamento, por meio do treinamento, quando movido pela sua motivação;
- **melhoria na execução das tarefas** – o candidato executa seu trabalho com um índice de rendimento superior à média de outros indivíduos colocados em condições idênticas.

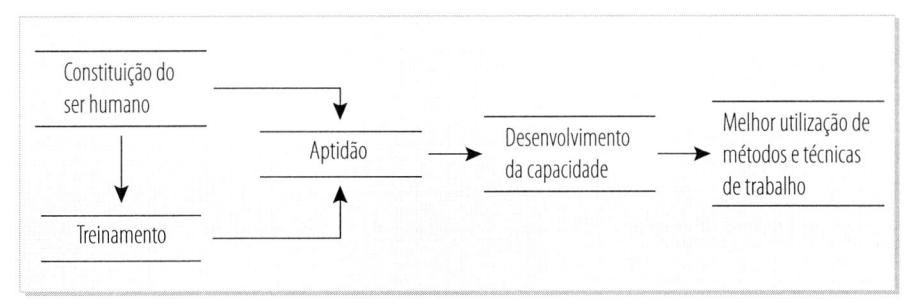

Figura 4.2 – Fluxo de desenvolvimento da aptidão individual.

Testes de aptidões mentais – também chamados "aptidões intelectuais" ou "aptidões cognitivas", foram pesquisados inicialmente, ao menos de forma sistemática, pelo inglês Francis Galton (*Inquires into human faculty and is development*, Londres, McMillan, 1883). Doze anos mais tarde, foram publicados os primeiros testes de medição das aptidões humanas (La psycologie individuelle, *Année Psychologique*, 1895).

Podemos dizer que ainda existem inúmeros testes padronizados de aptidões mentais disponíveis para aplicação a candidatos em seleção de RH, principalmente para aqueles cargos que envolvem tomadas de decisões, raciocínios e outras atividades cognitivas.

Seguem alguns testes de aptidões mentais utilizados pelas empresas na seleção de candidatos.

Os testes de aptidões mentais são subdivididos pelas empresas, na seleção de candidatos, em testes de: visualização ou percepção espacial, relações verbais, fluência oral, facilidade para lidar com números, memorização, indução e percepção de detalhes.

Teste de visualização ou percepção espacial – consiste em uma bateria de testes de aptidões mentais primárias, como os testes das mãos, bandeiras e áreas, de acordo com L. Thurstone, comumente utilizados na seleção de candidatos.

Teste das mãos – consiste em um quadro com as imagens de mãos em posições diferentes, no qual o candidato deve indicar se as imagens são de mãos direitas e/ou de mãos esquerdas.

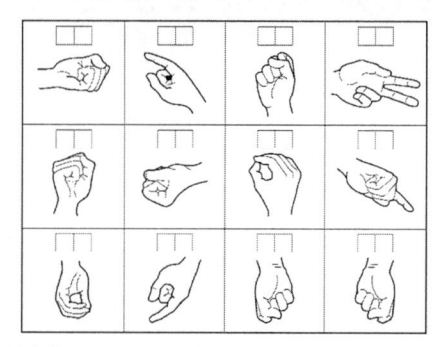

Figura 4.3 – Teste das mãos, de L. Thurstone.

Teste das bandeiras – consiste na verificação do fator visualização ou do senso espacial do candidato, que, ao observar a primeira bandeira de cada fila, indica, na mesma fila, as que se apresentam voltadas para o mesmo lado.

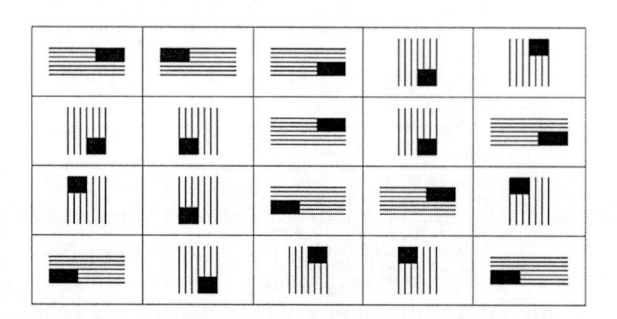

Figura 4.4 – Teste das bandeiras, de L. Thurstone.

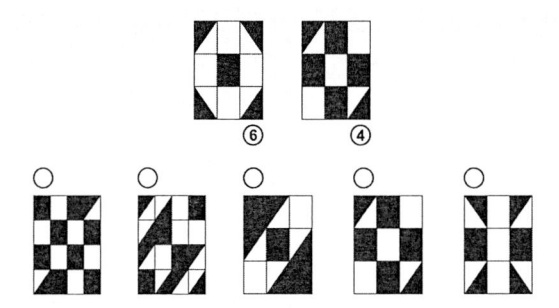

Figura 4.5 — Teste de áreas, de L. Thurstone.

Teste das áreas – consiste em observar as imagens e registrar o total de áreas brancas, com relação aos quadrados, que são colocadas nos círculos do lado de fora das figuras, tal como nos exemplos, cuja finalidade é verificar a aptidão na identificação de formas.

Outros testes de aptidões mentais envolvem os fatores de relações verbais, fluência oral, facilidade em lidar com números, memorização, indução e percepção de detalhes.

Testes de aptidões mecânicas – consistem na constatação da participação e presença de aspectos mentais ou cognitivos que exijam reflexão adequada na solução de obstáculos ou problemas, originados em atividades físicas inerentes ao exercício de cargos mecânicos quando comparados a fatores físicos ou motores.

O avanço da tecnologia tem dado lugar ao crescente número, no mercado de trabalho, de funções chamadas "mecânicas" (automáticas), destacando a importância dessa aptidão como um fator determinante do cargo, por envolver, de modo geral, atividade física. O teste de Bennett tem por objetivo verificar a compreensão da atividade mecânica explicitada pelo candidato.

A Figura 4.6 mostra dois exemplos de testes de compreensão mecânica:

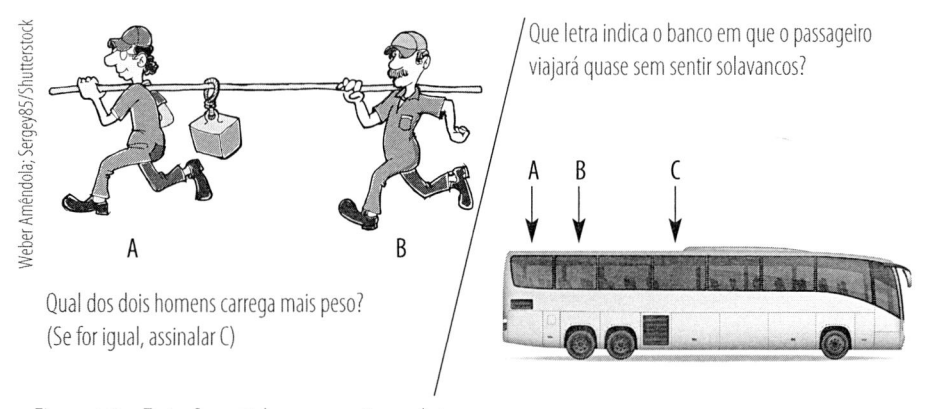

Figura 4.6 — Testes Bennett de compreensão mecânica.
Fonte: Com base em McCormick e Tiffin, 1977, p. 170.

Testes de aptidões psicomotoras – consistem na verificação da capacidade de executar as atividades acompanhadas de movimentos que sejam apropriados e demonstrem, dessa forma, estar em condições de exercer as funções.

McCormick e Tiffin (1977, p. 174), com base em vários especialistas, apresentam a seguir especificação de atividades psicomotoras: escolha do tempo de reação, tempo de reação, reação dos movimentos dos membros, rapidez punhos-dedos, destreza digital, destreza manual, controle de ritmo e precisão de controle.

Escolha do tempo de reação – é a capacidade de selecionar e iniciar uma resposta, quando esta é escolhida com base em duas ou mais alternativas relativas a dois ou mais estímulos.

Tempo de reação – é a rapidez com que poderá ser iniciada uma única resposta motora a um único estímulo.

Reação dos movimentos dos membros – trata da aptidão que envolve a rapidez com que poderão ser feitos movimentos distintos do braço ou da perna.

Rapidez punhos-dedos – relaciona-se à rapidez com que poderão ser feitos movimentos distintos dos dedos, mãos e punhos.

Destreza digital – exige movimentos hábeis e coordenados dos dedos, em que poderá ou não estar envolvida a manipulação de objetos.

Destreza manual – diz respeito a realizar movimentos hábeis e coordenados da mão, ou de uma das mãos com seu braço.

Controle de ritmo – significa fazer ajustamentos motores, regulares e antecipados, relativos a mudanças na rapidez e/ou na direção de um objeto em contínuo movimento.

Precisão de controle – refere-se a fazer movimentos musculares controlados, necessários para ajustar ou posicionar uma máquina ou mecanismo de controle do equipamento.

Apresentamos, em seguida, exemplos de alguns dos mais conhecidos testes de aptidões psicomotores utilizados na seleção de RH:

Teste de pontuado – consiste na verificação da capacidade de executar as atividades com a utilização de movimentos que o candidato deve apresentar, em termos de movimentação, por ocasião da colocação de pontos nos centros dos pequenos círculos em determinado prazo ou no menor tempo possível.

O teste, conforme mostra a Figura 4.7, é encerrado ao fim de 1 ou 2 minutos e o selecionador deve, então, comparar o rendimento entre os vários candidatos submetidos ao mesmo teste.

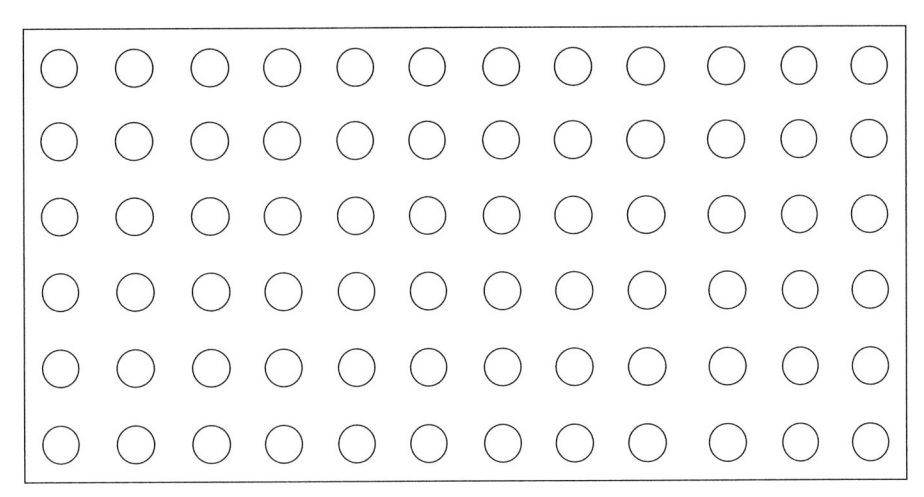

Figura 4.7 — Teste de pontuado.
Fonte: Ramos, 1965, p. 208.

Teste de recorte de figuras, desenhos ou traçados – consiste na verificação da habilidade motora do candidato que, diante da apresentação de diversos desenhos ou de linhas de várias espessuras, terá de, com a utilização de uma tesoura, fazer o recorte das imagens. Marca-se o tempo de realização da tarefa ou, em tempo determinado, a extensão do trabalho realizado, bem como o número de erros ou imperfeições cometidos.

Teste de perfurar pontos ou círculos – consiste na verificação da habilidade motora do candidato, usando alfinetes ou agulhas para perfurar papel, pano ou couro, com a utilização de uma ou das duas mãos simultaneamente. O tempo é registrado, bem como os erros cometidos.

Os exemplos a seguir ilustram alguns dos aparelhos mais comuns na aplicação de testes de aptidões psicomotoras:

Testes de aptidões visuais – consistem na verificação da capacidade de executar a atividade, na qual algumas funções exigem certos tipos de competência visual extremamente importantes para o manuseio, condução ou controle de, por exemplo, equipamentos de alta precisão, pilotos de avião, motoristas e pesquisadores de laboratório.

As aptidões visuais mais importantes são examinadas com os testes de acuidade visual, percepção de profundidade (estereoscopia) e discriminação das cores.

Acuidade visual – é a habilidade de discernir pormenores em branco e preto, examinada geralmente em termos de mínimas áreas separadas que podem ser caracterizadas. A competência para perceber detalhes a curta distância é, de certa forma, independente da perícia de percepção a longa distância.

Assim, os testes devem ser aplicados para medir a acuidade visual, tanto de longa como de curta distância, no caso de ambas serem relevantes ao desempenho do cargo.

Percepção de profundidade – é a habilidade de discernir distância entre imagens, em termos tridimensionais, constituindo-se em importante função de percepção correta das relações espaciais.

Discriminação das cores – é a capacidade de distinguir as diferentes cores, em suas variadas gradações. De outro modo, embora a cegueira absoluta para cores seja relativamente rara, certos aspectos da deficiência para cores são bem mais comuns, tal como a incapacidade de discriminar entre o vermelho e o verde ou entre o azul e o amarelo, chamado daltonismo.

O teste de visão mais conhecido e aplicado universalmente é a tabela de letras de Snellen, que consiste em diversas fileiras de letras de forma e tamanho decrescentes, colocadas a uma distância de 7 metros do candidato. Em resumo, quanto menores forem as letras que o candidato pode ler, maior será sua acuidade visual.

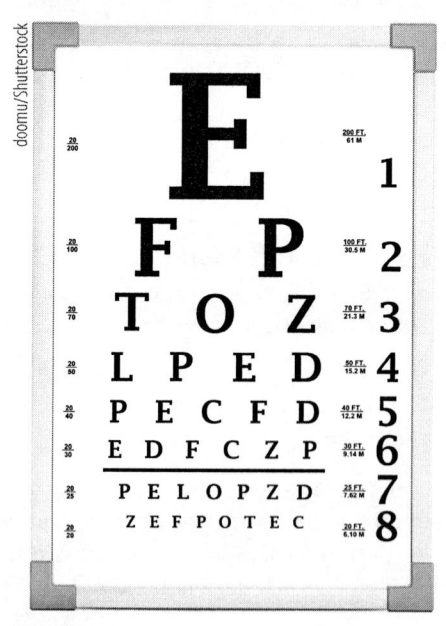

Figura 4.8 – Teste de letras de Snellen.

4.2.4 Testes de personalidade

É comum ouvirmos que algumas pessoas são mais habilidosas do que outras para ocuparem certos cargos. Por exemplo, a expressão: "fulano tem 'queda' para vendedor", ou "beltrano é um pesquisador 'nato'".

Tais manifestações acontecem quando verificamos que a personalidade e os interesses de certos indivíduos têm particular influência no desempenho de seu trabalho. Em síntese, podemos dizer que a motivação está intimamente relacionada à personalidade do indivíduo que desempenha suas funções com entusiasmo e dedicação.

Objetivo – os exemplos aqui abordados visam dar parâmetros a respeito de como se pode verificar sobre o que o candidato *é capaz de realizar*, embora esses mesmos testes não possam avaliar o que esse mesmo candidato, realmente, *vai fazer*.

O comportamento do ser humano diz respeito ao modo como conduz ou procede diante de terceiros ou de alguma atividade. Esse procedimento ou conduta é proveniente de ações de caráter psicológico, que podem motivar mudanças no comportamento. Portanto, o comportamento pode ser considerado um efeito ou consequência das ações provenientes da motivação. Dessa maneira, os testes de personalidade pretendem tanto avaliar o padrão habitual de comportamento do candidato como revelar suas fontes motivacionais, entre outros aspectos.

Muitos são os testes ainda aplicados, porém os mais usados atualmente são:

- **Quati** – questionário de Avaliação Tipológica, cujo autor é José Jorge de Moraes Zacharias. Origina-se da teoria junguiana. Avalia a personalidade por meio das escolhas situacionais que cada pessoa faz. Além disso, procura identificar atitudes, funções perceptivas e as avaliativas.
- **Palográfico** – consiste na realização de traçados feitos pelo candidato. Tem por finalidade apresentar dados de ritmo e qualidade de trabalho, inibição, temperamento, inteligência, entre outras questões relacionadas à personalidade do sujeito.
- **PMK** – exploram a personalidade, mediante análise das tensões musculares involuntárias. Os autores são Emilio Mira y López e Alice Madeleine G. Mira.
- **Rorschach e Zulliger** – avaliam a estrutura de personalidade.
- **FIGS** – Teste de Frases Incompletas, pesquisa aspectos distintos como responsabilidade profissional, relações interpessoais, motivações e autoconceitos, e cujos autores são Jaime A. Grados e Elda Sánchez Fernandez.
- **DTO** – Diagnóstico Tipológico Organizacional, tem por propósito definir estilos cognitivos e comportamentais necessários ao desempenho de funções pertencentes a diferentes órgãos da empresa, e seus autores são José Jorge Zacharias e Antonia Claudete A. Livramento Prado.

Testes projetivos – consistem em levar o candidato a revelar, em princípio, o que consegue ver ou identificar em imagens confusas formadas por borrões de tinta ou desenho.

A expressão, *testes projetivos*, tem sua origem no fato de o candidato ser projetado, induzido para uma situação que favoreça a visualização de algo em razão do estímulo que o examinador provocou. A resposta dada pelo candidato será confrontada com uma bateria de respostas padronizadas que permitirão ao examinador avaliar o candidato.

São exemplos de técnicas projetivas:

- teste de Borrões de Tinta, de Rorscharch;
- teste de Apercepção Temática (TAT).

Embora ainda difundidos e utilizados em clínicas psicológicas, os testes projetivos não são empregados com o mesmo empenho na seleção de pessoas nas empresas, a não ser em casos raros.

Psicodiagnóstico miocinético – também conhecido como Teste PMK, de Mira y López (Ramos, 1965, p. 237), é formado por um conjunto de seis páginas com traços que o examinado deve acompanhar com ambas as mãos, inicialmente sob controle visual e posteriormente às cegas. Na segunda fase das operações, a visão é interceptada por uma folha de papelão ou por uma tabuleta quadrangular. Já existe mesa especialmente construída para aplicação do miocinético, que se caracteriza por possuir em sua parte média uma tábua que corre ou se levanta para sustentar o papel do teste na posição vertical.

Figura 4.9 – Teste PMK. Com base em Carvalho, s. d., p. 76.

A seguir, os traços deixados pelo candidato são medidos e analisados cuidadosamente pelo examinador. Mira y López, justificando seu PMK, afirma que "toda a atividade mental, considerada do ponto de vista objetivo, é uma sucessão de atos que se desenvolvem sobre plataformas previamente formadas; assim, cada mudança de conduta implica também uma mudança nas tensões musculares e altera sua forma de equilíbrio" (Carvalho, s. d.a, p. 76).

A afirmação de Mira y López explica, assim, o chamado "princípio da miocenese" (*mŷs*, *myós* = músculo; *kínesis* = movimento) aplicado ao Teste PMK.

Inventários de personalidade – são testes elaborados de forma que questões ou frases apresentadas possibilitem ao examinador avaliar o candidato de modo diferenciado no que se refere às variáveis como: introversão/extroversão, autossuficiência, submissão/dominação etc.

Embora certos questionários sejam muito longos, o que constitui uma desvantagem, eles podem ser reduzidos a algumas escalas, diminuindo-se o tempo de sua aplicação.

Há certa controvérsia a respeito da eficiência e validade dos inventários e questionários de personalidade na seleção de pessoas, em que estudiosos afirmam que a sua aplicação deve ter finalidade clínica como princípio até se conseguir um conjunto de dados suficientes no que se refere às suas aplicações na seleção de pessoal.

Resumindo, o administrador de RH deve encarar os testes, de algum modo, como mais um dos recursos válidos na apreciação de determinados candidatos, pois, quando bem elaborados e aplicados, podem fornecer subsídios para uma decisão geral sobre a admissão ou não dos candidatos examinados.

4.3 Entrevista de seleção de Recursos Humanos

> A conversação com outra pessoa é um ingrediente indispensável numa entrevista encaminhada para verificar as características básicas da sua personalidade.
> *Donald e Eleanor Laird*

4.3.1 Introdução ao processo de entrevista de seleção

A entrevista constitui um instrumento vital em matéria de seleção de RH. Por meio de uma conversação bem conduzida, o selecionador de pessoal busca informações dos candidatos que não puderam ser mensuradas pelos testes.

De outro modo, a entrevista substitui os testes nas empresas de pequeno porte que não apresentam condições de elaborar suas próprias baterias ou mesmo terceirizar serviços que cuidem de sua aplicação. O processo de entrevista de seleção de RH pode ser assim ilustrado:

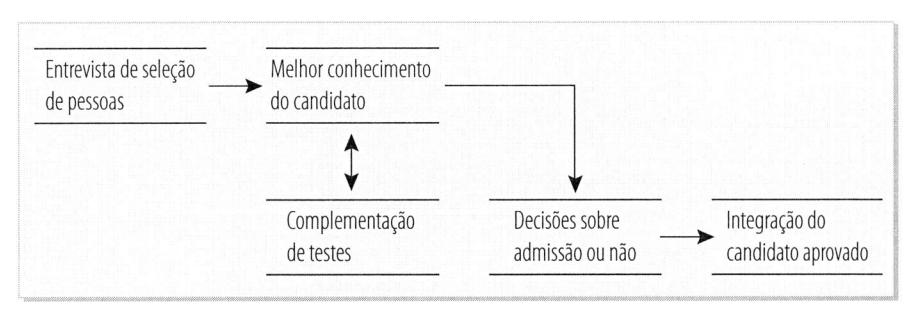

Figura 4.10 – Fluxo da entrevista de seleção de RH.

No campo da tomada de decisões, a entrevista de seleção de RH é um instrumento valioso no que diz respeito ao aproveitamento ou não de determinado candidato ao emprego.

A entrevista de seleção, a exemplo do que acontece com os testes, deve ser tomada como um recurso complementar do processo seletivo. De outro modo, é preciso lembrar o fato de que esta exerce um papel integrador em relação às demais formas de selecionar candidatos a emprego. Como vimos, as aptidões do candidato constituem um todo e não uma justaposição de traços isolados, os quais necessitam ser integrados e combinados em uma personalidade definida e global.

4.3.2 Objetivos da entrevista de seleção

O propósito central da entrevista de seleção é obter do candidato informações complementares que não foram reveladas durante a aplicação da série de testes. A estes cabe a tarefa de verificar outros conhecimentos e traços da personalidade do candidato. A entrevista visa obter fatos relacionados com o histórico profissional, educacional e socioeconômico desse mesmo candidato.

Outra finalidade é confirmar ou não as demais fontes de informações – dinâmica e ambiente da aplicação de testes, exame do currículo do candidato etc.

Cabe, por fim, a esse recurso, estabelecer uma identificação entre a empresa e o candidato, seja este admitido ou não pela organização.

Vimos, portanto, que a entrevista é reconhecida nos dias atuais no circuito empresarial como o recurso que possibilita obter dados mais consistentes a respeito do candidato. Ressaltamos, porém, que, em razão da forma como se processa, ela também apresenta margens de falha, uma vez que não é possível apreender o campo psíquico em sua totalidade, isto é, algo sempre irá escapar, em virtude de questões inconscientes passarem despercebidas por quem entrevista.

4.3.3 Dinâmica da entrevista de seleção

Levando em conta que a entrevista de seleção de RH é um instrumento de uso universal, sendo sua importância reconhecida por todos, devemos considerar que o aperfeiçoamento de sua técnica constitui um passo para a efetivação da seleção de candidatos.

Estudos revelam a necessidade de equilíbrio, autodomínio e boa disposição para desenvolver o difícil trabalho de agrupar dados isolados sobre o candidato com o intuito de obter descrição objetiva dele. Requer, ao mesmo tempo, conhecimento adequado das pessoas como seres humanos com certa percepção de suas diferenças.

Nesse caso, trazemos, a título de ilustração, duas premissas que orientam a entrevista:

- **entrevistador incompetente** – é aquele que extrai muitas inferências de um número extremamente limitado de informações;
- **entrevista eficiente** – é aquela em que o entrevistador obtém uma redução de inferências, uma vez que as informações sobre o entrevistado são abundantes, concretas e diretas.

Muitas empresas, visando dar maior segurança e respaldo ao processo, recorrem a outros tipos de entrevista com os candidatos, entre as quais destacamos:

- **preliminar** – para decidir se vale a pena ou não dedicar ao assunto o tempo da empresa e do candidato;
- **de avaliação** – mais detalhada com os candidatos que restaram da triagem da entrevista preliminar, em que é adotada a decisão final de se admitir ou não o candidato entrevistado;
- **final** – na qual é feita uma proposta ao candidato (entrevista de admissão).

4.3.4 Utilidade da entrevista de seleção

A entrevista de seleção é um dos recursos ou técnicas imprescindíveis e úteis para a realização do processo seletivo. Desse modo, entre as razões pelas quais esta deve ser incluída como um dos instrumentos definidores da escolha ou não de candidatos podemos enumerar as seguintes:

- é uma das técnicas mais consideradas para avaliar aparência, postura e modo de expressão do candidato, além de poder perceber rapidez de reação nas respostas, dotes de persuasão, qualidade de comunicação verbal e reações a perguntas inesperadas;
- possibilita análise das características pessoais, as atitudes e o rigor físico para desempenhar as funções exigidas pelo cargo. Essas observações são importantes, mesmo quando utilizados outros métodos para a avaliação da personalidade;
- constitui-se em uma técnica aceitável para reunir informações obtidas de outras fontes e explicar os informes contraditórios que procedem delas;
- pode proporcionar ao candidato a informação de que este necessita para decidir sobre se o emprego lhe interessa ou não;
- possibilita ao selecionador maior confiança nos resultados finais;
- oferece ao candidato a oportunidade de expor suas qualificações.

4.3.5 Tipos de entrevista de seleção

A entrevista de seleção de pessoas é um processo que pode ser segmentado em dois tipos: entrevista não estruturada e entrevista estruturada.

Entrevista não estruturada – consiste no encaminhamento restrito de poucas perguntas previamente concebidas.

Procedimento – as questões são formuladas à medida que a entrevista prossegue, no entanto, esta é dispensada ou livre de qualquer roteiro ou itinerário efetuados de forma antecipada para sua execução.

Objetivo – manter o ambiente descontraído a fim de que o entrevistado possa falar mais de si com desembaraço e livre de constrangimento.

Limitações – como não se restringe a uma estrutura preestabelecida, pode acontecer de apesar de o entrevistador se preocupar em não esquecer alguns aspectos a serem captados na fala do entrevistado, ambos serem capazes de receber impressões provocadas pelos efeitos característicos de uma técnica como a entrevista livre, na qual não existe garantia de precisão.

Entrevista estruturada – também denominada entrevista padronizada ou entrevista livre, consiste no encaminhamento de um conjunto de perguntas previamente elaboradas.

Objetivo – superar as limitações e deficiências da entrevista padronizada, além de manter o ambiente descontraído, a fim de que o entrevistado possa falar mais de si com desembaraço e livre de constrangimento.

Procedimento – o conjunto de perguntas procura, na medida do possível, levantar aspectos tanto da vida pessoal como da profissional, seguindo um roteiro antecipadamente planejado.

Vantagens – como se trata de uma estrutura previamente estabelecida, é possível que o conjunto de informações dê ao entrevistador mais segurança na análise e avaliação a respeito das possibilidades que o candidato apresenta. Considera, ainda, um elenco de variáveis importantes e significativas tanto para a empresa como para o próprio pretendente à posição em aberto.

O norte-americano Robert N. McNurry (1985), especialista em recursos humanos, aponta as seguintes vantagens de uma entrevista dirigida de seleção:

- torna possível a cobertura sistemática e completa de toda a informação necessária para predizer o provável sucesso do candidato no cargo pretendido;
- guia o entrevistador na obtenção dos fatos e na descoberta da informação disponível sobre o candidato;
- proporciona um conjunto de princípios para uso na interpretação dos fatos obtidos com o propósito de julgar o que o candidato fez;
- proporciona os meios para minimizar as distorções e os preconceitos pessoais do entrevistador.

O quadro a seguir reproduz um modelo de perfil de entrevista, no qual, entre outras informações, o entrevistador busca saber algo a respeito da vida e da carreira do candidato:

Quadro 4.4 — Modelo de perfil de entrevista estruturada

Perfil da entrevista	Pontos:
Identificação	
Nome:	Sexo:
Instrução:	Idade:
Cargo a qual se candidata:	
Tempo de aplicação:	
Histórico escolar	
Experiência profissional	
Objetivos de carreira	
Hobbies e passatempos	
Condições físicas	
Idiomas	
Segurança aparente	
Pontos fortes	

Quadro 4.5 — Modelo de roteiro de entrevista estruturada (mais completo) dirigida na seleção de candidatos a vendedor

Guia para entrevista de candidatos ao cargo de vendedor
Este guia tem por finalidade ajudar o entrevistador ao entrevistar os candidatos para emprego de vendedor. Deverá ser utilizado, durante a entrevista, a fim de desenvolvê-la de modo sistemático. O entrevistador deve utilizar este manual com o propósito de estimular o diálogo e canalizar ou controlar a conversação com o objetivo de tratar todos os pontos de interesse. Os comentários podem ser feitos durante a entrevista ou imediatamente depois de sua conclusão. Nome do candidato: .... Nome do entrevistador:..
Aparência e outros
A sua primeira impressão foi favorável?... Quais as características do candidato que, a seu parecer, produziram essa impressão? A julgar por sua aparência, diria que sua saúde é excepcional, boa ou má? .... Causou a impressão de ser uma pessoa de energia incomum e com plena confiança em si? Acha que a clientela em potencial aceitaria os modos de ser do candidato? .... Apresenta uma personalidade forte e dominante sem chegar a ser ofensiva?..
Antecedentes familiares
Tomando como referência a ocupação e a situação econômica de seus pais, onde verificar que o meio ambiente familiar tem sido propício para um desenvolvimento favorável? .... Seus irmãos têm tido êxito na vida? .... Ajudou sua família durante a adolescência? .... Nas férias e horas de ociosidade passou estudando e adquirindo experiência que mais tarde puderam ser útil?.. Participou das atividades religiosas e sociais de modo que trouxeram benefício para orientar ou direcionar seus interesses?.. Conhece suficientemente sobre os antecedentes de sua mulher para julgar se esta colabora ou não com você? .... Sua esposa trabalha? Isso afeta o casamento?.. Sua esposa aprova que você trabalhe como vendedor e mude de residência caso seja necessário? Sua esposa e seus filhos apresentam saúde normal? .... Em caso de divórcio ou separação, o marido foi o responsável? .... Do ponto de vista econômico, pode o candidato viver com o salário que lhe é oferecido?........................

Fonte: Com base em Mandell, 1962.

Quadro 4.5 — Modelo de roteiro de entrevista estruturada (mais completo) dirigida na seleção de candidatos a vendedor (continuação)

Antecedentes pessoais
Os livros que lê e passatempos que tem podem revelar seus interesses reais na vida?............................
Pode concluir-se que, com base em seus empregos anteriores ou no histórico de suas tarefas, suas atitudes são verdadeiras? ....
Sua forma de desenvolver-se em seu último emprego indica que se trata de alguém enérgico: que define primeiro um objetivo inteligente e depois inicia a ação para conquistá-lo? ....
Apresenta raciocínio ordenado, lógico e decisivo, ou se perde em alguma questão com divagações sem determinar com clareza suas observações?..
Mostrou, no decorrer da entrevista, um "sentido da missão de venda", atraindo para si o interesse do interlocutor, bem como controlando o desenvolvimento desta entrevista para saber algo sobre o entrevistador?...
Você teve a oportunidade de lançá-lo a uma discussão sobre algum tema ou propôs-lhe alguma polêmica para comprovar suas reações, ou seja, o candidato mostra um ar ofendido, ou sabe dominar seu gênio e responder com tranquilidade e expor serenamente suas opiniões?..
Sabe comportar-se de modo adequado? Apreciou sua conduta após a segunda ou terceira entrevista?
Quais são suas faltas, prescindindo de suas boas qualidades? ....
Houve discussão franca entre entrevistador e entrevistado?...
Acredita que, sob a direção de um bom supervisor, o candidato pode superar suas falhas?....................
Pode deduzir-se de suas atividades anteriores que se trata de um indivíduo persistente e que sempre conclui o trabalho iniciado? ....
Você acredita que se trata de uma pessoa dotada de integridade, não só por causa de sua honradez, como também a respeito da integridade de propósito e de ideais que demonstra?................................
Deu-lhe a impressão de ser alguém de caráter amigável, isto é, uma combinação de afabilidade e desejo de cooperar?...
Qual é o seu grau de ambição, ou seja, daqui a dez anos, que emprego desejaria possuir exatamente e qual o salário que gostaria de ter? ....
Experiência nas forças armadas
Padece de alguma inferioridade física ou mental como resultado de seus anos de serviço militar? ....
Podem ser de alguma utilidade para nossa empresa seu treinamento militar, experiência e promoções?
Que deduz da atitude do candidato em relação aos seus respectivos superiores, oficiais e colegas? ....
Dedicou-se a algum trabalho construtivo durante o tempo livre no serviço militar?................................

Fonte: Com base em Mandell, 1962.

Quadro 4.5 — Modelo de roteiro de entrevista estruturada (mais completo) dirigida na seleção de candidatos a vendedor (continuação)

Experiência adquirida em seus empregos
Seguem várias perguntas que vão ajudá-lo a avaliar o candidato em virtude de seu emprego atual ou dos anteriores:
Nome da empresa onde atualmente trabalha ou da última em que trabalhou..................................
Duração do emprego ....
Como conseguiu esse emprego? ....
Natureza do emprego (produto ou serviço que vendia) ....
Quais foram suas promoções ou seus aumentos de salários? ....
Quais eram as características do emprego que mais agradavam ao candidato? ....
Quais eram as características que mais desagradavam ao candidato? ....
Qual era a opinião do candidato sobre a estrutura da empresa para a qual trabalhava? ....
Existiam nessa estrutura pessoas que lhe desagradavam particularmente? ....
Que opinião tem sobre seu chefe imediato? ....
Considerava-se capacitado para ocupar um cargo de maior responsabilidade?.......................
Quais foram as razões que o levaram a deixar esse emprego? ....
Recomendações
Que emprego e destino específicos recomenda para o candidato? ....
Em sua opinião, qual salário deveria ser pago a ele?..
Assinado

Fonte: Com base em Mandell, 1962.

4.3.6 Preparação, acompanhamento e desenvolvimento de uma entrevista

João Bosco Lodi (1989, p. 89-114) apresenta interessante e oportuno modelo de roteiro de entrevista de seleção:

Como preparar uma entrevista
1. Prepare uma descrição e análise da função para a qual se recruta.
2. Observe problemas peculiares a essa função na empresa: "turnover", cooperação, tipo de supervisão exercida, disciplina e treinamento.
3. Faça um reconhecimento do terreno para evitar imprevistos.
4. Prepare um esquema de desenvolvimento.
5. Estabeleça uma distribuição de tempo para cada área ou assunto.
6. Elabore perguntas cujas respostas sejam analíticas e descritivas, não perguntas cujas respostas se adaptem às perguntas ou que apenas atraiam um "sim" ou um "não".

7. Mantenha o controle da entrevista mediante cuidadosa preparação.
8. Não projete falar demais usando da entrevista para expandir o seu ego.
9. Economize seu tempo. Fale em apenas 10% dele.

Como observar pontos críticos no formulário de emprego

1. Verifique rasuras, omissões e trechos riscados.
2. Verifique o número de cargos anteriores.
3. Verifique a média de tempo de cada cargo.
4. Verifique cargo e salário iniciais e finais em cada empresa.
5. Verifique a experiência relacionada com os deveres de cada cargo.
6. Verifique os saltos e os progressos nos empregos anteriores.
7. Procure explicações para quebras inesperadas.
8. Verifique a correspondência entre a responsabilidade e a remuneração em cada função.
9. Verifique se houve mudança de rumo nas especificações.
10. Verifique o tipo de formação escolar: o currículo e o "espírito" da escola.
11. Verifique os cursos profissionais, estágios, trabalhos feitos, prêmios, bolsas de estudo etc.

Como desenvolver uma entrevista

1. Ajude a pessoa a se sentir à vontade e com disposição de falar. Clima favorável. O curso da entrevista dependerá dessa abordagem inicial.
2. Não formule "perguntas diretas" enquanto não estiver convencido de que a pessoa está disposta a colaborar. Faça abordagem indireta.
3. Não formule inicialmente perguntas que induzam a uma atitude negativa ou defensiva. Faça perguntas "inocentes" sobre os últimos empregos.
4. Permita que a pessoa exponha os "fatos a seu modo" e ajude-a a preencher as "omissões". Permita liberdade de expressão.
5. Mostre franqueza em vez de astúcia, pois a esperteza atrai a esperteza.
6. Não se mostre agressivo.
7. Nunca pergunte nada sem propósito. Mostre os objetivos.
8. Empregue a entrevista como meio de observação. Faça perguntas de longa resposta que lhe permitam observar e avaliar o interlocutor.
9. Procure determinar "opiniões e atitudes", ou "formas de pensar".
10. Assimile o significado completo de cada reação ou resposta.

4.3.7 Diagnóstico psicológico

O mercado empresarial é atravessado, desde sua origem, por acontecimentos promovidos pelo capitalismo. No entanto, este atualmente se encontra alicerçado em uma cultura do excesso de consumo. Desse modo, incita a que a sociedade se deixe capturar pelo consumismo desenfreado, que promete que tudo é possível e acessível por meio dos intensos avanços tecnológicos e científicos que anunciam a troca do homem pela máquina.

Na medida em que o ser humano vai sendo subtraído das suas capacidades e habilidades para desenvolver tarefas que são realizadas pelos modelos robóticos – criados por ele mesmo –, pode declinar sua criatividade e, possivelmente, favorecer o surgimento de alto nível de ansiedade e, até mesmo, isolamento, que pode engessá-lo e levá-lo à inércia.

Os efeitos dessa realidade têm sido nefastos para provocar um alto índice alarmante de desemprego, levando o mundo a enfrentar sérias crises nos campos financeiro, social e cultural. Tais aspectos balançam as certezas econômicas, as garantias de trabalho, os ideais e as motivações do ser humano, que constituem os alicerces na relação com as intempéries inerentes à vida.

Nesse sentido, as empresas que apresentam visão ampla da cultura global vêm apostando no seu colaborador, investindo no seu emocional, tendo em vista que cada vez mais cresce a associação da doença mental às dependências químicas. Isso nos leva a refletir a respeito da influência do sistema capitalista que, por um lado, parece atrativo a partir de suas promessas e, por outro, apresenta sua face devastadora, porque não consegue cumpri-las. Diante desse cenário, as instituições se tornam mais rigorosas não somente em relação ao seu processo seletivo, mas em virtude da manutenção do seu quadro de colaboradores.

Ao seguir essa linha de raciocínio, as organizações atualizadas lançam mão de vários meios, apostando no campo emocional dos seus recursos humanos, com a finalidade de atingir seus objetivos e tentar se equilibrar nesse mercado em que reinam as incertezas.

Em muitas empresas de caráter transcultural ou multinacional, um dos pontos de maior destaque tem sido o diagnóstico psicológico, tomado como medida preventiva de permanentes conflitos, mal-estar constante, excesso de insatisfação, falta de motivação e desistência do trabalho, bem como do alto índice de sofrimento que vem sendo manifestado no interior das organizações.

Assim, as avaliações psicológicas têm como proposta ouvir cada pessoa na sua dimensão subjetiva, em um lugar específico que pode ser um espaço adequado na própria empresa ou fora dela, dando relevância à singularidade do candidato ou colaborador e preservando a ética que é fundamental para que se estabeleçam vínculos com o profissional que, nesse caso, deve ser um psicólogo. Levando em consideração que a escuta de cada um privilegia a percepção de questões enrustidas e veladas – favorecendo o surgimento de questões psíquicas que são difíceis de serem identificadas e manifestadas no ambiente de trabalho –, esta técnica se ampara em entrevistas que podem variar em sua quantidade de acordo com o ritmo de cada entrevistado.

Para a construção de um diagnóstico dessa natureza, obtido por meio de dados colhidos a partir de observações do processo de seleção, será necessário também um diagnóstico do ambiente interno da empresa, com propósito de investigar a percepção dos colaboradores que atuam no setor de Recursos Humanos e os fatores de influência no desempenho da sua função.

4.4 Considerações finais

Neste capítulo tivemos a oportunidade de desenvolver o processo que se propõe a classificar candidatos de interesse imediato da empresa. Vimos que a função é exercida seguindo procedimentos que, dependendo das necessidades, exigem técnicas variadas, embora possam interagir, buscando a harmonia entre o mercado, a empresa e as pessoas interessadas nas posições em aberto.

O relacionamento do selecionador com as pessoas que ultrapassaram a fase inicial, recrutamento, precisa continuar humano para que, independentemente dos resultados, todos, sem exceção, possam participar da etapa conclusiva com satisfação.

O texto nos mostrou, além de uma visão sistêmica, os processos pelos quais a função de Recursos Humanos se constitui e como a interação entre esses diferentes órgãos, para formar um todo maior, se entrelaçam.

O ambiente de negociação em que a empresa opera exige que suas negociações, buscando novos reforços, em situações especiais, sejam realizadas além dos limites geoeconômicos nos quais a empresa costuma atuar, dando a medida de importância que a função de seleção de pessoas representa no contexto do sistema de Recursos Humanos e empresarial.

As exigências empresariais, ao longo do tempo, passaram por mudanças que, hoje, exigem profissionais atualizados, competentes e com autonomia, que sejam capazes de resistir a pressões, mantendo, entretanto, o equilíbrio emocional. O próprio profissional responsável pela função de selecionar precisa estar devidamente preparado para não se deixar envolver pelos variados problemas de ordem pessoal que haverá de enfrentar. A manipulação de resultados precisa ser evitada a todo custo sob pena de prejudicar os destinos da instituição, cujos interesses precisam estar acima de quaisquer outros de ordem particular.

Essa preparação diz respeito a estar a par do que é conhecido como seleção por competência no sistema empresarial globalizado.

Vários estudiosos se debruçaram sobre o assunto, defendendo a ideia de que a competência se constitui em uma articulação que ocorre entre o campo emocional e o técnico. Entretanto, cabe ressaltar que, além da competência técnica, o mercado tem interesse também na competência comportamental e nos saberes relacionais que procuram ver o indivíduo em sua ação profissional.

Dessa maneira, a seleção, como parte integrante do sistema de Recursos Humanos, procura visualizar simultaneamente o mercado de trabalho, o candidato e a empresa, com a intenção de identificar exigências que atendam às necessidades gerais das partes envolvidas. A ligação entre a empresa e o mercado de trabalho é realizada pelo órgão de seleção de pessoas via recrutamento.

No decorrer do capítulo vimos o desenvolvimento dos tópicos referentes a conceito, importância, processos, testes, entrevista e diagnóstico sobre seleção de pessoas.

4.5 Exercícios, questionários e gabarito

Exercício nº 1

Veja: Explicação preliminar no Capítulo 1, p. 14

Assunto: Teste Escrito de Resposta Livre

Procure assimilar o máximo possível do tópico "Testes de Seleção". A seguir, responda de forma objetiva às questões a seguir, procurando sintetizar sua dissertação no espaço disponível.

Você recomendaria o emprego de um teste escrito específico de resposta livre na seleção de um candidato à vaga de redator em uma agência de publicidade?
Por quê?

Exercício nº 2

Assunto: Aplicação de Testes Práticos

Uma empresa de porte médio, fabricante de alimentos industrializados, promoveu, em suas próprias instalações, a aplicação de testes práticos, além de provas psicológicas e de conhecimentos, para candidatos a vendedor.

Com base no tópico 4.4, elabore um plano para tornar viável a aplicação desses testes, levando em conta, entre outros pontos, o ambiente, instalações, material didático etc.

Exercício nº 3

Assunto: O caso dos vendedores de classificados

Uma conceituada empresa jornalística, cujos produtos que administra têm circulação nacional, utiliza uma equipe de vendedores de classificados, isto é, pessoas que vendem espaços para seus anúncios, os quais constituem uma das bases de sustentação financeira do grupo.

O cargo de vendedor de classificados exige muitas horas de trabalho ao telefone com os mais variados tipos de anunciantes. A função é cansativa, não muito agradável e o *turnover*, alto.

De outro modo, a empresa remunera razoavelmente seus vendedores de classificados, incluindo prêmios por produtividade, além de salário fixo (quatro salários mínimos). Mesmo assim, há grande evasão desses profissionais, uns por não darem conta do serviço, outros por não possuírem a qualificação mínima necessária.

A empresa elaborou recentemente uma cuidadosa pesquisa para apurar as causas do alto índice de *turnover* de seus vendedores de classificados, chegando às seguintes conclusões:

A maioria dos funcionários que trabalha no setor de atendimento dos classificados por telefone divide-se em dois grupos:

a. grupo menor, constituído de profissionais que trabalham na empresa há mais de dois anos;
b. grupo maior, que consiste de vendedores de classificados que estão na organização há menos de dois anos.

É no grupo b que se concentra o maior *turnover*: um em cada três novos funcionários deixa o emprego durante os três primeiros meses de trabalho.

Considerando a situação descrita:

1. imagine-se como gerente de RH da referida empresa, sugerindo algumas estratégias à diretoria do grupo para melhorar o processo de seleção de novos vendedores de classificados, tornando-os mais estáveis no cargo. Que sugestões você apresentaria para:

    a. testes de seleção?

    b. análise do trabalho do vendedor de classificados?

    c. entrevistas de seleção?

2. você acredita que uma entrevista entre esses vendedores da empresa e seus supervisores imediatos poderia ajudá-los a entender melhor suas funções? ....Por quê?..............................
3. quais incentivos poderiam ser dados aos vendedores para ficarem no cargo por mais tempo?
4. que outras sugestões você poderia apresentar para tentar resolver o problema proposto? ....
....

Perguntas para reflexão – 4.2

Veja: Explicação preliminar no Capítulo 1, p. 14

1. Há alguma relação entre a análise, avaliação e classificação de cargos e o processo de seleção de RH? .... Qual?...
2. Mencione alguns exemplos de cargos em que deve ser empregado o teste de visualização ou percepção espacial ....
3. Que tipos de testes deveriam ser utilizados para candidatos a digitadores?
....

Perguntas para reflexão – 4.3

1. Você considera importante a informação sobre os antecedentes pessoais do candidato na entrevista de seleção de RH? Por quê?...
2. Por que, em sua opinião, muitos administradores de RH não dão a devida importância à entrevista de seleção? ....

    O que poderia ser feito para melhorar essa situação? ....
3. Você é favorável a que os candidatos selecionados com maior potencial sejam entrevistados por mais de um entrevistador? Por quê? ....

Questionário de autoavaliação do Capítulo 4

Veja: Explicação preliminar no Capítulo 1, p. 14

1. Os insumos básicos do processo de seleção são: análise e avaliação de cargos, administração de salários e

   a. treinamento ( );
   b. higiene e segurança no trabalho ( );
   c. avaliação de desempenho ( );
   d. recrutamento ( ).

2. A ficha profissiográfica não precisa conter, obrigatoriamente, as características temperamentais exigidas para o candidato ao cargo a ser preenchido.

   Certo ( )   Errado ( ).

3. Os testes de seleção devem ser sempre elaborados com base nas .... do cargo a ser preenchido pelo candidato, apurando seus ...., habilidades e ....

4. Qual é a outra denominação dada aos testes escritos de respostas dirigidas?

   Resposta: ....

5. O teste das bandeiras, formulado por L. Thurstone, constitui um exemplo de teste:

   a. de visualização ( );
   b. prático ( );
   c. de aptidões psicomotoras ( );
   d. de personalidade ( ).

6. O "Teste PMK" é um exemplo de teste de personalidade.

   Certo ( )   Errado ( ).

7. Entre os pontos centrais a serem analisados pela grafologia, destacam-se: a) a ordem do ...., que demonstra a clareza e a lógica das ...., do raciocínio; b) a forma das ...., que significa a adaptação do indivíduo ao mundo.

8. Como é conhecido o teste de visão mais divulgado em todo o mundo? Resposta:............................

9. A aptidão existe no indivíduo independentemente de seu aprendizado e de seu treinamento.

   Certo ( )   Errado ( ).

10. O teste do pontuado é um exemplo de teste:

    a. de personalidade ( );
    b. de aptidões psicomotoras ( );
    c. de aptidão mecânica ( );
    d. prático ( ).

Gabarito

1. Alternativa d;
2. Errado;
3. Exigências .... conhecimentos ...aptidões
4. Provas objetivas;
5. Alternativa a;
6. Certo;
7. Texto .... ideias .... letras;
8. Teste de letras, de Snellen;
9. Certo;
10. Alternativa b.

Referências bibliográficas

CARVALHO, A. V. de. *Seleção*: princípios & métodos. São Paulo: Pioneira, 2000.

_____. *Administração de recursos humanos*. São Paulo: IOB, "Treinamento a Distância", Módulo 3, p. 76, s. d.a.

_____. *Recrutamento e seleção*. São Paulo: IOB, v. 28, p. 41-42, 45-46, 57, s. d.b. (Coleção Empresarial).

CHIAVENATO, I. *Administração de recursos humanos*. São Paulo: Atlas, 1981. v. 2, p. 93-94, 107-108.

DAVEL, E.; VERGARA, S. C. (Orgs.). *Gestão com pessoas e subjetividade*. São Paulo: Atlas, 2001.

DAVEL, E.; VASCONCELOS, J. (Orgs.). *Recursos humanos e subjetividade*. Petrópolis: Vozes, 1997.

FORTES, W. G. *Pesquisa institucional*: diagnóstico para relações públicas. São Paulo: Loyola, 1990, p. 88-89.

FREEMAN, F. S. *Theory & practice of psychological test*. 3. ed. Nova York: Harcourt Brace & World, 1962.

JORNAL *O GLOBO*, edição de 16 ago. 1987, p. 25.

LODI, J. B. *A entrevista:* teoria e prática. São Paulo: Pioneira, 1989. p. 89-114.

LOPES, T. de V. M. *Problemas de pessoal na empresa moderna*. 7. ed. Rio de Janeiro: Fundação Getulio Vargas, 1980.

McCORMICK, E. J.; TIFFIN, J. *Psicologia industrial*. 2. ed. Trad. de Maria Heloiza S. Capellatto. São Paulo: EPU, 1977. p. 15, 121, 170, 174.

McNURRY, R. N. *Tested techniques of personnel selection*. Chicago: The Dartnell, 1985.

MIRA Y LÓPEZ apud CARVALHO, A. V. de. *Recrutamento e seleção*. São Paulo: IOB. Coleção Empresarial. v. 28, p. 41-42.

MIRA Y LÓPEZ apud CHIAVENATO, I. *Administração de recursos humanos*. São Paulo: Atlas, 1981. v. 2. p. 93-94.

RAMOS, A. V. de A. *Prática de seleção e aperfeiçoamento de pessoal*. São Paulo: Atlas, 1965. p. 208, 237, 210.

Revista *Exame*, edição de 10/06/1987, p. 66.

Treinamento de Recursos Humanos

capítulo 5

Objetivos do capítulo
1. Analisar a importância e o alcance do treinamento no contexto organizacional.
2. Identificar os vários instrumentos – pesquisa de necessidades, planejamento, organização, execução e avaliação que operacionalizam o subsistema de treinamento.
3. Se você assimilar o conteúdo deste capítulo, estará em melhores condições de:
   a. elaborar e acompanhar programas eficientes e atualizados de treinamento e desenvolvimento de RH;
   b. aplicar os vários recursos didáticos – métodos e técnicas – de formação profissional.

> Aprender significa modificar a conduta e não, simplesmente, acumular conhecimentos.
> *Tomás de Vilanova Monteiro Lopes*

Introdução

A pretensão deste capítulo está em proporcionar ao leitor a possibilidade de desenvolver e implantar projetos de treinamento de pessoas em quaisquer empresas, utilizando-se dos conhecimentos provenientes da pesquisa acadêmica de caráter teórico e científico, de maneira que as exigências metodológicas sejam atendidas.

O *objeto de estudo* é uma verificação a respeito do que contém o sistema de treinamento de pessoas e seus diversos processos, amparados em conselhos e sugestões provenientes de estudos acadêmicos, como cooperação à realização prática.

O *objetivo* deste capítulo se prende a apresentar os processos que fazem parte do contexto, dando ao leitor uma visão ampla da execução das funções inerentes às práticas e políticas de treinamento de pessoas, em termos de "como fazer", sem, nesse meio tempo, desconsiderar que a atividade exige que haja relacionamento com pessoas.

O treinamento de Recursos Humanos é talvez o aspecto primordial para a formação de qualquer profissional. A intenção é a de complementar mais um ciclo na vida empresarial, adquirindo novos conhecimentos. A ação de treinamento está presente no dia a dia da empresa e dos colaboradores de modo geral, e em particular daqueles voltados para o aumento e aprimoramento de suas habilidades.

As ações de treinamento profissional precisam ter um caráter de aprendizagem ativa ou aprendizagem viva, que se caracterizam quando são realizadas com interesse, vibração e entusiasmo. São preparadas com conteúdos programáticos, que trazem as informações mais apropriadas e, ainda, conseguem prender a atenção, cativar e atrair. É quando temos pressa e desejamos chegar ao fim; porém, com vontade de que o treinamento não acabe.

O *problema* que se tem pela frente, neste capítulo, pode ser resumido na seguinte questão: existe a possibilidade de, utilizando-se os processos existentes, atender, simultaneamente, às necessidades de treinamento de pessoas, trabalho e empresa, de modo que os objetivos traçados sejam atingidos com segurança e tranquilidade, sabendo-se que nas partes envolvidas (pessoas, trabalho e empresa) há a presença de gente a ser contemplada e apreciada como gente?

Como *justificativa*, pretende-se que o usuário, de posse das orientações, desenvolva o processo, percebendo que este é passível de ser concretizado, podendo proporcionar os resultados esperados, além de bem-estar e, porque não dizer, felicidade no ambiente profissional no qual as atividades são realizadas, em razão de as partes envolvidas serem atendidas em suas necessidades e desejos.

O conhecimento e domínio sobre o assunto, aliado ao conjunto de processos e de vontade gerencial, e com o apoio das sugestões metodológicas, proporcionariam ao treinando, por *hipótese*, transformações nos conhecimentos, habilidades e experiências que teriam, como consequência, resultados em suas atividades mais satisfatórios que os anteriores, em termos de qualidade e quantidade, em virtude de se dispor de um profissional mais talentoso e com maior competência.

É possível que as medidas recomendadas e aplicadas, em questão de treinamento, possam resultar em prática saudável em todos os seus aspectos, produzindo reações altamente positivas para as partes comprometidas e envolvidas nos efeitos consequentes.

Podemos adiantar que o conjunto de procedimentos – *variáveis* – de conteúdo teórico e comportamental empregado constitui fator decisivo em mudanças que poderão ser verificadas, em seus efeitos, nos resultados a serem obtidos e no comportamento das pessoas.

Para atingir o objetivo ao qual se estabeleceu, assumiu-se como *metodologia* uma pesquisa bibliográfica de caráter científico para a melhoria na execução dos processos de treinamento de pessoas.

É esse treinamento que nos faz ver, ouvir e sentir as cores, os sons e os odores, enfim, todo o conteúdo profissional dos assuntos transmitidos, que o instrutor conseguiu imprimir e transmitir em suas aulas e que o treinando conseguiu perceber e captar.

O ato constante de se participar de treinamento nos proporciona um aumento na capacidade de compreender e de agir com desenvoltura, proporcionando, de outro modo, facilidade correta de ação no desempenho de nossas atividades.

Um dos grandes problemas em relação ao treinamento consiste na dificuldade de entendimento e de interpretação do conteúdo programático. O propósito deste capítulo é o de apontar um caminho ou pelo menos uma trilha, que, mesmo tosca, possa oferecer ao leitor algo que lhe sirva de orientação.

O capítulo está estruturado de modo a dar uma sequência lógica que permita ao leitor não apenas tomar conhecimento de seus conteúdos como também visualizar seus conceitos, procedimentos e objetivos.

A Introdução coloca em evidência, como acabamos de constatar, o objeto de estudo, objetivo, problema, justificativa, hipóteses, variáveis e a metodologia, e finaliza, a seguir, apresentando a estrutura do capítulo, informando como o mesmo foi elaborado e desenvolvido e o que, em resumo, contém cada tópico.

No primeiro tópico, Treinamento: educação para o trabalho, serão apresentados e discutidos os aspectos da educação voltados para as atividades profissionais, procurando-se estabelecer uma visão do subsistema de treinamento e suas vantagens.

No segundo, falamos sobre as necessidades de treinamento, uma vez que não se treina por treinar. Esse levantamento considera as necessidades da empresa, do trabalho e do colaborador.

No terceiro, temos de pensar como proceder; portanto, o planejamento se faz presente abordando as questões de conceito e alcance, objetivos, controle, recursos financeiros, procedimentos e cronograma.

O quarto tópico traz o tema organização, que procura mostrar como as ações planejadas serão executadas. Nesse tópico vamos tomar contato com a questão de sua importância, a estrutura do órgão responsável, a maneira como a coordenação é desenvolvida, a divisão do trabalho e o teste que procura mostrar o potencial da empresa.

O apoio da pedagogia, no quinto tópico, aparece como elemento essencial para dar consistência às atividades de treinamento. Abordamos os aspectos que caracterizam a pedagogia no trabalho, o processo de aprendizagem e os ritmos e diferenças individuais.

No sexto, abordamos a figura do instrutor de treinamento, que é o elemento primordial na condução das atividades de treinamento, suas funções, qualificações e como se processa a avaliação do desempenho do instrutor.

O sétimo tópico traz os métodos e técnicas de treinamento, instrumentos que dão colorido aos diferentes encontros de troca de informações e obtenção de habilidades e conhecimentos, seja o treinamento em grupo ou individual, além do expositivo.

O oitavo mostra o que e como avaliar resultados e custos do treinamento para que essas informações possam servir de apoio e melhoria para novas atividades de treinamento que se façam necessárias e que venham a se realizar.

Fechando o capítulo, apresentamos as considerações finais, que procura abordar, embora de forma resumida, os principais aspectos desenvolvidos no capítulo.

5.1 Treinamento: Educação para o trabalho

O treinamento é uma das principais funções para o sistema de RH, tendo em vista que se trata de uma das etapas finais do processo seletivo. É nesse momento que o funcionário pode ou não ter condições de demonstrar sua motivação para desenvolver tarefas a ele destinadas.

Podemos dizer que o treinamento está interligado à educação, na medida em que treinar implica despertar dons, aptidões e capacidades que, na maioria das vezes, encontram-se latentes. Isso significa que tais características são inerentes ao ser humano. Desse modo, o treinamento pode ser considerado um dos recursos do Desenvolvimento de Pessoal, uma vez que objetiva preparar o trabalhador para o aperfeiçoamento de suas potencialidades e capacidade produtiva, bem como estimulá-lo para que descubra outras habilidades. Isso, possivelmente, vai incentivá-lo a buscar outras oportunidades na instituição e contribuir para seu desempenho no trabalho.

Por sua vez, de acordo com Milton Hall (1941), o treinamento constitui-se em "[...] processo de ajudar o empregado a adquirir eficiência no seu trabalho presente ou futuro, através de apropriados hábitos de pensamento e ação, habilidades, conhecimentos e atitudes".

Assim, nossa reflexão recai sobre o pensamento de que a educação é, basicamente, uma contínua reconstrução de nossa experiência pessoal, podendo ser caracterizada pela observação e prática do dia a dia de nossa existência.

O processo educativo tem como função estruturar o homem na sua condição subjetiva. O ambiente em que vive é um dos meios que contribuem para a sua constituição. Desse modo, entendemos que a educação se dá desde o nascimento do ser humano, que precisa de amparo e referencial. Esse é o sustentáculo para que possa, ao longo da sua existência, ter condições de enfrentar dificuldades e obstáculos naturais que a vida impõe. Esse é o período no qual ele vai adquirir defesas, aptidões, dons, entre outras características. Além da família, outros ambientes também vão contribuir para seu convívio social, sendo a escola um dos universos favoráveis para esse aprendizado.

Desse modo, a educação se torna contínua, na medida em que o ser humano vai tecendo laços sociais por meio do seu relacionamento com amigos, igreja, trabalho e outros grupos. No trabalho, ele demonstra, muitas vezes de forma velada, o seu modo de ser, que pode ser favorável ao seu crescimento profissional, ou deixá-lo em estado de estagnação. Nesse caso, as questões pessoais estão em jogo no cotidiano do trabalho. Pelo visto, a educação envolve todos os aspectos pelos quais a pessoa adquire compreensão do mundo que a cerca, bem como a necessária capacidade para lidar com seus problemas.

Portanto, torna-se praticamente impossível separar o processo de treinamento da reconstrução da experiência individual.

O enfoque anterior identifica o treinamento como uma forma de educação especializada, uma vez que seu propósito é preparar o colaborador para o desempenho eficiente de uma determinada tarefa que lhe é confiada.

Nessa linha de raciocínio, o treinamento pode ser identificado, conforme William McGehee e Paul W. Tahyer (1962, p. 15), como um

> [...] somatório de atividades que vão desde a aquisição de habilidade motriz até o desenvolvimento de um conhecimento técnico complexo, à assimilação de novas atitudes administrativas e à evolução de comportamento em função de problemas sociais complexos.

Desse modo, o treinamento apresenta-se como um instrumento administrativo de importância vital para o aumento da produtividade do trabalho, ao mesmo tempo que pode ser um fator de autossatisfação do treinando e constituir um agente motivador.

Nesse sentido, indagamos a respeito do treinamento articulado à educação, uma vez que esta consiste em um processo de crescimento e desenvolvimento do ser humano em todo o ciclo de vida, que, além dos conhecimentos informais, contém em seu universo a instrução formal básica, em diferentes graus, obtida em ambiente escolar. Portanto, esta última abriga o treinamento de Recursos Humanos, que, de certa forma, prepara o profissional, considerando vocação e capacidade física, intelectual e moral, visando integração individual e social dos colaboradores, nas especificidades de interesse da empresa.

É na escola e por meio de outros meios de comunicação, incluindo sempre a relação com o outro, que a pessoa pode aprender e desenvolver habilidades que são inatas, tornando-se apta, em consequência de estudos, observações e experiências, a exercer determinadas atividades. Desse prisma, podemos considerar a interseção entre educação e treinamento, na medida em que há um entrelaçamento entre os dois campos, uma vez que este último pode ser agente facilitador para que o funcionário melhor exerça suas funções.

O esquema da Figura 5.1 ajuda o leitor a melhor entender essa função.

Figura 5.1 — Educação, instrução e treinamento e o desenvolvimento integral do indivíduo.

O termo "treinamento" é empregado, neste capítulo, com o mesmo significado dos vocábulos "aperfeiçoamento", "capacitação", "desenvolvimento" e "formação".

5.1.1 O subsistema de treinamento

Conforme estudamos no Capítulo 1, Figura 1.3, p. 13, o sistema de RH se constitui de vários subsistemas ou componentes:

- administração de cargos e salários;
- recrutamento;
- seleção;
- treinamento;
- avaliação de desempenho etc.

Por sua vez, é na atividade ou processo de treinamento, representado na Figura 5.2, que se percebe a conformação de um sistema ou de uma rede:

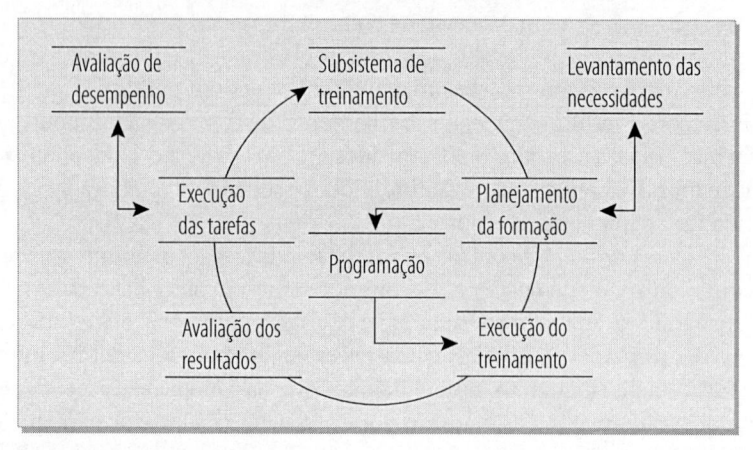

Figura 5.2 – Ciclo do processo de treinamento.

5.1.2 Vantagens do treinamento

Quando devidamente implantado, o subsistema de formação proporciona inúmeras vantagens, entre as quais se destacam:

- possibilidade de estudo e análise das necessidades de treinamento de toda a organização, envolvendo os diversos níveis hierárquicos da empresa;
- favorecimento das prioridades de formação, tendo em vista os objetivos setoriais da organização (veja o Capítulo 1);
- caracterização dos vários tipos e formas de desenvolvimento de pessoal a serem aplicados, levando em consideração os seguintes aspectos: viabilidade, vantagens, custos e outros fatores afins;
- elaboração dos planos de capacitação profissional no curto, médio e longos prazos, podendo integrá-los às metas globais da empresa.

Paralelamente a essas vantagens estruturais, o processo de treinamento/educação proporciona, em termos de segmentos empresariais, os seguintes benefícios:

Quanto ao mercado de trabalho

- definição das características e atribuições dos empregados;
- racionalização dos métodos de formação e aperfeiçoamento de colaboradores;
- melhoria dos padrões profissionais dos treinados.

Quanto ao pessoal em serviço

- possibilidade de aproveitamento das aptidões dos empregados;
- favorecimento da estabilidade de mão de obra;

- favorecimento ao espírito de competição e fortalecimento da confiança como processo normal da melhoria funcional;
- valorização do trabalho e elevação do ambiente moral da empresa.

Quanto à empresa
- aprimoramento dos produtos ou serviços produzidos;
- possibilidades de ampliação ou transformação dos programas de trabalho;
- disponibilidade para os postos de gerência e supervisão imediata na própria organização;
- melhores condições de adaptação aos progressos da tecnologia industrial;
- economia de custos pela eliminação dos erros na execução do trabalho;
- condições de competitividade, em razão da capacidade de oferecer melhores produtos e serviços;
- maior segurança econômica, em virtude da maior estabilidade de pessoal;
- tendência à diminuição dos acidentes e do desperdício pela melhoria das técnicas de trabalho.

5.2 Pesquisa de necessidades de treinamento

A figura a seguir busca ilustrar o papel e a importância do levantamento de necessidades de formação profissional:

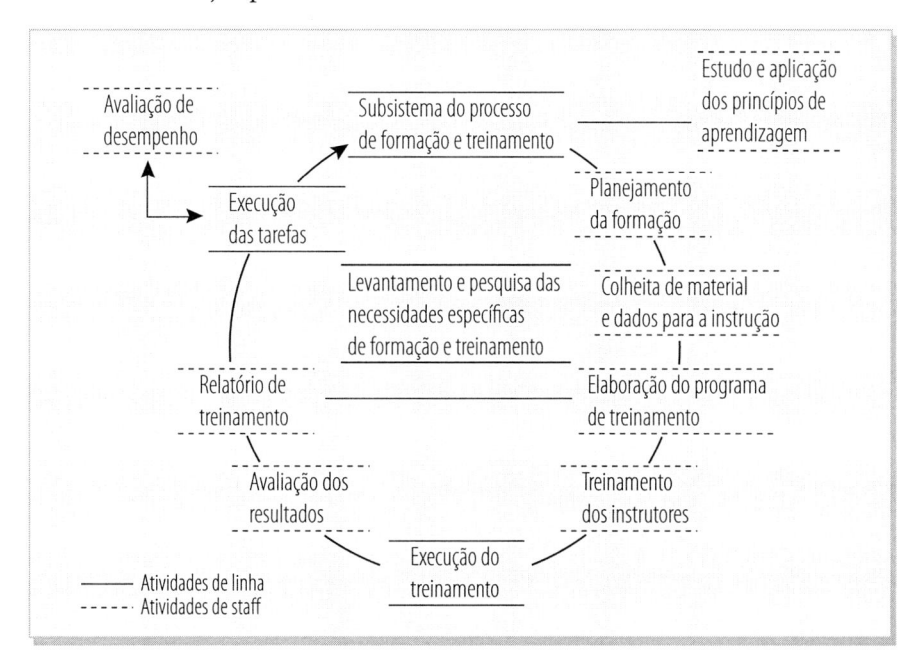

Figura 5.3 — Adaptação da representação do ciclo de formação.
Fonte: Com base em Proctor e Thornton, 1961.

Pelo esquema da Figura 5.3, a pesquisa de necessidades de formação constitui a etapa inicial que procura viabilizar o processo de treinamento. Podemos considerar que a partir desse levantamento é que se processam as demais fases do subsistema de formação, tais como:

- estudo dos princípios de aprendizagem aplicados ao treinamento;
- eleição dos métodos e técnicas de capacitação;
- programação do treinamento;
- execução do treinamento;
- avaliação dos resultados de desenvolvimento de RH.

Diante desse quadro, ressaltamos que o levantamento de necessidades de treinamento é um diagnóstico com base em três áreas decisivas, a saber:

- *análise da empresa* – indicação de segmentos organizacionais **onde** o treinamento se faz necessário;
- *análise das tarefas* – identificação de **em que** e **como** o empregado deve realizar o trabalho;
- *análise psicológica do colaborador* – caracterização de **quais** atitudes, habilidades e conhecimentos são necessários para que o empregado possa exercer suas funções.

A pesquisa sobre necessidades de formação não constitui uma tarefa fácil e que possa ser reduzida a um tratamento puramente estatístico. Pelo contrário, ela envolve dedicação e implicação dos especialistas da área de formação, os quais, muitas vezes, trabalham sob intensa pressão em virtude da obtenção de resultados imediatos.

Desse modo, investigando as necessidades de treinamento, a área responsável pela execução procura respostas atualizadas para perguntas como:

- *quem* está necessitando de formação?
- *onde* há urgência de treinamento?
- *que* tipo de treinamento é necessário?

Entre os vários aspectos que podem influenciar a pesquisa de necessidades de treinamento, merecem citação:

- situação da empresa no mercado;
- nível tecnológico em que se encontra a organização;
- racionalização administrativa;
- meio ambiente onde a empresa atua.

Em síntese, a análise da empresa, análise das tarefas e a análise psicológica do colaborador devem estar presentes em todos os levantamentos de necessidade de formação e treinamento.

5.2.1 Análise da empresa

O diagnóstico empresarial para fins de treinamento consiste em uma pesquisa ou levantamento criterioso de segmentos organizacionais, observando objetivos e recursos humanos, materiais e financeiros disponíveis para a consecução de suas metas, bem como um estudo aprofundado do ambiente social, econômico e tecnológico **onde** a firma está presente.

Portanto, o levantamento dessas e de outras informações poderá permitir à organização projetar uma política atualizada e eficiente de formação de seus quadros.

Propósito do diagnóstico empresarial

A análise da organização, à luz da função de treinamento, poderá alcançar êxito se a atividade de formação for considerada, de fato, vital e imprescindível para o crescimento e desenvolvimento da empresa.

A finalidade da análise empresarial é a de apresentar um quadro da efetiva situação da instituição com base nos recursos humanos disponíveis para atingir suas metas.

Para que esse propósito seja alcançado, a pesquisa organizacional precisa encontrar respostas para alguns aspectos. Entre eles, destacamos:

- observar se os recursos humanos da empresa são suficientes, bem preparados e adequados para a execução dos objetivos organizacionais;
- verificar se existe, em todos os níveis da companhia, utilização suficiente dos recursos físicos, da produtividade do pessoal, da qualidade do produto e/ou serviço e das relações com o mercado;
- examinar se o clima da empresa possibilita aos empregados executar suas atribuições de modo eficiente.

A análise empresarial, além de destacar *onde* as necessidades estão presentes, precisa envolver todas as áreas – produção, marketing, administração etc. –, bem como incluir todas as unidades (seções, setores, serviços, departamentos, divisões etc.) de cada um desses órgãos. Portanto, o sucesso do diagnóstico empresarial, à luz do treinamento, depende, entre outros, dos seguintes elementos:

- *orientação* – que deve ser clara e transparente para que cada empregado possa responder com precisão aos instrumentos de análise empresarial (questionário, relatório, entrevista pessoal etc.), buscando, com isso, um maior conhecimento, estímulo e interesse, tanto pela empresa como pela própria carreira profissional;
- *conscientização* e *motivação* – envolvendo todos os funcionários da organização para que estejam devidamente informados da realização de um levantamento de dados que tem por objetivo, por meio da elaboração e divulgação do diagnóstico, a implantação de um sistema de formação e treinamento na companhia com o propósito de obter melhoria nos resultados e na execução de suas atividades;

- *desempenho profissional* – obtido pela realização de pesquisa racional, imparcial e objetiva, que deve apresentar um diagnóstico que, em princípio, retrate equilíbrio de resultados, sem que haja prejuízos para a consecução das metas da empresa;
- *política de treinamento* – deve ter sua origem na pesquisa cujos resultados devem servir de subsídios para a elaboração e desenvolvimento de planos, programas e diretrizes, proporcionando maior autonomia aos funcionários no desempenho de suas funções.

Instrumentos de diagnóstico organizacional

Há diversos meios utilizados para processar o levantamento de necessidades de treinamento diante da análise empresarial.

São recursos que devem ser elaborados em virtude de:

- características de cada empresa;
- filosofia operacional da organização;
- necessidades específicas de formação de quadros.

Cabe ao leitor utilizar os parâmetros expostos nos exemplos descritos, fazendo adaptações de acordo com suas expectativas e necessidades. Os modelos a serem desenvolvidos são os seguintes:

- tipo Caixa Negra;
- de Hesketh;
- de Levantamento Macroestrutural;
- de Levantamento Microestrutural.

Modelo tipo Caixa Negra – é um dos mais citados na literatura especializada. O sistema foi criado originariamente por John R. Hinrichs, em 1976, nos Estados Unidos. Com base nele, F. K. Berrien adaptou o esquema a que deu o nome de "Caixa Negra", conforme ilustração na página seguinte.

O modelo adaptado de Berrien revela dois tipos de entrada do sistema:

- *inputs* de manutenção – que representa a fonte de recursos disponíveis pela empresa;
- *inputs* de sinal – que identifica os elementos processados pelo sistema, os quais são transferidos como "saída" para o suprassistema; sem a entrada de sinal o sistema torna-se inviável.

Completando, Berrien propõe duas classes de saídas:

- uma de realização formal;
- outra de satisfação de necessidades.

Assim, a alocação de recursos para o treinamento leva à fixação de políticas e objetivos, os quais conduzem à viabilização do suprassistema.

No entanto, para que as saídas ou *outputs* se concretizem, o sistema necessita ser alimentado por uma série de dados oriundos dos planos de vendas, da eficiência organizacional e da análise dos recursos humanos (entradas ou *inputs* de sinal), bem como do clima empresarial, lucratividade e disponibilidade de recursos (entradas ou *inputs* de manutenção).

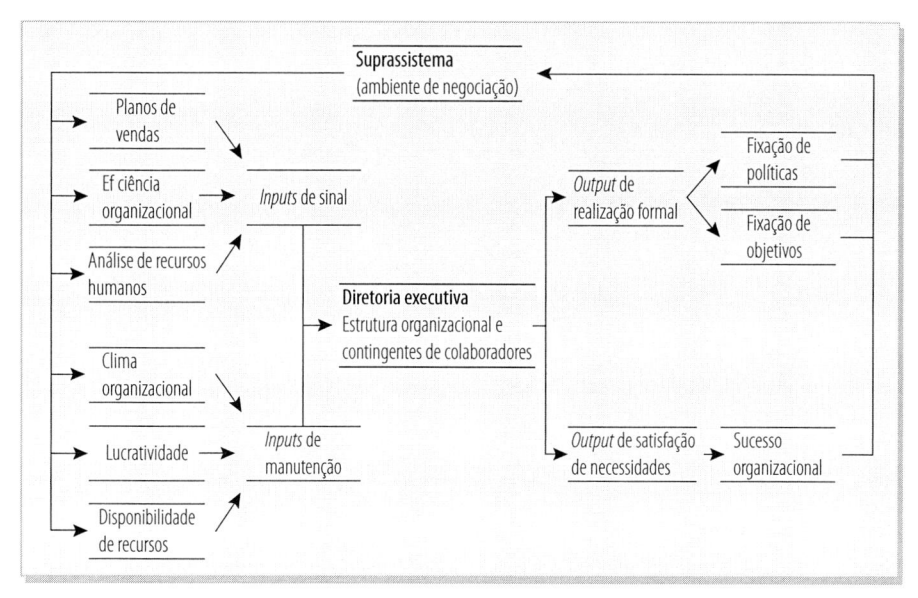

Figura 5.4 – Adaptação do modelo Caixa Negra de levantamento de necessidades de treinamento.
Fonte: Com base em Hinrichs, 1976, p. 846.

Modelo de Hesketh – o professor José Luiz Hesketh (1979, p. 14), da Universidade de Brasília, idealizou uma série de instrumentos de análise empresarial para fins de treinamento.

De acordo com ele, o desempenho empresarial pode ser caracterizado pela fórmula:

$$D = \sum_{i=1}^{i=n} di$$

onde o desempenho organizacional (D) é o somatório dos diversos somatórios individuais dos membros da organização (di).

No esquema a seguir, o diagnóstico empresarial é baseado nos enfoques quantitativos e qualitativos da organização. Para Hesketh (1979, p. 14), o objetivo central de seu modelo é reproduzir

> [...] o mais fielmente possível a situação real atual da organização e definir um quadro que represente, também de maneira fidedigna, as aspirações da organização, ou seja, os objetivos e metas que definem para onde a organização quer ir ou onde deseja chegar.

O modelo de Hesketh pode, ainda, ser representado da seguinte maneira:

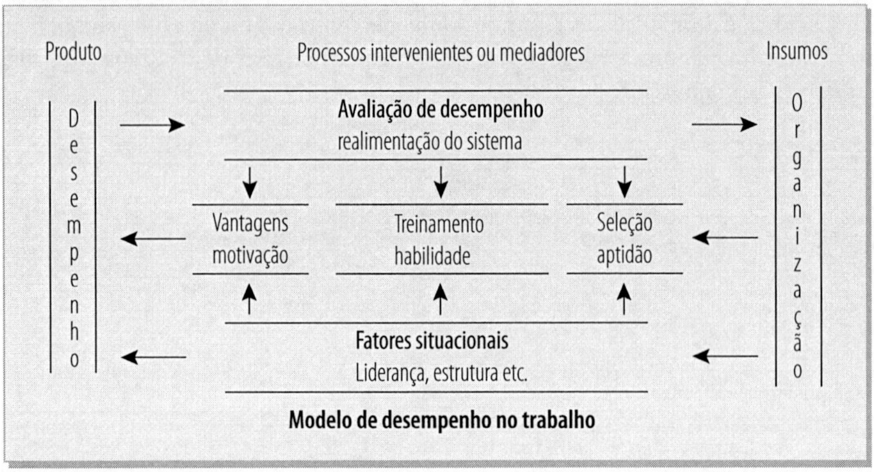

```
Produto              Processos intervenientes ou mediadores              Insumos

 D                        Avaliação de desempenho                          O
 e                         realimentação do sistema                        r
 s                                                                         g
 e                                                                         a
 m       Vantagens         Treinamento          Seleção                    n
 p       motivação         habilidade           aptidão                    i
 e                                                                         z
 n                                                                         a
 h                        Fatores situacionais                             ç
 o                        Liderança, estrutura etc.                        ã
                                                                           o
                        Modelo de desempenho no trabalho
```

Figura 5.5 — Modelo de desempenho individual e organizacional.
Fonte: Com base em Hesketh, 1979, p. 14.

A Tabela 5.1, também de autoria de Hesketh, mostra dados quantitativos referentes a aspectos técnicos, operacionais, gerenciais e administrativos da área industrial da empresa:

Tabela 5.1 — Problemas da área industrial

Tipo de problema	Nível			Frequência	%
	Chefia	Adm.	Oper.		
Planejamento da produção					
Controle da produção					
Controle da qualidade					
Produção					
Manutenção					
Acabamento					
Embalagem					
Equipamento					
Compras					
Matéria-prima					
Almoxarifado					
Outros					
(inserir comentário aqui)					

Na primeira coluna, à esquerda, estão listados alguns dos problemas mais comuns encontrados na administração industrial. Nas três colunas seguintes, o pesquisador deve assinalar em que níveis (gerência/chefia; administrativo/burocrático e operacionais) se localizam tais problemas. Nas duas últimas colunas deve haver o registro da frequência e respectiva porcentagem para cada tipo de problema.

Por último, deve ser aplicado um instrumento específico para cada uma das áreas empresariais: financeira, marketing, RH, entre outras, com seus respectivos problemas específicos.

- **Modelo de Levantamento Macroestrutural** – recomenda que todos os funcionários da empresa respondam ao perfil, pois só assim ele será representativo da organização. Tem por finalidade fornecer à unidade de treinamento da empresa um inventário geral e preliminar das principais variáveis macroestruturais dela. Não há necessidade de assiná-lo.

Entre os mais diversificados aspectos que podem caracterizar uma empresa, destacamos, no Quadro 5.1, os que se seguem:

- planejamento;
- controle;
- liderança;
- comunicação;
- organização;
- coordenação;
- motivação;
- tomada de decisão.

Quadro 5.1 — Modelo de perfil de diagnóstico empresarial

Perfil de diagnóstico organizacional			
Variáveis da empresa	Graduação		
	Sim	Não	+ −
Planejamento			
a. O planejamento é feito em todos os níveis estruturais da empresa?			
b. A empresa atualiza seus objetivos globais no curto, médio e longo prazo?			
c. Os planos são elaborados a partir da realidade de mercado?			
d. Os colaboradores mais imediatos de suas respectivas chefias participam da elaboração dos planos de sua unidade?			
e. Os planos setoriais contribuem para a consecução dos planos gerais da empresa?			
f. Os procedimentos (métodos) utilizados na empresa contribuem para a consecução dos objetivos da companhia?			
Organização			
a. A estrutura empresarial é ágil na consecução dos objetivos da companhia?			
b. Os cargos são perfeitamente definidos e comunicados a seus ocupantes?			
c. A coordenação das atividades é feita em todos os níveis hierárquicos?			
d. Há delegação de autoridade adequada?			

Quadro 5.1 – Modelo de perfil de diagnóstico empresarial (continuação)

Perfil de diagnóstico organizacional			
Variáveis da empresa	Graduação		
	Sim	Não	+ –
Planejamento			
e. As responsabilidades são claramente definidas e cobradas?			
f. As unidades de trabalho (divisões, departamentos, seções e setores) são claramente identificadas e interagem no contexto estrutural da empresa?			
Controle			
a. Os instrumentos de controle utilizados pela empresa são adequados e em número suficiente?			
b. As unidades de trabalho utilizam, com relativa frequência, os meios de controle disponíveis?			
c. Os controles empregados são atualizados?			
d. Os controles são facilmente entendidos por seus executores?			
Coordenação			
a. A coordenação é feita em todos os níveis hierárquicos da empresa?			
b. Existe uma política definida de coordenação das atividades da empresa?			
c. Há superposição de tarefas exercidas pelos colaboradores da empresa?			
d. A coordenação é compreendida e aceita por todos os colaboradores envolvidos?			
Liderança			
a. Os colaboradores agem conforme o "espírito de equipe"?			
b. Os atritos funcionais estão bem abaixo do nível considerado suportável?			
c. Há confiança e lealdade dos colaboradores em relação às suas chefias imediatas?			
d. Os empregados são chamados a opinar sobre planos, programas e execução de seu trabalho?			
e. As sugestões exequíveis são aplicadas pelas chefias imediatas?			
Motivação			
a. A política salarial adotada pela empresa é justa e imparcial?			
b. Existe integração funcional nas relações hierárquicas verticais e horizontais?			
c. Há um plano de carreira na empresa?			
d. A empresa adota um sistema de benefícios – saúde, aposentadoria complementar, empréstimos pessoais etc. – para seus funcionários?			

Quadro 5.1 – Modelo de perfil de diagnóstico empresarial (continuação)

Perfil de diagnóstico organizacional			
Variáveis da empresa	**Graduação**		
	Sim	Não	+ –
Comunicação			
a. Há bom entendimento entre transmissor e receptor nas comunicações verticais de cima para baixo?			
b. E nas comunicações verticais de baixo para cima?			
c. E nas comunicações horizontais (do mesmo nível hierárquico), há bom entendimento?			
d. As comunicações formais são bem planejadas e levam em conta o receptor?			
e. É relativamente alta a frequência das comunicações informais?			
f. O nível de "ruídos" (mal-entendidos) nas comunicações formais e informais tem aumentado?			
Tomada de decisão			
a. Os colaboradores participam das decisões relacionadas com suas tarefas?			
b. As decisões finais são, de modo geral, acertadas e objetivas?			
c. Os que decidem assumem, efetivamente, os riscos de suas decisões?			

Quadro 5.2 – Modelo de pesquisa microestrutural de necessidades de treinamento

Levantamento microestrutural						
01 Dificuldade da unidade funcional			05 Sugestão de cursos entidades	06 População-alvo		09 Trimestre
02	03 Necessidade	04 Justificativa		07 Nome do funcionário	08 Cargo	
Superior imediato			Superior imediato		Data: __/__/____	

Modelo de Levantamento Microestrutural – normalmente recomendado nas situações em que haja necessidade de se conhecer a estrutura organizacional das divisões, departamentos, setores, seções etc. e que envolve os seguintes aspectos:

- necessidades e justificativas de formação na unidade (colunas 3 e 4);
- sugestão de tipos de treinamento para cobrir as necessidades apontadas no item anterior (coluna 5);
- população-alvo (clientela) a ser atingida pelo treinamento (coluna 7 – nome, e coluna 8 – cargo);
- periodicidade do treinamento (coluna 9).

O diagnóstico organizacional do desenvolvimento de RH, quando estruturado e executado de forma adequada, pode possibilitar à gerência de treinamento uma visão transparente dos seguintes e fundamentais fatores:

- potencial psicológico e físico dos recursos humanos empregados pela empresa;
- nível tecnológico da automação/informatização utilizado pela organização;
- análise dos custos do trabalho (diretos e indiretos);
- estudo mais apurado e objetivo do clima organizacional.

5.2.2 Análise do trabalho

O diagnóstico ou análise do trabalho[1] para fins de treinamento consiste em uma pesquisa ou levantamento criterioso dos requisitos mínimos exigidos pelo cargo, comparado aos conhecimentos e experiências que o funcionário possui, observando-se, ainda, os resultados práticos obtidos por ele ao longo de sua jornada, na execução de suas atividades, em comparação àquilo que dele se espera.

Portanto, o levantamento dessas e de outras informações poderá permitir à organização projetar uma política atualizada e eficiente de formação de seus quadros, possibilitando visualizar **em que** os funcionários precisam ser treinados:

- *Análise de requisitos* – consiste na identificação dos requisitos mínimos, em termos de habilidades, responsabilidades e inconveniências, exigidos pelo cargo e impostos ao ocupante dele. Ela é importante tanto em relação às exigências mínimas como pela seleção de fatores que irá compor o manual de avaliação de cargos e servirá de base para a avaliação dele.
- Ao analisarmos os requisitos ao cargo relacionados estamos identificando quais os níveis de exigência de diferentes fatores que estão presentes e dão consistência ao cargo para que este possa ser desempenhado pelo ocupante com desembaraço, segurança, confiabilidade, eficiência, eficácia e efetividade.

---

[1] Veja os tópicos Análise de requisitos e Seleção de fatores de avaliação de cargo, p. 33 e 34, respectivamente, no Capítulo 2 Administração de cargos e salários.

No tópico 5.2.1 Análise da empresa, o diagnóstico organizacional procura respostas à pesquisa dos diferentes segmentos, recursos e ambiente **onde** a firma está presente. A questão que se destaca é:
- **onde** o treinamento na organização se faz necessário (localização estrutural);

em *análise do trabalho*, a preocupação não se encontra nem se identifica com o "onde" é necessário o treinamento. A preocupação está localizada no **conteúdo**, logo:
- **em que** deve constituir o treinamento a ser desenvolvido na empresa.

O que vem a ser análise do trabalho

Análise do trabalho – também conhecida como "análise de cargos", "análise de operações", "análise de tarefas" e "análise de funções", constitui-se em uma coleta ordenada de informações sobre determinado cargo, seja este constituído de tarefas simples ou complexas.

Procedimentos – executar, em relação ao cargo, o levantamento sistemático e preciso dos dados, listar as tarefas que o compõem, explicitando seus **conteúdos**, estudando como as funções devem ser desempenhadas pelo titular e identificar quais aptidões, conhecimentos e atitudes são exigidos para o ocupante.

Propósito – identificar quais e como os objetivos de uma tarefa ou de uma posição são atingidos e qual o comportamento compatível do ocupante com as exigências do cargo.

Assim, a necessidade de treinamento, em razão do exercício de funções, pode ser identificada como a defasagem existente entre as exigências do cargo e as habilidades do titular desse mesmo cargo.

Portanto, a diferença obtida entre o desempenho realizado e o desejado tem como resultado a distorção ou defasagem existente entre o que o titular do cargo de fato fez (desempenho) e o que deve ser feito (descrição do cargo), estabelecendo, com isso, se há ou não necessidade de treinamento.

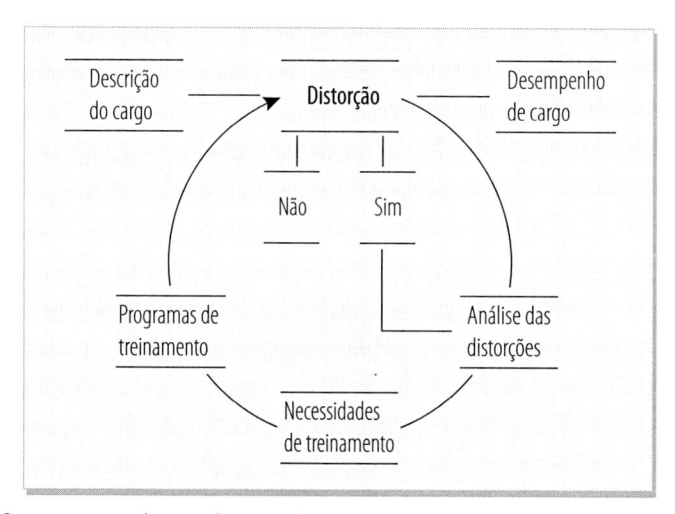

Figura 5.6 – Comparação entre descrição de cargo e desempenho do ocupante diante das necessidades de treinamento.

Metodologia da análise do trabalho

Trata-se de procedimentos ou métodos de pesquisa que proporcionam o levantamento de dados e informações que, dependendo da situação, podem ser utilizados isolados ou em conjunto. Entre os procedimentos de análise do trabalho, temos: questionário, entrevista pessoal e método misto.

- *Questionário* – este é um dos métodos mais utilizados na pesquisa de funções para fins de treinamento, por permitir atingir simultaneamente um contingente muito grande de informantes. O questionário deve ser objetivo e fácil de ser preenchido pelo titular do cargo, apresentando clareza em todos os itens e facilitando o entendimento do colaborador para uma resposta que atenda aos objetivos.

O quadro 5.3 mostra um exemplo de questionário de análise de funções que deve ser respondido, em conjunto, pelo titular do cargo e por seu superior hierárquico.

Quadro 5.3 — Exemplo de questionário de análise de funções

Respondido pelo interessado ( )   Respondido pelo supervisor ( ) 1. Examine cuidadosamente todo o questionário antes de escrever as respostas. 2. Analise unicamente o cargo, não as características individuais de seu ocupante. 3. Responda todas as perguntas de modo claro, objetivo e conciso. 4. Caso seja necessário, utilize folhas adicionais.
Nome completo do ocupante do cargo: .... Título do cargo:.. Unidade (departamento, seção, setor, serviço, filial, fábrica etc.) onde é exercido o cargo: .... Nome completo do supervisor imediato do ocupante do cargo: ....
a. Finalidade do cargo (para que serve o cargo?): ....
b. Atividades desenvolvidas (a ser respondido pelo titular do cargo). Em ordem de importância, indique as atividades desenvolvidas no exercício das funções. Indique, também, a porcentagem de tempo dedicado a cada atividade (incluir todas as atividades, mesmo aquelas de caráter periódico ou espontâneo): ....
c. Requisitos para o cargo (devem ser descritos separadamente pelo ocupante do cargo e por seu supervisor imediato). c.1 Indique o grau de instrução e/ou de treinamento exigidos para o cargo. Especifique os motivos da exigência: .... c.2 Se o cargo analisado requer preparo especializado, indique o tipo: .... c.3 Caso o cargo exija experiência anterior de seu ocupante, indique a natureza dessa experiência, o tempo necessário para adquiri-la e onde deve ser obtida: .... c.4 Em face das exigências antes descritas, indique que novos conhecimentos são necessários ao pleno exercício do cargo analisado, mencionando o tempo exigido para adquiri-los: ....

Quadro 5.3 – Exemplo de questionário de análise de funções (continuação)

c.5 Indique que decisões podem ser tomadas pelo empregado sem necessidade de recorrer ao seu superior imediato: ....
c.6 Indique a seguir, detalhadamente, as responsabilidades que o cargo envolve no que diz respeito a: Supervisão de subordinados: ....
Produtos ou materiais fabricados, recebidos, classificados, armazenados, expedidos, consignados ou despachados pelo ocupante do cargo ou seus subordinados: ....
Máquinas, equipamentos e instrumentos: ....
Contato do ocupante do cargo com outras pessoas, além do seu superior hierárquico e de seus subordinados: ....
Dinheiro, títulos e outros papéis financeiros: ....
Determinação de procedimentos e métodos de trabalho: ....
Data:___/___/___ Assinatura:_____

- *Entrevista pessoal* – esse método busca obter, por meio do contato entre o analista de funções ou supervisor imediato e o titular do cargo, os elementos essenciais que compõem o trabalho a ser analisado. O entrevistador colhe as informações e, não devendo confiar na memória, anota, de imediato, os dados pertinentes no decorrer da entrevista e, logo após, complementa o encerramento.

Entre as vantagens da entrevista pessoal para fins de análise de tarefas, destacam-se:

- informações sobre o trabalho obtidas diretamente com quem mais se identifica com ele, os titulares dos cargos;
- motivação dos empregados, em razão da participação direta no resultado da pesquisa;
- esclarecimento de eventuais dúvidas sobre a dinâmica da execução do trabalho.

- *Método misto* – é uma combinação adequada dos métodos de questionário, entrevista pessoal, bem como de outros sistemas de análise do trabalho, como, por exemplo: observação direta, boletins de produção e relatórios de supervisores imediatos.

5.2.3 Análise psicológica do colaborador

Além da *análise da empresa* e da *análise de tarefas*, o levantamento de necessidades de formação e treinamento pode ser feito através da análise psicológica do colaborador, cujo objetivo é o de obter dados subjetivos a respeito do próprio. A análise tem como resultado um diagnóstico, a partir do qual são traçados parâmetros para a realização de um treinamento.

Essa análise busca contemplar alguns elementos, tais como: conhecimentos adquiridos pelo funcionário, aptidões desenvolvidas no exercício de suas funções e atitudes tomadas.

- *Conhecimentos adquiridos* – conjunto de informações assimiladas pelo funcionário ao longo de sua vida particular – família, escola, religião, clube etc. – e vida profissional – empresas nas quais trabalhou, treinamento recebido, estágios etc.
- *Aptidão pessoal* – conjunto de habilidades e conhecimentos necessários para o exercício de suas tarefas, podendo, também, ser identificada como capacidade individual para o desenvolvimento de determinado tipo de trabalho. As aptidões, em razão de suas variáveis, podem ser classificadas como: mentais, mecânicas, psicomotoras, visuais, entre outras. Para avaliar as aptidões individuais, existem inúmeros testes, entre eles, os apontados no Capítulo 4, Seleção de Recursos Humanos, p. 125.
- *Atitudes tomadas* – conjunto de mudanças vitais que fazem parte do processo de aprendizagem, passando por alterações ao longo do tempo que determinam o "como", o "quê" e o "porquê" do comportamento.

Como se pode notar, muitas empresas ainda lançam mão de testes para realizar tais avaliações, contando com o fato de serem ferramentas precisas para verificação e confirmação objetiva de determinados aspectos individuais e com garantias de acerto. Em um teste que propõe precisão, as pessoas são niveladas e homogeneizadas, apesar de dinâmicas, únicas e passíveis de mudanças, com particularidades que devem ser respeitadas e valorizadas. Dessa perspectiva, em um treinamento, é possível desenvolver outros aspectos relacionados à estrutura emocional que, do mesmo modo, sejam responsáveis por impasses de ordem técnica.

O diagnóstico do comportamento individual contribui para se apurar **o que** necessita melhorar ou **quais** são as deficiências reais de habilidades, conhecimentos e atitudes do treinando em relação aos padrões e desempenho.

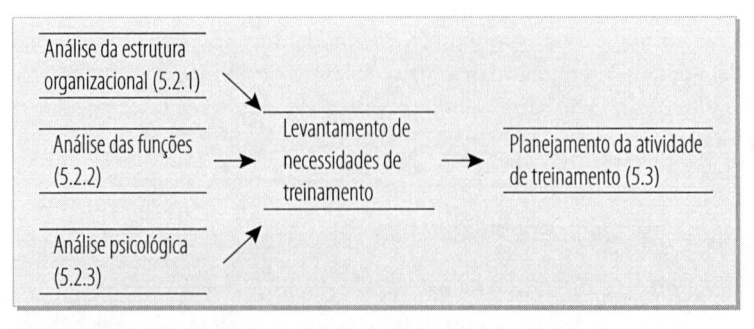

Figura 5.7 – Fluxo do processo de levantamento de necessidades de treinamento.

5.3 Planejamento da atividade de treinamento

> A essência da sabedoria é a preocupação com o futuro.
> *Russel L. Ackoff*

Feito o levantamento de necessidades de treinamento, surge o ordenamento dos fatos apurados na pesquisa, ou seja, o planejamento da formação profissional. Planejar, de acordo com Harold Koontz e Cyril O'Donnell (1987), é uma função tipicamente administrativa, envolvendo a "[...] seleção de objetivos, processos e programas, a partir de uma série de alternativas. É uma tomada de decisão que afeta o curso futuro de uma empresa ou departamento".

Como verificamos, o que caracteriza o dinamismo do processo de capacitação é a sua versatilidade de poder atuar sob diferentes formas tendo em vista a consecução de metas previamente estabelecidas. A prática do planejamento leva, necessariamente, à escolha de uma alternativa, quando se descobre um curso de ação diverso.

Basicamente, planejar tem como finalidade evitar a improvisação administrativa, a qual leva ao acaso e à incerteza. Assim, o planejamento é uma projeção de intenções com base em fatos passados e presentes.

Resumindo, podemos dizer que o planejamento é a função gerencial que seleciona os objetivos de determinada unidade ou de toda a organização, apontando as diretrizes, programas e procedimentos para atingir as metas propostas.

5.3.1 Conceito e alcance da atividade de treinamento

Planejar a atividade de treinamento envolve a seleção e descrição de fatos ocorridos no âmbito de RH da empresa, projetando ações futuras e formulando objetivos, diretrizes, procedimentos e programas na atividade de formação profissional.

É de responsabilidade do órgão de treinamento predeterminar as sequências de sua ação administrativa tendo em vista atingir os objetivos de:

- desenvolvimento de políticas de treinamento da empresa;
- estabelecimento de procedimentos, padronizando métodos de formação;
- definição orçamentária da unidade de treinamento, com a respectiva fixação de recursos financeiros para os programas de desenvolvimento de RH;
- programação da atividade de formação, estabelecendo prioridades e sequências de cada componente da programação;
- desenvolvimento de estratégias de treinamento, decidindo quando e como alcançar os objetivos propostos;
- fixação de objetivos de treinamento, estabelecendo os resultados finais desejados;
- cumprimento dos planos de formação através da implantação de controles eficientes.

5.3.2 Objetivos do treinamento

Como vimos anteriormente, a fixação de metas consiste, para a gerência de formação, na determinação de resultados a serem alcançados pela unidade de treinamento da empresa.

O objetivo é, essencialmente, o núcleo central de todo o plano de trabalho bem elaborado, pois, conforme Billy E. Goetz (1988, p. 2), por "[...] si só, o plano não é suficiente para levar a empresa a bom termo. A ação é necessária, a empresa precisa funcionar. Todavia, o plano pode encaminhar as ações no sentido dos objetivos".

Dessa forma, os objetivos de capacitação refletem as mudanças econômicas, tecnológicas e sociais do mercado em que a empresa atua, exigindo a efetivação de planos de formação profissional que sejam flexíveis, dinâmicos e atualizados.

Tipos de objetivos de treinamento

As metas de treinamento, de outro modo, ainda podem ser: quantificáveis e não quantificáveis.

Quantificáveis – quando as metas de treinamento podem ser mensuradas:
- treinar a força de vendas para obter um aumento deflacionado das vendas em moeda corrente em determinado período;
- aumentar o número de unidades/hora produzidas com o mesmo equipamento e pessoal empregado;
- diminuir custos operacionais e administrativos.

Não quantificáveis – quando os objetivos de formação dos colaboradores não podem ser mensurados:
- modificar o comportamento profissional do treinando;
- desenvolver o espírito de integração por parte da equipe de trabalho;
- desenvolver as aptidões de liderança.

Como viabilizar as metas de treinamento

Para que os objetivos do desenvolvimento de pessoas possam ser plenamente atingidos, a unidade de treinamento necessita obter esclarecimentos a respeito de:
- "o que" será transmitido no processo de treinamento (conteúdo programático);
- "quem" receberá o treinamento (clientela-tipo);
- "quando" ocorrerá o treinamento (época);
- "onde" será o treinamento (local);
- "como" se processará o treinamento (metodologia).

O esquema a seguir ilustra bem essas questões:

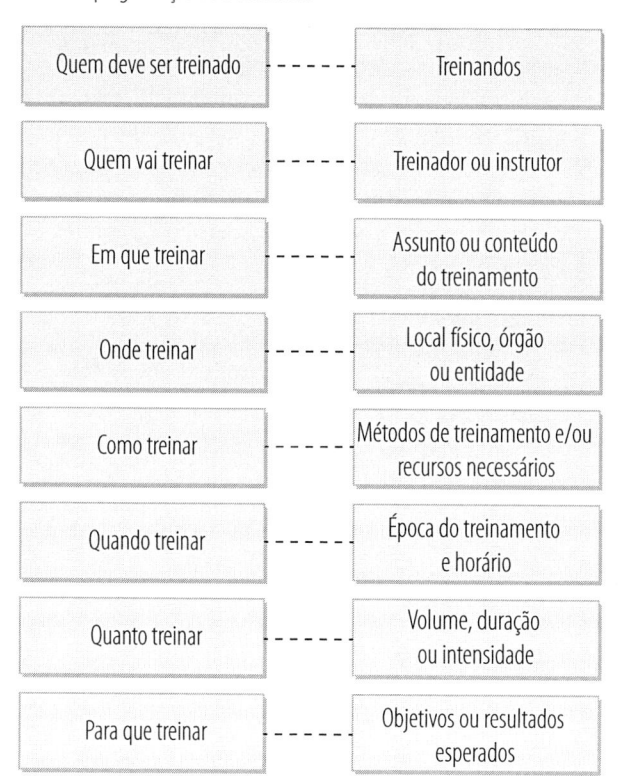

Quadro 5.4 – Elementos da programação de treinamento

Quem deve ser treinado	Treinandos
Quem vai treinar	Treinador ou instrutor
Em que treinar	Assunto ou conteúdo do treinamento
Onde treinar	Local físico, órgão ou entidade
Como treinar	Métodos de treinamento e/ou recursos necessários
Quando treinar	Época do treinamento e horário
Quanto treinar	Volume, duração ou intensidade
Para que treinar	Objetivos ou resultados esperados

Fonte: Com base em: Chiavenato, 1979, p. 232.

5.3.3 Controles de treinamento

Na fase do planejamento são estabelecidos os vários instrumentos de controle da atividade de formação, cuja finalidade é verificar se este está caminhando em direção aos seus objetivos.

Henri Fayol (1949, p. 107) ensina que

> [...] num empreendimento, o controle consiste em verificar se tudo acontece de conformidade com o plano traçado, as instruções emitidas e os princípios estabelecidos. Tem por objeto apontar as fraquezas e erros para retificá-los e evitar sua ocorrência. Funciona para tudo: coisas, pessoas, atos.

Características eficientes de um sistema de controles

Qualquer sistema que pretenda estabelecer aspectos que possam caracterizá-lo como eficiente precisa atender a variáveis como: rapidez na ação, flexibilidade, economia, compreensão e ação corretiva. Um sistema de controles eficiente não deve fugir dessas particularidades:

- *Rapidez na ação* – o sistema de controle deve revelar, de imediato, os desvios do plano de formação. O sistema eficiente de controles de treinamento manifesta-se quando é capaz de mostrar os desvios antes que estes ocorram no processo de desenvolvimento de RH. Desse modo, a rapidez na aplicação de controles de treinamento fornece à unidade de formação da empresa um somatório adequado de dados que permite intervir no processo a tempo de evitar os desvios e falhas comprometedoras do plano de capacitação.
- *Flexibilidade* – o sistema de controle precisa dispor de instrumentos que permitam ao gerente de treinamento agir em virtude de mudanças nos planos de formação, circunstâncias imprevistas ou em situações de fracassos. A propósito da flexibilidade do controle Goetz (1988, p. 229) diz que

> [...] um programa complexo de planos administrativos pode falhar em alguns pontos. O sistema de controle deveria revelar tais fracassos e deveria conter elementos suficientemente flexíveis para manter o controle administrativo da operação, apesar de suas falhas.

O gerente de treinamento deve dispor de instrumentos de controle que lhe permitam agir em razão de modificações de planos de formação, circunstâncias imprevistas ou fracassos propriamente ditos.

- *Economia* – o sistema de controle deve ser proporcional, em eficiência, ao seu custo de aplicação. O tipo de controle a ser utilizado pela gerência de formação depende, basicamente, das características do programa de treinamento, recursos disponíveis e da habilidade administrativa de quem o aplica. Na verdade, para ser econômico em sua aplicação, o controle de treinamento deve ser selecionado em razão de fatores realmente estratégicos para as áreas de maior importância no processo de capacitação.
- *Compreensão* – o sistema de controle, embora pareça óbvio, deve ser muito bem compreendido por seus executores. Muitos tipos de controles não são bem aplicados simplesmente porque faltou esclarecer a seus usuários como funcionam. A compreensão se faz mais necessária, quanto mais sofisticado for o sistema (fórmulas matemáticas, gráficos complexos, ponto de equilíbrio etc.).
- *Ação corretiva* – o sistema de controle eficiente de formação deve indicar à gerência informações corretas e atualizadas sobre onde ocorrem as falhas e desvios do plano de capacitação, indicando as responsabilidades por tais ocorrências e o que pode e deve ser feito para corrigi-las.

Instrumentos de controle do treinamento

Existem inúmeros tipos de controle aplicáveis ao treinamento. Entre os mais utilizados, merecem citação:

- orçamento de formação profissional;
- fichas de acompanhamento do treinando, durante seu processo de formação;
- testes e provas aplicados no decorrer da capacitação;
- observações pessoais de coordenadores e instrutores de treinamento;
- entrevistas formais e informais com os treinandos;
- relatórios de treinamento elaborados por coordenadores e instrutores de capacitação;
- folhas de apreciação encaminhadas pelos treinandos, avaliando o treinamento recebido;
- documentação de acompanhamento do treinando, após concluído o processo de formação.

A combinação de um ou mais desses instrumentos e a inclusão de outros não relacionados anteriormente dependem, entre outros, dos seguintes fatores:

- tipo do evento de formação – curso, seminário, conferência etc.;
- clientela a ser atingida – vendedores, executivos, pessoal operacional etc.;
- políticas de RH e de treinamento adotadas pela organização.

5.3.4 Alocação de recursos financeiros

A destinação de recursos financeiros é vital para o processo de planejamento da atividade de formação. Cabe à unidade de capacitação obter o máximo de rendimento da verba que lhe é destinada pela diretoria da empresa. Somente através da aplicação racional de recursos financeiros é que os planos de treinamento serão, de fato, viabilizados.

Para que a alocação de recursos financeiros à atividade de treinamento seja eficiente, torna-se necessário que a gerência de formação:

- fixe prioridade de treinamento à luz da pesquisa de necessidades de capacitação;
- adapte o orçamento em função da realidade empresarial em que vive e atua.

5.3.5 Escolha dos procedimentos

Na fase do planejamento é que são definidos os métodos de formação. Quando abordarmos os métodos e técnicas de treinamento, esses procedimentos serão analisados em detalhes.

5.3.6 Cronograma da atividade de treinamento

Essa é a última etapa do processo de planejamento. Consiste na elaboração do cronograma final contendo coordenadores, instrutores, datas, épocas, locais, tipos de eventos e outros dados da programação de treinamento.

A ilustração a seguir mostra as várias etapas da atividade de planejamento aplicadas ao treinamento:

```
                    1ª fase: fixação
                    dos objetivos
                           ▲
   5ª fase: estabelecimento │    2ª fase: estabelecimentos
   de cronograma            │    de controle
                       Planejamento

   4ª fase: escolha dos          3ª fase: alocação
   procedimentos                 de recursos
```

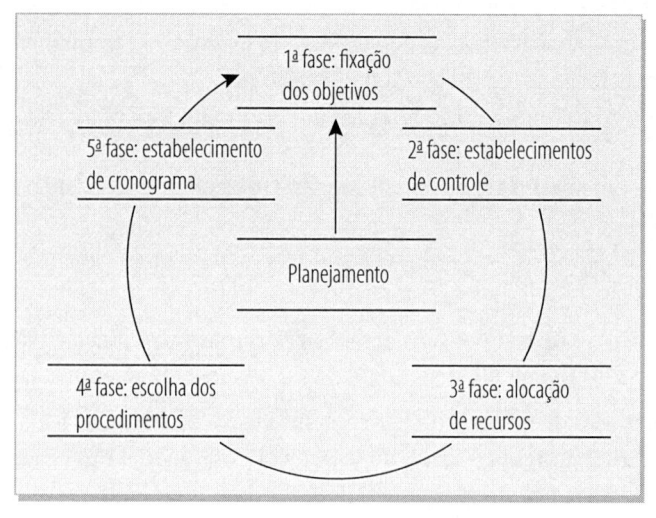

Figura 5.8 — Fluxo das etapas do planejamento de formação profissional.

5.4 Organização do treinamento

> A organização representa o agrupamento de atividades necessárias para atingir os objetivos do treinamento.
> *Harold Koontz*

Para fazer com que os planos de formação sejam postos em execução com um mínimo de eficiência e rapidez, torna-se indispensável a presença de uma estrutura organizacional dotada de mobilidade, conforme Carvalho (1991 p. 16), servindo de suporte às responsabilidades, às relações internas e às atividades de todos os membros da unidade de treinamento.

5.4.1 Importância e alcance da organização

Organizar o treinamento é distribuir o trabalho a fim de garantir a realização dos planos de capacitação. Podemos dizer que a organização se resume, conforme Sockler-Hudson (1990), essencialmente: "[...] na divisão de grandes unidades em unidades menores, administráveis, de modo que seja possível atribuir a cada um a tarefa adequada".

Nessa linha de raciocínio, a organização do treinamento pode ser entendida como o agrupamento de atividades necessárias para atingir os objetivos da unidade de formação e a designação de cada setor a um responsável que tenha autoridade suficiente para administrá-lo.

Pelo visto, não se pode nem se deve padronizar modelos organizacionais para representar os vários segmentos ou setores de treinamento. As sugestões apresentadas, a seguir, constituem apenas parâmetros orientadores para a implantação estrutural da atividade de capacitação.

Dessa forma, a organização do treinamento tem como finalidade precípua possibilitar a utilização dos recursos humanos, materiais e financeiros voltados para promover a assimilação, por parte do treinando, de novos métodos e técnicas de trabalho.

Em síntese, a organização do treinamento pode ser identificada como a coordenação das várias funções interdependentes da unidade de formação.

5.4.2 Estruturação da unidade de treinamento

A estruturação organizacional da área de formação profissional depende:

- do tamanho da empresa, suas características, produtos ou serviços vendidos, filosofia de ação etc.;
- da política de RH adotada.

Analisaremos a seguir, de modo resumido, exemplos de tipos de estruturas do órgão de treinamento:

- estrutura departamental;
- estrutura por funções;
- estrutura de treinamento em empresas de médio porte.

Estrutura departamental

Em empresas de grande porte, e até em firmas de tamanho médio, cresce a conscientização da necessidade de dar ao setor de treinamento o status necessário para ampliar sua agilidade. O exemplo a seguir revela, de maneira simplificada, como deve estar estruturado um departamento de formação profissional:

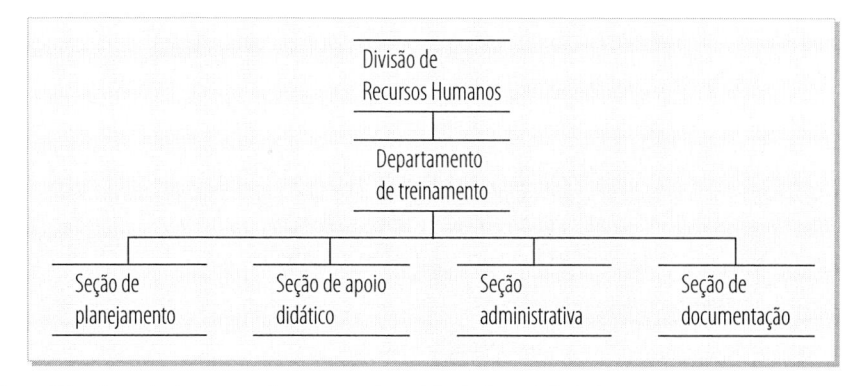

```
                    Divisão de
                 Recursos Humanos
                         |
                   Departamento
                   de treinamento
        ┌────────────┬─────┴──────┬────────────┐
    Seção de     Seção de apoio  Seção      Seção de
   planejamento    didático   administrativa documentação
```

Figura 5.9 — Exemplo de estrutura departamental simplificada da unidade de formação.

No exemplo anterior, o departamento de treinamento tem o mesmo nível de qualquer outra unidade da empresa, e está vinculado à divisão de RH, a qual, por sua vez, é dirigida por um executivo do mesmo nível hierárquico de seus colegas de produção, marketing, administração etc.

Na Figura 5.9, a unidade de treinamento não tem qualquer ligação estrutural com o setor de pessoal da empresa. Cabe a este a responsabilidade pelas funções básicas de recrutar e admitir funcionários.

A adoção da estrutura sugerida na Figura 5.9 ocorre com maior frequência naquelas empresas em que a atividade de treinamento é abordada como investimento tão importante quanto a produção ou o marketing.

Estrutura por funções

```
                    Diretor de
                 Recursos Humanos
                        |
                   Gerente de
                   treinamento
    _____|_____
    |          |           |         |
Analista de  Coordenador  Encarregado  Bibliotecário
treinamento  pedagógico   administrativo
```

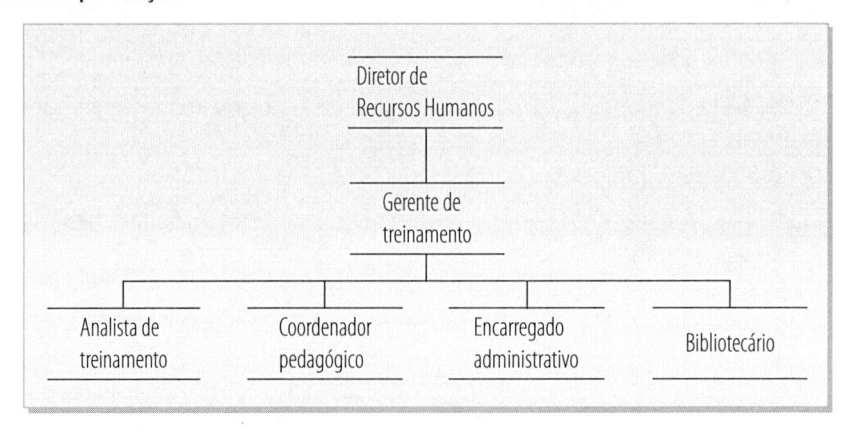

Figura 5.10 — Estrutura de treinamento — baseada em funções.

No exemplo anterior, mais presente em empresas em que o treinamento está bem sedimentado, são citadas cinco funções importantes da unidade de formação. O quadro a seguir descreve, de forma sucinta, o cargo de gerente de Treinamento:

Quadro 5.5 — Descrição resumida do cargo de gerente de Treinamento

Titulo do cargo
Gerente de Treinamento ou gerente de Desenvolvimento de Recursos Humanos.
Vinculação hierárquica
O gerente de Treinamento responde hierarquicamente perante o diretor de Recursos Humanos. Possui autoridade hierárquica sobre o pessoal do departamento de treinamento e dispõe dessa mesma autoridade no campo funcional, no que se refere à formação profissional sobre a empresa.
Descrição sumária do cargo
O gerente de Treinamento é responsável pelo planejamento, organização, controle, coordenação e avaliação da atividade de formação profissional da empresa.

Quadro 5.5 – Descrição resumida do cargo de gerente de Treinamento (continuação)

Função principal
Dirige a unidade de treinamento da empresa, orientando suas operações de formação de RH e dando assessoria às unidades da companhia no que diz respeito ao treinamento.
Funções complementares
• planeja, organiza e controla todas as atividades do departamento de treinamento. • dirige a execução dos planos de treinamento inicial e de aperfeiçoamento profissional aprovados pelo diretor de Recursos Humanos. • avalia o desempenho do pessoal da unidade de treinamento. • acompanha o aprendizado dos treinandos da empresa. • aprova a admissão de candidatos propostos para sua unidade de trabalho. • propõe ao diretor de RH reajustes salariais fora daqueles estipulados por lei, bem como encaminha promoções, transferências e desligamentos do pessoal de sua unidade. • mantém intercâmbio com entidades externas na área de treinamento, incluindo produção e venda de tecnologia destinada à formação profissional da empresa.
Avaliação de desempenho
A avaliação de desempenho do gerente de Treinamento será feita pelo diretor de RH com base: • na presente descrição de cargos; • no estabelecimento de padrões de desempenho constantes de orientação complementar; • na consecução quantitativa e qualitativa dos objetivos de treinamento da empresa; • na qualificação adquirida no contínuo processo de seu desenvolvimento profissional.

O exemplo da estrutura de treinamento por funções ilustrado na Figura 5.10 somente se justifica em organizações nas quais a atividade de capacitação profissional está sedimentada e prestigiada pela cúpula dirigente da empresa.

Estrutura de treinamento em empresas de porte médio

Para empresas de tamanho médio pode ser recomendado um tipo de estrutura de formação e treinamento voltada para funções de *staff*, assessorando as demais unidades da empresa em questão de aperfeiçoamento profissional.

Ligado, de modo geral, ao Departamento de Pessoal, o setor de treinamento de uma empresa de tamanho médio não necessita de instalações mais sofisticadas, uma vez que não possui estrutura administrativa própria.

A figura a seguir mostra um exemplo de estrutura simplificada do setor de treinamento em uma firma de tamanho médio:

```
                    Diretor de
                  Recursos Humanos
                        |
                  Departamento
                   de Pessoal
     _____|_____
     |            |             |            |
 Recrutamento  Administração  Treinamento  Benefícios
  e seleção    de salários
```

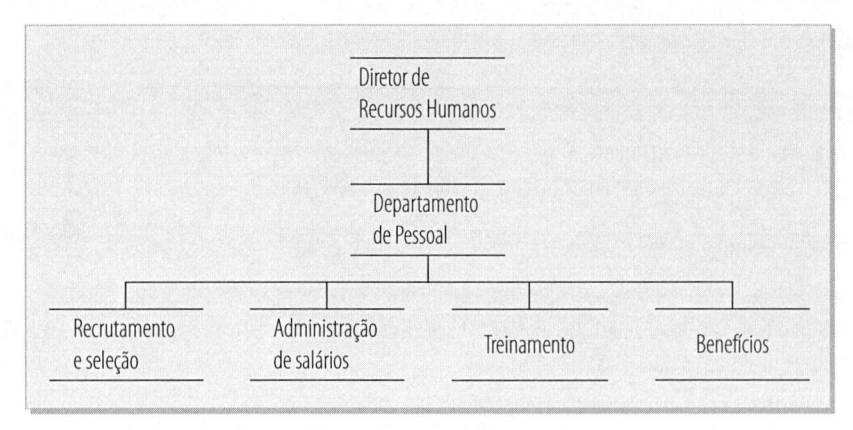

Figura 5.11 — Posição do órgão de treinamento em uma empresa de porte médio.

Estrutura de treinamento em empresa pequena

Para companhias de pequeno porte, o treinamento não necessita de estrutura definida. O tamanho e a versatilidade dessas empresas não exigem tratamento setorial especializado, uma vez que o departamento de pessoal encaminha aos gerentes de outros órgãos a responsabilidade direta pela capacitação de seus quadros.

A formação profissional, em agências externas de treinamento e aperfeiçoamento, completa o desenvolvimento de pessoas em empresas de pequeno porte.

5.4.3 Coordenação da atividade de treinamento

Podemos caracterizar a coordenação como sendo, de acordo com Karl Ettinger (1961, p. 25), a disposição dos esforços do grupo sob "[...] forma contínua e ordenada, de modo que se obtenha uma ação na consecução de um objetivo".

A unidade de treinamento funciona de modo harmônico, isto é, seus setores atuando em áreas interdependentes, quando podemos afirmar que o órgão soma esforços tendo em vista um denominador comum para atender a execução de seus objetivos (veja o tópico 5.3.2).

O gerente de treinamento deve ter um desempenho profissional refletido na sua capacidade de coordenar as várias atividades de seu departamento.

Como uma função destinada a ajustar esforços humanos, a coordenação assume um papel decisivo na concepção estratégica da unidade de formação da empresa.

Resultado da divisão do trabalho, a coordenação visa ordenar as várias atividades exercidas pela empresa. Em princípio, há duas maneiras de se coordenar uma unidade ou mesmo uma empresa, a saber:

- pela coordenação através do fluxo de ordens e instruções oriundas da chefia imediata do empregado, passando pelas várias linhas de autoridade;
- pela criação, na mente e na vontade dos que atuam em equipe, de uma inteligente unidade de propósitos.

De acordo com o demonstrado, a coordenação é, para o desempenho do gerente de treinamento, a própria razão de ser de sua atividade, pois é através de seus vários colaboradores especializados que realiza seu trabalho de forma harmônica e eficiente.

5.4.4 Divisão do trabalho

À organização do treinamento compete distribuir as atividades entre os integrantes da unidade, atribuindo a cada um deles a execução de determinadas funções, sendo de responsabilidade do gerente de formação orientar e dirigir a atuação do colaborador para essas tarefas específicas.

Nesse caso, o gerente de treinamento orienta e dispõe suas equipes de trabalho para as atividades básicas de levantar necessidades de capacitação, programar eventos de desenvolvimento de RH, executar essa programação e avaliar a aprendizagem dos treinandos.

5.4.5 Teste de potencial de organização

O teste que segue tem por finalidade permitir que avalie qual o potencial de organização que você possui.

Teste de potencial de organização		
Responda às perguntas	**Sim**	**Não**
1. Com frequência, você tem a sensação de que as metas de sua unidade de trabalho estão sendo cumpridas?		
2. Ultimamente, você consegue programar mais racionalmente o emprego de seu tempo no trabalho?		
3. Você conhece seus colaboradores de modo a poder dizer, com segurança, que eles preferem resolver problemas no curto, médio e longo prazos, sem sua intervenção direta?		
4. Você conhece suas próprias tendências ou preferências profissionais?		
5. Você consegue, com certa frequência, pelo menos uns dez minutos por dia, um intervalo em suas atividades para refletir sobre suas prioridades profissionais?		
6. Você sabe, realmente, quais são as prioridades de seus colaboradores?		
7. Seu emprego de tempo discrimina horários certos para cada tarefa — fazer um relatório na parte da manhã, por exemplo?		
8. Com frequência, você troca ideias com seus colegas de trabalho (incluindo aí seus subordinados) sobre a organização de seu tempo e de suas tarefas?		
9. Faça um balanço das últimas semanas de atividades. Você conseguiu equilibrar-se entre o que é imediato (trabalho do dia a dia) e as tarefas no médio e longo prazos?		
10. Quando você volta para casa tem um esquema armado para desligar-se das preocupações profissionais (leitura, música, palavras cruzadas etc.)?		

5.5 Pedagogia do treinamento

A pedagogia diz respeito à relação ensino-aprendizagem, contemplando os métodos e estratégias a serem aplicados nesse processo. Está normalmente associada à educação formal, ao espaço escolar, embora a ela não se restrinja, dada sua aplicabilidade em outros campos, tendo conquistado reconhecimento até mesmo nas empresas. Nesse sentido, sua relação com o treinamento pode contribuir para que o colaborador desenvolva suas habilidades e capacidades que estejam ainda latentes, bem como ampliar seus conhecimentos.

5.5.1 Pedagogia no trabalho

Há um mito de que o adulto esteja pronto e formado para enfrentar todas as intempéries da vida com firmeza e total segurança. Isso também se estende ao âmbito do trabalho. Porém, como vimos ao longo desta obra, o ser humano encontra-se em um processo de aprendizagem constante.

As experiências passadas podem, ou não, ser favoráveis para desempenhar diversas funções, tanto no campo pessoal como no profissional. O fato de ser adulto não lhe confere um lugar de garantia de saber, de ter o conhecimento de tudo. Pelo contrário, é um ser sujeito a falhas, a erros.

Nesse sentido, os impasses mais constantes em nossa época tornam-se primordiais para que as pessoas sejam flexíveis às mudanças e ao aprendizado que o treinamento propõe. Por outro lado, a empresa deve apostar e investir nos colaboradores a fim de possibilitar trocas e consequentemente transformações, visando não só o bem-estar deles que, em resposta, poderão produzir com prazer.

Dessa forma, a necessidade de capacitar o indivíduo é, em nossa época, bem maior que antes, uma vez que a velocidade dos acontecimentos, das descobertas e das pesquisas é dia a dia mais competitiva e intensa.

É notável que essa transformação aconteça com maior ênfase no ambiente empresarial, não somente no que se refere ao trabalho que aí é feito, cujos procedimentos se alteram constantemente, mas também no seu relacionamento social e econômico.

Como podemos observar, o conceito de que a pedagogia se limita a utilizar as clássicas maneiras de ensino, palestras, perguntas etc. é falso. A experiência prática em uma atividade ou trabalho é considerada pela pedagogia contemporânea a responsável na missão de aprender.

Nesse enfoque, atuação pedagógica é particularmente importante à Pedagogia do Trabalho na Empresa, conforme afirma Riedel (1965, p. 22), conhecido especialista alemão,

> [...] a atividade do indivíduo que está aprendendo – e o adulto é, também, um aprendiz – é uma das exigências da moderna pedagogia. Não só a pedagogia atribui um valor à atividade profissional como elemento de formação propriamente dito, como a considera um fator de instrução geral. Com sua atividade, o funcionário da empresa se apropria

do mundo que o rodeia, adquirindo personalidade peculiar. A atividade profissional envolve o indivíduo, afirmando-se em sua vida.

5.5.2 Processo da aprendizagem

Atualmente as empresas têm dado destaque à aprendizagem, levando em consideração a possibilidade de que esta resulte em mudança de atitude do colaborador, podendo ser traduzida como:

- aquisição de habilidades especiais;
- obtenção de alguma forma de destreza;
- ou, ainda, manipulação de materiais ou instrumentos.

Em outras palavras, aprender significa algo muito mais profundo e significativo do que simplesmente estudar, reter conhecimentos e informações. Aprender é, na verdade, como dizia o notável educador cubano A. M. Aguayo (1958, p. 18), "[...] adquirir nova forma de conduta ou modificar uma forma de conduta anterior".

É importante que se registre que o aprender, de certa forma, tem ligação estreita com o querer e o precisar.

Quadro 5.6 — Consequências do aprender

Consequências do aprender		Precisar	
		Não	Sim
Querer	Não	Indiferença ou falta de visão, independente de importância ao que está em seu entorno.	Falta de propósito e de autoestima que pode levar ao fracasso.
	Sim	Busca de conhecimento supérfluo que não produz benefício.	Crescimento, renovação e satisfação interior pela conquista de conhecimento útil.

A aprendizagem tem implicações que podem levar à mudança de atitude do aluno, enquanto conhecimentos e informações possibilitam ao treinando mudança de comportamento, relativa às suas questões pessoais e profissionais. A fim de ilustrar esse aspecto, trazemos o pensamento de Caravantes (1981, p. 23) a respeito da aprendizagem: "[...] processo de aquisição da capacidade de se usar o conhecimento, que ocorre como resultado da prática e da experiência crítica e que produz uma mudança relativamente permanente no comportamento".

Cabe, porém, lembrar que a aprendizagem só ocorre quando o ser humano domina o assunto objeto do aprendizado, domínio esse conquistado através de um processo de desenvolvimento, que se manifesta pela exteriorização de novas atitudes e habilidades. Antes de aprender, podemos pensar que o treinando consegue ter ideias, conhecimentos, valores etc., variáveis estas que se apresentam como contribuições indispensáveis à aprendizagem.

Nessa perspectiva, é preciso que se faça distinção entre aprendizagem e conhecimentos; além deles, alguns outros conceitos precisam ser enumerados:

- *Aprendizagem* – podemos entender como fruto das lembranças registradas na memória, e que tiveram origem em experiências, estudos e observações conquistadas ao longo do tempo, proporcionando ao sujeito tornar-se apto ou capaz, implicando mudanças de atitude por meio do exercício de uma atividade.
- *Atitude* – pode ser considerada a maneira mutável de como o próprio ser humano, agindo ou reagindo, se responsabiliza pela ação que produz a mudança, proveniente de cada nova aprendizagem, em relação a pessoas, situações, objetos etc., considerando, ainda, emoções, valores e sentimentos.
- *Conhecimento* – é o que se adquire como consequência do ato ou efeito de ter ciência prática (vivência) ou teórica (formação acadêmica) sobre algum assunto, apresentado no momento da solicitação, atendendo de imediato, em termos de efetiva utilização e de resultados obtidos. Significa conhecer bem e estar em condições de fazer apreciações ou de estabelecer critérios, fazendo distinção, reconhecimento, apreciação, julgamento ou avaliação, das mais diversas situações, até mesmo nos aspectos pessoais ou profissionais que, por consequência, provocam mudanças de comportamento.
- *Comportamento* – é o papel que representamos ou a maneira de ser visto ou percebido por terceiros como agente que sofreu mudanças em seu ambiente de relacionamento, em relação ao modo anterior de se conduzir, provocadas por um conjunto de reações individuais, nas mais variadas circunstâncias.
- *Competência* – pode-se entender como o conjunto de conhecimentos determinantes da eficácia profissional que necessita estar mais ou menos desenvolvida e/ou protegida, reunindo habilidade técnica, dimensões gerenciais, qualidade, aptidão, postura comportamental, capacidade, habilidade humana, em diferentes níveis ou estágios de domínio do conhecimento possuído, para apreciar e resolver problemas e questões, tão logo se faça necessária uma ação, que se apresenta como objeto de discussão com diversificadas alternativas de solução.

Aprendizagem e ensino

Essencialmente, ensinar significa estimular, guiar, orientar e dirigir o processo de aprendizagem. Assim, em termos de treinamento, é importante ressaltar que a função do instrutor é a de promover a estimulação da aprendizagem que pode se manifestar no aluno.

De acordo com o exposto anteriormente, a relação entre aprendizagem e ensino é o objeto da pedagogia.

- *Pedagogia* – é uma teoria ou uma ciência voltada para a educação e o ensino, utilizando processos e técnicas que reúnem informações a respeito de doutrinas, princípios e métodos, propondo atingir um objetivo funcional.

Nesse caso, reiteramos a conexão entre a aprendizagem e o ensino, que são o eixo da prática do treinamento.

Lauro de Oliveira Lima (1984a, p. 70) diz que: "professor não ensina; ajuda o aluno a aprender". Nesse sentido, a aprendizagem não é obra de quem treina e sim do treinando.

Portanto, por mais atualizados que sejam os métodos e técnicas de treinamento, não são eles que irão promover o ensino, mas sim a atividade, o envolvimento, a vontade e esforço do treinando.

O modelo exposto na Figura 5.12, embora utilizado inicialmente para justificar o processo de situações de aprendizagem para alunos em ambiente escolar, se aplica também ao treinamento, ou seja:

- o sistema de formação deve verificar o que o treinando conhece sobre o assunto, pesquisando seus conhecimentos a respeito do tema (veja Planejamento da atividade de treinamento, p. 185);
- os objetivos do treinamento devem estar ligados às necessidades específicas do treinando;
- após a fixação dos objetivos, o treinando deve vivenciar certas experiências indispensáveis ao seu dia a dia no trabalho que podem ocorrer nos campos cognitivo, afetivo e motor, envolvendo suas habilidades e, portanto, facilitando a aprendizagem.

A Figura 5.12 ilustra o processo de ensino.

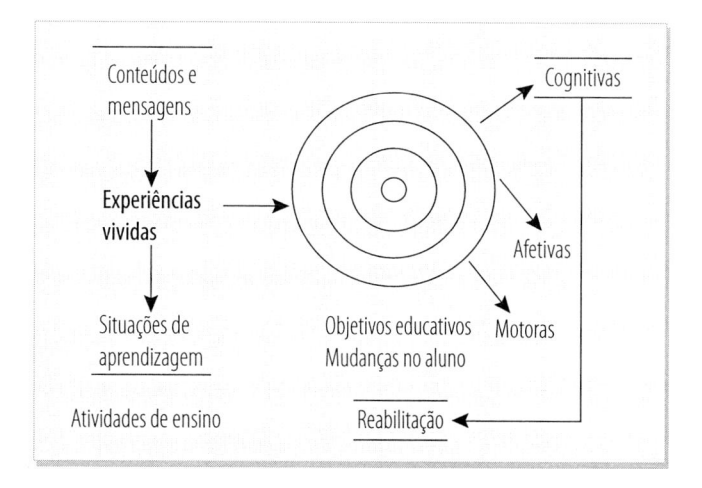

Figura 5.12 – Esquema de processo de ensino.
Fonte: Bordenave e Pereira, 1983, p. 42.

Aprendizagem no treinamento

À luz do processo de formação profissional e sintetizando o que foi apresentado sobre este tema, a aprendizagem pode ser caracterizada de acordo com o ponto de vista de Bleiken (1974, p. 161) "[...] modo de ganhar uma habilidade ou ofício para o qual se reconhece necessário possuir conhecimentos e técnicas específicos para considerar-se qualificado profissionalmente".

Portanto, quando é estabelecido e desenvolvido o programa de treinamento, espera-se que seus participantes, com a experiência adquirida durante o período em que ocorre a aprendizagem pelo aumento e melhoria de seus conhecimentos provenientes das habilidades, atitudes e hábitos, manifestem uma mudança de comportamento no exercício de suas funções. Essa modificação pode advir do resultado do processo de aprendizagem. Na perspectiva do treinamento, isso pode ser assim representado:

Como vimos, à luz da instituição, o treinando adquire constantemente novos conhecimentos e habilidades de natureza profissional, seja ele um vendedor na rua, um contador na elaboração de seus balanços ou um mecânico na linha de produção de peças. Todos eles, por necessidade de serviço, manipulam técnicas, relatórios e equipamentos. Em razão de essas atividades não serem estáticas, os treinandos estão sempre adquirindo novos procedimentos para lidar com essas formas de trabalho, bem como os executores.

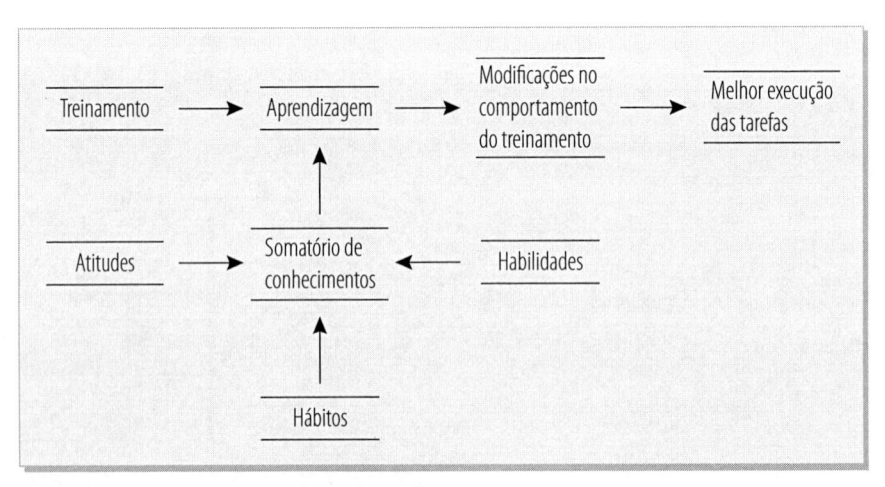

Figura 5.13 — Esquema de aprendizagem no treinamento.

Princípios de aprendizagem aplicados ao treinamento

O processo de capacitação envolve a assimilação, pelo treinando, de atividades motoras, intelectuais e emocionais, que contribuem na formação do conteúdo da consciência.

A mente do ser humano é perpassada, continuamente, por sensações, lembranças, ideias, sentimentos, emoções e pensamentos. Desse modo, o treinando é submetido a uma verdadeira corrente proveniente da consciência que age de forma contínua, durante o processo de formação, sobre o que constitui seu mundo mental.

As novas e rápidas conquistas científicas e tecnológicas exigem do profissional de hoje, em qualquer área, uma atualização permanente de conhecimentos e atitudes sobre novos métodos e técnicas de trabalho.

Seguem alguns princípios adaptados às diversas situações no processo de aperfeiçoamento de treinandos.

- **Frequência do treinamento** – para obter alguma compreensão e assimilação do treinando, o instrutor necessita recorrer à repetição constante do treinamento, a qual está ligada intimamente à formação de hábitos do aluno.
  O hábito é um comportamento adquirido. É através de repetições que o aluno pode constituir seus hábitos. Estes são formados com maior facilidade e rapidez quando o treinando concentra sua atenção, de maneira intensiva e contínua, sobre a atividade a ser repetida. Essa atividade é de natureza mecânica ou mental.

Apresentamos, a seguir, alguns dos princípios ativos utilizados na assimilação de novos hábitos:

- *Princípio da iniciativa* – uma vez decidida como será a formação de determinado hábito, é preciso que o aluno reforce sua decisão. Força de vontade, perseverança e entusiasmo para superar os primeiros insucessos no trabalho são as qualidades essenciais para que o funcionário tome a iniciativa de aprender um novo hábito relacionado à execução de tarefas.
- *Princípio da constância* – o treinando não deve permitir nenhuma exceção ao processo de seu aprendizado enquanto o novo hábito não estiver incorporado ao seu comportamento profissional de maneira definitiva.
- *Princípio da oportunidade* – desde que o treinando tenha se decidido a adquirir um novo hábito em seu processo de formação profissional, é preciso que aproveite a primeira oportunidade que se lhe ofereça para agir de acordo com a decisão tomada (aprendizagem de atitudes).

Tal critério didático visa aproveitar o aspecto motivacional que é conduzido pelo treinando para o hábito recém-adquirido. O princípio da oportunidade cria, no treinando, a necessidade de autoavaliação profissional.

- *Princípio da manutenção* – é indispensável manter no treinando a capacidade viva do esforço voluntário na prática de novos hábitos profissionais adquiridos.
- *Intensidade do treinamento* – ao lado da necessidade de a formação ser frequente, a empresa deve possibilitar ao aluno a necessária rapidez na assimilação do programa que lhe é destinado, levando em conta os seguintes aspectos:
  - clareza, precisão e originalidade na apresentação do programa de capacitação;
  - recursos instrucionais eficientes e adaptados ao treinando;
  - participação dos treinandos no desenvolvimento dos temas programados.

- *Adequação dos métodos de ensino* – um ponto fundamental para se obter eficácia no treinamento é o emprego de métodos e técnicas adequados para a transmissão de conhecimentos e informações (veja adiante: Métodos e técnicas de treinamento). Para uma adequação eficiente desses métodos de ensino profissional, torna-se importante:
  - que todos os recursos de avaliação do treinamento sejam adequados e identificados com os problemas específicos tratados no decorrer dos procedimentos de capacitação;
  - que o ritmo do treinamento se adapte aos treinamentos;
  - que os alunos participem ativamente do processo de formação.
- *Continuidade do treinamento* – formação profissional é, essencialmente, processo de aperfeiçoamento. O treinando necessita, de tempos em tempos, adquirir novos conhecimentos, habilidades e refletir sobre suas atitudes. Por esses motivos, a continuidade da capacitação deve ser feita de acordo com a periodicidade exigida pela natureza das tarefas executadas e pelo ritmo de aprendizagem do colaborador.

Em síntese, os princípios da aprendizagem no treinamento podem ser esquematizados da seguinte forma:

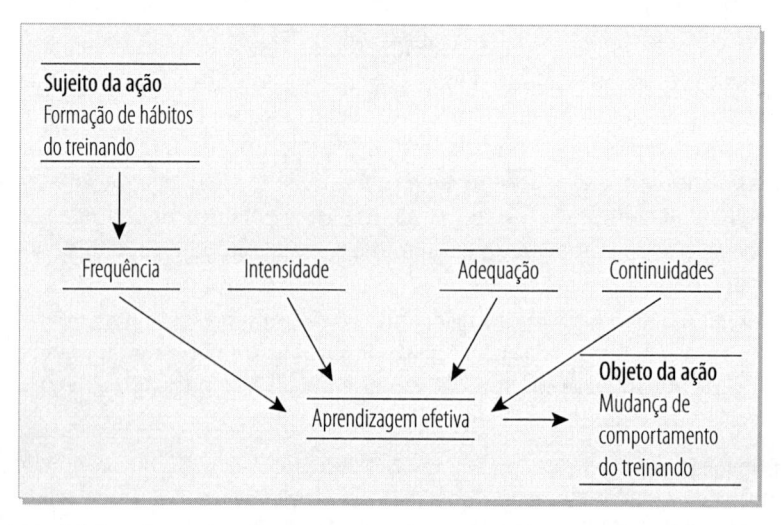

Figura 5.14 – Influência dos princípios de aprendizagem na formação de hábitos e nas mudanças de comportamento.

5.5.3 Diferenças individuais no treinamento

> Todos os homens são iguais, mas não existem dois homens semelhantes.
> *Donald E. Super*

Todo ser humano possui certas aptidões intelectuais e motoras em comum; entretanto, o desenvolvimento destas se manifesta de maneira distinta de uma pessoa para outra.

As diferenças individuais no treinamento são confirmadas a cada momento, pelas características apresentadas, cujos traços podem ser assim resumidos:
- hábitos de assimilação e prática diversos na execução de tarefas similares;
- ambição e interesses em graus variados em um mesmo grupo de trabalho;
- necessidades diversas em função de disposições e interesses também variáveis.

A psicologia, do mesmo modo que os outros segmentos dessa área, têm dado maior importância ao processo de aprendizagem uma vez que vem crescendo, de forma alarmante, o fracasso e a evasão escolar em função da falta de interesse em aprender. Esse fato também vem ocorrendo nas empresas, daí a importância do treinamento.

Muitos temas não são bem assimilados pelos treinandos porque, no treinamento, os responsáveis pela programação deixaram de reconhecer as inevitáveis diferenças individuais durante o processo de formação.

Nesse sentido, torna-se necessária a verificação antecipada dos dados pessoais de cada treinando a ser submetido ao processo de capacitação. O quadro a seguir apresenta uma sugestão contendo dados individuais do treinando. De posse dessas informações preliminares, o instrutor pode preparar-se melhor para transmitir sua mensagem. Ao mesmo tempo, a ficha em questão auxilia o instrutor na localização de treinandos com problemas de adaptação funcional.

Quadro 5.7 — Modelo de ficha de coleta de dados individuais do treinamento

Unidade de treinamento:
Dados individuais sobre o treinando:
1. Nome completo do treinando: ....
Cargo atual: ....
Tempo de permanência no cargo atual: ....
Cargo(s) anterior(es): ....
Tempo de empresa: ....
Idade: ....
Estado civil: ....
Nível de escolaridade.
1º grau completo ( )   1º grau parcial ( )
2º grau completo ( )   2º grau parcial ( )
3º grau completo ( )   Área: ....
3º grau completo ( )   Área: ....
Pós-graduação ( )   Área: ....
9. Assiduidade/Pontualidade:
Excelentes ( );   Boas ( );   Regulares ( );   Negativas ( ).

Quadro 5.7 – Modelo de ficha de coleta de dados individuais do treinamento (continuação)

10. Motivos pelos quais está sendo treinado:
    Reciclagem ( );   Transferência ( );   Promoção ( ).
    Outros motivos:...

11. Quando foi feita a última avaliação de desempenho do treinando?
12. Em resumo, qual foi o resultado dessa avaliação em termos de qualidade/quantidade do trabalho executado?...
13. O treinamento tem demonstrado eficiência e entusiasmo pela execução de seu trabalho?.............   ....
14. Em caso negativo, por quê?..

15. O treinando sente-se:
    completamente integrado ao seu trabalho ( );
    razoavelmente integrado ao seu trabalho ( );
    pouco integrado ao seu trabalho ( ) Por quê?..

16. Outras observações úteis sobre o treinando:..
    ..../......./..........
    Assinatura do responsável pelo preenchimento desta ficha   Data

5.6 Instrutor de treinamento

> Quando o homem domina algum ramo do
> conhecimento, deve transmitir o que sabe aos outros.
> *Lewis M. Simes*

Pouco adianta a uma empresa manter custosas e atraentes instalações de treinamento, bem como excelentes programas de capacitação e métodos e técnicas de formação atualizadas se, ao mesmo tempo, não contar com um corpo de instrutores eficientes.

5.6.1 Importância do instrutor de treinamento

Muitas vezes, um bom instrutor tem a oportunidade de tornar atraente determinado assunto que, à primeira vista, é difícil de ser compreendido pelo treinando. De outro modo, temas que são atuais, dinâmicos e relativamente fáceis de transmitir podem se tornar pouco assimilados pelos alunos porque os instrutores não conseguiram ser claros para transmitir suas ideias e experiências aos treinandos.

Dessa forma, o instrutor deve ser participante e ativo a fim de facilitar a aprendizagem, o crescimento e o desenvolvimento do treinando. Sua ação é tão importante que seria um risco substituí-lo por recursos tecnológicos, apesar de atuais e imprescindíveis. Devemos ter em mente o fato de que métodos e técnicas de treinamento apenas complementam a instrução e o contato, que ocorre entre instrutor e alunos. É nessa linha de raciocínio que podemos refletir a respeito da motivação do aluno para a efetivação da aprendizagem.

O treinamento torna-se viável através do processo de inter-relacionamento, no qual o instrutor não somente orienta o treinando, como o incentiva em razão do processo de desenvolvimento a que está sendo submetido, bem como favorece a participação do aluno.

5.6.2 Funções do instrutor de treinamento

O quadro a seguir apresenta uma descrição sucinta do cargo de instrutor de treinamento, incluindo-se sua função principal e tarefas complementares:

Quadro 5.8 — Descrição resumida do cargo do instrutor de treinamento

Título do cargo
Instrutor de treinamento.
Vinculação hierárquica.
O instrutor de treinamento responde hierarquicamente perante o coordenador pedagógico.
Descrição sumária do cargo e função principal
Responsabilidade pela transmissão, aos treinandos, de conhecimentos profissionais teóricos e práticos.
Funções complementares
Colabora na elaboração de programas de treinamento.
Avalia o desempenho dos treinandos através de entrevistas e aplicações de testes, provas, exercícios etc.
Colabora na elaboração de instrumentos de avaliação dos treinandos.
Colabora no levantamento de necessidades de formação.
Participa das reuniões de avaliação de programas de treinamento.
Nível de escolaridade
Preferencialmente formado em pedagogia ou portador de curso de especialização em psicologia da aprendizagem.
Avaliação de desempenho
A avaliação de desempenho do instrutor de treinamento será feita por seu chefe imediato com base:
• na presente descrição de cargo;
• no estabelecimento de padrões de desempenho constantes de orientação complementar;
• na qualificação adquirida no contínuo processo de seu desenvolvimento profissional.

5.6.3 Qualificação do instrutor de treinamento

O instrutor de treinamento precisa ter, como qualquer profissional, uma formação apropriada que o identifique para o exercício de suas atividades, exigindo-se *qualificação profissional* e *qualificação didática*.

Qualificação profissional

A qualificação profissional do instrutor de treinamento baseia-se em experiência no cargo e em conhecimento do assunto.

- *Experiência no cargo* – significa a vivência profissional relacionada com o tema ou temas objeto da exposição que vai desenvolver com os treinandos. Desse modo, a execução ao longo do tempo das atividades no cargo possibilita ao instrutor maior segurança para responder ao aluno, orientando-o no exercício de tarefas específicas. Não significa, portanto, antiguidade no exercício das funções.
  Para temas que exigem apresentadores com boa vivência profissional, não basta conhecer bem os assuntos a serem comunicados aos treinandos. Paralelamente, há a necessidade de o instrutor expor a complementação prática de uma exposição teórica.
- *Conhecimento do assunto* – refere-se ao conhecimento específico do tema apresentado aos treinandos. Para tanto, torna-se indispensável que o instrutor tenha certo domínio sobre a matéria, possibilitando-lhe discutir opiniões, formar hábitos, além de criar um clima de confiança mútua entre o instrutor e os treinandos.

Qualificação didática

Em termos de treinamento, a didática relacionada ao treinamento constitui-se a aplicação de preceitos pedagógicos que orientam o ensino profissional, tornando-o mais prático possível, tendo em vista a obtenção de um mínimo de eficiência funcional do treinando.

Eis alguns cuidados necessários ao bom êxito de uma exposição profissional:

Participação – responsabilidade direta do instrutor de treinamento, que deve fazer com que o treinando tome parte ativamente do seu processo de aprendizagem.

O treinamento, por sua natureza dinâmica, torna-se incompatível com os sistemas tradicionais de ensino, nos quais o aluno, de modo geral, é espectador passivo do processo. Nesse sentido, evocamos os métodos pedagógicos que estimulam criatividade e participação.

Figura 5.15 – Participação do aluno no ensino.

Para estimular o espírito de participação no treinando, o instrutor deve:

- ser bem aceito pelo aluno, seja pela experiência profissional, seja pelo conhecimento da matéria;
- interessar-se pelos problemas profissionais do treinando;
- demonstrar imparcialidade, buscando não confundir as questões pessoais com as profissionais.

Essas atitudes fazem com que o treinando possa adquirir confiança no instrutor, fator indispensável à participação no processo de formação. De outro modo, durante a apresentação do tema, o instrutor também estimula a participação do aluno por meio de:

- questões bem encaminhadas;
- debates conduzidos de forma adequada;
- grupos de estudos.

Pesquisa – sendo um sistema de ensino essencialmente prático, o treinamento conduz o aprendiz a adotar uma atitude baseada na reflexão de fases de seu aprendizado.

Paralelamente, o aluno observa e colhe os dados que orientam a elaboração psicomotora das tarefas que irá executar em seu posto de trabalho.

A tarefa primordial do instrutor é encorajar a pesquisa durante o processo de formação do treinando.

Figura 5.16 – A pesquisa é indispensável ao treinamento.

Comunicação oral – deve merecer o máximo cuidado por parte do instrutor. Ao utilizar uma linguagem oral como veículo de suas ideias, o instrutor deve:

- estabelecer, com clareza e objetividade, o tema proposto para debate e análise entre os treinandos;
- planejar a sequência de sua apresentação, sabendo quando e como ilustrar a linguagem verbal. Conhecer os alunos e suas necessidades de formação, com a finalidade de adequar sua exposição ao ritmo de assimilação dos treinandos;
- possibilitar ao treinando um comportamento reflexivo perante o assunto tratado;

Figura 5.17 – A boa comunicação é imprescindível.

- proporcionar debates, evitando a monotonia da exposição contínua;
- esclarecer dúvidas dos treinandos, recapitulando as partes desenvolvidas;
- no final da exposição, resumir a matéria com a participação dos treinandos.

Recursos audiovisuais – devem exigir do instrutor de treinamento atenção especial, levando em conta que o excesso de sua utilização pode produzir efeitos indesejáveis.

- *Conceito e importância* – podemos fazer a identificação dos recursos audiovisuais (RAVs) como um processo de comunicação didática, em que são empregadas imagens fixas ou móveis, sonorizadas ou não, além de recursos impressos com o propósito de ilustrar o tema exposto pelo instrutor de treinamento.

A conceituação anterior coloca os RAVs em seus limites, a saber, instrumentos complementares do processo de aprendizagem em que o relacionamento entre o instrutor e treinando deve ser estimulado.

O ensino visual pode ser considerado o processo mais eficiente na fixação do que se aprende, conforme mostra o quadro a seguir:

Quadro 5.9 – Porcentagem de retenção mnemônica, conforme Ferreira e Jardim (1986, p. 5)

Como aprendemos		
1% através do gosto		
1,5% através do tato		
3,5% através do olfato		
11 % através da audição		
83% através da visão		
Porcentagens dos dados retidos pelos estudantes		
10% do que leem		
20% do que escutam		
Porcentagens dos dados retidos pelos estudantes		
30% do que veem		
50% do que veem e escutam		
70% do que dizem e discutem		
90% do que dizem e logo realizam		
Método de ensino	Dados retidos depois de 3h	Dados retidos depois de 3 dias
Somente oral	70 %	10%
Somente visual	72 %	20%
Oral e visual simultaneamente	85 %	65%

Fonte: Socony-Vacuum Oil Co. Studies.

O treinamento se serve dos RAVs como ferramenta que auxilia na assimilação do conteúdo. O êxito da formação profissional pode ser alcançado, caso os esforços realizados na área didática utilizem recursos que contemplem visão, audição etc.

Para efeito de treinamento, adotamos a seguinte classificação para os Recursos Audiovisuais:

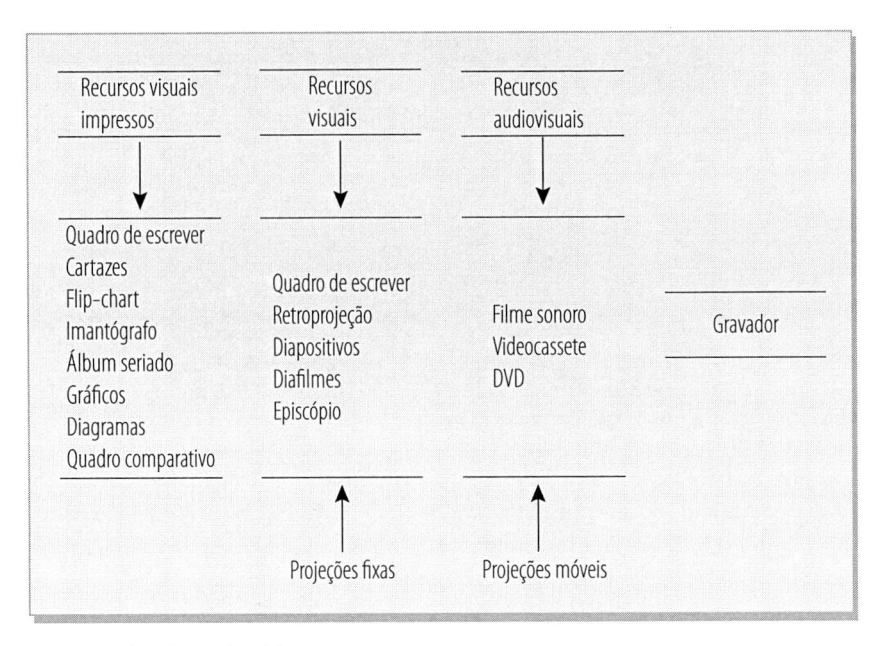

```
Recursos visuais          Recursos              Recursos
impressos                 visuais               audiovisuais
     │                       │                       │
     ▼                       ▼                       ▼
Quadro de escrever
Cartazes
Flip-chart           Quadro de escrever
Imantógrafo          Retroprojeção         Filme sonoro        Gravador
Álbum seriado        Diapositivos          Videocassete
Gráficos             Diafilmes             DVD
Diagramas            Episcópio
Quadro comparativo
                             ▲                       ▲
                             │                       │
                      Projeções fixas         Projeções móveis
```

Figura 5.18 — Classificação das RAVs no treinamento.

A ideia de integração entre os vários tipos de RAVs, mostrada anteriormente, indica que esses valiosos instrumentos didáticos devem ser empregados, levando em conta principalmente:
- custo operacional;
- adequação ao assunto a ser apresentado;
- versatilidade.

Planejamento da exposição – o instrutor de improviso, por mais capaz que possa ser, corre o risco de apresentar seu assunto de forma confusa e pouco objetiva.

Desse modo, antes de expor seu tema, deve adotar algumas providências, tais como:
- *Apresentação do tema* – uma vez definido o conteúdo do assunto que será desenvolvido, o instrutor deve pesquisar e fazer um roteiro sobre o que pretende apresentar.

Embora os métodos variem em razão da natureza do tema, existem certos procedimentos comuns que orientam o instrutor:
- *Título do tema* – deve ser claro e relacionado com a exposição. Consideremos como exemplo determinado título: Fases de Fabricação do Produto "X". Cons-

titui um título vago, sem expressão, pouco objetivo em termos de treinamento. É preciso, nesse caso, adequá-lo ao público a que se destina.

Figura 5.19 – O plano de aula é essencial para o professor.

Assim, por exemplo, admitindo-se que os treinandos formem um grupo constituído por vendedores, o título do assunto proposto deveria ser: Fases de Fabricação do Produto "X", como Argumento de Vendas.

- *Subtítulos* – de acordo com o exemplo anterior, destacamos alguns pontos básicos:
  - introdução ao assunto.
  - matérias-primas básicas.
  - etapas de fabricação.
  - controle de qualidade.
  - argumentos de vendas.

Lembramos que cada tópico deve estar vinculado ao assunto.

- *Duração* – tópico importante no preparo da apresentação dos temas, uma vez que o instrutor deve saber ponderar seu tempo, buscando contemplar pontos principais da apresentação ao desenvolver determinado assunto.
- *Resumo* – na elaboração do resumo convém citar os tópicos e subtópicos do tema a ser apresentado. Essas referências devem ser acompanhadas de notas complementares que o instrutor considera indispensáveis ao desenvolvimento do assunto.

5.6.4 Check-list de autoavaliação do instrutor de treinamento

A título de sugestão, apresentamos um modelo de check-list destinado ao uso do instrutor de treinamento. Por ser autoexplicativo, o modelo dispensa comentários:

Quadro 5.10 — Modelo de autoavaliação do instrutor de treinamento

1. Dados preliminares:		
Nome do instrutor:		
Assunto(s) desenvolvido(s)		
Local e data: ..../......./...........		
2. Instruções:		
O instrutor de treinamento deverá registrar sua própria avaliação funcional assinalando uma das duas respostas padronizadas que se seguem às questões. A coluna observações é para que o instrutor faça, se houver necessidade, comentários sucintos para justificar determinada resposta. A sinceridade que imprimir às respostas vai possibilitar a você mesmo corrigir os tópicos que vêm prejudicando suas exposições, fazendo com que receba a orientação mais eficiente possível.		
Aspectos gerais do meu trabalho como instrutor de formação		
Questões	**Sim**	**Não**	**Observações**
a. Possuo conhecimentos adequados do assunto a ser transmitido?			
b. Interesso-me pelo meu aperfeiçoamento profissional?			
c. Esforço-me para pôr à prova as sugestões que me são formuladas?			
d. Possuo a necessária estabilidade emocional para desenvolver o tema que me foi proposto?			
e. Trabalho bem com os treinandos e me faço respeitado por eles?			
f. Demonstro entusiasmo e dinamismo nas exposições que faço?			
Preparação do assunto			
a. Preparo bem minha exposição?			
b. Preparo os auxílios didáticos de modo adequado à exposição?			
c. As perguntas mais oportunas para verificação do grau de assimilação do treinando estão incluídas na preparação do assunto?			
d. Preparo todo o material didático necessário ao desenvolvimento do assunto?			
Motivação do treinando			
a. Tive habilidade para obter a atenção imediata dos treinandos?			
b. Os objetivos da unidade ficaram bem esclarecidos?			
c. Os treinandos participaram ativamente de todo o processo de apresentação?			
Verificação do aprendizado			
a. Formulei perguntas claras e simples verificando se os treinandos assimilaram o que lhes foi transmitido?			

Quadro 5.10 — Modelo de autoavaliação do instrutor de treinamento (continuação)

Aspectos gerais do meu trabalho como instrutor de formação			
Questões	Sim	Não	Observações
b. Verifiquei se todos os treinandos aprenderam o assunto transmitido?			
c. Expliquei aos treinandos os pontos difíceis de ser entendidos?			
d. Expliquei novamente o assunto àqueles treinandos que não compreenderam na primeira vez?			
e. Nos debates em classe, pude acompanhar o aprendizado dos treinandos?			

5.7 Métodos e técnicas de treinamento

Há que se fazer uma distinção entre os vocábulos *métodos* e *técnicas* de treinamento ou formação, muitas vezes empregado com o mesmo significado.

O método pode ser identificado, conforme H. Pierre Giscard (p. 93), da seguinte forma:

> [...] conjunto de regras permanentes, de princípios que constituem uma disposição de ânimo que conduz, em determinadas condições, a certo modo de trabalhar, que é a técnica.

Assim, podemos dizer que o método se constitui um conjunto de princípios que regula as ações voltadas para o processo de formação. Enquanto a técnica pode ser caracterizada, continua Giscard (p. 94), como: "[...] a aplicação dos princípios de um método em determinadas condições de utilização".

O método de treinamento, além disso, pode ser identificado como um conjunto de etapas que vai da apresentação do assunto à avaliação da aprendizagem.

De outro modo, a técnica de capacitação é um procedimento didático empregado pelo instrutor, tendo por finalidade contribuir para a realização de parte da aprendizagem do treinando.

Um mesmo método de formação pode ser empregado em praticamente todas as situações de treinamento, enquanto a técnica é um modo de agir de acordo com o método.

Nesse momento, seria interessante fazermos uma digressão e nos estendermos um pouco mais. Ou seja, procurar compreender não apenas o que vem a ser método e técnica, mas, também, o que é sistema:

- *Sistema* – podemos entender como o todo maior, ou seja, o conjunto dos elementos e das partes que funcionam de forma organizada, empregando métodos distintos para fins específicos, no qual os princípios se relacionam de modo a abranger determinado campo do conhecimento, visando conhecer ou classificar algo com o objetivo de prestar uma informação e tendo em vista alcançar um resultado.

- *Método* – podemos entender como um processo específico, reunindo um conjunto de diferentes técnicas, com características próprias, para atingir determinados resultados na realização de um objetivo.
- *Técnica* – podemos entender como o modo, a forma ou habilidade específica de realizar ou executar uma atividade.

5.7.1 Método de treinamento em grupo

No processo de formação em grupo, a aprendizagem, conforme Carvalho (1985, p. 114), ocorre em razão dos seguintes fatores:

- assunto a ser discutido – informações que serão passadas aos participantes do grupo;
- informações – que serão determinantes na formação e indicação de opiniões individuais dos membros do grupo;
- opiniões individuais – que contribuem na constituição de propostas opcionais para a solução do problema apresentado;
- solução do problema – que é obtida pelo consenso ou acordo conquistado com a maioria de seus integrantes.

O método de treinamento grupal deve funcionar sob forma sinérgica, isto é, seu desempenho é mais eficiente por se diferenciar da prática individual.

Portanto, nesse tipo de método devem ser considerados alguns aspectos:

- finalidades do grupo: o que devem fazer e com quais objetivos;
- características individuais dos participantes, considerando: funções, nível de escolaridade, idade, interesses, expectativas;
- número de participantes;
- ambiente físico onde o grupo se reúne.

5.7.2 Técnicas de treinamento em grupo

As técnicas de dinâmica de grupo mais utilizadas no treinamento podem ser assim listadas: reunião de debates, dramatização, *brainstorming*, estudo de caso, painel, simpósio e jogo de empresas.

Reunião de debates

Reunião de debates – também conhecida por reflexão, consiste em formar um grupo de profissionais que terá por missão apresentar, discutir, elaborar e, como se pretende, decidir sobre problemas de formação ligados ao trabalho dos participantes. O coordenador responsável pelas atividades escolhe, com o apoio dos presentes, qual entre eles deverá liderar os demais na discussão do assunto em pauta.

Procedimento – a técnica de discussão em grupo é mais indicada para pequenos grupos (variando de seis a oito participantes). Cabe ao instrutor informar com clareza o objeto a ser discutido e quais os objetivos a serem atingidos, encaminhando ao líder o plano com os tópicos a serem debatidos.

Objetivos – estabelecer um lugar ou espaço de trabalho que favoreça, pela aproximação e entrosamento entre seus pares, a criação e manutenção de ambiente mais informal que facilite a análise e discussão de assuntos de proveito empresarial e profissional, podendo obter, em contrapartida, a motivação dos treinandos em benefício da organização.

Figura 5.20 – Reunião de debates.

Demonstração

Demonstração – técnica que tanto pode ser empregada no treinamento em grupo, onde é mais utilizada, como no individual, consistindo em uma comprovação prática de um enunciado teórico ou na concretização de uma teoria de ensino, do funcionamento ou uso de aparelhos, equipamentos etc., bem como na execução de uma operação qualquer.

Procedimento – é aplicado com maior frequência na aprendizagem de habilidades manuais em que o movimento físico no manuseio de objetos deve ser assimilado, sendo também utilizado no ensino de processos rotineiros de produção ou de administração.

Objetivo – demonstrar como se executam determinadas partes de uma tarefa, fazendo com que os treinandos, logo a seguir, repitam os movimentos, exercitando-se na prática do serviço com base no que foi transmitido.

Para tornar a técnica de demonstração eficaz, Nérici (1970, p. 136-137) sugere que o instrutor deve:

- elaborar um esquema de demonstração, provendo os pontos críticos no seu desenvolvimento, e material necessário para este;
- ter à mão todos os elementos necessários para a demonstração;
- evitar circunstâncias que possam perturbar a atenção dos treinandos;
- comprovar, antes, o bom funcionamento da aparelhagem e de todo o material para evitar imprevistos de última hora;
- providenciar para que a demonstração seja vista e acompanhada por todos;
- seguir sempre o caminho mais curto e mais simples para uma demonstração. Quando houver conveniência de demonstração mais complexa, proceder, primeiro,

a mais simples. É aconselhável também, sempre que possível, simplificá-la ao máximo, sem prejudicar, no entanto, a veracidade do fato em demonstração.

Dramatização

Dramatização – também conhecida como *role-playing*, é uma técnica de treinamento grupal com base na representação dramatizada ou teatralizada de situações reais de trabalho.

Procedimento – indicado para a formação de profissionais que, no exercício de suas atividades, têm como característica primordial manter contato com outras pessoas – vendedores, professores, relações públicas etc.

Objetivos – proporcionar desembaraço e liberdade de expressão para dar ao treinando a capacidade de inovação e criatividade em seus relacionamentos profissionais.

De acordo com Carvalho (1985, p. 24), os principais propósitos da técnica de dramatização são:

- avaliar e fixar melhor o conceito de aprendizagem;
- proporcionar comportamento profissional desinibido nos treinandos;
- corrigir a aprendizagem mal efetivada;
- favorecer a criatividade do grupo de treinandos na solução de problemas práticos;
- proporcionar aos treinandos condições psicológicas mais favoráveis para a discussão de problemas profissionais;
- representar soluções indicadas para uma situação de treinamento, com a finalidade de os treinandos sentirem e perceberem os contrastes, chegando a uma solução adequada para o problema manifestado.

Brainstorming

Brainstorming – técnica usada em treinamento de pequenos grupos para que os participantes possam desenvolver a capacidade de, pela associação e discussão de ideias, poder identificar e externar alternativas de solução que se apliquem às necessidades profissionais e aos problemas estruturais e funcionais da empresa.

Procedimento – o animador ou coordenador se posiciona estrategicamente a fim de presidir a reunião. Sua função é a de orientar e transmitir aos participantes as características da técnica, esclarecer a atuação de cada um deles e, principalmente, não apresentar nenhuma sugestão. Os observadores, também colocados de forma estratégica, têm como objetivo listar as ideias transmitidas por cada dupla de membros da mesa, restringindo-se às anotações das ideias que forem claras e objetivas. De outro modo, estudiosos dessa técnica, com base em pesquisas e observações, acentuam que um grupo bem conduzido de treinandos pode produzir, em média, de 150 a 200 novas ideias por hora com a presença de dez participantes.

Objetivos – desenvolver a criatividade para proporcionar ao treinando, no momento em que se fizer necessário, capacidade de produzir associações livres de ideias para identificar sugestões capazes de solucionar questões e problemas ligados ao processo de formação profissional e às necessidades organizacionais.

Ao analisar a valiosa contribuição para a empresa, ressaltamos que, para atingir objetivos, é preciso que:

- seja aplicada a problemas relativamente simples, evitando-se encaminhar assuntos complexos que exijam desdobramentos em sua análise;
- o tema a ser analisado seja bem claro para todos os participantes.

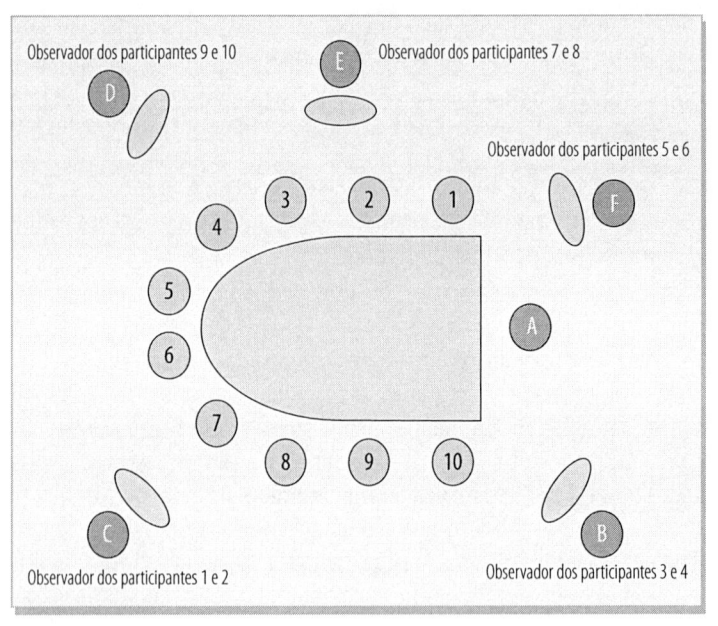

Figura 5.21 – Esquema de funcionamento de brainstorming.
Fonte: Mucchielli, 1981, p. 73.

Os participantes do *brainstorming*, de acordo com Mucchielli (1981, p. 73-74), devem levar em conta os seguintes pontos:

- imaginação livre – que é bem recebida, ainda que as ideias lhes pareçam absurdas;
- produção de ideias – no máximo em termos de quantidade, em um mínimo de tempo, em lugar de buscar maior qualidade;
- crítica e autocrítica – de ideias estão rigorosamente proibidas;
- ideias dos outros – é necessário que se ouça o que os outros têm a contribuir e, a partir dessas ideias, fazer associações, permitindo que livremente se pense em outras ideias.

Estudo de caso

Estudo de caso – técnica de treinamento em grupo, consistindo em discussões organizadas e sistemáticas de um estudo, que toma por base um fato real ocorrido no âmbito da empresa – e já analisado e resolvido – que, devidamente registrado com suas características e soluções, serve de base na formação de futuros profissionais, ao pretender que estes cheguem à formulação de sua solução.

Procedimento – usualmente empregado no treinamento gerencial, o estudo do caso é programado para que o treinando possa descobrir os princípios básicos que o levam a pesquisar e sugerir várias alternativas em relação ao problema (caso) apresentado. O instrutor expõe verbalmente como deverá se desenvolver a discussão do problema, distribuindo, preferencialmente, um impresso com todas as informações. Outras formas de expor ou apresentar o problema é através de dramatização, gravação e filmagem.

Determinado caso é, basicamente, a descrição de certa situação real existente ou que já existiu em uma empresa. A situação descrita no caso pode:
- ser de uma empresa como um todo;
- ser parte dessa mesma empresa: divisão, departamento, setor etc.;
- referir-se aos recursos humanos da organização;
- cingir-se às questões financeiras, comerciais, sindicais etc.;
- abranger um momento curto ou um período de vários anos;
- ser exposto em poucas linhas ou exigir dezenas de páginas.

A descrição do caso deve ocorrer de forma original, sem a preocupação com a cronologia, mas com a exatidão dos fatos. Seu estudo, antes de ser aplicado, necessita de alguns cuidados, a saber:
- o caso deve ser trabalhado com bastante atenção, em virtude do tipo de treinamento, delimitando-o de forma adequada;
- o problema deve ser descrito de forma completa, evitando-se interrupções e improvisações durante a sessão de treinamento;
- os participantes do estudo devem ter certa identificação com o problema apresentado;
- o caso deve ser visto como instrumento de apoio ao trabalho pessoal do treinando.

Objetivo – consiste na aplicação de princípios teóricos para a solução de problemas práticos, na revisão do tema apresentado no treinamento, facilitando a fixação e integração da aprendizagem, e fazendo com que os participantes adquiram autoconfiança.

Painel

Painel – técnica que reúne vários especialistas a fim de analisar determinado assunto diante de um grupo de assistentes.

Procedimentos – os especialistas, membros do painel, debatem entre si, ou seja, um ou uns com outro(s), a matéria de forma descontraída e apresentam um resumo de suas ideias ao final dos trabalhos, sob a coordenação do instrutor, que entre outras atividades é responsável por abrir a sessão, apresentar os especialistas convidados, comunicar os objetivos, orientar a participação do auditório e encerrar a sessão. Os treinandos, sob orientação do coordenador, formulam e encaminham perguntas aos painelistas para obterem esclarecimentos.

Objetivos – informar o auditório, por meio de debates realizados por especialistas, sobre o conteúdo dos mais diversos aspectos de um assunto, objeto do programa de formação profissional, para complementar assimilação de conteúdo programático apresentado em treinamento, além de proporcionar descontração às discussões sobre o tema, buscando estimular os expectadores, e permitir aos assistentes conhecer opiniões diversas de especialistas ligados ao assunto em discussão.

Tipos de painel – dependendo das circunstâncias, pode ser apresentado de duas formas: painel simples e painel com interrogadores.

Painel simples – formação: coordenador, componentes da mesa (especialistas), interrogadores (treinandos escolhidos pelo coordenador) e auditório (treinandos). Cabe aos treinandos interrogadores formular perguntas e encaminhá-las ao coordenador, que, após análise, vai ler a pergunta para os expositores, tendo ainda por responsabilidade a orientação e condução dos debates.

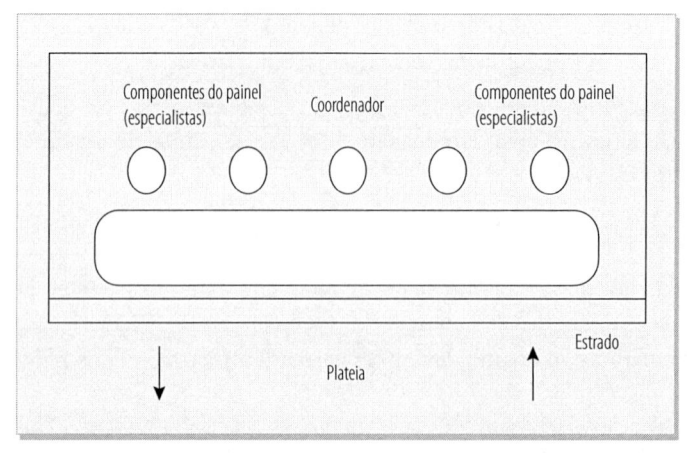

Figura 5.22 – Esquema de painel simples.
Fonte: Nérici, 1970, p. 211.

Painel com interrogadores – formação: coordenador, componentes da mesa (especialistas) e auditório (treinandos). A diferença está em que cabe aos treinandos formular e encaminhar de modo direto as perguntas, interrogando primeiramente os expositores, em vez do coordenador, que é responsável pela orientação e condução dos debates. Após análise das perguntas, os membros da mesa, sob orientação do coordenador, vão responder eventuais dúvidas provenientes do auditório.

A Figura 5.23 reproduz um esquema deste painel:

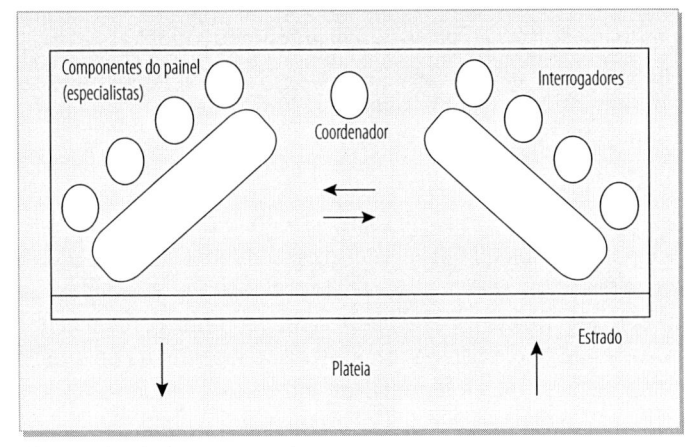

Figura 5.23 — Esquema de painel com interrogadores.
Fonte: Nérici, 1970, p. 211.

Simpósio

Simpósio – é uma técnica de treinamento parecida com a do painel, que reúne dois ou mais especialistas que vão abordar determinado assunto sob orientação do coordenador.

Procedimentos – os especialistas convidados expõem partes ou enfoques diversos de um mesmo tema, de tal forma que uma exposição complemente outra. O auditório, composto por treinandos, participa diretamente de cada apresentação, encaminhando questões aos apresentadores sob a orientação do coordenador. O simpósio se caracteriza por ser uma técnica mais formal que o painel.

Veja, na Figura 5.24, um esquema de seu funcionamento.

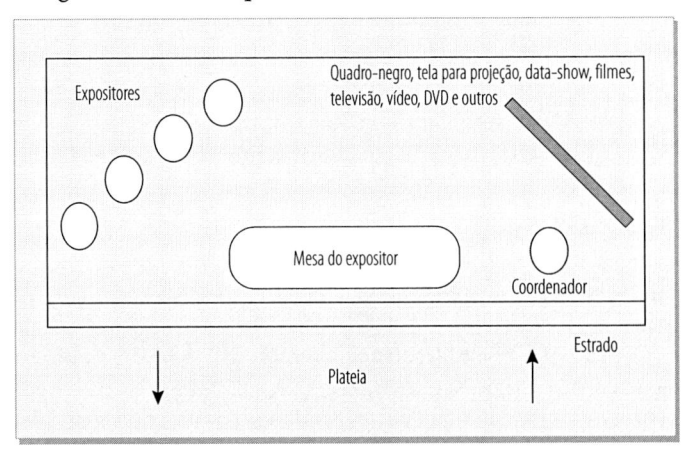

Figura 5.24 — Esquema do simpósio.
Fonte: Nérici, 1970, p. 199.

Objetivo – encaminhar um trabalho de pesquisa e reflexão entre seus participantes, informando o auditório, por meio de debates, sobre o conteúdo de um assunto, objeto do programa de formação profissional, procurando motivar os treinandos, permitindo aos participantes conhecer as mais variadas opiniões dos especialistas em relação ao assunto motivo central do encontro.

Jogo de empresas

Jogo de empresas – técnica de formação e aperfeiçoamento profissional que lança mão de modelos de simulação, que procuram representar a realidade da empresa e do mercado, em diferentes situações. As decisões alteram as condições estabelecidas pelo sistema em que uma nova tomada de posição muda o cenário da simulação. A técnica pode ser entendida como um exercício para tomada de decisão com base em um modelo de simulação de negócios, em que os treinandos passam a atuar como gestores de uma empresa.

Procedimentos – jogo administrativo representando o mundo dos negócios em ambiente virtual, em substituição ao meio ambiente real, em que dois ou mais treinandos podem participar, seguindo regras previamente estabelecidas definindo início, meio e fim. Os treinandos, mediante resultados obtidos, avaliam as decisões tomadas em consequência das medidas que foram efetivadas. A intenção é a de que os treinandos, diante dos resultados obtidos, aprimorem sua capacidade de resolução de problemas para que, diante das variáveis quantitativas obtidas, possam, com mais treino e dedicação, se superar. É evidente que na simulação é preciso considerar que a empresa não está isolada no mercado. As relações de causa e efeito estão presentes e os treinandos têm necessidade de identificar, através do modelo, se os resultados são os mais promissores para as ações que estão desenvolvendo.

Objetivos – desenvolver as habilidades na tomada de decisões, transmitindo conhecimentos que enfatizem a vivência profissional, tanto pelo fato de adquirir novos conhecimentos provenientes dessas novas experiências e informações como pela junção e entrelaçamento dos conhecimentos anteriores, facilitando o tratamento simultâneo, como se estivesse em uma rede de comunicação. Identificar soluções adequadas para os problemas apresentados pelas empresas, envolvendo aspectos de ordem econômica, administrativa e de relacionamento individual e/ou em grupo nas mais variadas situações de ambiente profissional em que está sujeito a condições de incerteza e de pressão.

5.7.3 Método de treinamento individual

Também identificado como autoinstrução, o método de treinamento individual é um processo de ensino dirigido ao treinando que, sob determinadas condições, controla sua própria capacidade de produzir resultados em resposta a problemas de ordem profissional que lhe são encaminhados durante a aprendizagem.

Seguem algumas dessas técnicas mais empregadas no processo de formação profissional.

Treinamento no próprio serviço

Treinamento no local de trabalho – técnica utilizada pela maioria das empresas, principalmente aquelas que não contam com centros de formação.

Procedimentos – técnica de treinamento que se caracteriza pela utilização de máquinas, equipamentos, materiais e outros recursos empregados no próprio ambiente de serviço, em que o treinando irá, posteriormente, executar suas atividades.

Objetivo – preparar o treinando, através da aprendizagem, para obter o desenvolvimento de habilidades, conhecimentos e atitudes, no desempenho de atividades específicas da própria área de trabalho, em tarefas operacionais ou administrativas, em que nenhum equipamento especial seja exigido.

Rodízio de funções

Rodízio de funções – técnica de formação profissional que proporciona ao treinando passar por diversos cargos e órgãos, afins ou não ao ocupado por ele, possibilitando a oportunidade de conhecer e exercer atividades diversas das que executa normalmente na empresa.

Procedimentos – se caracteriza por fazer com que o treinando passe por diversos cargos e órgãos, vivenciando, em consequência, diferentes funções, ampliando, com isso, sua visão da empresa.

Objetivo – consiste decisivamente na formação do banco de talentos da empresa em que os treinandos desenvolvem habilidades, conhecimentos e atitudes, bem como na oportunidade que a empresa oferece a seus colaboradores de realizar carreira.[2]

Instrução programada

Instrução programada (IP) – técnica que visa, basicamente, possibilitar que se faça a racionalização de conteúdos didáticos.

Procedimento – consiste na aplicação de autoinstrução, em que o treinando experimenta, seleciona e aplica a si mesmo uma aprendizagem dosada e sistemática.

Objetivos – apresentar em uma sequência de unidades de ensino, que, de modo geral, partem do simples para o complexo à medida que o programa avança.

Ao abordar a técnica estabelecida pela IP, não podemos deixar de citar a existência do que se conhece como: *sistema linear* ou *extrínseco* e *sistema ramificado* ou *intrínseco*.

---

[2] Veja o Capítulo 6, Planejamento de carreira, p. 243.

Sistema linear ou extrínseco – parte da premissa de que os erros inibem o aprendizado do treinando; o sistema também é conhecido por "Programa de Skinner".[3]

Procedimento – o sistema é constituído de pequenas partes do conteúdo para dar ao treinando a oportunidade de aprender para evitar que cometa erros.

Objetivo – conduzir o aluno por meio do conteúdo programático apresentado em uma sequência de quadros simples e que vão se tornando complexos de acordo com o desenvolvimento do assunto.

A programação linear é constituída de um esquema de lições à base de uma série de pequenos elementos sucessivos:

$$1 \longrightarrow 2 \longrightarrow 3 \longrightarrow 4$$

A quantidade da matéria transmitida pelo programa extrínseco, como se pode ver, é pequena e repetida frequentemente, tendo em vista facilitar a aprendizagem, evitando que o aluno cometa falhas em suas respostas.

A sequência do programa linear de IP pode ser representada da seguinte maneira:

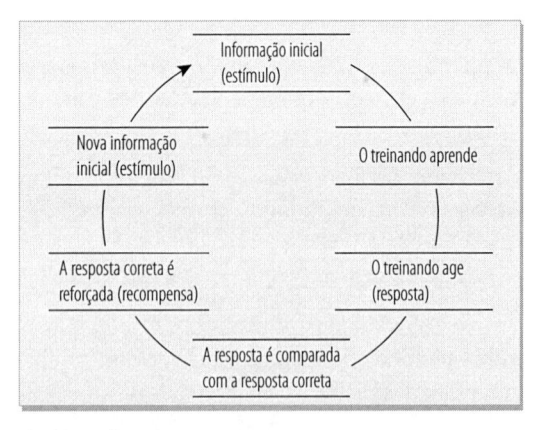

Figura 5.25 — Esquema do sistema linear.
Fonte: Almeida, 1970, p. 17.

Sistema ramificado ou intrínseco – é uma técnica em que os quadros são maiores e mais complexos que os apresentados nos programas lineares. Seu idealizador é o norte-americano Norman Crowder, que, por sua vez, se baseou no sistema de Pressey.

A seguir, um exemplo de programa ramificado de IP:

---

[3] Sistema desenvolvido pelo psicólogo norte-americano Skinner.

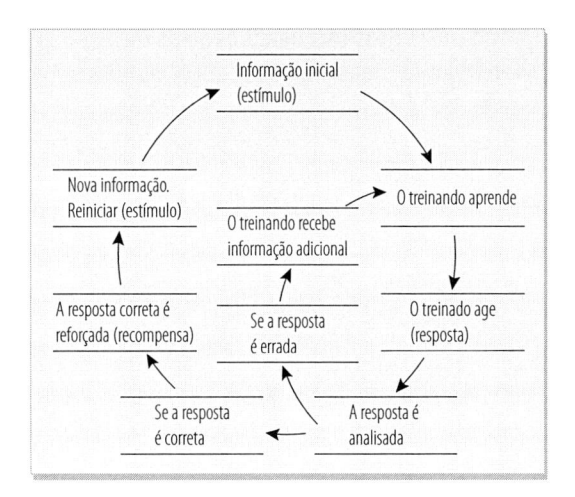

Figura 5.26 — Esquema do sistema ramificado.
Fonte: Almeida, 1970, p. 17.

Procedimento – os programas ramificados se caracterizam por apresentar sequências mais longas, exigindo maior esforço do treinando para assimilar as etapas da matéria. As respostas às questões deste programa são dadas sob a forma de múltipla escolha, na qual uma das respostas é correta, remetendo o aluno para a questão seguinte. No entanto, se o treinando optar por uma alternativa errada, será remetido a uma determinada página do livro-texto do programa onde vai encontrar uma justificativa de seu erro. Quando comparado ao sistema linear, apresenta uma quantidade maior de informações em cada um de seus quadros.

Objetivo – conduzir o aluno, através do conteúdo programático, a dar respostas às questões, fazendo com que ele aprenda tanto com as respostas corretas como com as incorretas. Para Crowder, o erro apresenta um aspecto positivo na aprendizagem.

Treinamento a distância

Treinamento a distância – é uma técnica baseada em programa que procura atender alunos interessados na prática de autodesenvolvimento, principalmente para aqueles que se encontram em pontos distantes da origem das informações e das orientações de conteúdo profissional.

Procedimento – para atender às necessidades de ensino em quaisquer partes em que o aluno se encontre, o conteúdo programático deve possuir as seguintes características:

- a apresentação funcional e facilmente manuseável quanto à localização dos assuntos;
- ser atualizado e suficientemente flexível, permitindo sua adaptação a cada situação levantada pelo treinando;

- a matéria de ensino deve estar disposta de modo lógico e inteligível;
- o texto não deve ser nem exageradamente longo nem excessivamente curto, mas apresentado na medida certa, sem adjetivações longas e desnecessárias;
- a linguagem utilizada deve ser coloquial na medida do possível, procurando prender a atenção do treinando-leitor;
- as ilustrações devem ser pertinentes e adequadamente distribuídas ao longo do texto;
- os testes, provas, casos etc. devem ser propostos de maneira clara, objetiva e relacionados com a matéria objeto de estudo.

Objetivos – atender às necessidades de formação profissional, em quaisquer pontos do país, para os que estiverem interessados em desenvolvimento do conhecimento e de habilidades, já que nem sempre é possível encontrar entidades de ensino responsáveis e adequadas.

5.7.4 Método expositivo

Uma exposição oral atrativa, dinâmica e objetiva constitui um excelente método de treinamento. Assim, tal método consiste na apresentação oral de determinado assunto, com base em uma exposição programada, destinando-se tanto ao treinamento individual como à formação em grupo.

Desse modo, é a forma mais comum empregada pelas empresas no preparo de seus empregados, subdividindo-se em dois tipos:

- exposição fechada: não há oportunidade de diálogo entre apresentador e ouvintes;
- exposição aberta: os ouvintes participam dos debates e conclusões sobre o tema apresentado.

Nesse caso, quando possível, a segunda alternativa é a mais indicada para se obter melhor assimilação dos treinandos submetidos ao método expositivo.

Objetivos

Entre as finalidades do método expositivo de treinamento, destacam-se:

- transmitir informações e conhecimentos profissionais ao treinando, bem como experiências e observações que não podem ser comunicadas por meio de outros métodos e técnicas de capacitação;
- orientar os treinandos na assimilação dos assuntos desenvolvidos na exposição;
- resumir matérias mais extensas e complexas.

Como tornar uma exposição atrativa

Para alcançar os objetivos anteriormente citados, o instrutor necessita:

- definir, inicialmente, de forma clara e direta, os propósitos de sua exposição;

- programar, com certa antecedência, o desenvolvimento dos tópicos de sua exposição;
- conhecer seus ouvintes, suas necessidades e diferenças, adaptando-se ao auditório;
- desenvolver a exposição de forma descontraída, mas ponderada;
- utilizar recursos didáticos complementares;
- fazer, ao final da exposição, uma revisão do assunto transmitido.

Figura 5.27 — Método expositivo.

Cuidados com a exposição

Como principal veículo do método expositivo, a linguagem deve merecer, pelo apresentador, todo o cuidado possível.

O primeiro é, sem dúvida, quanto ao discurso do instrutor, que em princípio deve ser coloquial, tornando a apresentação mais atraente e leve, proporcionando melhor identificação entre instrutor e treinando.

Quanto à intensidade da voz, é necessário que ocorra adaptação à acústica e ao local da exposição, evitando-se o som muito baixo (a não ser que tenha microfone) ou o som alto demais.

O segundo é a pronúncia do apresentador, que é imprescindível para o êxito do método expositivo. Quando expressões técnicas são mal interpretadas e veiculadas, o treinando pode ter dificuldades em assimilar a matéria.

O ritmo da exposição também apresenta parcela acentuada no sucesso da mensagem transmitida pelo instrutor. Uma velocidade maior nas palavras em virtude do que o treinando possa compreender é prejudicial à assimilação do assunto. Da mesma forma, inversamente, um ritmo muito lento às expressões, em relação à capacidade de entendimento do treinando, fará com que este se desinteresse a respeito do tema exposto.

Finalmente, deve-se acentuar que a linguagem que o instrutor deve utilizar precisa ser simples e direta, tornando-se bem assimilada pelos treinandos.

Utilização de recursos audiovisuais
Os RAVs são excelentes auxiliares para que a exposição seja dinâmica e eficiente. Para isso, veja, igualmente, o tópico 5.6.3 Qualificação do instrutor de treinamento.[4]
É da responsabilidade do instrutor escolher quais desses recursos serão utilizados durante a exposição. Deve-se evitar, por outro lado, o emprego de vários RAVs ao mesmo tempo, pois essa prática deve desviar a atenção do treinando para o que se lhe deseja apresentar.

Atenção do auditório
Mesmo em uma exposição com razoável apresentação, ocorrem situações nas quais os ouvintes demonstram algum tipo de alheamento ao assunto exposto. Nesses casos, o instrutor deve procurar conhecer as reações dos treinandos, adaptando-se a elas.

Tempo de exposição
A questão da duração de uma exposição deve ser analisada sob dois enfoques, ou seja: • o tempo de exposição não deve ser muito longo; • o instrutor deve utilizar alguns recursos citados previamente, antes de continuar sua exposição, tais como: uso adequado da voz, linguagem correta etc. Geralmente, o tempo de uma exposição, incluindo-se os debates, não deve ultrapassar de duas horas e meia a três horas.

5.7.5 Técnicas expositivas

Palestra

Palestra – é uma técnica que tem por finalidade expor questões adicionais e complementares ao conteúdo programático relacionadas ao ambiente de trabalho.

Procedimento – consiste em lidar com as contingências, considerando a integração ensino-aprendizagem, além de servir de divulgação para a apresentação de novos métodos e/ou técnicas de trabalho. A exposição do tema exige uma adaptação às necessidades dos treinandos, os quais deverão ser estimulados à participação em debate, tendo como apoio a palestra e um roteiro sobre o assunto a ser transmitido.

Objetivo – visa complementar a formação profissional, uma vez que seu conteúdo enriquece o programa básico a fim de ampliar as habilidades e conhecimentos dos treinandos.

---

[4] Tópico Qualificação didática, quando aborda os aspectos de Recursos audiovisuais, p. 208.

Conferência

A conferência é uma técnica expositiva bem mais formal do que a palestra. Utilizada no treinamento em várias situações, esta tem suas aplicações idênticas à palestra.

5.8 Avaliação do treinamento

5.8.1 Conceituação

A avaliação do treinamento, segundo Hamblin (1978, p. 21), pode ser caracterizada como "[...] qualquer tentativa no sentido de obter informações (realimentação) sobre os efeitos de um programa de treinamento, determinando seu valor à luz dessas informações".

O conceito de Hamblin envolve a realização de uma pesquisa cuidadosa antes, durante e após o treinamento. Isso porque, para se determinar a influência do processo de formação sobre o treinando, é preciso conhecer sua situação antes de ser submetido ao treinamento (veja tópico 5.2, Pesquisa de necessidades de treinamento).

5.8.2 Níveis de avaliação

Avaliação do nível de reações

Este tipo de avaliação procura aferir, principalmente, impressões, opiniões e atitudes do treinando perante o treinamento que recebe. As reações constituem o produto da experiência pessoal do aluno. Por esse motivo, sua avaliação acontece ao longo de todo o processo de formação.

Quadro 5.10 — Exemplo de formulário para avaliar reações do treinando

Nome do treinando (facultativo):							
Data da avaliação:							
Assunto objetivo da avaliação:							
Escala de avaliação — o assunto transmitido foi:							
Confuso	1	2	3	4	5	6	7	Organizado
Sem estímulo	1	2	3	4	5	6	7	Estimulante
Desnecessário	1	2	3	4	5	6	7	Importante
Lento	1	2	3	4	5	6	7	Assimilei muito
Comentários adicionais:							

É sabido que, de modo geral, a avaliação das reações do treinando é feita informalmente, uma vez que grande parte dos programas de treinamento desconhece tal sistema de análise.

Desse modo, o instrutor experiente observa as atitudes de cada treinando, procurando registrar tais experiências em alguns instrumentos de escalas de reações. Nesse tipo de avaliação, é solicitado ao aluno que preencha, em intervalos regulares, determinados questionários.

Com base no formulário criado por Hamblin (1978, p. 107), elaboramos a seguir um modelo de instrumento de avaliação do nível de reações do treinando.

Avaliação do nível de aprendizagem

Veja o tópico 5.5, Pedagogia do treinamento. A avaliação do nível da aprendizagem visa obter respostas objetivas e atualizadas que informem:

- em que medida os treinandos aprenderam realmente fatos, princípios e métodos que estavam incluídos no treinamento.

É no campo da avaliação da aprendizagem que se fundamenta todo o universo de aferição educacional com aplicação ao treinamento.

Basicamente, a avaliação da aprendizagem abrange três áreas ou campos:

- conhecimentos;
- habilidades;
- atitudes.

Portanto, os objetivos da aprendizagem constituem uma combinação desses três níveis. Para obter o máximo de informações sobre a aprendizagem que acontece durante o programa de treinamento, deve-se combinar a aplicação de técnicas para avaliar os três campos citados anteriormente.

É preciso fazer uma distinção preliminar entre medir e avaliar conhecimentos, habilidades e atitudes. Essas expressões são, quase sempre, empregadas com significados iguais.

Medir – é atribuir números na descrição de pessoas, coisas e fatos. Dessa maneira, seus resultados são traduzidos em números impessoais, frios, sem envolvimento ético.

Avaliar – seu significado está relacionado à atribuição de determinados valores, incluindo aspectos pessoais, os quais dependem da escala de valores de cada indivíduo.

A avaliação baseia-se em dados objetivos fornecidos pela medição, e ambas estão presentes em cada ciclo do treinamento, seja ele visto em sala de aula ou no exercício de determinadas tarefas (= avaliação de desempenho).

Resumindo, a medição fornece informações objetivas, finais e acuradas (por ex.: número de questões acertadas num determinado teste; número de treinandos por grupos de trabalho etc.). A avaliação mostra o *significado* da quantidade revelada pela medida.

É importante que o instrutor possa contar com eficientes instrumentos de medição, escolhendo técnicas adequadas de mensurar, aplicando-as e interpretando-as corretamente.

Os instrumentos de medição e avaliação do nível de conhecimentos são:

- testes objetivos: múltipla escolha; questões de certo-errado e questões de preenchimento de lacunas;
- testes de respostas abertas ou questões de dissertação.

Avaliação de habilidades – acontece simultaneamente com a análise dos conhecimentos dos treinandos, uma vez que os conhecimentos só se justificam na medida em que conduzem o aluno para a aquisição de habilidades.

Estas apresentam uma importância específica para tarefas bem definidas, sendo avaliadas principalmente nos processos de seleção e treinamento de RH.

Ela, a avaliação da habilidades, pode ocorrer sob duas condições:

- durante o treinamento: transmissão, ao aluno, de novos métodos e técnicas de trabalho;
- na experiência do dia a dia: o treinando procura aplicar o que aprendeu no treinamento.

Na primeira situação, os exercícios práticos são os instrumentos essenciais para avaliar as habilidades assimiladas e desenvolvidas pelo treinando, que devem ser concebidos e aplicados de uma forma aproximada possível do ambiente de trabalho do aluno.

Quanto à experiência do dia a dia do treinando, podemos pensar que um dos modos mais adequados dessa avaliação é observar e analisar o seu desempenho no cargo.

Avaliação de atitudes – constitui uma área em que o componente psicológico é predominante, uma vez que elas, as atitudes, são consideradas atributos subjetivos do indivíduo. A propósito, Hamblin (1978, p. 141) acentua que "[...] as atitudes só existem na mente; não podem ser diretamente deduzidas do comportamento das pessoas".

Assim, de acordo com o pensamento do autor, os treinandos poderão revelar suas atitudes traduzidas em valores, crenças e opiniões, se identificarem suas próprias atitudes e estiverem dispostos a revelá-las.

Entre as técnicas de avaliar atitudes dos treinandos, merecem citação:

- autorrelatório respondido pelo treinando;
- observação direta em sala de aula e no trabalho.

5.8.3 Avaliação dos resultados do treinamento

Esse tipo de avaliação deve ser feito pelo próprio treinando, ao término do programa de formação a que foi submetido.

O quadro a seguir apresenta um exemplo de formulário de avaliação dos resultados do treinamento:

Quadro 5.12 — Modelo de formulário de avaliação de resultados do treinamento

Tipo de programa (assinale com um x):
curso ( );   seminário ( );   mesa-redonda ( );   painel ( )   outros tipos: ....
Data de elaboração desta avaliação:
1. Qual foi, em geral, o grau de interesse deste programa para você?   muito grande ( );   grande ( );   médio ( );   pequeno ( );   sem nenhum interesse ( ).   2. Durante a realização do programa, seu interesse: aumentou ( );   permaneceu o mesmo ( );   diminuiu ( ).   3. As condições ambientais (sala de aula, salas para trabalhos em grupos, áreas de lazer, etc.) foram: a. adequadas ( );   b) inadequadas ( ).   3.1 Caso tenha respondido b, indique as razões: ....   4. A organização do programa foi: a. boa ( );   b. regular ( );   c. deficiente ( ).   3.1 Caso tenha respondido b ou c, o que sugere para melhorar a organização do programa?: ....   5. Você considera este programa bem equilibrado entre palestras e métodos de participação ativa (exercícios, trabalhos em grupos, contribuição pessoal, discussões etc.)?   sim ( )   não ( ).   6. O programa foi: bastante intensivo ( );   regularmente intensivo ( );   pouco intensivo ( ).   7. A composição do programa foi: a. bem distribuída ( );   b. regularmente distribuída ( );   c. mal distribuída ( ).   7.1 Se você respondeu b ou c, o que sugere para melhorar a composição do programa? ....   8. Tendo em vista os objetivos propostos pelo programa, dando uma escala de 0 a 100, em que porcentagem tais metas foram atingidas? ....   9. Você considera que alguns assuntos foram tratados de forma superficial?   não ( );   sim ( );   quais?..   10. Você gostaria que fossem abordados outros temas?   não ( );   sim ( );   quais?..   11. Este programa proporcionou-lhe novas ideias e instrumentos úteis para suas atividades profissionais?   não ( );   sim ( ).

Quadro 5.12 – Modelo de formulário de avaliação de resultados do treinamento (continuação)

12. Qual é sua opinião sobre a duração do programa?   duração normal ( ); .... poderia ser dado mais tempo ( ); ....   neste último caso, quanto tempo?: ....   13. De quais partes do programa gostou menos? ....   14. Quais as partes que aproveitou mais? ....   15. Que outras sugestões você daria para melhorar a apresentação e desenvolvimento deste programa? ....   Assinatura opcional

Fonte: Carvalho, 1988, p. 165-166.

5.8.4 Avaliação dos custos do treinamento

A avaliação dos custos de treinamento nem sempre é considerada pelas empresas. Muitas vezes, a gerência está mais voltada para a obtenção de resultados do sistema, deixando de lado uma análise mais cuidadosa da relação custo/benefício da atividade de capacitação profissional.

Cálculo do custo "hora-homem" treinado

Lauro Barreto Pontes (1971, p. 137) propõe uma sistemática simples e funcional para se calcular corretamente o custo hora-homem treinado, consistindo em três alternativas denominadas de Tipo A, Tipo B e Total.

Hora-homem Tipo A Nesse cálculo consideram-se, geralmente, as despesas assim discriminadas:

- serviços profissionais;
- gratificações;
- ajuda de custo, bolsa e diárias;
- serviços e taxas diversas;
- material didático;
- encargos diversos.

Assim, temos a fórmula:

$$\text{Hora-homem Tipo A} = \frac{\text{soma das despesas respectivas}}{\text{total de horas do plano} \times \text{total de treinados}}$$

Hora-homem Tipo B No cálculo consideram-se, em geral, as seguintes despesas:

- salário de treinandos;
- salário de pessoal docente e administrativo, de tempo integral, sem outra função na empresa, posto à disposição do programa;

- material de consumo;
- equipamento e material permanente;
- serviços postais e telegráficos;
- contribuição à Previdência;
- encargos diversos.

Assim, a fórmula:

$$\text{Hora-homem Tipo B} = \frac{\text{soma das despesas respectivas}}{\text{total de horas do plano} \times \text{total de treinados}}$$

Hora-homem Total No cálculo da hora-homem Total, devem ser consideradas todas as despesas efetuadas com o treinamento, seja do tipo A ou B. A fórmula é a seguinte:

$$\text{Hora-homem Total} = \frac{\text{despesas totais}}{\text{total de horas} \times \text{total de treinados}}$$

Custo homem-treinado:

Em alguns casos, dá-se preferência ao custo homem-treinado que, de certo modo, para uma análise geral, parece mais prático.

Esse quadro pode ser também encarado sob os três aspectos anteriores, sendo que o cálculo é feito pela seguinte fórmula:

$$\text{Homem treinado} = \frac{\text{despesas respectivas e/ou totais}}{\text{total de treinados}}$$

Relação "custo-benefício" do treinamento

George Odiorne, citado por Gustavo Gruneberg Boog (1980, p. 41), descreve a relação de custos e benefícios do treinamento, a saber:

Quadro 5.13 — Análise conjunta de custos e benefícios do treinamento

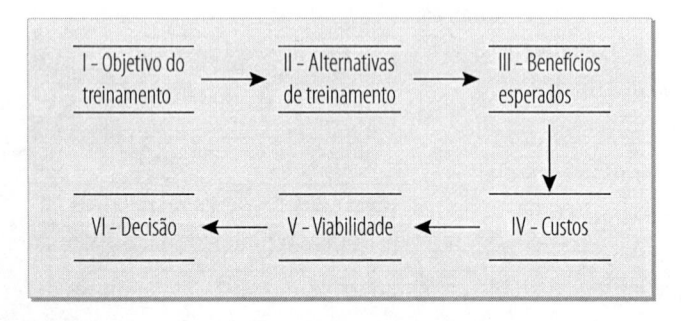

```
I - Objetivo do  →  II - Alternativas  →  III - Benefícios
  treinamento         de treinamento         esperados
                                                ↓
VI - Decisão     ←  V - Viabilidade    ←  IV - Custos
```

Fonte: Boog, 1980, p. 41.

Analisando o Quadro 5.13, diz Odiorne in Boog (1980, p. 41-42):

I. Fixação de objetivos do treinamento em termos quantitativos.

II. Formas alternativas de treinamento, em que são considerados os diversos métodos de treinamento e características tais como: número de treinandos, tamanho dos grupos, local, horário etc.
III. Benefícios esperados: contribuição de cada alternativa.
IV. Custos – para a quantificação dos custos pode ser usada a planilha auxiliar apresentada a seguir (Quadro 5.14).
V. Viabilidade – consideração global dos aspectos técnicos, econômicos e financeiros.
VI. Decisão – escolha da alternativa mais vantajosa.

Quadro 5.14 – Modelo de ficha de análise de custos de treinamento

1. Objetivo do treinamento em termos quantitativos da mudança desejada							
2. Custos				Alternativas			
				A	B	C	D
a. Salário de treinandos							
Número	Horas	Sal. hora	Total				
b. Salário de instrutores							
Número	Horas	Sal. hora	Total				
c. Supervisão geral							
Número	Horas	Sal. hora	Total				
d. Material direto							
Livros impressos							
Auxílios visuais							
Propaganda							
Viagens							
Comunicações							
Instrutores contratados							
e. Outros							
Consultores							
Total							

Fonte: Miller e Burak, 1977, v. 25, n. 4.

Descrevendo a importância da análise de custos do treinamento, Miller e Burak (1977) afirmam:

> O maior desafio aos chefes e especialistas de pessoal é aprender a linguagem e as ferramentas da administração geral e promover uma demonstração convincente em termos concretos dos programas propostos. "Produtividade", "custo-benefício" devem tornar-se parte da retórica do profissional de pessoal. Uma nova era se inicia na qual "pessoal" será desafiado a assumir responsabilidades organizacionais importantes, mas serão o sinal do fim de uma era na qual as principais qualificações para "pessoal" eram baseadas em tradição, ou possuir senso de consumidor ou simplesmente ser "humano".

5.9 Considerações finais

No decorrer da consulta ao Capítulo 5, Treinamento de Recursos Humanos, teve-se a oportunidade de visualizar o quanto é importante essa função. Através dele o colaborador, na vida profissional, avança e progride, ampliando conhecimentos, habilidades e experiências, vislumbrando novos cenários e ambientes.

É o treinamento que facilita e proporciona a aprendizagem e o crescimento intelectual e profissional. Com ele podemos aumentar as condições e possibilidades de autoconfiança e segurança no desempenho de ações e atividades inerentes ao cargo que ocupamos, assegurando empregabilidade para nossas atuações presentes e futuras.

O treinamento é, na realidade, o grande companheiro que nos proporciona traduzir nas atividades profissionais tudo aquilo de que somos capazes, abrindo nossa mente e nossa vivência para novos horizontes. O treinamento, quando bem realizado, abre um leque de oportunidades, nos conduzindo aos mais desejados cargos, nas mais diferentes empresas do mercado.

Percebemos que há diversos tipos de treinamento para diferentes finalidades, ou seja, não se aplica sempre o mesmo método, técnica, local, instrutor ou conteúdo. Cada treinamento é uma experiência inovadora, exigindo determinada forma de ação e conteúdo próprio para atender às necessidades da empresa, ou do trabalho ou do colaborador.

5.10 Exercícios, perguntas, questionário e gabarito

Exercício – 5.2

Assunto: Levantamento de necessidades de treinamento
Com base no que foi analisado até aqui, no presente capítulo, você deve criar um modelo de instrumento visando proceder à pesquisa de necessidades de formação de sua empresa.

Nesse projeto, procure desenvolver um dos dois níveis analisados, a saber:
- diagnóstico da empresa, conforme mostra o exemplo apresentado no Quadro 5.1;
- diagnóstico do trabalho, com base no exemplo descrito no Quadro 5.3.

Perguntas para reflexão – 5.2

1. Em sua opinião, quando se trata de proceder ao levantamento de necessidades do treinamento para vendedores, qual seria o melhor método a empregar? .... Por quê? ....
2. Muitos executivos resistem à elaboração de um diagnóstico completo da estrutura organizacional para fins de treinamento. Por que, em sua opinião, isso acontece? ....
3. O que deve ser feito para romper essa resistência? ....

Perguntas para reflexão

1. Por que muitas empresas que mantêm estruturas adequadas de formação profissional não levam em conta a pesquisa de necessidades de treinamento? ....
2. O que poderia ser feito para reverter esse quadro? ....
3. Até que ponto o Perfil de diagnóstico organizacional – Quadro 5.1 – pode ser aplicado nas empresas onde seus sistemas de comunicações não funcionam a contento? ....
4. É possível obter um adequado levantamento de necessidades de treinamento apenas com base nas análises da empresa e do trabalho, sem considerar o comportamento individual do treinando? .... Por quê? ....

Exercício nº 2

Assunto: Planejamento da atividade de treinamento
Com base nas cinco características do planejamento de formação: fixação de objetivos, determinação de sistema de controles, correta alocação orçamentária, escolha adequada de procedimentos e estabelecimento de cronograma dos eventos de capacitação, procure elaborar um plano de treinamento para sua empresa, levando em conta os seguintes aspectos:
- política de RH adotada pela organização;
- informações oriundas do exercício de treinamento, tópico Levantamento de necessidades de treinamento;
- situação econômica e estratégica da empresa no mercado; e
- experiência anterior da companhia com treinamento.

Exercício nº 3

Assunto: Localização estrutural do órgão de treinamento
Uma grande empresa produtora de bens de consumo acaba de decidir sobre a criação de um setor de formação na área de produção. Para tanto, a presidência contratou os serviços de uma conceituada consultoria de RH, encarregada de propor à divisão de produção a estruturação do referido setor.

Acontece que a firma dispõe de um centro de treinamento para a divisão de marketing e este está localizado no departamento de vendas. O setor é responsável pela formação da força de vendas da empresa.

Por sua vez, a diretoria industrial entende que a nova unidade de formação deve estar vinculada à gerência de relações industriais.

Nessa linha de raciocínio, a presidência da companhia considera oportuno unificar as atividades de treinamento da companhia, criando um órgão coordenador responsável pela formação de RH não somente de vendas e de produção, como das demais áreas da organização.

Colocando-se como integrante da consultoria contratada para encaminhar solução definitiva para o problema, que alternativa você proporia para resolver a questão? Justifique sua proposta:

....
....
....
....
....
....
....
....

Exercício nº 4

Assunto: A aprendizagem no treinamento

Conhecido laboratório farmacêutico, com o propósito de renovar seu quadro de propagandistas-vendedores, acaba de contratar uma equipe de nove profissionais para trabalhar nas cidades de São Paulo e Rio de Janeiro.

A média de idade desses novos funcionários é de 22 anos, a maioria deles estudantes de Química e Biologia. Seis são oriundos de empresas que nada tinham a ver com produtos farmacêuticos e três nunca trabalharam.

Com base nesse tópico, procure elaborar um programa de treinamento inicial intensivo para os citados elementos, sem levar em conta os aspectos técnicos e científicos dos produtos, no sentido de:

- modificar hábitos oriundos de outros tipos de trabalhos;
- introduzir novos hábitos profissionais aos indivíduos que não trabalhavam anteriormente;
- pôr em prática os princípios de psicologia aplicados ao treinamento.

Exercício nº 5

Assunto: Emprego de RAVs no treinamento

Uma importante empresa produtora de bens industriais (transformadores para casas de força e sistemas de transmissão) está lançando nova linha de produtos altamente sofisticados.

A equipe de vendas — engenheiros-eletricistas — é bem qualificada e deverá passar por um programa de treinamento por uma semana.

O conteúdo do programa consiste na apresentação didática dos novos produtos, acrescida de uma visita do grupo à fábrica, após o treinamento.

A empresa dispõe de infraestrutura de formação profissional em seus níveis técnicos superiores e intermediários.

Com base na unidade de estudos D, procure relacionar quais seriam os RAVs indicados na dinamização do citado programa de formação. Justifique cada recurso instrucional sugerido.

Exercício nº 6

Assunto: O instrutor de treinamento

Com base no tópico 5.6, descreva o perfil do instrutor de treinamento que mais se adapte ao tipo de sua empresa, seus produtos ou serviços. Tal perfil deve envolver os seguintes pontos:
- características da personalidade;
- características didáticas;
- características profissionais.

Exercício nº 7

Assunto: Método de treinamento em grupo

Importante empresa de bens de consumo está relançando um produto que era o carro-chefe de suas vendas, mas que foi superado pela concorrência. Após um ano de ausência, volta ao mercado com nova embalagem, conteúdo modificado e divulgação atualizada.

A força de vendas da organização necessita ser treinada em um prazo relativamente curto, tendo em vista a oportunidade do mercado.

Em sua opinião, quais as técnicas de treinamento grupal que devem ser acionadas para cobrir, rapidamente, os vendedores (cerca de 140 em todo o Brasil)?

Procure justificar cada técnica sugerida, levando em conta, principalmente:
- características profissionais dos treinandos;
- rapidez e eficiência das técnicas sugeridas;
- dinamismo dos temas – técnicas de vendas, conhecimento do produto etc. – a ser considerado nesse tipo de formação.

Exercício nº 8

Assunto: Método de treinamento individual

Fundamentado no tópico 5.7.3, procure analisar quais são as necessidades essenciais de treinamento que poderiam ser atendidas, em sua organização, pelas técnicas de formação individual.

Após feito o levantamento, proceda a uma programação preliminar, descrevendo os aspectos relacionados com as técnicas sugeridas, custos aproximados, níveis de eficiência e praticabilidade na organização.

Exercício nº 9

Assunto: Técnica Expositiva

Como gerente de processamento de dados, você foi indicado pelo diretor administrativo de sua empresa para dar uma palestra sobre sua linha de serviços em um curso de treinamento inicial para digitadores.

Essa é a terceira vez que você é convidado. Contudo, nas vezes anteriores, dispunha de oito horas para desenvolver o tema. No momento, terá duas horas para sua apresentação.

Com base no tópico 5.7.4, programe sua preleção, levando em conta:

- seus conhecimentos sobre o assunto (você é gerente de processamento há três anos);
- nível de conhecimentos dos treinandos (são digitadores em início de carreira);
- tempo disponível para a apresentação;
- feedback esperado dos treinandos;
- utilização de RAVs complementares.

Perguntas para reflexão

1. Muitos empresários têm, por norma, cortar investimentos em formação profissional ao primeiro sinal de recessão econômica. Em sua opinião, qual deveria ser a estratégia desenvolvida pela gerência de treinamento para reverter tal tendência? ....
2. Por que muitas organizações ainda resistem em praticar o rodízio de funções como técnica de treinamento individual? ....
   O que poderia ser feito para alterar essa prática? ....
3. Em sua opinião, quais são os principais fatores de motivação que devem ser utilizados no processo de treinamento? Justifique cada fator apresentado. ....

Exercício nº 10

Assunto: Avaliação do treinamento

Com base no tópico 5.8, procure elaborar um ou mais instrumentos de avaliação de treinamento. Caso seja possível, procure observar experiências desse tipo em sua própria organização.

Essa elaboração deve basear-se em instrumentos objetivos e subjetivos aplicáveis à sua atividade como profissional de formação. Levante informações em sua empresa e verifique quais são os níveis de avaliação mais carente de instrumentos de aferição de treinamento.

Questionário de autoavaliação do Capítulo 5

Veja: Explicação preliminar no Capítulo 1, p. 14

1. O aproveitamento das aptidões dos empregados constitui um dos benefícios do treinamento quanto:
   a. ao pessoal em serviço ( );
   b. à empresa como um todo ( );
   c. ao mercado de trabalho ( );
   d. à estrutura do treinamento ( ).

2. O levantamento de necessidades de formação profissional é um diagnóstico de três áreas decisivas. Quais são esses segmentos?

Resposta: ....

3. O planejamento da capacitação deve vir antes do levantamento de necessidades de formação.

   Sim ( )   Não ( )

4. As características de um sistema de controles de treinamento eficiente são: ...., ..., ..., ... e ....

5. A estruturação da unidade de treinamento depende do tamanho da empresa, suas características, seus produtos e serviços vendidos, sua filosofia operacional, bem como:

   a. dos métodos de treinamento utilizados ( );

   b. dos recursos financeiros disponíveis ( );

   c. dos controles de formação ( );

   d. da política de RH adotada pela empresa ( ).

6. Qual foi o primeiro princípio de aprendizagem aplicado ao treinamento estudado no tópico 5.5.2?

Resposta: ....

7. A experiência no cargo constitui um dos pontos decisivos da qualificação didática do instrutor de treinamento.

   Sim ( )   Não ( )

8. A demonstração é uma técnica que se aplica com maior frequência na aprendizagem de habilidades, em que o movimento .... e o .... de objetos devem ser assimilados.

9. A técnica de treinamento reunindo vários especialistas e analisando determinado assunto, diante de um grupo de assistentes, é chamada:

   a. estudo do caso ( );

   b. dramatização ( );

   c. painel ( );

   d. brainstorming ( ).

10. Qual é o primeiro nível de avaliação do treinamento abordado no Capítulo 5?

Resposta: ....

Gabarito

1. Alternativa a.
2. Análise da empresa, análise das tarefas e análise psicológica do colaborador.
3. Não.
4. Rapidez na ação, flexibilidade, economia, compreensão e ação corretiva.
5. Alternativa d.

6. Frequência do treinamento.
7. Não.
8. Manuais.... físico.... manuseio.
9. Alternativa c.
10. Nível de reações.

Referências bibliográficas

AGUAYO, A. M. *Pedagogia científica:* psicologia e direção da aprendizagem. 8. ed. São Paulo: Nacional, 1958. p. 18.
ALMEIDA, M. Â. V. de. *Instrução programada:* teoria e prática. Rio de Janeiro: Fundação Getulio Vargas, 1970.
BLEIKEN, B. Von. *Manual para el adiestramiento de personal.* México: Herrero Hermanos Sues, 1974.
BOOG, G. G. *Desenvolvimento de recursos humanos:* investimento com retorno? São Paulo: McGraw-Hill, 1980. p. 41.
BORDENAVE, J. D.; PEREIRA, A. M. *Estratégia de ensino-aprendizagem.* 5. ed. Rio de Janeiro: Vozes, 1983.
CARAVANTES, G. R.; PEREIRA, M. J. L. B. Aprendizagem organizacional *versus* estratégia de mudança organizacional planejada: um confronto crítico. *Revista de Administração Pública.* Rio de Janeiro: Fundação Getulio Vargas, abr./jun. 1981.
CARVALHO, A. V. de. *Manual de gerência de treinamento.* v. 1. São Paulo: Management Center do Brasil (MCB), 1985.
_____. *Treinamento de recursos humanos.* mód. 1. São Paulo: Editora IOB – Treinamento a Distância, 1991.
_____. *Treinamento de recursos humanos.* São Paulo: Pioneira, 1988.
CHIAVENATO, I. *Administração de recursos humanos.* São Paulo: Atlas, 1979.
ETTINGER, K. *Glosarío administrativo.* México: Herrero Hermanos Sues., 1961.
FAYOL, H. *General and industrial management.* Nova York: Pitman Publishing, 1949. p. 107.
FERREIRA, A. B. H. *Mini Aurélio:* o dicionário da língua portuguesa. Curitiba: Positivo, 2004.
FERREIRA, O. M. de C.; SILVA JARDIM, P. D. da. *Recursos audiovisuais no processo ensino-aprendizagem.* São Paulo: Pedagógica e Universitária – EPU, 1986.
FONTES, L. B. *Manual de treinamento na empresa moderna.* São Paulo: Atlas, 1971.
GIRALDES, A. Levantamento de necessidades de treinamento. *Manual de Treinamento e Desenvolvimento.* São Paulo: McGraw-Hill/ABTD, 1980.
GISCARD, P.-H. *Formación y perfeccionamiento de los mandos intermédios.* Madri: Sagitário, s.d.
GOETZ, B. E. *Management planning and control.* Nova York: McGraw-Hill, 1988.
HALL, M. *Employee training in the public service.* Chicago: Civil Service Assembly of United States and Canada, 1941.
HAMBLIN, A. C. *Avaliação e controle de treinamento.* Tradução de Gert Meyer. São Paulo: McGraw-Hill do Brasil, 1978.

HESKETH, J. L. *Diagnóstico organizacional*. Petrópolis: Vozes, 1979.
HINRICHS, J. R. *Personnel training*. In: Marvin D. Dunnette (Org.). *Handbook of industrial and organization psychology*. Chicago: Rand McNally College Publishing, 1976.
KOONTZ, H.; O'DONNELL, C. *Administração*. Tradução de António Zoratto San Vicent. 14. ed. São Paulo: Pioneira, 1987. v. 2.
McGEHEE, W.; TAHYER P. W. *Training: adiestramiento y formación profesional*. 2. ed. Madri: River, 1976.
MILLER, E. L.; E. BURAK. The personnel function. *MSU Business Topics*, v. 25, n. 4, out. 1977.
MOTOMURA, O. Jogos de empresas. In: *Manual de Treinamento e Desenvolvimento*. São Paulo: McGraw-Hill e ABTD, 1980.
MUCCHIELLI, R. A. *Condução de reuniões*. Tradução de Jeanne Marie Claire. São Paulo: Martins Fontes, 1981.
NÉRICI, I. G. *Educação e metodologia*. São Paulo: Pioneira, 1970. p. 136-137.
PROCTOR, J.; THORNTON, V. J. *Training: handbook for the line managers*. Nova York: American Management Association, 1961.
RIEDEL, J. *La formación para el trabajo en la empresa*. Madri: Rialp, 1965.
SOCKLER-HUDSON, C. *Principais processos de organização e direção*. Rio de Janeiro: Fundação Getulio Vargas, 1990.
VIEIRA, J. C. P. *Levantamento de necessidades de pessoal executivo. O Executivo – Jornal do Administrador*, n. 2, 1976.

Planejamento de carreira

Objetivos do capítulo

1. Estudar o planejamento de carreira como um dos fatores motivacionais decisivos para a integração do funcionário à organização.
2. Se você assimilar o conteúdo deste capítulo, estará em melhores condições de poder desenvolver um programa de planejamento de carreira tendo em vista a formação de quadros aptos e prontos a assumir maiores responsabilidades na empresa.

> Poucas organizações até hoje conhecem quantos recursos
> educacionais têm em si mesmas,
> nos seus gerentes e no seu próprio trabalho.
> *João Bosco Lodi*

Introdução

Planejamento de carreira é o instrumento que organiza e constrói as trajetórias das funções existentes na empresa, em termos de evolução profissional, as quais os colaboradores deverão trilhar para atingir as posições de maior responsabilidade e prestígio na estrutura empresarial. As diferenças existentes nos planos de carreira se encontram em sua origem, ou seja, se por iniciativa da organização ou se desenvolvida diretamente pelo funcionário.

A intenção é a de proporcionar ao leitor a possibilidade de identificar quais os principais aspectos necessários na elaboração e desenvolvimento do planejamento de carreira, de modo a obter os resultados que possam satisfazer às partes envolvidas, isto é, funcionário e empresa.

De modo geral, os planos de carreira, para atender de forma abrangente às necessidades, tanto da empresa como do colaborador, precisam apresentar flexibilidade que permita fluir por diferentes alternativas de evolução profissional.

As empresas costumam solicitar de seus colaboradores, no decorrer de sua escalada profissional, a participação em projetos diferenciados, que exigem conhecimentos diversos dos atuais e necessários ao desenvolvimento de novas atividades.

O propósito é o de ampliar o campo de atuação mostrando que o leitor pode adquirir novas oportunidades de realização profissional, tornando-se útil às empresas para as quais esteja ofertando suas contribuições.

Os diferentes caminhos do percurso profissional representam simplesmente as variações de atribuições possíveis de serem desempenhadas, sejam elas de caráter administrativo, operacional, técnico, de assessoria ou gerencial.

O *objeto de estudo* é uma pesquisa sobre os processos, métodos e técnicas, de conteúdo teórico, em apoio ao cumprimento das etapas de execução do planejamento de carreira.

Como *objetivo* o capítulo propõe uma série de procedimentos provenientes de determinada pesquisa teórica, visando dar sustentação à execução prática, sem, entretanto, isolar eventuais fatores de criatividade e inovação. O objetivo, portanto, é mostrar que o planejamento de carreira pode assumir alternativas que atendam a diferentes circunstâncias, buscando o benefício mútuo para alcançar o sucesso.

O *problema* a ser resolvido, neste capítulo, fica evidenciado na seguinte questão: há a possibilidade de se elaborar, desenvolver e aplicar um conjunto de processos, de conteúdo teórico, de modo a dar sustentação à realização prática de um planejamento de carreira que seja capaz de contemplar a pessoa, o trabalho e a empresa?

Como *justificativa*, podemos entender que o leitor, de posse de conhecimentos apropriados e mais novos, estará em melhores condições de efetuar suas atividades com reais possibilidades de alcançar uma condição antes não conquistada, satisfazendo, dessa maneira, seus desejos de crescimento e evolução, enquanto para a empresa cabe o atendimento de suas necessidades, na efetivação de atividades de maior responsabilidade e complexidade, pelo colaborador cujo histórico funcional é conhecido.

O conhecimento e domínio de novos assuntos, aliados às pretensões da empresa, oferecem, por *hipótese*, maior confiança e segurança no desenvolvimento de novos projetos ou na assunção de novas atribuições, sendo, portanto, útil a ambas as partes.

Podemos antecipar que os procedimentos recomendados – *variáveis* – de conteúdo teórico representam fator determinante para mudanças que poderão ser verificadas, em seus efeitos, por ocasião do desenvolvimento de novos projetos.

Para atingir o objetivo delineado, assumimos como *metodologia* o desenvolvimento de uma pesquisa bibliográfica de caráter teórico considerando vários autores que dedicam seus esforços nos estudos que transitam pela área de Recursos Humanos, em geral, e na de planejamento de carreira, em particular.

Nossa intenção é que o leitor, de posse dos conhecimentos acumulados provenientes das ações recomendadas, evolua na carreira profissional e alcance o sucesso. O capítulo foi estruturado considerando os seguintes aspectos:

Iniciando, temos a Introdução, que discorre, em linhas gerais, sobre o assunto a ser desenvolvido, seus objetivos, problemas, hipótese, características e benefícios, entre outros.

O tópico Conceituação trata do conceito e faz, entre outros, uma abordagem mostrando a interação sistêmica para que, a partir da análise e da avaliação de cargos, se obtenha o plano de classificação de cargos que é base para a formulação do planejamento de carreira.

No tópico Objetivos do planejamento de carreira temos os objetivos, mostrando que a evolução na carreira pode funcionar como fator de motivação, embora não assegure a ascensão de todos os colaboradores no programa de carreira. Mostra que a empresa, por promover o desenvolvimento profissional, age de forma altamente positiva e humana ao fazer as recomendações para funções de maior prestígio.

No tópico seguinte são desenvolvidos os procedimentos necessários à formação do banco de talentos, em que fica caracterizada a importância da participação de gerentes, supervisores, colegas de trabalho e o acesso a fichas de avaliação de desempenho.

Para finalizar, temos as considerações finais que, de forma sucinta, apresenta uma apreciação sobre o tema planejamento de carreira.

6.1 Conceituação

Planejamento e desenvolvimento de carreira são conceitos relativamente novos para os especialistas de Recursos Humanos.

Uma carreira bem-sucedida tem de ser administrada através de um planejamento cuidadoso.

A programação de carreira não garante sucesso antecipado para a força de trabalho da empresa. Mas, sem ela, os empregados sentem mais dificuldades para assumir as responsabilidades que surgem na organização.

A ascensão de funcionários capazes e motivados é uma feliz combinação de seu trabalho profissional com a disposição das empresas em investir na prata da casa. Graças ao planejamento de carreira, a organização abre caminho a seus funcionários mais qualificados em direção ao topo.

Através de critérios bem definidos e sustentados em avaliações de desempenho – veja, a propósito, o Capítulo 7 –, as promoções dificilmente ocorrem por conta da simpatia pessoal ou "cartas de apresentação de candidatos", como ainda é comum ver-se em algumas empresas públicas e estatais.

A experiência em outros setores é fundamental para que o empregado tenha uma visão mais ampla da empresa. Através de cuidadoso planejamento de carreira, é possível avaliar a capacidade de adaptação, a maturidade e o desempenho de um profissional.

Basicamente, o planejamento de carreira passa por três estágios interdependentes, ou seja:

- *primeiro estágio* – a empresa precisa saber até onde deseja chegar e o que espera de seus funcionários nessa caminhada.
- *segundo estágio* – definir a qualificação profissional necessária para que as metas estabelecidas possam ser atingidas pelos funcionários.
- *terceiro estágio* – avaliação dos empregados, levando em conta seu desenvolvimento em face das exigências do futuro.

O esquema da Figura 6.1, quando bem executado, permite à organização eleger profissionais que possam ocupar cargos estratégicos na empresa.

```
                    Administração de              Treinamento e
                    cargos e salários             desenvolvimento
                           │                             │
                           │                             │
                  Plano de classificação       Plano de treinamento
                    de cargos e salários        e desenvolvimento
          ┌────────────────┤                             │
          │                │                             │
  Pesquisa salarial        │             Plano de carreira
          │                │                     │
          │                │                     │
          │        Remuneração variável   Plano de avaliação
          │                                 de desempenho
          │                                      │
  Administração estratégica              Plano de sucessão
    do salário fi o
```

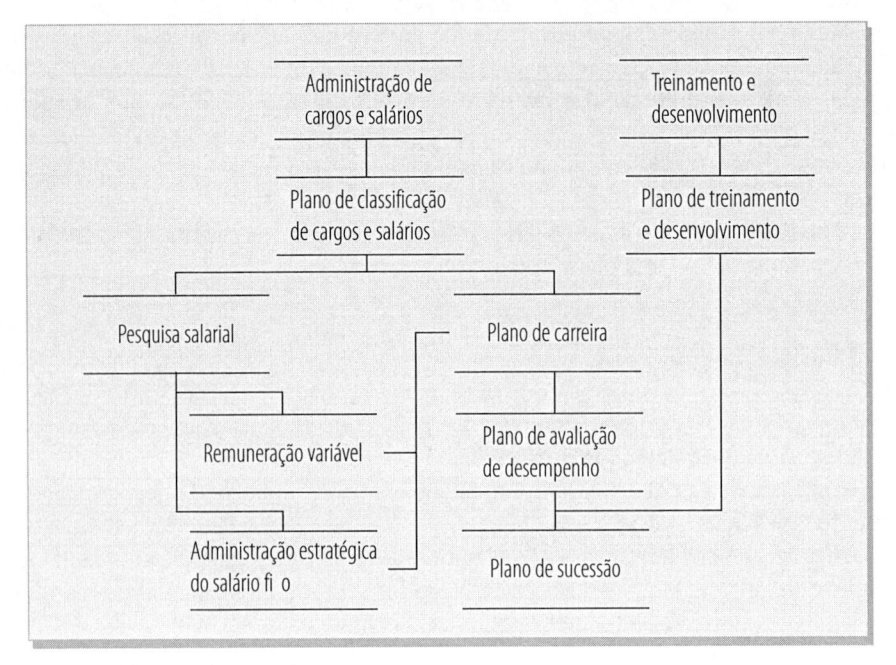

Figura 6.1 – Subsistema de gestão de pessoas.

A partir da análise e avaliação de cargos obtém-se o plano de classificação de cargos, que se constitui a base para a formulação do planejamento e do plano de carreira que deverá ser elaborado, desenvolvido e implantado na empresa. Precisamos ter em mente que os mesmos procedimentos de análise e avaliação de cargos nos conduzem ao plano de classificação de salários que determina o valor salarial, ou salário fixo, para cada cargo.

A empresa, independentemente de porte ou ramo de atividade, porém, dependedo do cenário em que está inserida e da situação que está vivenciando, estabelece, durante ou após a implantação do plano de classificação de cargos e salários, uma estrutura organizacional que deve contemplar, de forma adequada, os diferentes órgãos para o perfeito funcionamento do sistema empresarial.

Cada órgão possui competências próprias, o que torna necessário estabelecer estruturas de cargos com atribuições que permitam cumprir as obrigações e objetivos.

A estrutura de cargos deve ser formada por diversas posições que mantenham entre si relações sistêmicas com atribuições próprias de uma mesma função ou área de atuação, em diferentes níveis de responsabilidade, complexidade, habilidade, desenvolvimento, entre outros, estabelecendo uma sequência hierárquica.

O indivíduo, dependendo de suas inclinações profissionais, ou do cenário em que está inserido e/ou da situação que está vivenciando, traça um planejamento de carreira que possa ser cumprido em uma ou em diversas empresas, em um ramo específico ou em quaisquer ramos de atividade, preparando-se para ser competitivo e manter alto nível de empregabilidade.

Jim de Vito, diretor de desenvolvimento gerencial da Johnson & Johnson Internacional, de acordo com Nelson Savioli (1991, p. 14), identifica a carreira como: [...] o autoconhecimento de como as experiências pessoais e profissionais relacionam-se com seu trabalho atual e futuro para maximizar suas habilidades e comportamentos e atingir seus objetivos de vida.

Savioli (ibidem) aponta no conceito anterior os quatro pontos centrais que devem estar presentes na carreira profissional de todo indivíduo, como se vê a seguir:

- autoconhecimento, indispensável para o treinando identificar suas limitações, potencial e ambição;
- aprendizado "pessoal" e "profissional" constante rumo aos objetivos a que se propôs atingir;
- "maximização de habilidades" (= aproveitamento do potencial psicológico, físico e motor); e
- consecução das "metas de vida", aí incluídos os objetivos profissionais e de filosofia de vida (= família, comunidade, igreja etc.).

O plano e o planejamento de carreira tanto podem ser considerados responsabilidade da empresa como do colaborador. O planejamento de carreira poderá ser desenvolvido tanto de forma especialista quanto generalista:

- *especialista* – quando desenvolvido exclusivamente em uma área para cargos de uma única família.
- *generalista* – quando, na sua evolução, o profissional passa por diversas áreas da empresa, em diferentes famílias de cargos, obtendo um conhecimento mais amplo da empresa, embora mais demorado.

Uma variação de carreira pode contemplar tanto a "carreira de chefia" quanto a "carreira técnica". Essa variação de carreira se dá a partir de determinado nível hierárquico, visando contemplar tanto aqueles que pretendem e gostam de uma carreira de chefia como aqueles que preferem permanecer em uma carreira estritamente técnica. A consequência dessa variação de carreira é que não se perde um bom técnico nem se ganha um chefe de desempenho duvidoso.

A movimentação de um cargo para outro também pode ser feita lateralmente, implicando o conhecimento diversificado de diferentes áreas sem que, em princípio, haja alteração salarial, uma vez que todos os cargos percorridos lateralmente estão no mesmo grupo salarial, embora cada um deles possa ter valores estratégicos distintos para diferentes empresas, o que eventualmente poderá exigir salário diferenciado.

Muitas empresas mantêm políticas de esclarecimento sobre os planos de carreira existentes na empresa, proporcionando retorno consistente dos interessados. O funcionário, por sua vez, deve procurar saber o que é exigido, como requisito, dos diferentes cargos de uma carreira, para que sua preparação, através de cursos realizados por conta própria ou os promovidos pela empresa atendam aos interesses mútuos de empregador e empregado.

Fica subentendido que a ascensão profissional depende também de um bom desempenho no cargo atual para que haja credibilidade de sucesso no cargo futuro.

O plano de classificação de cargos se constitui o principal ponto de partida para a elaboração de um plano de carreira que, por sua vez, fornece as informações básicas para o desenvolvimento de um programa de avaliação de desempenho. Este, aliado a um adequado programa de treinamento, proporciona os meios mais apropriados para a formulação do plano de sucessão (ver Figura 6.1).

Para o desenvolvimento do planejamento de carreira, é preciso considerar ainda alguns outros pontos: romper ou não com as práticas que estamos vivenciando, considerar as possibilidades e dificuldades teóricas e práticas para a sua formulação e execução, considerar a viabilidade de sustentação econômico-financeira, para o seu próprio desenvolvimento, em um primeiro momento, e viabilidade política tanto para penetração como para aproveitamento das melhores oportunidades que o mercado oferece.

Ressaltamos, ainda, outros aspectos que merecem ser apreciados; entre eles, a tentativa de criar mecanismos e instrumentos que possam acelerar a velocidade e o trânsito do capital intelectual e profissional competente, tentando, pelo menos, preservar e se possível ampliar o seu processo permanente de crescimento e valorização, afastando de si uma possível crise de desenvolvimento profissional que possa surgir no futuro.

Outro ponto a considerar é permitir que a empresa perceba a sua transformação em termos de enriquecimento técnico e de competitividade, necessários para que a organização dê vazão aos novos bens e serviços que precisa realizar, dando continuidade às necessárias reestruturações.

O planejamento de carreira tanto pode ser amplo e rico em detalhes como restrito e pouco ousado. Considerando-se a primeira opção, quanto aos que desenvolvem planejamento de carreira, é preciso romper com os freios e obstáculos do medo do futuro, provenientes de profissionais apegados ao espírito de resistência às mudanças e de protecionismo às ações a que estão habituados no dia a dia, achando-se no direito de impedir, pelo desestímulo, um movimento que acompanhe ou se antecipe às mudanças e transformações que ocorrem continuamente.

De outro modo, o planejamento de carreira deve ter como mira fundamental banir os conhecimentos irrelevantes, não direcionados objetivamente para o foco principal a ser atingido, diminuindo o tamanho de esforço e do tempo despendidos, eliminando aspectos supérfluos, e se concentrar no que é importante e necessário.

Dessa forma, tentar negociar com a empresa parte do investimento a ser realizado no seu aprimoramento é também uma forma de mostrar seu próprio interesse no processo criativo e evolutivo da organização.

O plano de carreira é a ferramenta que proporciona à empresa identificar, com rapidez e segurança, profissionais que possam ocupar cargos estratégicos na estrutura organizacional. O plano de carreira, ao estabelecer as diferentes carreiras de cargos na estrutura organizacional, define, como tivemos a oportunidade de observar, tanto os procedimentos ou critérios de ascensão horizontal – por mérito – quanto os de ascensão vertical – por promoção. Portanto, os pré-requisitos exigidos dos ocupantes das posições por ocasião da análise e avaliação dos cargos devem identificar colaboradores com potencialidades e competências para preencher cargos com vagas em aberto.

As diferentes carreiras existentes na empresa devem ter seus cargos fracionados de sorte a absorver conjuntos de atividades compatíveis com o nível de facilidade de apreensão de seus colaboradores, permitindo que sejam visualizadas as perspectivas de ascensão profissional, conjugadas com treinamento e devidamente acompanhadas para que o crescimento de evolução profissional seja perceptível aos candidatos dos novos postos de trabalho, proporcionando-lhes motivação para o exercício de esforços adicionais para o crescimento individual.

Dessa forma, entendemos que planejamento de carreira pode ser considerado o estudo das metas e da trajetória de carreira dos colaboradores nos diferentes cargos da empresa, enquanto o plano de carreira é a materialização desse estudo, ou seja, o instrumento que estabelece as trajetórias de carreiras existentes na empresa.

6.2 Objetivos do planejamento de carreira

O estabelecimento de um plano de carreira permite que se visualizem, com detalhes, as diferentes posições que se poderá ocupar e em quanto tempo poderá ser completada.

Atualmente, um grande número de empresas abre para seus colaboradores as perspectivas de ascensão profissional. Considera-se que a visualização da possibilidade de evolução na carreira funciona como mola propulsora, embora a ascensão de colaboradores capazes dentro do programa de carreira não assegure sucesso completo e antecipado para evolução profissional para toda a força de trabalho. De outro modo, a ausência do plano de carreira inibe colaboradores em assumir responsabilidades futuras na empresa.

O plano de classificação de cargos e salários deve prover estruturas de cargos profissionais e precisa estar integrado aos demais programas de Recursos Humanos tais como recrutamento, seleção, treinamento e avaliação de desempenho, para proporcionar, ao colaborador, um desenvolvimento profissional e melhor integração na empresa, dando oportunidades aos melhores qualificados de evoluírem em direção aos mais elevados escalões hierárquicos da empresa.

O desenvolvimento profissional funciona como uma solução para a melhoria salarial através da promoção para cargos hierarquicamente superiores, com tarefas de maior responsabilidade e novos desafios, auxiliando na integração maior do ser humano à empresa. O plano de carreira, portanto, humaniza a empresa por promover o desenvolvimento do profissional na instituição, reduzindo ou eliminando as "recomendações de padrinhos" para posições altamente profissionais.

A empresa, para chegar aonde deseja, precisa estabelecer o que espera de seus colaboradores, definindo a qualificação e a competência profissional necessárias para atingir metas requeridas e avaliando o desempenho e o desenvolvimento dos recursos humanos diante das exigências do presente e, principalmente, do futuro.

Entre as metas, que se espera da execução do planejamento de carreira eficiente e bem estruturado, estão:

- propiciar carreiras compatíveis de acordo com as necessidades de colaboradores definidas no planejamento de gestão de pessoas;
- permitir que os funcionários estejam motivados para o trabalho em face da ascensão que lhes é oferecida pela empresa;
- assegurar que a política de formação e desenvolvimento de carreira seja transparente e dinâmica;
- providenciar para que a direção da empresa possa utilizar o desenvolvimento de carreira como um instrumento efetivo de administração integrada.

6.2.1 Vantagens do planejamento de carreira

Os colaboradores de grande potencial normalmente permanecem na empresa por darem conta da possibilidade de progresso profissional, na instituição, diretamente dependente de seu próprio desempenho, especialmente quando a organização proporciona, ao profissional, cursos de treinamento e desenvolvimento de acordo com os imediatos interesses dele, de um lado, e necessidades da empresa, de outro.

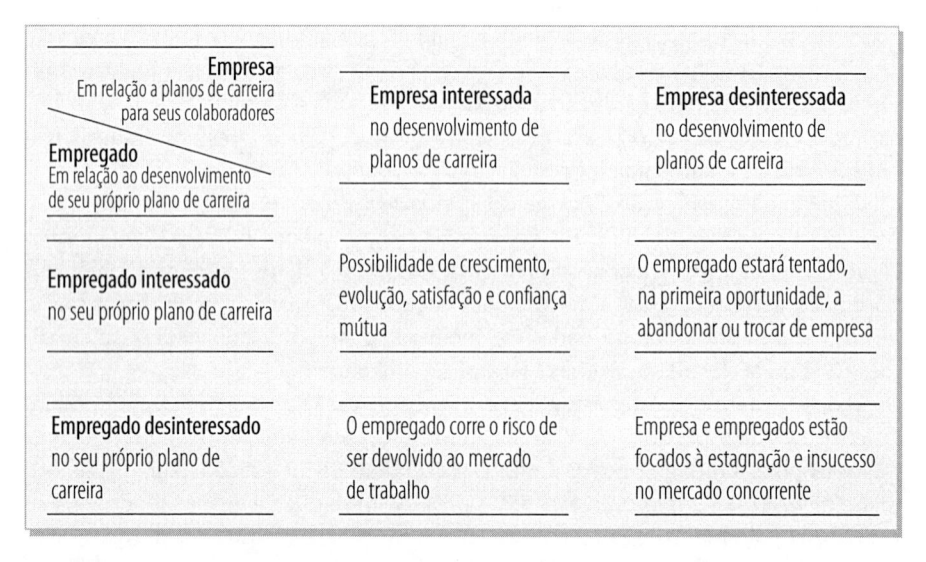

Empresa — Em relação a planos de carreira para seus colaboradores / Empregado — Em relação ao desenvolvimento de seu próprio plano de carreira	Empresa interessada no desenvolvimento de planos de carreira	Empresa desinteressada no desenvolvimento de planos de carreira
Empregado interessado no seu próprio plano de carreira	Possibilidade de crescimento, evolução, satisfação e confiança mútua	O empregado estará tentado, na primeira oportunidade, a abandonar ou trocar de empresa
Empregado desinteressado no seu próprio plano de carreira	O empregado corre o risco de ser devolvido ao mercado de trabalho	Empresa e empregados estão focados à estagnação e insucesso no mercado concorrente

Figura 6.2 – Consequências do planejamento de carreira.

Entre os benefícios resultantes da implantação de um plano de carreira eficiente, devem ser citados:

- funcionários com maior potencialidade permanecem na empresa, sentindo-se atraídos pela real possibilidade de ascensão profissional;
- o nível de motivação cresce em virtude da perspectiva de progresso na organização;
- as sucessões, em especial em funções gerenciais, acontecem, normalmente, sem traumas;
- as possibilidades de erros nas promoções são bem menores;
- identificação mais transparente de profissionais com maior talento e potencial;
- a organização sabe de que tipo de profissional vai necessitar nos próximos anos.

6.3 Banco de talentos

O planejamento de carreira tem o objetivo de eliminar o problema da substituição de quadros, proporcionando à alta administração os meios para a indicação, a qualquer momento ou situação, de funcionários com potencial adequado para ocupar cargos em ascensão.

A viabilidade do planejamento de carreira baseia-se no "banco de talentos", isto é, no levantamento de funcionários especialmente selecionados e cuidadosamente treinados para ocupar os quadros disponíveis na organização.

6.3.1 Levantamento do potencial de Recursos Humanos

A providência inicial a ser adotada pela gerência de RH para a formação do "banco de talentos" será a de proceder a um completo levantamento de todo o pessoal da empresa com potencial de carreira.

Para que o levantamento do potencial de RH com possibilidades de ascensão seja bem feito, torna-se necessário um cuidadoso e paciente trabalho de equipe, envolvendo:

- o gerente da unidade a que pertence o candidato;
- o supervisor imediato do candidato em potencial;
- acesso às fichas de avaliação de desempenho do candidato;
- entrevistas com colegas de trabalho do candidato.

Todo esse esquema deve ser coordenado pela unidade de RH, e os funcionários aprovados em uma primeira avaliação do seu potencial constituem o "banco de talentos" da empresa, sendo acompanhados de forma contínua no desenvolvimento de suas potencialidades.

O Quadro 6.1 visa proporcionar subsídios em matéria de levantamento do potencial de candidatos ao "banco de talentos".

Quadro 6.1 – Modelo de ficha de desenvolvimento

Plano de desenvolvimento de carreira
Dados preliminares
Nome completo do funcionário: ....;   Data de nascimento: ..../......./.......;   Data de admissão: ..../......./.......;   Lotado em: ....;   Cargo que ocupa: ....;   Desde qual data? ..../......./.........
Experiência profissional antes de ingressar na empresa
Identificar as empresas, respectivos cargos e tempo em cada cargo: ....   Cargos ocupados após ingressar na empresa, descrevendo as unidades e tempo para cada uma: ....   Treinamento recebido na empresa, incluindo cursos e estágios no exterior: ....
Conceito funcional quanto a
Capacidade de adaptação a novas situações e desafios de trabalho: ....   Interesse espontâneo pelo trabalho que executa: ....   Qualidade e produtividade do trabalho executado: ....   Responsabilidade profissional: ....   Nível de cooperação: ....
Conceito do candidato no seu grupo de trabalho:
O candidato se identifica com seus colegas? .... Em caso negativo, por quê? ....

Quadro 6.1 — Modelo de ficha de desenvolvimento (continuação)

Conceito do candidato no seu grupo de trabalho:
Em caso positivo, suas sugestões e opiniões são ouvidas e, conforme o caso e a situação, acatadas espontaneamente pelo grupo? .... Qual é o tipo de relacionamento com seu gerente imediato? ....
Potencial de gerência e liderança
O candidato possui requisitos básicos profissionais – capacidade técnica e administrativa – para o pleno exercício de suas atribuições? .... Em qual ou quais deles é mais ativo? .... Entre os atributos de liderança, por ordem de importância, assinalar aqueles em que o candidato mais se destaca: ( ) qualidades morais (caráter, lealdade, fé, entusiasmo, respeito pela personalidade alheia);   ( ) senso de determinação e direção;   ( ) habilidade educativa;   ( ) habilidade para se comunicar;   ( ) capacidade para diagnosticar situações humanas;   ( ) capacidade para delegar atribuições;   ( ) capacidade para assumir responsabilidades;   ( ) capacidade de cooperação;   Que outros atributos de liderança o candidato possui e que merecem registro? ....
Local e data   Assinatura do responsável

6.4 Considerações finais

Como vimos, tivemos a oportunidade de discorrer sobre planejamento de carreira, observando as mais variadas vertentes, na qual a visão sistêmica promove abertura aos mais qualificados em sua jornada em direção ao topo.

A integração entre plano de classificação de cargos, avaliação de desempenho, plano de treinamento nos remete ao plano de carreira e deste ao plano de sucessão. As variações podem, dependendo de quem está envolvido, contemplar a "carreira de chefia" ou a "carreira técnica", proporcionando à empresa não perder um bom técnico nem ganhar um chefe de desempenho duvidoso, além de contemplar os interesses individuais.

Todas as funções visam alcançar os desejos da empresa, a qualificação e competência profissional e o bom desempenho de seus funcionários em razão das exigências do presente e do futuro, não esquecendo que a remuneração através do salário fixo, remuneração variável e benefícios têm por objetivo manter o profissional interessado em permanecer ligado à instituição.

O planejamento de carreira nos induz à quebra de paradigma para vencer o medo de enfrentar o que é novo e ainda não vivenciado, deixando de lado as ações conhecidas e procurando trilhar caminhos e alternativas provenientes das constantes transformações e mudanças de ambiente ou cenário.

Novos conhecimentos passam a ser exigidos em vez dos antigos que, de outro modo, devem ser descartados, em razão da irrelevância no momento atual.

A ocupação de cargos estratégicos na estrutura organizacional tem no planejamento de carreira um aliado que proporciona rapidez e eficiência na identificação de profissionais, oriundos do "banco de talentos", aptos a ocupar os postos em aberto.

Um dos aspectos mais importantes na vida de uma empresa se constitui na integração do ser humano na organização. Portanto, humanizar a instituição e promover o desenvolvimento profissional competente, eliminando indicações provenientes de "recomendações de padrinhos" para posições de elevada responsabilidade profissional, é o futuro e único caminho para qualquer empresa que pretenda alcançar o sucesso.

6.5 Exercício, questionário e gabarito

Exercício

Assunto: Você é um sujeito ambicioso?

Com base na presente unidade de estudos, procure fazer um levantamento do seu cenário profissional nos próximos anos, e o que você deve fazer para adaptar-se às mudanças a fim de desenvolver seu potencial de ascensão na organização.

Seguem algumas questões que vão ajudá-lo a elaborar seu plano individual para enfrentar os novos desafios de seu ambiente de trabalho:

1. Que habilidades possuo no momento?
2. Independentemente dos estudos formais que estou fazendo, que habilidades necessito adquirir?
3. Quais as mudanças que poderão ocorrer no cenário econômico da área profissional que resolvi abraçar?
4. Estou me preparando de forma adequada para enfrentar essas mudanças? Em caso negativo, o que preciso priorizar em minha carreira?

Questionário de autoavaliação do Capítulo 6

Veja: Explicação preliminar no Capítulo 1, p. 14

1. O planejamento de carreira garante sucesso antecipado para o empregado na empresa.

    Sim ( )　　　　　　　　Não ( ).

2. "Avaliação dos empregados, levando em conta seu desenvolvimento face às exigências do futuro" constitui-se:

    a. ( ) no primeiro objetivo do planejamento de carreira;

    b. ( ) na segunda vantagem do planejamento de carreira;

    c. ( ) no terceiro estágio do planejamento de carreira;

    d. ( ) no primeiro estágio do planejamento de carreira.

3. O plano de carreira, ao estabelecer as diferentes carreiras de .... na .... organizacional, define, como já tivemos a oportunidade de observar, tanto os procedimentos ou .... de ascensão horizontal – por .... –, quanto os de ascensão vertical – por promoção.

4. A que se destina o Quadro 6.1 apresentado neste capítulo?

    Resposta: ....

5. O caráter, a lealdade e o entusiasmo são algumas das qualidades morais do potencial de gerência e liderança a serem analisadas no planejamento de carreira do empregado.

    Sim ( )　　　　　　　　Não ( ).

Gabarito

1. Não.
2. Alternativa c.
3. cargos... estrutura ... critérios /maneiras/formas etc. ... mérito.
4. Levantamento do potencial de RH.
5. Sim.

Referências bibliográficas

NASCIMENTO, L. P. do; CARVALHO, A. V. de. *Educação e desempenho profissional*. Rio de Janeiro: Qualitymark, 2007.

SAVIOLI, N. *Carreira* – Manual do proprietário. Rio de Janeiro: Qualitymark Editora, 1991.

Avaliação de desempenho

Objetivos do capítulo

1. Levar ao aluno uma visão integrada do processo de avaliação de desempenho às demais atividades do sistema de gestão de pessoas.
2. Abordar técnicas e métodos de avaliar que sejam aplicáveis ao dia a dia do desempenho da força de trabalho da empresa.
3. Se você estudar e assimilar o presente capítulo, vai estar em melhores condições de:
   a. elaborar técnicas de avaliação compatíveis com o desempenho dos funcionários de sua organização;
   b. avaliar seus colaboradores de modo mais imparcial e objetivo.

> Quem julga com a vontade nunca pode julgar bem.
> A razão é muito clara: quem julga com entendimento,
> se entende mal, julga mal; se entende bem, julga bem.
> Porém, quem julga com a vontade, ou queira mal,
> ou queira bem, sempre julga mal; se quer mal, julga como
> apaixonado, se quer bem, julga como cego.
> *Pe. Antonio Vieira*

Introdução

Este capítulo se propõe a transmitir as principais informações para que o estudante universitário e o leitor interessado pelo assunto possam desenvolver e implantar planos de avaliação de desempenho em quaisquer empresas, utilizando-se de resultados provenientes de pesquisa acadêmica de caráter científico, de modo que as exigências metodológicas sejam atendidas.

O *objeto de estudo* é uma pesquisa sobre os mais usados métodos de avaliação de desempenho e seus diferentes processos, apoiado por recomendações de conteúdo teórico, como contribuição à realização prática.

A apresentação dos métodos e processos em sua generalidade de informações se constitui o *objetivo* que o capítulo se propõe atingir para que o usuário obtenha uma visão abrangente da execução das diferentes etapas inerentes às práticas e políticas das atividades de avaliação de desempenho permitindo, ainda, que fatores de criatividade e inovação estejam presentes.

O *problema* a resolver, neste capítulo, é delineado pela seguinte questão: há a possibilidade de se elaborar e desenvolver um processo de conteúdo teórico, sem que ocorra manipulação externa de informações, de modo a dar apoio à realização prática, entendida por "como fazer", de maneira a se obter um resultado isento e imparcial que atenda às partes envolvidas, ou seja, avaliado, avaliador, empresa e clientes, no que se entende por gestão por competência da avaliação de desempenho?

Como *justificativa*, pretendemos que o usuário, de posse das orientações, passe a ter condições de desenvolver o processo, percebendo que este não representa uma atividade impossível de ser realizada, passando, portanto, a ter conhecimento e domínio sobre o assunto.

Esse conhecimento e domínio sobre o assunto, aliado ao conjunto de sugestões e recomendações de cunho metodológico de "como fazer", proporcionariam, por *hipótese*, maior confiabilidade e segurança no desenvolvimento de relatórios referentes aos processos de avaliação de desempenho.

É possível que a série de medidas recomendadas de "como fazer" possa resultar em prática saudável, ativa e dinâmica em virtude da precisão de informações e da imparcialidade, quando na elaboração e desenvolvimento dos processos referentes à avaliação de desempenho.

Podemos, pois, antecipar que o conjunto de recomendações e sugestões de conteúdo teórico a ser aplicado – as *variáveis* – representa fator determinante para mudanças que poderão ser verificadas, em seus efeitos, na segurança e confiabilidade dos relatórios referentes aos planos de avaliação de desempenho.

Para atingir o objetivo traçado, adotamos como *metodologia* o resultado de estudos de uma pesquisa científica de caráter bibliográfico para a elaboração dos processos necessários para um plano de avaliação de desempenho.

A Introdução coloca em evidência, como acabamos de constatar, o objeto de estudo, objetivo, problema, justificativa, hipóteses, variáveis e a metodologia, e finaliza apresentando a estrutura do capítulo, informando como este foi elaborado e desenvolvido e o que, em resumo, contém cada tópico.

O primeiro tópico apresenta conceito e importância, tratando até mesmo dos objetivos que se pretende alcançar com a prática da avaliação de desempenho.

O seguinte, Padrões de desempenho, aborda a responsabilidade pela execução da avaliação e as diferenças individuais na execução de tarefas.

O terceiro, Métodos de avaliação de desempenho, informa sobre os diferentes métodos entre os tradicionais e os contemporâneos.

Fechando o capítulo, as Considerações finais, que indicam que os propósitos traçados foram cumpridos no decorrer deste texto.

7.1 Conceituação e importância

A análise é uma atividade determinante que consiste em observar, examinar, de forma detalhada e minuciosamente, algum objeto ou ação, constituindo-se um diagnóstico que tem por propósito identificar aspectos ou características sobre cada situação. A avaliação é uma atividade consequente ou dependente da análise e que tem por objetivo atribuir um valor a algum objeto ou ação.

Avaliação de desempenho – processo que aciona o sistema de Recursos Humanos, procurando apreciar o comportamento do colaborador em questão de competência ao se analisar ou examinar excelência e qualidade na produção de bens e de serviços.

Objetivo – orientar os membros da equipe de trabalho para que, através dos resultados obtidos em suas atividades, identifiquem seus pontos fortes e quais os que precisam melhorar para que possam conquistar maior competência e alcançar os objetivos da empresa, contribuindo no desenvolvimento dos colaboradores na organização. A avaliação de desempenho tem por finalidade, portanto, obter informações sobre o comportamento profissional do avaliado durante seu desempenho no trabalho, identificando oportunidades de melhoria, elaborando e desenvolvendo planos de ação em relação à estrutura geral, aos diferentes órgãos e ao colaborador, utilizando-se de um processo constituído de métodos e técnicas.

A função de avaliação de desempenho (AD) visa comparar:

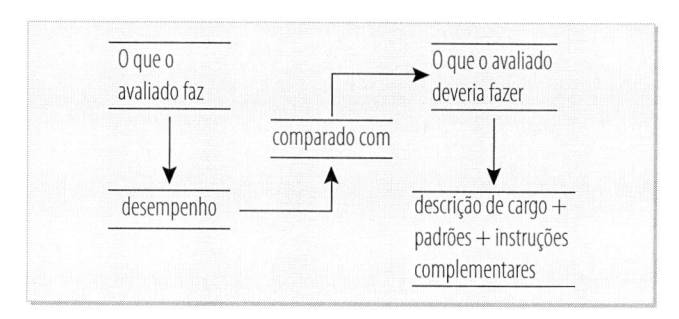

Figura 7.1 – O que se pretende da avaliação de desempenho.

Procedimento – procura localizar e identificar desarmonias, problemas e dificuldades de supervisão, integração, adequação e execução, no ambiente de trabalho, que exijam treinamento e, simultaneamente, recomendar meios e programas capazes de mudar o cenário, proporcionando às partes envolvidas condições para melhorar a qualidade de vida e de trabalho.

A função de avaliação de desempenho é resultado da comparação realizada entre o que, efetivamente, o avaliado faz – desempenho – com aquilo que deveria fazer – descrição de cargo + padrão de desempenho + instruções complementares.

As empresas atualmente estão voltadas para as políticas que circulam no mercado de trabalho e buscam, desse modo, agregar valores tanto no âmbito do seu produto como no gerenciamento dos seus funcionários.

Sendo assim, a avaliação de desempenho se torna uma ferramenta de fundamental importância, tendo em vista seu foco estar voltado para o desempenho do profissional, isto é, trata-se de uma análise sobre como o funcionário realiza suas tarefas, como alcança as metas, relevando seu potencial.

A figura a seguir procura mostrar os componentes do fluxo de avaliação de desempenho:

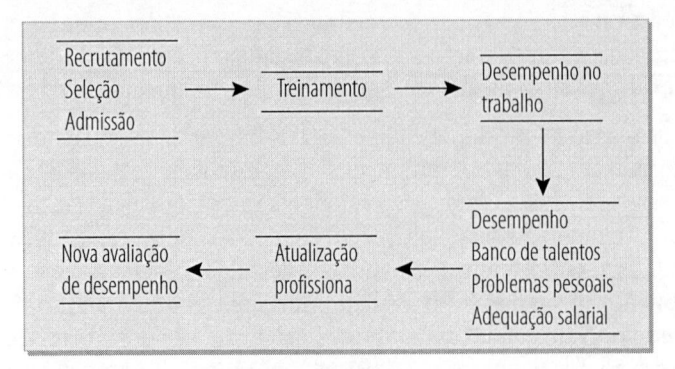

Figura 7.2 – Componentes do fluxo de avaliação de desempenho.

7.1.1 Objetivos da avaliação de desempenho

O ser humano, desde seu nascimento, vai se constituindo através do seu meio ambiente. Os primeiros contatos são fundamentais para a formação da sua estrutura psíquica. Para isso, é importante que a relação primeira com o outro que cuida dele, seja a mãe ou outra pessoa, exercendo essa função, possa estar pautada em dedicação e envolvimento.

Os cuidados iniciais vão sendo codificados pelo bebê que, à medida que se desenvolve, vai percebendo o mundo que o cerca. A mãe, por sua vez, interpreta os códigos que acontecem nesse enlace. Seu choro pode ter vários significados para seu cuidador, isto é, pode ser identificado como fome, cólica e outros incômodos.

Na medida em que o tempo passa, é de fundamental importância que a mãe possa espaçar as demandas do bebê, ou seja, não atender a todas as suas solicitações para que ele comece a lidar com os intervalos, com as frustrações e suporte a ausência dela. Ele começa a interpretar que nem tudo que quer pode ser atendido de imediato.

De outro modo, vai criando fantasias e iniciando um processo de manipulações que, em virtude de muitos pais não atentarem para esses fatos, pode ser o início de uma inversão de papéis, e a criança passe a dominar as pessoas mais próximas.

Essa questão tem se tornado muito comum na sociedade contemporânea, em razão do afrouxamento da autoridade. Outro fator que merece ser ressaltado é o do desenvolvimento de uma patologia que se instala na infância, mas que pode emergir na adolescência ou mesmo na idade adulta e se evidenciar no próprio ambiente de trabalho. Eis, portanto, o ponto básico para o início do processo de aprendizagem,[1] conforme abordado anteriormente.

---

[1] Veja no Capítulo 5, Treinamento de recursos humanos, os tópicos 5.2.2 Análise do trabalho; 5.2.3 Análise psicológica do colaborador; 5.5.1 Pedagogia no trabalho; e 5.5.2 Processo da aprendizagem, os itens Aprendizagem e ensino e Aprendizagem no treinamento; e também Qualificação didática, do subitem 5.6.3 Qualificação do instrutor de treinamento.

Esse aspecto, associado ao modo como o mundo é apresentado a essa criança e como esta o percebe e o apreende, passa a compor sua história com suas particularidades, uma vez que cada ser humano tem seu modo único de percepção.

Vemos, portanto, que marcas de experiências boas e más ficam registradas no seu campo subjetivo, porém, a maior parte das lembranças fica opaca por se tornar inconsciente.

Desse modo, a pessoa pode ter atitudes diversas diante de situações similares em razão da maneira como seu psiquismo foi estruturado. Podemos trazer, a título de ilustração, exemplos de como uma criança, ainda em idade tenra, lida com situações como o desmamar, o aprender a andar, a falar, que é quando ainda se encontra na dependência total do outro.

Caso a pessoa ou as pessoas envolvidas nesse processo passem sentimentos de muito medo ou ansiedade extrema, essa criança pode desenvolver insegurança diante dos obstáculos que para outras são simples perante a situação.

Tais situações podem desenvolver transtornos graves, tanto na vida pessoal como na profissional, sem que o indivíduo tenha consciência dos seus próprios atos.

Esses aspectos, porém, são relevantes para suas escolhas, motivações, insatisfações, desprazer constantes, perdas, baixa resistência à frustração e, em especial, em relação a seu desempenho nas experiências e nas atividades que fazem parte do seu cotidiano.

Vimos, assim, que a cultura em que a criança esteve imersa pode dar alguns direcionamentos à sua vida. Isso, porém, não significa que a pessoa esteja fadada a um destino e a um futuro sombrio e que possa conduzir sua vida com base em queixas e lamentações.

Sua história de vida é relevante, mas é importante deixar claro que há sempre uma saída, desde que a pessoa esteja interessada e favorável a mudanças.

As questões aqui levantadas, por fazerem parte do campo subjetivo do trabalhador, merecem ser consideradas, uma vez que tratamos de assunto concernente à avaliação de desempenho.

A partir do momento em que uma pessoa começa a trabalhar para outra, tem início a avaliação do desempenho desse empregado. A avaliação da capacidade e a do desempenho não constitui novidade, se levarmos em conta a premissa social e econômica de que o trabalho tem sido considerado como determinado valor.

Objetivos da função de avaliação de desempenho – consistem em atingir determinado alvo utilizando processos, métodos e técnicas que podem ser identificados e desdobrados em: conhecimento da capacidade, identificação de necessidades de treinamento, identificação de problemas de ordem pessoal, formação de banco de talentos, estabelecimento do rendimento (avaliação do trabalho e do empregado) e adequação de salário.

Avaliação da capacidade – consiste em identificar a competência das pessoas, isto é, conhecimento, habilidade e experiência na execução das atividades que lhe foram atribuídas, considerando o quanto compreende para agir com desenvoltura, buscando outras oportunidades, e contribuir em sua própria melhoria, em razão da vocação ou talento de oferecer melhores produtos e serviços, bem como pela associação e discussão de ideias.

Essa capacidade é a de se poder identificar e externar alternativas de solução que possam ser aplicadas às necessidades profissionais e que também produzam respostas aos problemas estruturais e funcionais da empresa, tendo em vista, ainda, a integração individual e social de todos nas especificidades de interesses pessoais e empresariais.

Levantamento das necessidades de treinamento – consiste na ação que procura viabilizar o processo de treinamento, estudando os princípios de aprendizagem, elegendo métodos e técnicas de capacitação, programando, executando e avaliando resultados de desenvolvimento de pessoas. De outro modo, pode ser entendido como um diagnóstico que tem por base a análise da empresa e das tarefas e a análise psicológica do colaborador.

Problemas de ordem pessoal – consistem em apontar dificuldades oriundas do relacionamento entre subordinados e chefes, envolvendo atraso, indisciplina, ausência da motivação e outros que possam ser apontados.

Banco de talentos – é um dos objetivos mais significativos da avaliação de desempenho, uma vez que contribui, de forma decisiva, para descobrir e acompanhar o contingente de profissionais, especialmente selecionados e cuidadosamente treinados, possuidores de características raras e exclusivas de valor para a empresa, eliminando possíveis problemas de substituição no contingente, dando à alta gestão os meios para recomendação ou sugestão, em quaisquer situações, de colaboradores com potencial apropriado para preencher cargos em ascensão.

Avaliação do rendimento – consiste em estabelecer o valor simultaneamente gerado pela *avaliação do trabalho* e pela *avaliação do empregado*. Essa avaliação considera o valor do cargo com suas atribuições e competências, junto ao valor da maneira como a execução foi realizada.

A questão central é saber quanto vale esse trabalho. Assim, a organização deve atribuir certo valor ao trabalho, tal como o executa seu funcionário.

A fixação de um salário justo subordina-se à política salarial implantada pela empresa e à avaliação do rendimento do empregado detentor desse mesmo salário.

Avaliação do trabalho – consiste na utilização de um processo, de caráter impessoal, que determina o valor da remuneração gerado pelo plano de classificação de cargos e salários, que procura atribuir um salário justo que conserve certo equilíbrio interno e que esteja em harmonia com o mercado concorrente, considerando os requisitos em questão de competências, ou seja, conhecimentos, responsabilidades, habilidades, inconveniências e experiências que o colaborador deve possuir para ocupar a posição.

Avaliação do empregado – consiste no valor atribuído ao ocupante do cargo, pela sua competência em atividades na produção de bens e/ou serviços, gerado por um estudo e acompanhamento da realização de suas funções, considerando metas, resultados que foram alcançados e identificação de potencial a ser desenvolvido.

Na moderna administração de RH, a avaliação do rendimento tem por propósito, principalmente:

- possibilitar ao avaliado uma visão clara e objetiva de seus méritos e de suas limitações, de modo que possa melhorar seu desempenho;
- comunicar à gerência um melhor conhecimento das possibilidades de dirigir sua unidade de trabalho com maior eficácia e eficiência;
- colaborar com a direção da empresa a fim de detectar toda a supervisão inadequada.

Adequação salarial – consiste no valor de remuneração proveniente, ao mesmo tempo, do estudo do cargo, que é impessoal, portanto, independe de quem nele está, e do estudo das características e desempenho de seu ocupante, nesse caso, pessoal, para determinar um valor único que proporcione às partes envolvidas sentimentos de equilíbrio e de satisfação.

7.2 Padrões de desempenho

A dinâmica da avaliação está fundamentada na determinação dos padrões de desempenho, os quais constituem parâmetros ou pontos de referência para a execução de determinado trabalho.

Parâmetro – consiste em uma variável ou constante que em certa relação especial produz uma situação exclusiva e peculiar a outras variáveis ou constantes.

Um padrão de desempenho eficiente e que seja perfeitamente alcançável pelo empregado avaliado deve conter, entre outras, as seguintes características básicas: viabilidade, especificidade, atualidade e mensurabilidade.

Viabilidade – consiste em que o padrão de desempenho seja inteiramente viável e duradouro para estimular o colaborador a alcançá-lo. Não adianta estabelecer padrões irreais se não houver possibilidade de ser atingido em seu desempenho.

Desse modo, o padrão de desempenho deve possibilitar uma avaliação objetiva e imparcial, levando em consideração todas as variáveis que contribuem, direta ou indiretamente, para a consecução dos objetivos propostos ao avaliado.

Especificidade – consiste em um conjunto de variáveis, colocadas para conhecimento do avaliado, indispensáveis em uma avaliação criteriosa, imparcial e objetiva. Essa especificidade de padrões é o que possibilita a documentação do trabalho executado pelo avaliado.

Todos os padrões de desempenho devem ser claramente colocados para conhecimento do avaliado em questão de:

- unidade a atingir;
- qualidade exigida;
- limites de tolerância admitidos no cumprimento dos padrões;

- procedimentos (= critérios) de como o avaliado será acompanhado no exercício de suas funções.

Atualidade – diz respeito a acompanhar os passos do progresso, em seu crescente e inevitável desenvolvimento tecnológico, o *know-how* empresarial. Padrões de desempenho obsoletos tornam a organização não competitiva, gerando desconfiança e ausência de motivação em sua força de trabalho.

Mensurabilidade – consiste em verificar e avaliar o colaborador tanto em fatores objetivos, com base estatística, nos quais se pode aplicar uma escala numérica – quantidade, volume, peso, extensão etc. –, como em fatores subjetivos, – este recurso, porém, apenas fornece parâmetros, uma vez que não há como se ter medida exata de questões inconscientes. Temos, portanto, no momento de determinada avaliação, uma análise importante de como o colaborador se apresenta e se comporta, tomando como exemplo alguns aspectos, tais como: otimismo, entusiasmo, iniciativa etc. Desse modo, fica claro que não é correto dizer-se que o avaliado obteve *70% de motivação*; deve-se dizer que ele demonstrou *alto grau de motivação*.

Os padrões de desempenho, por estarem pautados em parâmetros comparativos, não devem ser estabelecidos de forma arbitrária. Para se tornarem efetivos têm de ter como base os resultados desejados de cada cargo, cuja análise tem por objetivo revelar critérios específicos de desempenho de seu titular.

Levando em consideração os padrões mencionados na descrição do cargo, o gestor imediato do avaliado deve ter conhecimento a respeito dos tipos e formas de comportamento profissional a serem analisados.

No entanto, cabe ressaltar que nem sempre é possível fazer tal comparação. Caso isso venha a acontecer, a descrição dos padrões pode ser entendida como o resultado da observação do cargo ou da entrevista com o supervisor imediato do avaliado.

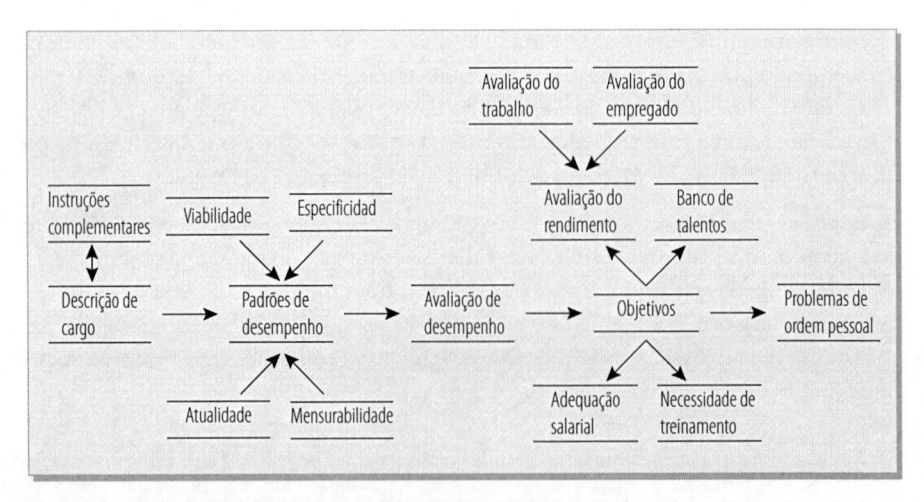

Figura 7.3 — Fluxo da dependência entre a descrição do cargo, padrões de desempenho e objetivos de avaliação.

Basicamente, os padrões de desempenho do empregado são encontrados tanto na descrição do cargo como em instruções complementares específicas, como se vê na Figura 7.3.

7.2.1 Responsabilidade pela avaliação de desempenho

A responsabilidade pela avaliação de desempenho passou por uma série de mudanças, ao longo do tempo. Em algumas empresas, ainda é o **chefe imediato**, com o apoio do órgão de recursos humanos, quem realiza a avaliação de desempenho.

De outro modo, apesar de os maiores interessados na avaliação serem a empresa e o colaborador, encontramos como principal responsável pelo processo de avaliação de desempenho a figura do **gestor de pessoas**, na qual a função é centralizada.

Em outras, o que se vê é a formação de uma **comissão de avaliação** composta de um conjunto de profissionais, de diferentes áreas, os permanentes – presidente, diretor de pessoas e o especialista em avaliação –, que têm por missão participar de todas as avaliações, sendo sua função principal a responsabilidade pela moderação e equilíbrio nas apreciações e observações aos critérios estabelecidos nos modelos ou padrões estabelecidos, enquanto os participantes transitórios estão entre os gerentes responsáveis de cada colaborador avaliado acompanhado de seu superior imediato.

Há situações em que **o próprio interessado** faz sua avaliação; isso ocorre em empresas mais acessíveis, uma vez que exige a participação de pessoas com nível educacional elevado e ajuda da chefia imediata, além de se pretender que esses colaboradores tenham condições emocionais de se autoavaliar sem distorcer resultados.

Essa autoavaliação consiste em analisar e mensurar qual foi o desempenho, eficiência e eficácia, considerando os padrões ou modelos estabelecidos previamente pelo superior ou pela empresa nas tarefas a serem realizadas. Também consiste em determinar quais as necessidades profissionais para aprimorar o desempenho, identificar pontos fortes e fracos para se desenvolver e melhorar os resultados pessoais.

Existe outra situação, na qual quem fica responsável pela avaliação é a **própria equipe**, em relação aos demais componentes e programas de trabalho, buscando um relacionamento com cada um deles em razão das providências essenciais para a melhoria. Nesse cenário, a equipe é responsável não apenas pela avaliação, mas também pela determinação de metas e objetivos a serem atingidos.

Outra forma de avaliar é aquela em que se admite que as **pessoas que tiveram algum relacionamento ou interação** com o avaliado são as responsáveis e devem participar do processo de avaliação. Nesse caso, temos o chefe imediato e mediato, outros chefes de outras áreas, subordinados, colegas, pares, clientes internos e externos, fornecedores, profissionais de outras empresas para as quais existe intercâmbio de informações, enfim, todas e quaisquer pessoas que circularem em sua volta.

A avaliação realizada com base nas pessoas que estão a sua volta, conhecida por **avaliação 360 graus**, provoca um conjunto de informações muito variado tendo em vista ser observado por todos os lados e ângulos, internos e externos, dentro e fora do próprio ambiente de trabalho. Seus resultados são originados na totalidade de opiniões e comentários que, de certa forma, podem asseverar que ocorra uma mudança e adequação do colaborador às exigências que atende em seu ambiente de trabalho ou dos colegas de atividade.

Temos também a **avaliação para cima**, em que os colaboradores que compõem a equipe subordinada são os responsáveis pela avaliação de desempenho de seu gerente, considerando aspectos de negociação com a chefia imediata de modo a obter os meios e recursos indispensáveis para que a equipe atinja os objetivos determinados, propiciando ao gerente aumentar a eficácia e auxiliar na melhora dos resultados. Essa negociação implica interação com o gerente solicitando um tratamento mais consistente e aberto em termos de liderança, motivação e comunicação, fazendo com que o relacionamento profissional seja mais natural, espontâneo e efetivo.

De outro modo, é preciso que os indivíduos que forem participar diretamente do processo de avaliação passem por um treinamento preparatório, de preferência, recebendo orientação segura sobre os seguintes pontos:

- conhecimento do processo de avaliação: conceito, padrões de desempenho, objetivos etc.;
- percepção a respeito das diferenças individuais dos avaliados nas relações de trabalho;
- conhecimento e entendimento dos métodos e técnicas de avaliação;
- informações sobre a entrevista de avaliação.

7.2.2 Diferenças individuais na execução de tarefas

Conforme abordamos em alguns capítulos, as diferenças individuais[2] são relevantes tanto nos aspectos pessoais como nos profissionais. O ser humano é único e suas especificidades devem ser consideradas nas execuções das tarefas e na sua maneira de agir de modo geral.

Para ilustrar, trazemos o exemplo de dois trabalhadores que executam as mesmas tarefas, utilizando ferramentas e equipamentos idênticos. É notório que os dois não agem da mesmo modo para as funções propostas.

Dois trabalhadores, executando as mesmas tarefas e utilizando ferramentas e equipamentos idênticos, não agem da mesma maneira no exercício de suas funções. Esse fato acontece em razão de as diferenças serem bastante nítidas de um indivíduo para o outro, levando em conta, ainda, outros fatores. Entre eles, podemos ressaltar as influências que recebe dos grupos de referência, tais como: escolas, amizades, clube, trabalho.

---

[2] Ver, no Capítulo 4, o tópico 4.2.1 Testes de seleção, p. 134, e no Capítulo 5, 5.5.3 Diferenças individuais no treinamento, p. 202.

De acordo com o que descrevemos anteriormente, fica explicitado que cada pessoa tem características e modos de agir que são peculiares, isto é, são próprias, uma vez que sua personalidade é constituída a partir de seu nascimento e das experiências adquiridas ao longo de sua vida. Esse processo envolve habilidades e aptidões, conforme mostra o quadro a seguir.

Personalidade = características inatas + experiências vividas
Capacidade ou desempenho = aptidões + treinamento

Aptidão[3] – entendida como uma característica individual advinda da constituição do ser humano que pode ser duradoura e, não necessariamente, constante ou imutável. Essas habilidades são, portanto, adquiridas através de seu meio ambiente e nas relações sociais. Outro ponto relevante é que esses aspectos têm a possibilidade de permanecer latentes. Considerando que o treinamento tem a função de estimular a aprendizagem, logo, este possui a faculdade de se constituir um dos elementos facilitadores para emergir o potencial inerente a cada pessoa, por isso, reconhecida como inata.

As aptidões surgem como uma das características individuais mais importantes na manifestação do comportamento do ser humano.

Assim é que, por exemplo, se o funcionário é um vendedor, deve receber atenção maior no treinamento de suas aptidões mentais voltadas, principalmente, para certos tipos de variáveis como: "fluência verbal", "memória", "visualização espacial" etc.

Embora haja, entre as pessoas, diferenças individuais significativas, isso não significa, obrigatoriamente, que todos os integrantes de determinada unidade de trabalho sejam profundamente desiguais entre si no comportamento profissional.

Sabemos que cada pessoa possui características próprias por serem únicas, isto é, são singulares em razão das questões subjetivas que foram sendo constituídas ao longo da sua infância. É nessa época que começam a se evidenciar certos aspectos que podem ser norteadores do futuro de cada indivíduo.

Damos destaque aos dons e às aptidões que emergem na infância e, na maioria das vezes, passam incólumes tanto para os pais como para o indivíduo, ficando assim latentes a virem a se evidenciar diante de algum estímulo.

Podemos dizer, então, que as influências passadas podem propiciar efeitos significativos nas relações familiares, com o grupo de amigos, nas suas escolhas, sejam elas pessoais ou profissionais. Uma pessoa com tendências a ser musicista ou mesmo desenhista pode, por uma questão de desconhecimento dos seus potenciais, não desenvolver e seguir outros caminhos, optando por alguma profissão com a qual não se identifica. Esses dados são fundamentais para serem explorados em uma avaliação de desempenho, tendo em vista que as aptidões estão relacionadas ao comportamento das pessoas.

Pode-se afirmar, mesmo, que muitos desses empregados se destacam em termos quantitativos, quer dizer, diferem mais em grau do que em espécie. Dessa maneira,

---

[3] Ver, no Capítulo 4, o tópico 4.2.3 Testes psicológicos, p. 140.

por exemplo, os membros de determinada equipe de vendas devem possuir certas características comuns a todos os vendedores como: comportamento extrovertido, raciocínio numérico, facilidade de argumentação etc. Entretanto, certos vendedores são bem mais qualificados nessas características do que outros.

Podemos representar graficamente as diferenças individuais na AD da seguinte maneira:

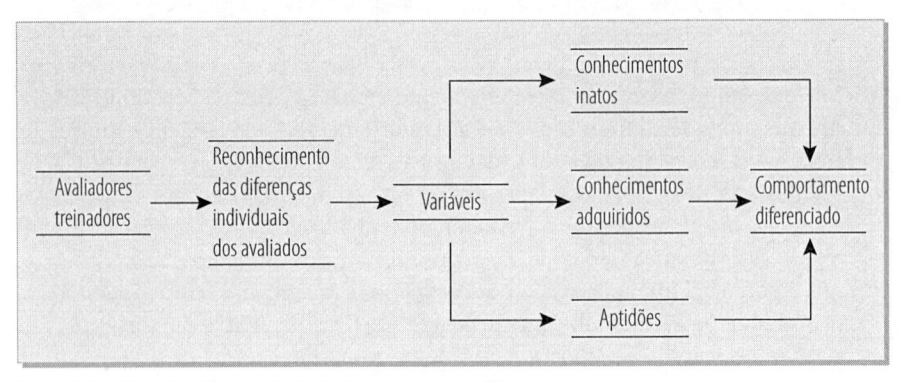

Figura 7.4 — Fluxo das diferenças individuais no processo de AD.

Claro está que a diferença qualitativa também deve caracterizar os membros de um grupo de trabalho. É o caso, por exemplo, de funções de chefia, em que seus ocupantes devem possuir certos traços diferenciadores: liderança, delegação de tarefas, tomada de decisões etc., que os distinguem de outros colegas.

Uma série de variáveis organizacionais, sociais, situacionais e individuais, de forma mais ou menos intensa, está associada ao desempenho do funcionário no cargo.

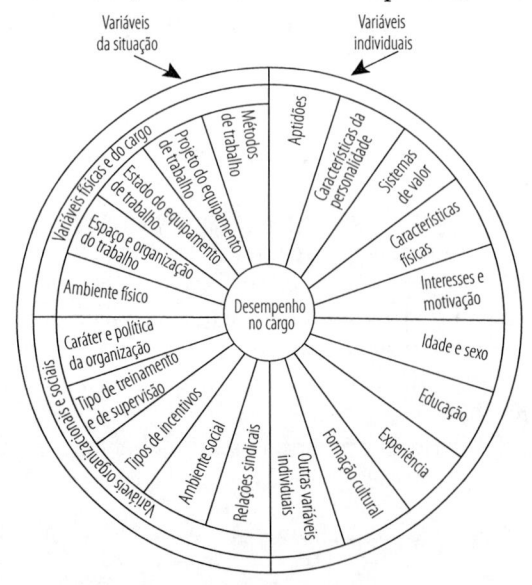

Figura 7.5 — Variáveis associadas ao desempenho no cargo.

De forma resumida, analisaremos a seguir algumas das principais variáveis propostas anteriormente.

Variáveis do desempenho do cargo – dizem respeito aos dois grandes grupos que podemos denominar *variáveis da situação* e *variáveis individuais*.

Variáveis da situação – dizem respeito às condições e aos aspectos físicos do cargo, da organização e as sociais.

Variáveis físicas e do cargo – abordam, em termos de trabalho, métodos, espaço, organização, ambiente físico e o equipamento.

Métodos de trabalho – referem-se aos processos que estabelecem o que, como e quando realizar a atividade, indicando, até mesmo, as diferenciações metodológicas em relação às participações de cada integrante da equipe que executa o serviço.

Dessa forma, a AD deve levar em conta a diferença de reações individuais (= comportamento) que existe entre os vários membros do grupo perante uma mesma metodologia do trabalho a ser executado.

Equipamento de trabalho – é representado pelo conjunto das máquinas, utensílios e matérias-primas em condições e em ordem para o trabalhador atuar com eficiência e rentabilidade de modo que possa consistir em fator decisivo em sua avaliação.

O bom ou mau uso do equipamento é uma característica a ser considerada na avaliação do operador. De outro modo, é preciso apontar de quem é a responsabilidade pela manutenção do equipamento e pela conservação das matérias-primas; observar as condições de utilização das máquinas e o que estas podem oferecer em questão de qualidade e produtividade; não exigir que o operador alcance um resultado que seja superior à capacidade do equipamento em uso. Essas e outras variáveis devem ser levadas em conta na análise de desempenho do colaborador.

Espaço e organização do trabalho – ter bons equipamentos é importante, mas o aproveitamento do local e a disposição dos instrumentos são vitais para o sucesso da linha de produção, revelando o fator motivação.

Variáveis organizacionais e sociais – abordam caráter e política da empresa, treinamento, supervisão, incentivos, ambiente social e relações sindicais.

Políticas da empresa – consistem nas informações que os colaboradores devem antecipadamente conhecer para não sobrecarregar a chefia imediata com perguntas que a própria política esclarece. Elas se prestam a estabelecer as ações adotadas pela empresa nas áreas de produção, marketing, finanças, suprimentos, pessoas etc., influindo de forma direta no comportamento e atuação da força de trabalho. Por essa razão, o avaliador deve levar em conta tais políticas quando analisar o desempenho do funcionário.

Treinamento – uma das variáveis mais importantes, que consiste em uma correlação direta com o desempenho, significando, portanto, que, quanto mais tem de um, melhor os resultados do outro, ou seja, quanto mais treinamento, melhor o desempenho.

O mercado consumidor, base de toda empresa que atua de forma dinâmica, exige profissionais bem qualificados e atualizados. Assim, não se pode exigir um bom desempenho funcional se o empregado não foi, antes, submetido a algum tipo de treinamento.

Tipo de supervisão – dependendo de se o gestor é capaz e imparcial ou se é parcial e centralista, um deles vai influenciar sua equipe de modo positivo e o outro pode prejudicar os resultados a serem alcançados pela empresa.

Por esse motivo, a AD deve ser acompanhada não somente pelo supervisor imediato do avaliado, mas também seguida por outro avaliador, se possível da área de pessoal, a fim de esclarecer incorreções eventualmente praticadas tendo em vista estar em voga a questão subjetiva.

Caso se identifique uma situação em que a influência da chefia imediata não tenha sido das mais felizes e saudáveis, o representante especialista da área de pessoal deve comunicar ao principal responsável pelo órgão para que ele mesmo tome as medidas mais adequadas.

Se existe uma recomendação, de caráter geral, para que colaboradores devam passar por treinamento específico, nada impede que essa recomendação suba a escala hierárquica, em razão das necessidades de progresso nos resultados que a empresa precisa alcançar ou de que os relacionamentos internos sejam mais agradáveis e proveitosos, melhorando o clima e o ambiente de trabalho, mesmo porque o gestor inteligente precisa mostrar aos seus seguidores que ele próprio está aberto e disposto a mudanças e a seguir as mesmas orientações que transmite aos demais.

Tipos de incentivos – diz respeito às formas de remuneração direta representada por salários prêmios, comissões etc. e às indiretas, que se referem às oportunidades de plano de carreira, assistência médico-dentário-hospitalar, ambiente de trabalho e outros que contribuem para o desempenho do funcionário.

Fica claro, portanto, que tais incentivos dependem, entre outros fatores, da filosofia operacional da empresa, ambiente no qual está atuando, natureza dos produtos/serviços que produz e vende etc.; entretanto, sua importância para a AD deve ser considerada pelo avaliador.

Variáveis individuais – dizem respeito aos seguintes aspectos: aptidões, personalidade, sistema de valores, interesses, motivação, idade, sexo, educação, experiência, formação cultural e outras variáveis.

Entre as variáveis individuais, vamos abordar e conceituar alguns desses aspectos anteriormente citados.

Aptidão[4] – entendida como uma particularidade pessoal estável; porém, não obrigatoriamente constante ou inflexível. Essa propensão, vocação ou talento obtém-se no

---

[4] Ver, no Capítulo 4, o tópico 4.2.3 Testes psicológicos, p. 140.

próprio meio ambiente e no relacionamento social. Outra questão marcante é a de que esses aspectos podem ficar concentrados e ocultos.

Em termos de AD, podemos identificar as seguintes características básicas da personalidade do avaliado:

Características da personalidade[5] – os testes de personalidade, de certo modo, buscam verificar o que o avaliado *é capaz de fazer*, embora não tenham condições de garantir, realmente, se este *vai fazer*. Nessa situação, a avaliação de desempenho procura apurar o *como foi feito* pelo avaliado.

Idade e sexo – duas importantes variáveis com que a avaliação de desempenho tem de lidar, uma vez que, dependendo da faixa etária e da questão sexual, os aspectos sociais e psicológicos são dos mais controvertidos, influenciando nos resultados à medida que passa a ser analisada sob condições físicas, culturais e sociais as mais diversas.

Trazemos, a título de ilustração, situações que ainda prevalecem em algumas empresas, tais como: funcionários com idade mais avançada sendo preteridos em relação aos mais jovens, homens com salário maior do que as mulheres, relacionadas à idade e remuneração, entre outras que podem depreciar e até constranger o colaborador, afetando sua motivação no trabalho.

Educação[6] – consiste em uma constante reconstrução de nossa experiência pessoal, podendo se caracterizar pela observação e prática do dia a dia de cada pessoa. Sua finalidade é a de estruturar o ser humano em sua condição subjetiva (já que desde o nascimento precisa de amparo e referencial), proporcionando, ao longo de sua vida, condições de enfrentar dificuldades e obstáculos naturais. Nesse meio tempo, o ser humano vai adquirindo defesas, aptidões, dons etc., além do contato e convívio em ambientes sociais mais variados.

Experiência – o tempo de duração da experiência em determinado cargo pode exercer influência no desempenho de suas atividades; entretanto, essa variável, para fins de avaliação do desempenho, não possui a menor importância, embora represente papel significativo para a avaliação do cargo,[7] que é impessoal.

Conforme descrito, as variáveis organizacionais e sociais contribuem, juntamente com as variáveis individuais, para que a diversidade de aptidões e das habilidades existentes entre os integrantes do grupo de trabalho se apresente como um dos mais importantes aspectos da AD.

---

[5] Ver, no Capítulo 4, o tópico 4.2.4 Testes de personalidade, p. 146.
[6] Ver, no Capítulo 5, o tópico 5.1 Treinamento: educação para o trabalho, p. 167.
[7] Ver, no Capítulo 2, o tópico 2.3.2 Seleção de fatores de avaliação de cargo, p. 34.

7.3 Métodos de avaliação de desempenho

> O método é o caminho pelo qual a empresa materializa os princípios de avaliação. Vale, no entanto, dizer que acima do método, ou tão importante como ele, está a atitude da organização diante da avaliação.
> *Cleber Pinheiro de Aquino*

Método é um processo, como já tivemos a oportunidade de observar,[8] que reúne um conjunto composto de regras e/ou técnicas que têm como característica atingir novos resultados na geração de informações, ajustando ou transformando conhecimento estabelecido.

Método de avaliação de desempenho – pode ser apontado como um processo específico, reunindo técnicas, com características próprias, utilizadas pelo avaliador, cuja finalidade central é a de verificar, sob determinadas condições, a aplicação, pelo avaliado, de procedimentos de trabalho adquiridos no treinamento.

A avaliação de desempenho se apresenta em dois grandes blocos que são os chamados métodos tradicionais de avaliação de desempenho e os métodos modernos.

Métodos tradicionais de avaliação de desempenho – entre os mais conhecidos e aplicados estão: escalas gráficas, escolha forçada, pesquisa de campo, incidentes críticos e lista de verificação.

Método das escalas gráficas – consiste em uma tabela de dupla entrada na qual os fatores de avaliação ocupam as linhas e os graus da avaliação de desempenho, as colunas. Os fatores de avaliação representam os comportamentos e atitudes que a empresa pretende que sejam observados e valorizados.

As pessoas são avaliadas, considerando o desempenho em relação aos fatores de avaliação antecipadamente selecionados e graduados.

Procedimento – em um formulário de dupla entrada o avaliador assinala, no encontro de cada linha de fator de avaliação com a coluna de grau de desempenho, o resultado atribuído ao avaliado. Cada fator de avaliação é caracterizado por uma descrição sumária, clara e objetiva, na qual se busca a maior precisão. Para completar, são estabelecidos valores aos graus para se determinar as escalas de variação de desempenho por fator de avaliação. Podemos utilizar de três a cinco graus (ótimo, bom, regular, sofrível e fraco) para cada fator.

Método da escolha forçada – consiste em examinar o desempenho do avaliado considerando o conjunto de frases descritivas que procuram focalizar determinadas características do comportamento.

---
[8] Ver, no Capítulo 2, o tópico 2.2.3 Métodos de avaliação de cargos, p. 29.

Procedimento – cada conjunto se compõe de duas, quatro ou mais frases. O avaliador seleciona, em cada conjunto, uma única frase para caracterizar o desempenho do avaliado. Outra forma diz respeito à seleção de duas frases, sendo uma a que mais se aproxima e, outra, a que mais se distancia do colaborador avaliado.

Método da pesquisa de campo – processo que consiste na aplicação do princípio da responsabilidade das funções de linha e de *staff*.

Procedimento – sua execução pressupõe a utilização simultânea de especialista em avaliação de desempenho (*staff*) com os gestores (linha) para, em ação participativa, avaliarem o desempenho de seus colaboradores imediatos. Esse método é composto de quatro fases: entrevista de análise inicial, entrevista de análise complementar, planejamento das medidas necessárias e, posteriormente, acompanhamento dos resultados.

Método dos incidentes críticos – consiste em identificar as características extremas (incidentes críticos) que possam representar aspectos altamente positivos (sucesso) ou negativos (fracasso) de desempenho fora dos padrões que sejam passíveis de receber uma classificação como normal.

Procedimento – consiste em transformar cada fator de avaliação em situações, aspectos ou incidentes críticos, com o objetivo de identificar e avaliar o desempenho do ponto de vista de pontos fortes e fracos de cada colaborador avaliado.

Método da lista de verificação – consiste na emissão de uma relação com um conjunto de fatores de avaliação que servem de base para que o gestor assinale, para cada avaliado, as características principais a respeito de seu desempenho.

Os métodos tradicionais de avaliação de desempenho, apesar de ainda serem utilizados por algumas empresas, se apresentam como ferramentas de avaliação superadas e obsoletas, considerando os avaliados como se não fossem desiguais e procurando reduzi-los a somente um tipo.

As empresas têm interesse em processos que primem pela simplicidade e que possam transformar a responsabilidade de avaliar o desempenho em uma atividade prazerosa que permita a participação, crescimento e desenvolvimento profissional dos avaliados.

Métodos modernos de avaliação de desempenho – apresentam uma tendência de autoavaliação e de participação do colaborador envolvido no planejamento de seu desenvolvimento profissional, evidenciando o futuro em constante melhoria da função no desempenho. Os mais recentes métodos procuram atender às exigências da empresa e entre eles temos: método de participação por objetivos e o método de avaliação por competência.

Método de participação por objetivos – consiste em uma análise da situação atual e sua projeção para uma situação desejada, identificando quais serão os recursos necessários para atingir os objetivos traçados, em termos amplos, considerando preparação profissional, determinação de objetivos e responsabilidades, fixação de padrões de desempenho, avaliação do executante, especificação de novos objetivos.

Procedimentos – caracterizados pela adoção de um forte relacionamento e de visão próativa, considerando ações envolventes, motivadoras, participativas e abertas, no desenvolvimento das seguintes etapas:

- **formulação dos objetivos** – discutidos com os participantes de modo a obter um consenso;
- **comprometimento pessoal** – atentando para o conjunto de objetivos estabelecidos;
- **negociação com o gestor** – a respeito de recursos e meios necessários para se atingir os objetivos;
- **desempenho** – estabelecimento dos padrões passíveis de serem atingidos;
- **resultados** – acompanhar, controlar, avaliar e comparar continuamente com os objetivos formulados;
- **retroação intensiva** – modificar, se necessário, o que foi realizado, buscando uma constante avaliação com os participantes.

Método de avaliação por competência – consiste em um processo que ajuda tanto o avaliado como o gestor a identificar quais as competências que o colaborador possui e quais aquelas que têm necessidade de acrescentar, ampliar e desenvolver, de modo a poder atender às competências pretendidas pela empresa.

Procedimento – a metodologia consiste em se traçar um quadro no qual são lançadas as competências significativas para o desempenho desejado das atividades e o perfil do avaliado, segmentadas em competências conceituais, técnicas e interpessoais.

Competências conceituais – são as que envolvem conhecimentos, domínio de julgamentos e caracterizações que dão sustentação aos aspectos de habilidades técnicas, humanas, gerenciais e a atitudes comportamentais, bem como as responsabilidades e experiências no que se referem à maneira de realizar algo.

Competências teóricas – são as que envolvem domínio de sistemas, métodos, técnicas e processos específicos para determinada área de trabalho.

Competências interpessoais – são as que consideram os aspectos que incluem relacionamento, comunicação e interação entre as pessoas, atentando para as atitudes e valores pessoais.

As competências podem ser entendidas como as características que distinguem profissionais de alto desempenho dos demais, cuja atuação, em determinada função, se encontra abaixo do que a empresa tem necessidade.

A gestão por competência é o instrumento capaz de identificar as competências indispensáveis, incluindo habilidades e conhecimentos decisivos da eficiência e eficácia profissional, além de apresentar as falhas ou deficiências de qualificação para serviços ou atividades especiais, proporcionando recursos para aperfeiçoar sua competência.

A consequência que se pode perceber é a de um contingente formado por profissionais mais talentosos e produtivos, possuidores de um senso de responsabilidade e autogestão mais acentuado e com possibilidade de alcançar um desempenho elevado.

7.4 Considerações finais

Ao longo deste capítulo foram apresentados conceitos, objetivos e procedimentos, entre outros que, de certa forma, se comprometem com a elaboração e desenvolvimento dos processos de avaliação de desempenho.

Acreditamos que o objeto de estudo – um conjunto de recomendações e sugestões de conteúdo teórico, em apoio à realização prática, que especifica, até mesmo, o "como fazer" – foi abordado de forma ampla, demonstrando a possibilidade de proporcionar uma orientação que sirva de base à elaboração de diferentes planos de avaliação de desempenho que eventualmente surjam na vida profissional do leitor.

Desse modo, consideramos que o objetivo tenha sido atingido, uma vez que conseguimos estabelecer um conjunto de sugestões que atendesse às necessidades apontadas no problema, que era exatamente o de verificar se existia uma possibilidade de se desenvolverem procedimentos que proporcionassem satisfação às partes envolvidas com maior confiabilidade nos resultados obtidos, diminuindo as incertezas, sem prejudicar a criatividade do analista ou gestor, na condução das atividades.

Nossa hipótese também parece ter sido confirmada tendo em vista que as sugestões apresentadas representam um conjunto de métodos, principalmente os mais recentes, capazes de proporcionar resultados satisfatórios para as partes interessadas.

Fica, portanto, a sugestão de dar continuidade aos estudos para facilitar a vida daquele que se propõe a desenvolver uma atividade voltada para a gestão competente de gestão de planos de avaliação de desempenho.

Referências bibliográficas

BERGAMINI, C. W. *Avaliação de desempenho humano na empresa*. São Paulo: Atlas, 1977. p. 64.

CHIAVENATO, I. *Administração de recursos humanos*. 2. ed. São Paulo: Atlas, 1981.

_____. *Gestão de pessoas*: e o novo papel dos recursos humanos nas organizações. 6. ed. Rio de Janeiro: Elsevier, 2004.

LARA, J. de; SILVA, M. B. da. *Avaliação de desempenho no modelo por competência*: uma experiência de utilização. Disponível em: http://www.psicologia.com.pt/artigos. Acesso em: 7 out. 2009.

LEME, R. Livro mostra elo entre desempenho, competências e remuneração. Disponível em: http://www.rh.com.br/ler. Acesso em: 24 maio 2007.

McCORMICK, E. J.; TIFFIN, J. *Psicologia industrial*. 2. ed. São Paulo: Pedagógica e Universitária, 1977. v. 1. p. 27.

MEDEIROS, E. B. *Medida psicológica:* princípios e prática. Rio de Janeiro: Fundação Getulio Vargas, 1976. p. 10.

NASCIMENTO, L. P. do; CARVALHO, A. V. de. *Educação e desempenho profissional*. São Paulo: Qualitymark, 2007.

Higiene e segurança no trabalho

Objetivos do capítulo

1. Destacar a importância e o alcance da higiene e segurança no trabalho no contexto dinâmico de RH.
2. Conscientizar o leitor sobre o aumento da produtividade e a melhoria das condições ambientais por meio de medidas adequadas de higiene e segurança no trabalho.
3. Estudando e assimilando o presente capítulo, você vai estar em melhores condições de:
   a. conhecer e aplicar de maneira eficiente medidas de higiene e segurança no trabalho;
   b. identificar e superar eventuais falhas na utilização de instrumentos e procedimentos de higiene e segurança no trabalho.

> Promover um estilo de vida saudável dentro da empresa é fazer economia.
> *Ricardo De Marchi* (médico especializado em medicina do trabalho)

Introdução

Este capítulo se propõe apresentar ao estudante universitário e ao leitor interessado a possibilidade de lidar com aspectos que, em algumas ocasiões, são menosprezados como se fosse algo menor e sem importância.

O *objeto de estudo* é uma pesquisa sobre os métodos, técnicas e processos, de conteúdo teórico, em apoio às funções de higiene, saúde e segurança no trabalho.

Como *objetivo* o capítulo oferece uma série de procedimentos provenientes de determinada pesquisa teórica, visando dar sustentação à execução prática nos momentos e circunstâncias em que for acionado.

O *problema* a ser resolvido, neste capítulo, evidencia-se na seguinte questão: existe a possibilidade de se elaborar, desenvolver e aplicar um conjunto de processos, de conteúdo teórico, de modo a dar sustentação à realização prática das funções de higiene, saúde e segurança que seja capaz de contemplar, junto ou separadamente, dependendo das circunstâncias, a pessoa, o trabalho e a empresa?

Como *justificativa*, podemos entender que o leitor, de posse de conhecimentos apropriados, vai estar em condições adequadas para efetuar suas atividades com reais possibilidades de alcançar possibilidades antes não conquistadas, satisfazendo, dessa maneira, suas necessidades de crescimento e evolução, ou seja, de competência para atender tanto às carências pessoais quanto às da empresa na execução mais precisa das atividades de maior responsabilidade e premência.

O conhecimento e domínio de novos temas, aliados às pretensões da empresa, oferecem, por *hipótese*, maior confiança e segurança no desenvolvimento de funções cujas atividades envolvem o bem-estar de seres humanos preservando, em contrapartida, a responsabilidade da organização em todos os momentos.

Podemos antecipar que os procedimentos recomendados – *variáveis* – de conteúdo teórico representam fator determinante para mudanças que poderão ser verificadas em seus efeitos, por ocasião de acontecimentos que necessitem ser debelados.

Para atingir o objetivo delineado assumimos como *metodologia* a execução de uma pesquisa bibliográfica de caráter teórico, considerando vários autores que dedicam seus esforços nos estudos que transitam pela área de recursos humanos, em geral, e na de higiene, saúde e segurança, em particular.

Pretende-se que o leitor, de posse dos conhecimentos acumulados provenientes das ações recomendadas, evolua na carreira profissional e alcance o sucesso. O capítulo foi estruturado levando-se em conta os aspectos descritos a seguir.

A Introdução discorre, em linhas gerais, sobre o assunto a ser desenvolvido, descrevendo seus objetivos, problema, justificativa, hipótese, variáveis e metodologia, para em seguida abordar a estrutura do capítulo argumentando a respeito do conteúdo dos tópicos.

No primeiro tópico temos a higiene do trabalho, em que o assunto condições físicas é amplamente discutido.

Em seguida, tratamos de saúde no trabalho, abordando a respeito de ergonomia e saúde mental na empresa.

O terceiro expõe os aspectos referentes à segurança do trabalho, se desdobrando em conceituação, acidentes e segurança e a questão da Cipa.

No tópico seguinte é apresentado um modelo para a elaboração do diagnóstico sobre higiene e segurança no trabalho.

Para finalizar, temos as Considerações finais que, de forma sucinta, faz uma apreciação sobre o tema higiene, saúde e segurança do trabalho.

8.1 Higiene do trabalho

A atividade de Higiene do Trabalho (HT), no contexto da gestão de RH, inclui uma série de normas e procedimentos tendo em vista, essencialmente, *a proteção da saúde física e mental do empregado*, procurando resguardá-lo dos riscos de saúde relacionados ao exercício de suas funções e com o ambiente físico onde o trabalho é executado.

Igualmente denominada "Higiene industrial", a HT é, hoje, aceita como uma ciência do reconhecimento, avaliação e controle dos riscos à saúde, na empresa, tendo em vista a prevenção das doenças ocupacionais.

A Consolidação das Leis do Trabalho (CLT), em seu Capítulo V, Seção I, preceitua:

Art. 157 – Cabe às empresas:
I. Cumprir e fazer cumprir as normas de segurança e medicina do trabalho;
II. Instruir os empregados, através de ordens de serviço, quanto às precauções a tomar para se evitar acidentes do trabalho ou doenças ocupacionais;
III. Adotar as medidas que lhes sejam determinadas pelo órgão regional competente;
IV. Facilitar o exercício da fiscalização pela autoridade competente.

Entre as finalidades da Higiene do trabalho, de acordo com Hilton Baptista (s. d., p. 15), destacam-se:

- eliminação das causas das doenças profissionais;
- redução dos efeitos prejudiciais provocados pelo trabalho em pessoas doentes ou portadores de defeitos físicos;
- prevenção do agravamento de doenças e de lesões;
- manutenção da saúde dos trabalhadores e aumento da produtividade por meio de controle do ambiente de trabalho.

Os objetivos anteriores podem ser perfeitamente atingidos, conforme Hilton Baptista (s. d., p. 15), por intermédio das seguintes providências:

- pela educação dos operários, chefes, capatazes, gerentes etc., indicando os perigos existentes e ensinando como evitá-los;
- mantendo constante estado de alerta contra os riscos existentes na fábrica; e pelos estudos e observações dos novos processos ou materiais a serem utilizados.

8.1.1 Condições físicas de trabalho

O processo de HT envolve, paralelamente, a análise e o controle das condições de trabalho da organização as quais influenciam o comportamento humano.
Basicamente, a HT se preocupa com as condições de natureza física do trabalho, a saber:

Temperatura

Como é sabido, o metabolismo do corpo humano leva, necessariamente, à produção de calor. Este, em excesso, deve ser eliminado pelo indivíduo através de seus mecanismos biológicos próprios.
Dessa forma, nosso organismo, eliminando calor em excesso, mantém o equilíbrio térmico com o ambiente. O sistema de trocas térmicas constitui o recurso pelo qual o organismo busca atingir esse equilíbrio.
No que tange à temperatura no local de trabalho, a CLT aponta o seguinte procedimento:

Art. 176 – Os locais de trabalho deverão ter ventilação natural, compatível com o serviço realizado. Parágrafo único – A ventilação artificial será obrigatória sempre que a natural não preencha as condições de conforto térmico.

Efeitos do calor sobre a produtividade do empregado

O grau de calor sofre variações com base no trabalho executado pelo empregado. Dada tal relação, a temperatura ambiental exerce sobre as pessoas que executam tarefas mais pesadas – trabalho em minas, no subsolo, por exemplo – maior influência do que sobre os funcionários que trabalham em escritório, por exemplo.

Estudos físicos e biológicos comprovaram que, exposto por muito tempo a temperaturas elevadas, o ser humano pode ter sua saúde gravemente afetada. Os recursos naturais utilizados pelo homem tendo em vista aumentar a circulação periférica, para melhor dissipar o calor interno do organismo, obrigam o sistema cardiovascular a um trabalho forçado, o que pode vir a causar cardiopatias sérias.

Paralelamente, é sabido que o suor excessivo leva ao desequilíbrio orgânico, com perda de água, sal, potássio, entre outros elementos bioquímicos. Essa perda precisa ser permanentemente reposta, pois é necessário que o ser humano, sob condições térmicas desconfortáveis, beba 150 ml de água a cada 20 minutos (a uma temperatura de aproximadamente 15 °C) e receba um grama de cloreto de sódio para cada litro de água ingerido.

Iluminação

A legislação obriga a empresa a manter condições mínimas de iluminação nos locais de trabalho, conforme preceitua a CLT em sua Seção VII (Da Iluminação):

> Art. 175 – Em todos os locais de trabalho deverá haver iluminação adequada, natural ou artificial, apropriada à natureza da atividade. § 1º – A iluminação deverá ser uniformemente distribuída, geral e difusa, a fim de evitar ofuscamentos, reflexos incômodos, sombras e contrastes excessivos.

Os níveis de iluminação dos locais de trabalho, em função de cada tipo de atividade, são definidos pela ABNT, conforme determina o Art. 181 da CLT:

> Art. 181 – Os que trabalharem em serviços de eletricidade ou instalações elétricas devem estar familiarizados com os métodos de socorro aos acidentados por choque elétrico.

A Norma NB-57/58, da ABNT, busca responder à questão central:

> Quanto de iluminação deve ser proporcionado a determinada atividade?

O nível de iluminação para determinado tipo de atividade leva em conta dois aspectos:
- desempenho visual;
- conforto visual.

Luminárias

A. Finalidades

Os principais objetivos da luminária no ambiente de trabalho são:
- Possibilitar adequada distribuição de luz.
- Evitar o ofuscamento.
- Proteger as fontes contras as agressões mecânicas e físicas.
- Proporcionar um ambiente decorativo.

B. Formas de luminárias

B.1. Direta

Nesse tipo de luminária, a luz incide diretamente sobre a superfície iluminada. A iluminação direta é mais eficaz sobre determinada área, possibilitando um aproveitamento máximo da energia consumida.

Como desvantagem, a iluminação direta pode provocar ofuscamento desconfortável, obrigando a utilização de protetores sobre os olhos. Abaixo um exemplo ilustrativo de iluminação direta:

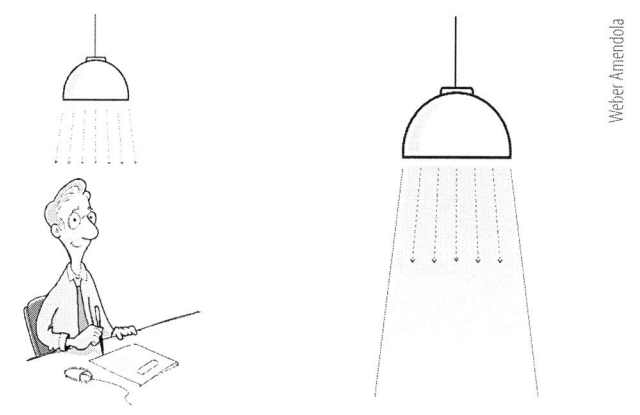

Figura 8.1 — Exemplo de iluminação direta.
Fonte: Com base em Verdussen, 1978, p. 90.

B.2. Semidireta

Trata-se de uma forma de iluminação combinando a luz direta vinda da luminária com uma quantidade razoável de luz oriunda das paredes, equipamentos e teto, como mostra o esquema a seguir:

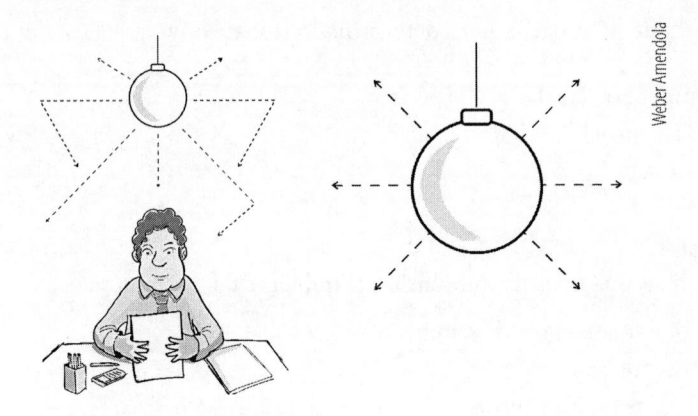

Figura 8.2 — Exemplo de iluminação semidireta.
Fonte: Com base em Verdussen, 1978, p. 91.

B.3. Indireta

A iluminação indireta faz a luz incidir sobre a superfície a ser iluminada por meio da reflexão sobre paredes e tetos. É a forma de iluminação mais antieconômica que existe, com consumo elevado de energia comparativamente a outros tipos de iluminação. A luz fica oculta da vista por alguns dispositivos ou anteparos opacos, como mostra a figura a seguir:

Figura 8.3 — Exemplo de iluminação indireta.
Fonte: Com base em Verdussen Verdussen, 1978, p. 92.

Ruído

A palavra "ruído" é normalmente associada à expressão "poluição sonora", a qual, por sua vez, tornou-se bastante familiar à nossa civilização, principalmente com o crescimento desordenado das grandes cidades e a expansão tecnológica: aviões, automóveis, trens, máquinas e outros. Diante desses avanços reais, o homem deve buscar meios para que possa amenizar os efeitos danosos dos ruídos em excesso, pois estes poderão levar à perda gradual da audição.

Medição do som

Pesquisas desenvolvidas nessa área demonstram que as características físicas do som são identificadas em termos de frequência e de intensidade.

A frequência do som é manifestada em ciclos por segundos (CPS) ou em Hertz (Hz); os dois termos se equivalem.

Por sua vez, a intensidade do som é medida em escala de decibéis (dB), constituindo-se em uma tabela logarítmica, a qual justifica o fato de que uma diferença de dez dB em intensidade projeta, na verdade, uma diferença dez vezes maior em intensidade de som.

O Quadro 8.1 indica alguns dos níveis de sons mais comuns de nosso dia a dia.

Quadro 8.1 — Níveis de som recomendados

Ambiente	Nível de som, em dB	
	Normal	Máximo
1. Bancos	55	60
2. Cinemas	35	40
3. Edifícios públicos	55	60
4. Escritórios em geral	60	70
5. Escritórios privados (sem tratamento acústico)	43	50
6. Estúdio de rádio ou cinema	14	20
7. Fábricas	77	90
8. Hospitais	40	55
9. Igrejas	30	55
10. Lojas em geral (pavimento térreo)	60	70
11. Lojas (pavimentos superiores)	50	55
12. Lojas pequenas	50	60
13. Museus e bibliotecas	40	45
14. Residências e apartamentos	40	48
15. Restaurantes	60	70
16. Salão de jantar de hotéis	50	60
17. Teatros	30	35

Fonte: Verdussen, 1978, p. 135.

Pesquisas efetuadas por especialistas em acústica indicam grande impacto dos níveis altos de ruídos sobre a audição do empregado, considerando-se que o nível máximo de intensidade de ruído em um ambiente de trabalho é de 85 decibéis (Portaria nº 491, de 16/09/1965, do Ministério do Trabalho.)

De sua parte, o Anexo nº 1, da Norma Regulamentar (NR) 15, "Atividades e Operações Insalubres", conforme Portaria nº 3.214, de 08/08/1978, do Ministério do Trabalho, apresenta os seguintes limites de tolerância para ruídos contínuos ou intermitentes:

Quadro 8.2 — Limites de tolerância ao ruído

Nível de ruído dB(A)	Máxima exposição diária permissível
85	8 horas
86	7 horas
87	6 horas
88	5 horas
89	4 horas e 30 minutos
90	4 horas
91	3 horas e 30 minutos
92	3 horas
93	2 horas e 40 minutos
94	2 horas e 15 minutos
95	2 horas
96	1 hora e 45 minutos
98	1 hora e 15 minutos
100	1 hora
102	45 minutos
104	35 minutos
105	30 minutos
106	25 minutos
108	20 minutos
110	15 minutos
112	10 minutos
114	8 minutos
115	7 minutos

8.2 Saúde no trabalho

8.2.1 Ergonomia

> A principal finalidade da ergonomia consiste em harmonizar a relação homem-máquina, adaptando esta às peculiaridades daquele que a opera.
> *Colin Palmer* (ergonomista inglês)

Também denominada "Engenharia dos Fatores Humanos", a ergonomia constitui-se o processo que busca a elaboração de projetos que têm como finalidade *diminuir ao máximo o esforço do empregado no manuseio de seus instrumentos de trabalho* — máquinas, equipamentos, ferramentas, mobiliário etc.

Ergonomia é um vocábulo de origem grega: "erg" = trabalho + "nomos" = leis, ou seja, literalmente — "as leis que regem o trabalho". Desse modo, é considerado um estudo científico do ser humano relacionado com o seu ambiente de trabalho.

Emprego da ergonomia

O relacionamento entre o operador e a máquina envolve não somente o ajustamento do primeiro à última, como, principalmente, a adaptação da máquina ao trabalhador.

Tanto o operário como o componente físico de suas tarefas têm características específicas e que exigem tratamento diferenciado para cada situação de trabalho. De modo geral, o especialista em ergonomia desenvolve o seguinte esquema de atuação:

1. Estuda detidamente o cargo, verificando o que o operador precisa fazer (consultar o capítulo dedicado à Administração de cargos e salários).
2. Considera em primeiro lugar aquilo que o trabalhador tem de ver e ouvir para informar-se sobre as condições ambientais do trabalho — máquinas e materiais; em segundo lugar, os controles, isto é, todas as partes sobre as quais o operador exerce força muscular a fim de modificar o estado da máquina; e, finalmente, em terceiro lugar, o "ambiente de trabalho".
3. Especifica os requisitos indispensáveis ao projetar um sistema de mostradores e controles.
4. Verifica a validade do novo sistema.
5. Prevê os resultados prováveis de qualquer inovação que seja recomendada.

Quanto ao ocupante do cargo, o êxito da ergonomia pode ser avaliado em função das respostas às seguintes questões:

1. A posição do operador é confortável?
2. Se a posição é confortável, ótimo; mas será que não é necessária grande quantidade de força para a operação?
3. O operador pode alcançar todos os controles sem se esticar totalmente sobre a máquina?

4. O trabalho de manutenção pode ser realizado por alguém que não seja um contorcionista?
5. O manual de instruções está redigido em linguagem acessível ao operador?
6. Os controles de emergência estão próximos da posição normal de trabalho?

Essencialmente, a ergonomia se ocupa de duas áreas em sua ação, a saber: área instrumental e área de espaço de trabalho.

Área instrumental

Esse campo da ergonomia inclui os seguintes tipos de recursos: mostradores e controles.

Mostradores – que se apresentam, principalmente, em duas modalidades: *estáticos* e *dinâmicos*.

- mostradores estáticos: sinais fixos, material impresso, rótulos etc.
- mostradores dinâmicos: relógios, velocímetros, rádios etc.

Os mostradores têm por finalidade transmitir informação:

- **Quantitativa** – referindo-se a valores como: peso, pressão, distância etc.
- **Qualitativa** – referindo-se a valores aproximados de variável contínua, ou uma indicação de tendência, taxa de mudança etc. tal como níveis de temperatura, por exemplo.
- **Verificação** – referindo-se à indicação de variável contínua inconstante ou que está dentro de uma faixa de amplitude considerada normal e aceitável.
- **Alfanumérica ou simbólica** – referindo-se à indicação de situações nas quais se deve ter atenção e obedecer, como placas de trânsito.

A figura a seguir reproduz um exemplo de mostrador dinâmico:

Figura 8.4 – Mostrador semicircular, abrangendo 180з.
Fonte: Com base em Verdussen, 1978.

Seguem outros exemplos de mostradores dinâmicos:

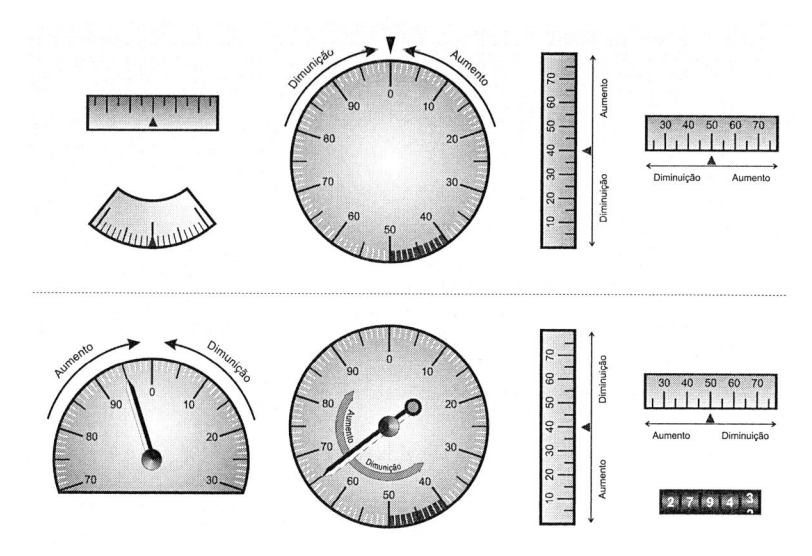

Figura 8.5 – Mostradores com escalas numéricas visuais.
Fonte: Com base em Palmer, 1976, p. 107.

É por meio dos instrumentos de controle que são acionados sistemas ou transmitidas informações. São exemplos desses controles: pedais, alavancas, manivelas, botões etc.

Qualquer que seja o tipo de controle ergonômico, este deve ser de fácil acesso ao operador e perfeitamente adaptado às partes do corpo – pés, mãos, dedos etc. – que irão acioná-lo. A Figura 8.6 reproduz alguns tipos de controles:

Figura 8.6 – Exemplos de tipos de controles ergonômicos.

Na verificação dos instrumentos de controle ergonômico deve-se levar em conta os seguintes aspectos:

- visão imediata de qual é a situação indicada pela posição dos controles – por exemplo: se ligado ou desligado;
- leitura do mostrador livre e acessível independente da mão de controle;
- parada ou interrupção de movimento indicada pela posição zero;
- identificação e reconhecimento dos controles por meio de diferenças na forma, cor, tamanho.

Área de espaço de trabalho

Assentos – consistem no espaço de trabalho projetado pelo ergonomista que deve ser considerado, fora situações absolutamente excepcionais, para a colocação de um banco ou cadeira para o colaborador.

A Medicina do Trabalho reconhece que se um funcionário permanecer em pé, praticamente imóvel, muitas horas seguidas, corre sérios riscos quanto ao aparecimento de varizes, aumento acentuado da fadiga e queda na produtividade.

A CLT, em seu Artigo 199, determina:

> Art. 199 – Será obrigatória a colocação de assentos que assegurem postura correta ao trabalhador, capazes de evitar posições incômodas ou forçadas, sempre que a execução da tarefa exija que trabalhe sentado.

Mais recentemente, ortopedistas, fisiologistas e anatomistas vêm estudando em profundidade as sensações de conforto e desconforto do empregado ao sentar-se para executar suas tarefas.

Nessa linha de pesquisa, há algum tempo, a Rhodia e a Fundacentro, órgão do Ministério do Trabalho que atua na prevenção de acidentes e doenças profissionais, realizaram em conjunto um estudo antropométrico envolvendo 300 dos 1.200 funcionários administrativos da mencionada empresa. A Figura 8.7 mostra a relação "corpo-cadeira", buscando medir as relações entre o corpo humano e o posto de trabalho.

Objetivos do assento – proporcionar ao indivíduo postura adequada e estável, conforto, relaxamento muscular e alívio do peso durante a execução do trabalho.

Além dos assentos, outros aspectos das instalações na área de espaço de trabalho devem merecer a atenção e os cuidados do ergonomista, levando-se em conta as medidas físicas dos operários e a adaptação dos membros do corpo. São as mesas, bancadas, superfícies de trabalho horizontais e verticais e a localização e o arranjo físico de controles, instrumentos e materiais.

A relação corpo-cadeira
(a cadeira antropométrica da Fundacentro permite tirar dez medidas da relação entre o corpo humano e o posto de trabalho)
1. Assento-pé Distância vertical entre a sola do sapato e a superfície do assento – determina a altura correta dos assentos.
2. Sacro-poplítea Distância entre a cavidade poplíteal e o ponto mais dorsal do tronco – determina a profundidade dos encostos.
3. Assento-cabeça Distância vertical entre o assento e o ponto mais alto da cabeça – determina a altura dos apoios para a cabeça.
4. Assento-olho Distância vertical entre o ponto mais lateral do olho na intersecção da pálpebra superior com a inferior – determina a linha de visão em relação a telas de vídeos, painéis etc.
5. Assento-ombro Distância vertical entre a superfície do assento e o ponto mais lateral do ombro – determina a altura do espaldar das cadeiras.
6. Assento-cotovelo Distância vertical entre o plano do assento e o cotovelo, com o braço na vertical e o antebraço na horizontal – determina a altura dos braços das poltronas.
7. Assento-altura da coxa Distância vertical entre o assento e a parte mais alta da coxa, junto ao abdômen – determina a distância entre o plano do assento e a altura do vão de entrada para as pernas.
8. Poplítea-extremidade do joelho Distância horizontal entre a cavidade poplíteal e o ponto mais anterior do joelho – determina espaços mínimos para o joelho.
9. Comprimento do pé Distância horizontal entre o calcanhar e o ponto do calçado – determina a dimensão dos apoios para os pés.
10. Largura do pé Distância horizontal entre os pontos laterais do calçado – determina a largura mínima para apoio dos pés.

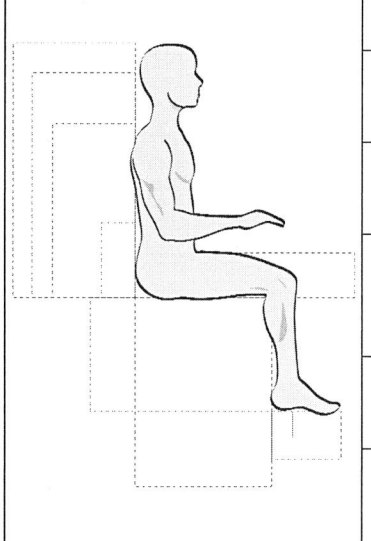

Figura 8.7 – Medidas de assento antropométrico.
Fonte: Com base em Fundacentro/Rhodia.
Fonte: Com base em Revista *Exame*, edição de 19 ago. 1987, p. 93.

A Figura 8.8 apresenta sugestões de dimensões para cadeiras industriais:

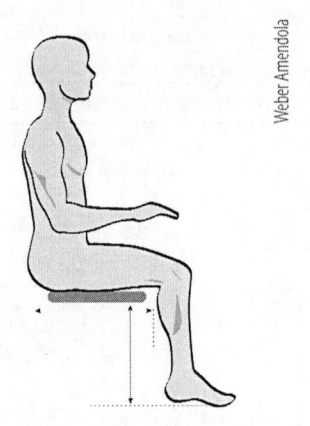

Figura 8.8 – Dimensões recomendadas para cadeiras industriais.
Fonte: Com base em Palmer, 1976, p. 143.

A questão dos painéis

Painel de instrumentos – projetado pelo ergonomista de forma que distorções prejudiciais sejam evitadas durante a operação de mostradores e de controles singulares e especialmente desenvolvidas para atender à determinada finalidade. Entre as distorções passíveis de ocorrer, o ergonomista necessita:

- analisar em profundidade como os controles e mostradores deverão ser acionados pelo operador;
- ordenar a colocação desses instrumentos de modo a orientar o trabalhador a identificá-los e a manuseá-los com rapidez, facilidade e segurança.

A disposição dos instrumentos em um determinado painel ocorre de duas maneiras: disposição de sequência fixa e disposição de acordo com suas funções.

Disposição de sequência fixa – para as situações em que as tarefas seguem sempre a mesma série, os instrumentos devem ser ordenados no painel de maneira fixa. O exemplo mais simples de disposição de instrumentos fixos é o painel do automóvel, cujo encadeamento é mostrado na figura à direita.

Disposição de acordo com suas funções – há inúmeros instrumentos que não precisam ser manuseados sempre na mesma ordem. Quando isso ocorre, os controles e mostradores devem ser agrupados de acordo com suas funções, colocando-se os mais utilizados e importantes em posições adequadas e confortáveis.

A Figura 8.9 mostra duas formas de painéis de paredes contendo disposições adequadas e inadequadas de instrumentos:

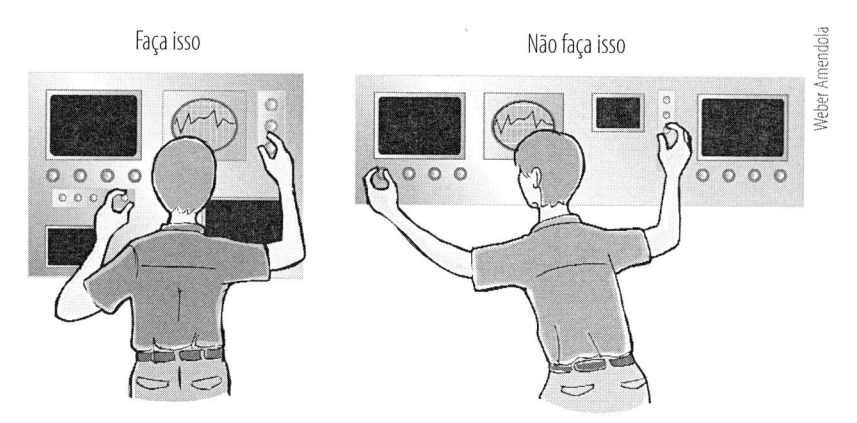

Faça isso — Não faça isso

Figura 8.9 – Disposição correta (à esquerda) e incorreta (à direita) e em desacordo com as funções.
Fonte: Com base em McCormick e Tiffin, 1977, v.3, p. 33.

8.2.2 Saúde mental na empresa

A relação entre saúde mental e o trabalho é assunto pouco estudado e pesquisado no Brasil. De outro modo, o alcoolismo, o consumo de drogas, o surgimento de fobias e doenças psicossomáticas – úlceras, gastrites, hérnia de hiato, problemas cardíacos etc. – são alguns dos distúrbios que podem se manifestar em virtude de desajustes mentais do indivíduo em seu ambiente de trabalho.

Embora o tema de saúde mental na organização não seja debatido em nosso meio com a ênfase necessária, um relatório da Organização Mundial de Saúde (OMS) de 1985 informava que "entre 1% a 3% do Produto Nacional Bruto dos Estados Unidos era perdido anualmente em razão da queda da produtividade e absenteísmo causados por problemas emocionais no trabalho".

Esse mesmo relatório cita pesquisa demonstrando que "os problemas de extenuação nervosa pelo trabalho atingem 53,8% dos executivos, 56,9% dos técnicos de nível superior, 15,3% dos trabalhadores qualificados não braçais e 10% dos trabalhadores braçais" (*FSP*, 1987).

É sabido que o trabalho, em si, é um fator extremamente importante para a saúde de muitas pessoas, promovendo a realização do indivíduo em seus vários níveis, mas, por outro lado, pode constituir um fator desencadeante de uma série de problemas psíquicos.

Assim, a relação existente entre a saúde mental e o trabalho depende, entre outros, das características intrínsecas do cargo – risco de vida, monotonia, nível de ruído etc. –, ambiente de trabalho, ambiente familiar e aspectos sociais, culturais, políticos e econômicos do país.

Causas principais dos desajustes

Entre as causas que podem prejudicar psiquicamente a relação do funcionário com seu trabalho, estão:

- dificuldades de relacionamento entre os vários níveis hierárquicos da empresa;
- posições ambíguas do funcionário – poder sobre subordinados e submissão a superiores;
- limitação da criatividade no trabalho.

Algumas empresas começam a se preocupar com os efeitos de distúrbios mentais, como o alcoolismo e consumo de drogas.

Certas medidas podem ser adotadas pela organização para melhorar as condições de trabalho, como programação de atividades de lazer durante o período de serviço para certas profissões problemáticas (digitação, operários da linha de produção contínua etc.).

Ao mesmo tempo, a empresa deve tomar algumas providências capazes de diminuir os desajustes profissionais, tais como:

- definir melhor o papel do empregado no processo de produção;
- estimular a participação do funcionário na estrutura organizacional, conforme estudaremos no volume 2;
- melhorar as relações de trabalho;
- preparar o empregado para melhor aceitar novos métodos e técnicas de trabalho.

8.3 Segurança no trabalho

Conforme *site* da Fetraconspar, as estatísticas apontam que mais de 2.800 trabalhadores morrem por ano em razão de acidentes de trabalho. Em 2006 ocorreram 503 mil acidentes de trabalho, o que significa um acidente a cada cinco minutos e uma morte a cada três horas.

8.3.1 Conceituação

À luz da gestão de RH, de acordo com Chiavenato (1980, p. 165), a segurança do trabalho é identificada como o "[...] conjunto de medidas técnicas, educativas, médicas e psicológicas empregadas para prevenir acidentes, quer eliminando as condições inseguras do ambiente, quer instruindo ou convencendo as pessoas de práticas preventivas".

A segurança do trabalho, como instrumento de prevenção de acidentes na empresa, deve ser considerada, ao mesmo tempo, um dos fatores decisivos do aumento da produção.

Se levarmos em conta que os acidentes apresentam um peso extremamente negativo no processo produtivo, ocasionando perdas totais ou parciais da capacidade humana de trabalho e de equipamentos, máquinas, ferramentas etc., poderemos melhor entender a importância e o alcance da segurança do trabalho.

8.3.2 Acidentes e segurança

Pautados em pesquisas, podemos considerar que o acidente, em termos de gestão de pessoas, é um acontecimento não planejado e não controlado, em que a ação ou reação de um objeto, substância, radiação ou indivíduo resulta em um acidente pessoal ou na sua probabilidade.

Como se torna impraticável identificar e registrar o comportamento que poderia ter provocado o acidente ou lesão, os acidentes são encarados como ocorrências em que se manifestam lesões físicas, as quais, geralmente, constituem acidentes pessoais.

Causas de acidentes

Do ponto de vista puramente preventivo, podemos identificar a causa do acidente como todo fator que, se não for removido a tempo, vai conduzir inevitavelmente ao acidente propriamente dito.

Embora os acidentes não sejam inevitáveis e não se manifestem por acaso, eles são provocados e, por isso mesmo, podem e devem ser prevenidos por meio da eliminação de suas causas.

Há dois tipos de fatores na manifestação das causas de acidentes, ou seja: fatores pessoais e fatores materiais ou situacionais.

Fatores pessoais – dependendo do próprio indivíduo, os fatores podem ser divididos em: características pessoais, tendências predispostas do comportamento, tipos de comportamento em circunstâncias específicas e incidência de comportamento específico de acidente, como se vê no Quadro 8.3.

Quadro 8.3 – Fatores individuais que podem influenciar a incidência de acidentes do trabalho

Características pessoais	Tendências predispostas do comportamento	Tipos de comportamento em circunstâncias específicas	Incidência de comportamento específico de acidente
Personalidade Inteligência Motivação Aptidões sensoriais Aptidões motoras Experiência etc.	Atitudes e hábitos indesejáveis Falta de habilidades específicas Tendência de assumir risco etc.	Desatenção Esquecimento Percepção errada Malogro em seguir procedimentos Desempenho inadequado Aceitação de risco excessivo etc.	Coeficiente de probabilidade de comportamentos de acidente do indivíduo

Fonte: McCormick e Tiffin, 1977, v. 3, p. 108.

Fatores materiais ou situacionais – são os que decorrem das condições dos locais de trabalho, podendo ser divididos em: características gerais da situação, características predispostas da situação, incidência do comportamento de acidente e probabilidade de coeficiente "normal" de comportamento de acidente.

Os fatores materiais decorrem das condições dos locais de trabalho. O quadro a seguir mostra alguns desses fatores:

Quadro 8.4 – Fatores materiais que podem influenciar o coeficiente de acidentes

Características gerais da situação	Características predispostas da situação	Incidência do comportamento de acidente	Probabilidade de coeficiente "normal" de comportamento de acidente
Presença de agentes potencialmente causadores de acidentes Equipamento físico e arranjo Objetos móveis Ambiente etc.	Probabilidade de circunstâncias provocadoras de acidentes, tais como falha no equipamento, coincidência de eventos ou circunstanciais etc.	Probabilidade de coeficiente "normal" de comportamento de acidente	Efeitos combinados de: 1. Probabilidades de circunstâncias provocadoras de acidentes; 2. Coeficiente "normal" de comportamento de acidente.

Fonte: Fortes, 1990, p. 129-130.

Devemos ressaltar o fato de que, de modo geral, o acidente não é provocado por determinada causa isolada, mas sim por atos e condições inseguros que encadeiam o processo e provocam o acidente.

Em termos de prevenção de acidentes, as condições inseguras e os atos inseguros são igualmente importantes na gênese dos acidentes, devendo-se dar, em consequência, igual importância à remoção dos dois tipos de causas, ao contrário do que se costuma pensar a respeito.

8.3.3 Cipa

A Comissão Interna de Prevenção de Acidentes (Cipa) é uma imposição legal, cujo texto da CLT é:

> Art. 163 – Será obrigatória a constituição da Comissão Interna de Prevenção de Acidentes – Cipa, de conformidade com instruções expedidas pelo Ministério do Trabalho, nos estabelecimentos ou locais de obra nelas especificadas.
>
> Parágrafo único – O Ministério do Trabalho regulamentará as atribuições, a composição e o funcionamento das Cipas.

A Cipa tem sido um recurso de extrema valia para prevenir e combater acidentes no trabalho, envolvendo, entre outras, as seguintes atividades:

- Orientação no combate ao fogo, bem como na utilização de protetores, equipamentos de segurança e outros instrumentos destinados a prevenir acidentes no local de trabalho.
- Treinamento de equipes no combate a acidentes do trabalho.
- Controles na aplicação de medidas de segurança, sejam elas em virtude de lei, ou determinadas pela empresa.
- Encaminhamento à diretoria de empresa sugestões e planos de trabalho que visem diminuir e até eliminar acidentes.

Combate ao fogo

Um dos grandes provocadores de acidentes e de vítimas é a manifestação do incêndio sob várias formas: classe A, classe B e classe C.

Incêndio classe A – são os originários de combustíveis que têm a propriedade de queimar em sua superfície e profundidade deixando resíduos. Para ser debelado, torna-se necessário seu resfriamento e penetração de agente extintor.

Figura 8.10 – Exemplo de combustíveis da classe A (algodão, papel, madeira, couro, cereais).

Incêndio classe B – são os originários de combustíveis líquidos, que queimam apenas na superfície, não deixando resíduos. Sua extinção é feita por meio de abafamento, isto é, isolando o suprimento de oxigênio.

Figura 8.11 – Exemplo de combustíveis da classe B (gasolina, querosene, álcool, acetona, graxa, tinta, parafina, tiner).

Incêndio classe C – são os que ocorrem em equipamentos elétricos com "energia", caracterizando-se por oferecerem riscos a quem irá combatê-los.

Para sua extinção, é necessário um extintor que não conduza eletricidade. Quando a rede elétrica é desligada, não havendo mais energia, o incêndio passa a ser de classe A.

Figura 8.12 – Incêndios em equipamentos elétricos com "energia" (computadores, televisões, motores, caixas de energia

O Quadro 8.5 mostra os vários tipos de extintores aplicados às classes A, B e C de incêndio:

Quadro 8.5 — Quadro comparativo entre classes de incêndios e tipos de extintores

Extintores / Classe de incêndio	Água	Espuma	Carga líquida	CO_2*	PQS*
Classe "A"	Sim	Não	Sim	Não	Não
Classe "B"	Não	Sim	Não	Sim	Sim
Classe "C"	Não	Não	Não	Sim	Sim
Métodos de extinção	Resfriamento	Abafamento	Resfriamento	Abafamento	Abafamento
Funcionamento	Abrindo a válvula do cilindro de gás, ou através de sistema de percussão, pressão injetada e pressurizada.	Invertendo o extintor	Invertendo o extintor	Retirando o pino de segurança e acionando o gatilho.	Abrindo a válvula do cilindro de gás ou acionando gatilho, pressão injetada ou pressurizada.

* O extintor tipo CO_2 é à base de dióxido de carbono ou gás carbônico. O tipo "PQS" significa extintor de pó químico seco.

8.4 Diagnóstico sobre higiene e segurança no trabalho

Diagnóstico: Higiene e segurança

1. Normalmente, as condições de temperatura no ambiente de trabalho são adequadas?
   ( ) Sim.   ( ) Não. Por quê?..
2. O sistema de iluminação no trabalho é eficiente?
   ( ) Sim. De que tipo?
      ( ) direta;
      ( ) semidireta;
      ( ) indireta;
   Outros. Quais? ....
   ( ) Não.   Por quê? ....
   O que pode ser feito para melhorá-lo? ....
3 A empresa controla constantemente os índices de acidentes de trabalho?
   ( ) Sim. Como é feito o controle? .... ( ) Não. Por quê?........................

4. Como são atendidos os acidentes de trabalho? ....
5. São adequadas as instalações de proteção de equipamento e de prevenção de acidentes e de incêndio?
   ( ) Sim.   ( ) Não. Por quê? ....
6. A empresa possui Cipa?
   ( ) Sim. Como são escolhidos os seus membros? ....
   ( ) Não. Por quê? ....
7. Como está constituída e quais são as atividades que a Cipa vem desenvolvendo? ....
   ....
8. Quais são as medidas adotadas no que diz respeito à segurança dos operadores em seu trabalho?
   ( ) adotam equipamentos de proteção para o corpo;
   ( ) evitam o uso de adornos e objetos pendentes;
   ( ) evitam doenças profissionais;
   ( ) outras medidas. Quais? ....

Fonte: Fortes, 1990, p. 129-130.

8.5 Considerações finais

Como vimos, tivemos a oportunidade de discorrer sobre higiene, saúde e segurança no trabalho, observando os mais variados aspectos, nos quais métodos, técnicas e processos estão inseridos, procurando trazer uma situação mais confortável para todos, se as funções forem desempenhadas seguindo as recomendações de ordem técnica.

Todas as funções visam proteger a empresa e seus colaboradores, preservando a vida e a saúde, permitindo que as atividades transcorram sem sobressaltos.

O planejamento das atividades e o treinamento prático de todos os que estão direta ou indiretamente envolvidos é importante tanto para o próprio interessado como para os demais componentes.

Preservar a vida humana é algo do maior valor. Saber que a empresa dispõe de um contingente preparado e capaz de resolver os problemas referentes a situações indesejadas, com a utilização de conhecimentos, habilidades, experiência, máquinas e equipamentos apropriados com eficiência e eficácia, logo, com competência, é o que todos, sem exceção, esperam.

8.6 Exercícios, perguntas, questionário e gabaritos

Exercício nº 1

Assunto: Condições físicas de trabalho

Embora você não disponha de aparelhos especiais para aferir os níveis de ruído à sua volta, pode ter condições mínimas de identificar os índices de temperatura e iluminação em seu ambiente de trabalho.

Procure verificar como andam esses índices, buscando meios para diminuir a intensidade quanto à temperatura e melhoria dos níveis de iluminação, se for o caso.

Exercício nº 2

Assunto: Ergonomia

A divisão industrial de uma importante produtora de bens de consumo (alimentos) procedeu a uma cuidadosa pesquisa sobre o mobiliário – assentos e bancadas – da seção de triagem de produtos semiacabados, onde trabalham perto de 30 operárias, as quais passam muitas horas sentadas. Com a assistência de uma empresa especializada, chegou-se à conclusão de que o mobiliário precisaria ser substituído, tendo em vista o conforto das funcionárias e o consequente aumento da produtividade.

A direção da empresa, examinando o assunto, autorizou a divisão industrial a comprar o mobiliário necessário pelo menor preço do mercado.

Por sua vez, a divisão industrial considerou os móveis "padronizados" disponíveis no mercado como inadequados para o uso das operárias, criando-se com isso um impasse com a direção geral da organização.

Na condição de gerente industrial da empresa acima, como você argumentaria para convencer a direção sobre a necessidade de adquirir mobiliário ergonômico para as funcionárias em questão?

Perguntas para reflexão

1. Por que, em sua opinião, muitos empresários não levam em conta a abordagem ergonômica em suas relações com a força de trabalho?
2. O que deveria ser feito para reverter tal quadro?
3. No atual quadro recessivo e de instabilidade econômica do país, qual deve ser a posição do empresário face à problemática da saúde mental de seus empregados?
4. A legislação trabalhista no Brasil – Constituição, CLT etc. – contribui para que o empresário tenha uma melhor consciência de suas responsabilidades sociais no ambiente de trabalho? Por quê?

Exercício nº 3

Assunto: Autoavaliação emocional

O Dr. Hudson de Araújo Couto, médico do trabalho, apresenta interessante questionário de autoavaliação destinado ao levantamento de seu comportamento emocional à luz das dez principais formas de vulnerabilidade ao estresse.

Procure responder às questões abaixo, não só com base no seu relacionamento profissional, como também na visão de seus grupos de referência – trabalho, lazer, universidade, amizades etc.

O gabarito do exercício a seguir se encontra no final deste capítulo.

Exercício nº 4

Assunto: Acidentes no trabalho

Recentemente, uma indústria conceituada e que investe somas consideráveis em matéria de segurança do trabalho manteve um relacionamento polêmico com o sindicato dos metalúrgicos da região onde a empresa atua.

A diretoria do mencionado sindicato passou a exigir a livre circulação de sindicalistas nos locais de trabalho da fábrica, exigência essa, no dizer do sindicato, para constatar focos de periculosidade. A organização não concordou com a "livre circulação" dos sindicalistas, afirmando que a CIPA, cujos membros são plenamente aceitos por ambas as partes, tem funcionado normalmente nos últimos anos, com significativa queda dos acidentes de trabalho.

Por sua vez, o sindicato diz que a CIPA tem "mascarado" os índices de periculosidade, principalmente depois que foram introduzidos novos métodos de trabalho mais "perigosos", pois a velocidade da linha de produção aumentou muito e os operários não têm conseguido acompanhar o ritmo industrial da fábrica.

Como responsável pela área de RH da fábrica, como você agiria no caso acima?

Questionário de autoavaliação do Capítulo 8

1. A atividade de Higiene e Segurança no Trabalho, no contexto da gestão de RH, inclui uma série de normas e ...., visando, essencialmente, à proteção da saúde ....e mental do empregado, procurando resguardá-lo dos riscos de saúde relacionados com o exercício de suas funções e o .... físico onde o trabalho é executado.

2. Em condições térmicas desconfortáveis, os especialistas recomendam o acréscimo de um determinado sal à base de um grama para cada litro de água ingerida. Como é chamado esse sal?

    Resposta: ....

3. O nível de iluminação para determinado tipo de atividade leva em conta dois aspectos: o desempenho e

    a. a cor da luminária empregada ( );

    b. o tipo de iluminação desejada ( );

    c. o conforto visual ( );

    d. o ambiente a ser iluminado ( ).

4. A intensidade do som é medida em escala de Hertz (Hz) ou cps — ciclo por segundos.

    Sim ( )   Não ( )

5. Também denominada de "Engenharia dos ....", a Ergonomia constitui-se no processo que busca a elaboração de projetos que têm como finalidade diminuir ao máximo o .... do empregado no manuseio de seus instrumentos de trabalho – máquinas, ..., ferramentas, mobiliário etc.

6. Em termos ergonômicos, os mostradores se apresentam em duas modalidades. Quais são?

    Resposta: ....

7. A chave seletora rotativa constitui-se em um exemplo de:

    a. controle ergométrico ( );

    b. mostrador ergométrico ( );

    c. mobiliário ergométrico ( );

    d. espaço ergométrico ( ).

8. Falando do ponto de vista puramente ...., pode-se identificar a .... do acidente como sendo todo fator que, se não for removido a tempo, conduzirá inevitavelmente ao .... propriamente dito.

9. O acidente, em termos de gestão de RH, é um acontecimento não planejado e não controlado.

    Sim ( )   Não ( )

10. A que classe de incêndio pertence a gasolina?

    Resposta: ....

Gabarito

1. Procedimentos .... física .... ambiente.
2. Cloreto de sódio.
3. Alternativa c.
4. Não.
5. Fatores Humanos .... esforço .... equipamentos.
6. Estáticos e dinâmicos.
7. Alternativa a.
8. Preventivo .... causa .... acidente.
9. Sim.
10. Classe B.

Veja classificação desse gabarito no final do Capítulo 1

Gabarito do exercício nº 3

Assunto: Autoavaliação emocional

Fonte: Couto, 1987, p. 26.

Se você respondeu (a) a algumas das questões ímpares e respondeu (b) a alguma das questões pares, você é vulnerável ao estresse.

Naturalmente, quanto mais respostas (a) a questões ímpares e (b) a questões pares você tiver dado, tanto mais vulnerável você é ao estresse.

Referências bibliográficas

BAPTISTA, H. *Higiene e segurança do trabalho*. Rio de Janeiro: Senai (Depto. Nacional, Divisão de Ensino e Treinamento), s. d. p. 15.

CHIAVENATO, I. *Administração de recursos humanos*. 2. ed. São Paulo: Atlas, 1980. v. 2. p. 165.

COUTO, H. de A. Stress e qualidade de vida do executivo. Rio de Janeiro: COP, 1987. p. 26.

FETRACONSPAR. 28 de Abril. Disponível em: http://www.fetraconspar.org.br/acidentes.../28_abril.htm. Acesso em: 06 ago. 2010.

FOLHA DE S.PAULO, edição de 14 jun. 1987, p. 18.

FORTES, W. G. Pesquisa institucional. São Paulo: Loyola, 1990. p. 129-130.

MACKWORTH, N. H. Researches on the measurement of human performance. Londres: Medical Research Council, Special Report Series 268, H. M. Stationery Office, 1950.

McCORMICK, E. J.; TIFFIN, J. Psicologia industrial. Trad. de Maria Heioiza Schabs Cappelalto. 2. ed. revista. São Paulo: Pedagógica e Universitária, 1977. v. 3. p. 108.

PALMER, C. Ergonomia. Trad. de Almir da Silva Mendonça. Rio de Janeiro: Fundação Getulio Vargas, 1976. p. 107.

REVISTA EXAME, edição de 19 ago. 1987, p. 93.

VERDUSSEN, R. Ergonomia e racionalização humanizada do trabalho. Rio de Janeiro: Livros Técnicos e Científicos, 1978. p. 90.

Gestão, competência, gente e ética

Objetivos do capítulo

1. Analisar o contexto de gestão por competência, estratégia, gerações e ética para uma vida profissional mais agradável.
2. Situar a área de RH como mediadora dos conflitos surgidos entre capital e trabalho nos relacionamentos entre as pessoas.
3. Se você estudar e assimilar o presente capítulo, vai estar em melhores condições de:
   a. Compreender a dinâmica das relações entre liderados e líderes no contexto social, político e econômico;
   b. Assumir postura mais realista no trato dos problemas de relacionamento.

> A educação tem raízes amargas, mas os seus frutos são doces. (...) O começo de todas as ciências é o espanto de as coisas serem o que são.
> *Aristóteles*

Introdução

Neste capítulo, embora de maneira simples, procuramos estabelecer contato com um conjunto de aspectos inter-relacionados que estão presentes, cada qual, nos demais, ou seja, para se falar de um deles teríamos de, obrigatoriamente, mencionar os outros.

O *objeto de estudo* é uma tentativa de trazer um conjunto de assuntos que se relacionam e que trata de gestão, competência, gente e ética, procurando particularizar a abordagem tanto pela aplicação ao órgão chamado por muitos de Recursos Humanos, como também à empresa como um todo.

Como *objetivo*, o capítulo recomenda que sejam observados com atenção os variados aspectos dos quais é portador para que se possa assumir uma postura diferenciada da atual em nossas atividades futuras.

A razão desse capítulo evidencia-se no aspecto do que é apresentado como *problema* com o seguinte questionamento: é passível de materialização a gestão com a utilização prática da ética em todos os momentos, mesmo ao lidarmos com pessoas de diferentes gerações e maneiras diversas de agir e se comportar para que se transformem em pessoas competentes em todas as ocasiões?

Como *justificativa*, podemos imaginar que o relacionamento entre profissionais, líderes, liderados, clientes, consumidores e acionistas deverá evoluir para uma situação ainda não vivenciada pela grande maioria.

As competências, dos profissionais e da empresa, aliadas a uma gestão consciente, composta por pessoas de várias gerações que se relacionam com ética, oferecem, por *hipótese*, a oportunidade de se desenvolver processos inusitados que podem trazer novas perspectivas de vida e de benefícios para todos aqueles que estiverem envolvidos com o projeto.

Nesse caso, fica evidenciado que os processos – *variáveis* –, de certa forma, representam fatores causadores das mudanças passíveis de serem observadas, em seus efeitos, na evolução e progresso do projeto em andamento.

A elaboração do capítulo exigiu como *metodologia* a realização de uma pesquisa bibliográfica de caráter teórico, levando-se em conta diversos autores em seus esforços nos estudos das teorias e dos conhecimentos aplicados ao ser humano.

A Introdução coloca em evidência, como acabamos de constatar, o objeto de estudo, objetivo e outros aspectos, e finaliza com a estrutura do trabalho, informando como este foi elaborado e desenvolvido e o que, em resumo, contém cada tópico.

O primeiro tópico aborda a evolução histórica da denominação do órgão que trata dos interesses diretos dos colaboradores de uma empresa.

O segundo nos traz uma visão de gestão estratégica em que se podem visualizar tanto os aspectos inerentes ao órgão que se responsabiliza pelas atividades de interesse direto das pessoas, em equilíbrio com os desígnios da empresa, como os aspectos de interesse dos objetivos organizacionais em questão de estratégia.

No terceiro se analisa o ambiente em seus desdobramentos para que as ações da empresa possam ser desenvolvidas em harmonia e sem causar reações desagradáveis.

O quarto trata de negociação, enquanto o quinto aborda os aspectos de autoridade, poder e liderança.

O tópico a seguir trata do assunto competência e suas exigências e difusão.

O sétimo nos apresenta uma visão sobre diferentes gerações e suas contribuições diferenciadas em questões profissionais para as empresas.

A seguir, somos informados a respeito de ética no trabalho.

Fechando o capítulo, as Considerações finais apresentam um resumo dos assuntos abordados ao longo do texto.

9.1 Processo histórico da evolução da gestão de gente

As relações entre patrão e empregado remontam à Antiguidade. Temos registro de fatos ocorridos séculos antes da era cristã. Na Idade Média, as relações de trabalho se caracterizavam pela presença do senhor feudal, dono das terras e dos vassalos ou súditos.

O senhor feudal cobrava dos súditos o pagamento de tributos pelo uso das terras tanto para plantação como para criação de animais.

Os artesãos, considerados mestres, eram procurados pelos pais com intuito de que eles ensinassem o ofício a seus filhos. Os pais os entregavam para que no futuro, de posse de um ofício, se tornassem artesãos. O aprendiz vivia na oficina do artesão, por quem era instruído e mantido, até que fosse considerado um deles. O fruto de seu trabalho era negociado pelo mestre para o sustento de todos.

No século XIX ocorre uma grande mudança provocada pela Revolução Industrial. O advento da máquina a vapor, aplicada inicialmente aos teares, exige a presença de grande contingente de trabalhadores. A qualidade e quantidade de produção, provenientes das máquinas, são muito superiores às procedentes dos trabalhos dos artesãos, além de tempo de execução e custo de fabricação muito menores, provocando desvios de interesse na aquisição de peças e artefatos originados da manufatura.

Com isso, os artesãos se viram na contingência de transferir suas atividades para o ambiente das fábricas juntamente com seus aprendizes.

As fábricas passaram a contar com um grande contingente de colaboradores, o que fez com que se exigissem novas formas de controlar quem trabalhava e quanto deveria ser pago pelo trabalho realizado. A figura do escriba ou guarda-livros, encarregado da escrituração dos livros fiscais, se fez necessária para o exercício dos controles.

Com o passar dos anos, surge a denominação chefe de pessoal, em que os profissionais de ciências contábeis passaram ao exercício das funções, seguidos, posteriormente, por advogados – dadas as necessidades de interpretação das leis trabalhistas –, por sua vez substituídos por economistas e mais recentemente por administradores.

Nesse meio tempo, as denominações, dependendo da época, passam a ser designadas por órgão de: pessoal, relações industriais, recursos humanos, pessoas e, mais recentemente, de gente.

Pessoal – relativo a pessoas vistas em conjunto para o exercício de diferentes funções em quaisquer núcleos de trabalho.

Relações industriais – denominação que não traduz a realidade que se pretendia, ou, talvez em razão da utilização de leis trabalhistas, pudesse estar ligada à antiga denominação, relações, atribuída aos tribunais de justiça, ou, ainda, de acordo com a economia marxista, referente às relações entre os homens, provenientes das forças de produção e sua distribuição entre os participantes da sociedade e dos bens materiais que estes determinam.

Recursos humanos – ao perceberem o equívoco da denominação anterior, os estudiosos partiram em busca de mudanças, chegando à nova expressão. Basearam-se, possivelmente, no fato de os trabalhadores serem tratados ou denominados mão de obra e, por essa razão, poderiam ser considerados recursos, ou recursos humanos, provenientes de um conjunto de pessoas que trabalham em uma instituição, esquecendo-se, entretanto, de que as pessoas não representam recursos.

Pessoas – denominação que pretende considerar cada ser humano de forma individual, em razão de qualidades e características exclusivas da espécie humana, em questão de racionalidade, consciência, capacidade de ação e de discernir normas, princípios e padrões sociais praticados e aceitos ou mantidos pelas pessoas e pela sociedade.

Gente – entende-se como um grupo de pessoas que possuem características comuns em termos profissionais ou de interesse individual. Precisamos entender que gente não é o mesmo que recurso, uma vez que recurso é um meio ou instrumento através do qual resolvemos um problema.

É bem verdade que dispomos de máquinas e equipamentos que nos auxiliam na execução de uma série interminável de atividades, que foram projetadas e desenvolvidas por gente interessada na solução de problemas e dificuldades.

Não são eles, máquinas e equipamentos, que apresentam a solução, mas sim gente que age e pensa, que possui conhecimentos, habilidades e atitudes, ou seja, competência, considerada a origem dos resultados finais de que se tem necessidade para resolver dificuldades em ambientes profissionais.

Gente satisfeita e gestão competitiva devem caminhar juntas e constituir o principal objetivo de toda e qualquer empresa que pretenda atingir o sucesso, se constituindo no que podemos chamar de gestão de gente em razão de mudanças de princípios, que devem ser aplicadas à empresa e, especialmente, à própria área.

A gestão de gente precisa estar mais atenta às questões de competência, visualizando horizontes mais amplos e diversificados, com expectativas abrangentes, princípios e normas variadas relacionadas a trabalho, entusiasmo, desejos, emoções, facilitando a presença e atuação da criatividade, inovação, sensibilidade, difundindo práticas e políticas que ativam a produção de cenários de trabalho nos quais se possa progredir, proporcionando meios acessíveis para alcançar desempenhos e resultados.

9.2 Gestão estratégica

Gestão estratégica é um processo dinâmico, composto de determinado conjunto de procedimentos simples, inteligentes e cíclicos, conduzido por uma ou várias pessoas, ocupantes ou não de cargos com responsabilidade e autoridade de comando e/ou de direção, visando obter de modo contínuo o sucesso e atingir a excelência, proporcionando vantagem competitiva ininterrupta por meio da neutralização e/ou eliminação da reação da concorrência e conquistando a fidelidade dos consumidores.

Estratégia é um processo contínuo de ações e reações inteligentes e imprevisíveis para obter vantagem competitiva nos negócios, que envolve empresas concorrentes, fornecedores, consumidores e agências reguladoras.

Para entendermos o que é gestão estratégica, é necessário analisar o que vem a ser: gestão, estratégia e negociação.

Gestão ou Gestão de gente – é a maneira inteligente de conduzir pessoas na realização de atividades mentais e/ou físicas a fim de obter bens e serviços;

Estratégia – é a ação inusitada de conduzir uma atividade de modo a surpreender o concorrente e/ou o adversário para se obter vantagem competitiva ou vitória;

Negociação – é a atividade conduzida por alguém, por meio de ações e pessoas, tendo como objetivo adquirir benefícios que atendam as partes envolvidas.

A gestão pode ser entendida como a ação de conduzir e orientar pessoas em atividades que produzam bens e serviços, exercendo simultaneamente influência sobre seus colaboradores, para obter deles não apenas a execução correta e precisa das ações, mas, principalmente, o desejo de contribuir para o sucesso do empreendimento, fazendo com que todas as partes envolvidas se sintam satisfeitas e felizes.

As atividades que produzem bens e serviços, apesar de estarem inseridas em um contexto de responsabilidade e seriedade, não precisam, por causa disso, provocar sentimentos de insatisfação ou de infelicidade naqueles que estão envolvidos em suas execuções. Uma das características do ser humano é o de viver em sociedade se relacionando com seus semelhantes. Esse relacionamento pressupõe trocas de favores, de informações, de serviços, de conhecimento etc. de modo que todos, se possível, possam ser atendidos e se sentir satisfeitos.

O serviço profissional pode, deve e precisa ser uma ação que, além de produzir bens e serviços, também produza alegria e satisfação, dando aos participantes uma sensação de êxito, sucesso e felicidade.

Gestor – é, portanto, qualquer profissional na função de principal responsável por determinada empresa ou por uma unidade econômica e produtiva em qualquer nível da estrutura hierárquica.

O gestor deve, até mesmo, ser e se sentir responsável por humanizar as atividades profissionais em um empreendimento e, para isso, deve proceder de forma ética de modo a influenciar seus colaboradores de maneira positiva. Essa influência é uma das características da liderança. Se o gestor conseguir juntar seus conhecimentos com a influência sobre seus colaboradores e, respaldado na ética, estará exercendo uma liderança especial. Nesse caso, poderá ser identificado como um gestor-líder-ético.

A figura do gestor-líder-ético se constitui, portanto, na combinação mais apropriada para obtenção de sucesso nos negócios, podendo ser caracterizado como aquele que:

- age com cortesia, sinceridade e honestidade e, mesmo ocupando uma posição na estrutura de poder, exerce a autoridade, possui e atua com princípios, ética e caráter e transparência;
- alimenta o desejo de seus liderados de alcançar o topo e proporciona ambiente favorável para mantê-los motivados a fim de serem os melhores no que fazem;

- busca exercer influência sobre todos aqueles com os quais mantém relações, dentro e fora da instituição, incluindo fornecedores e clientes, investidores e acionistas, chefes e subordinados;
- consegue, com a participação da equipe, não apenas alcançar metas e objetivos predeterminados, mas, principalmente, obter efeitos inesperados e imprevistos;
- cria na mente dos colaboradores a ideia de estarem sempre atualizados com as tecnologias que envolvem suas atividades para que nunca se tornem profissionais ultrapassados e descartáveis;
- destaca sempre a participação de sua equipe de colaboradores, reconhecendo que sozinho seria incapaz de levar sua empreitada ao sucesso;
- distingue o esforço e a dedicação de seus colaboradores, procurando premiar o desempenho, incentivando-os, sempre, a se deslocarem em direção ao sucesso;
- estabelece um conjunto de comportamentos, considerando uma série de virtudes e interesses, estimulando seus liderados a seguir as recomendações e sendo ele próprio exemplo do que deve ser praticado;
- estimula e desafia os que participam de sua equipe a cultivar ações que possam ampliar tanto o nível de conhecimentos como a aquisição de novas maneiras de atuar, direcionando-os para o exercício da liderança;
- descarta as regras e assume riscos, em razão do cenário que está vivenciando, da situação do mercado concorrente e do momento, para que o empreendimento obtenha sucesso. Dessa forma, às vezes, comete erros, mas não compromete a possibilidade de utilizar-se da criatividade na realização de suas obrigações e jamais toma uma decisão que possa prejudicar seus liderados e/ou o empreendimento;
- melhora a produtividade e a qualidade, minimizando a ocorrência de falhas e desperdícios na execução das atividades;
- procura agir de forma que a sede de poder e o desejo de reconhecimento sejam contidos para não encobrir suas ações e não fazer com que se esqueça de que seu principal objetivo é o de proporcionar o melhor de si em todas e quaisquer circunstâncias;
- promove a harmonia entre seus colaboradores, proporciona redução de faltas e atrasos, bem como busca amenizar o estresse;
- reconhece que os que compõem sua equipe estão prontos e preparados a dar o que de melhor têm a prestar;
- transmite credibilidade ao mesmo tempo que age com perseverança e autoconfiança, influenciando todos que o cercam, facilitando o surgimento de uma rede viva de colaboradores;
- retroage e reconhece seus próprios erros, pedindo desculpas, se necessário. Se o erro foi cometido por um subordinado, critica o erro, não o colaborador. Faz o acompanhamento e dá retorno para que o subordinado possa melhorar.

9.2.1 Estratégia

A estratégia pode ser entendida como a ação desenvolvida, no interior da empresa e fora das vistas do mercado concorrente, para ser aplicada no *ambiente de negociação*. Constitui-se, portanto, em uma ação singular de gerir determinada atividade de modo a surpreender o adversário e/ou concorrente para obter vantagem competitiva ou vitória.

Enquanto a empresa se prepara para enfrentar os *componentes* do ambiente de negociação, são as ações estratégicas que predominam. Quando ela põe em prática o resultado dos planejamentos estratégicos, temos uma ação tática generalizada em evolução. A tática é uma ação, externa à empresa, que se desenvolve no ambiente de negociação.

A turbulência no ambiente de negociação, proveniente da atuação dos diversos componentes na disputa por melhores resultados, é consequência das ações táticas entre as partes, seguidas de novas ações estratégicas, para neutralizar as ações do mercado, seguidas por novas ações táticas e, assim, vão se compondo os ciclos.

- **Estratégia** é, portanto, um processo contínuo de ações e reações inteligentes e imprevisíveis para obter vantagem competitiva nos negócios, envolvendo empresas concorrentes.
- **Estrategista** é qualquer profissional, independente de cargo ou função, bem informado a respeito das mudanças ambientais de interesse da empresa e que propõe, com base em estudos e análises das variações de cenário, ações inteligentes que resultem em vantagem competitiva.

Os gestores precisam ter em mente que a análise ambiental é uma forma de a empresa alcançar o sucesso. Se a análise do ambiente não for bem realizada, o resultado para a empresa pode ser catastrófico, inviabilizando que o sucesso seja alcançado.

Depois de ações táticas entre empresas concorrentes, as ações estratégicas assumem novamente uma posição de destaque. A ação tática é desenvolvida de acordo com o que é estabelecido pela ação estratégica. Estratégia e ação tática coexistem simultaneamente; entretanto, nos breves intervalos aparentes de falta de ação no ambiente de negociação, a estratégia está atuando em busca de novas alternativas enquanto a ação tática está recolhida, aguardando ser acionada pela estratégia.

Quando a movimentação recomeça no ambiente de negociação, a ação tática é ativada e a estratégia se recolhe, preparando-se para o momento seguinte, com novas alternativas que possam colocar a ação tática em vantagem.

A estratégia procura visualizar toda uma situação de cenários favoráveis ou não, desenvolvendo os meios mais adequados que proporcionem à ação tática vantagem competitiva para enfrentar a concorrência.

A estratégia, através de seu gestor, acompanha a evolução que a própria empresa e a concorrente estão provocando no ambiente de negociação e se prepara com novas medidas para suprir eventuais necessidades táticas.

A ação tática tem por missão utilizar-se adequadamente das informações que a estratégia disponibilizou, aplicando-as com eficácia.

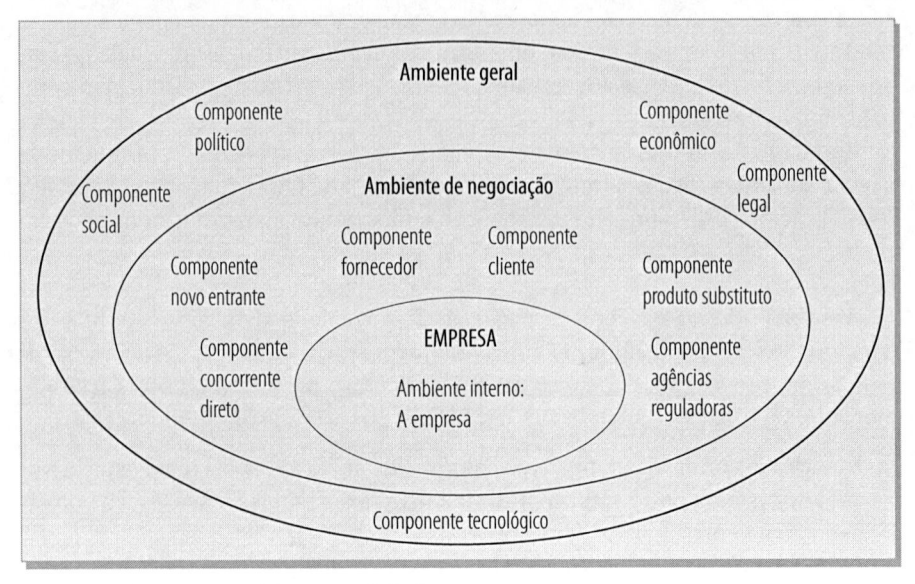

```
                          Ambiente geral
        Componente                           Componente
        político                             econômico
                                                        Componente
Componente         Ambiente de negociação               legal
social
                Componente    Componente
    Componente   fornecedor   cliente      Componente
    novo entrante                          produto substituto
                         EMPRESA
        Componente                         Componente
        concorrente   Ambiente interno:    agências
        direto        A empresa            reguladoras

                      Componente tecnológico
```

Figura 9.1 — A empresa, os ambientes e as influências.

Os gestores devem realizar suas missões de forma eficaz e eficiente. Eficácia diz respeito a fazer o que é necessário com a meta de atingir os objetivos propostos pela organização. Eficiência é executar de modo correto o que se é solicitado, alcançando os objetivos fazendo uso mínimo de recursos, com melhor aplicação do capital, tempo, matéria-prima, materiais, energia e pessoas.[1]

A ação estratégica mostra, entre outras atividades,[2] como se conduzir durante a realização de um projeto de seleção de pessoal, ou de instalação de uma filial, ou de determinada campanha promocional, facilitando a ação tática.

A estratégia é a grande responsável por desenvolver ações que surpreendam a concorrência, aperfeiçoando produtos e serviços para os quais, em princípio, nada mais era cogitado, ou lançando um novo produto, quando fazia acreditar que estava inerte, ou, ainda, assumindo novos mercados, nos quais a concorrência não estava esperando.

Compare seus produtos e serviços com os da concorrência. Verifique em quais segmentos de mercado estão atuando. Considere seus produtos e serviços caracte-

---

[1] Consultar livros de Economia nos quais são desenvolvidos raciocínios sobre *Sistemas econômicos* (que no tópico Estratégia, p. 309, está sendo tratado como *ambiente*) ao fazer referência aos *recursos* ou *fatores de produção*.

[2] O estudo de Estratégia é muito importante nos mais variados segmentos do conhecimento humano, sendo útil para profissionais das mais diferentes formações.

risticamente mais fortes e lance-os em um segmento do mercado no qual seu concorrente seja mais fraco.

O gestor estratégico precisa ser pró-ativo, mantendo constante contato com seus colaboradores em seus próprios locais de trabalho, observando atentamente o que se passa a sua volta; conhecer as atividades que lhe estão subordinadas, participar ativamente das decisões e ouvir sugestões.

Para tomar decisões estratégicas inteligentes e *contaminar* seus colaboradores, os gestores, além de conhecer bem suas atividades, precisam *amar* a função que exercem e praticá-la com dedicação e entusiasmo.

É possível que, diante de suas ações estratégicas, seu principal concorrente o procure para fazer uma aliança ou parceria, o que, se os pontos discutidos forem compensadores, será um bom negócio para as partes envolvidas.

A disputa acirrada pela conquista de mercado pode exaurir duas fortes concorrentes, levando-as a ter dificuldades futuras se não forem bem geridas.

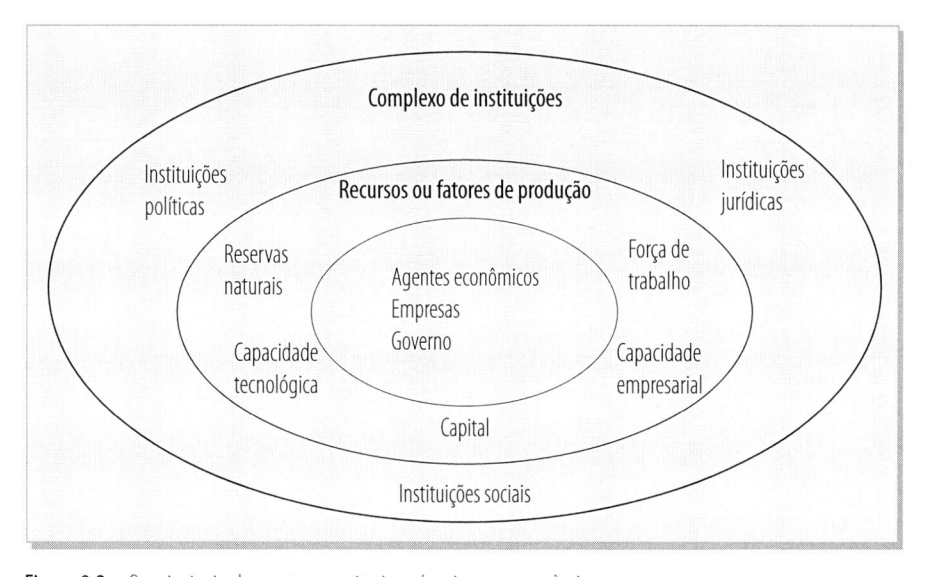

Figura 9.2 – Os principais elementos constitutivos dos sistemas econômicos.

O bom gestor estratégico é aquele que consegue abalar a resistência da concorrência sem que nenhuma empresa perca condições de continuar atuando no ambiente de negociação. Oportunidade de alcançar alto desempenho significa ver o trabalho em termos do que se pretende atingir e de como isso será realizado, procurando, entretanto, além de perceber a situação atual da empresa, observar qual deve ser o futuro da atividade, do setor, da empresa e da concorrência.

Caso a concorrência não aceite a convivência pacífica entre as empresas, e sendo essa ação inadequada para os propósitos de seu empreendimento, cabe uma ação estratégica que desequilibre a concorrente, ou seja, se a concorrência pretende a sua eliminação, exclua-a.

A estratégia, para ser considerada a mais adequada, tem de ser incisiva, mantendo sempre suas forças altamente concentradas. Logo, ela precisa ser dissimulada para que a concorrência não tenha condições de saber o que se passa na sua empresa. O fato inesperado passa a ser um ponto forte de sucesso em suas ações. Enquanto sua empresa mantiver determinado artifício hábil de concentração de forças, a concorrência – para desvendar quais são seus propósitos – se verá em uma situação de dispersão de forças; logo, esta vai estar enfraquecida.

Uma das condições para se manter resistente e concentrado é proporcionar constante treinamento para seus colaboradores, tanto em questão de atualização como de novos conhecimentos e/ou habilidades.

Não importa o tamanho de sua empresa. No desenvolvimento da estratégia, o gestor necessita considerar que a concorrência é sempre bem maior e mais forte que sua empresa, enquanto na ação tática a ser posta em prática, sua empresa precisa ser vista como uma empresa muito maior e bem mais forte que a concorrência.

As informações provenientes do ambiente vão indicar ao gestor estratégico qual é o momento apropriado para enfrentar o mercado concorrente. Se o gestor souber como empregar suas forças, não importa se mais agressivas ou mais brandas, e conhecer a situação do concorrente, ele tem tudo para obter sucesso. Caso o gestor esteja preparado e saiba aguardar o momento oportuno para agir, pode surpreender a concorrência e conquistar a lealdade do consumidor. A ação dele será muito mais efetiva se souber o momento certo de agir.

É importante estar bem informado sobre o que se passa no ambiente de negociação. O gestor estratégico deve saber como se aproveitar de situações favoráveis, provenientes de falhas cometidas pela concorrência, agindo rapidamente e, se possível, com criatividade e simplicidade.

A sua empresa apresenta pontos fortes e fracos e a concorrência também os possui. Para obter sucesso mais rapidamente, o gestor estratégico deve melhorar seus pontos fortes, neutralizar os fracos e canalizar sua atenção para o ponto vulnerável da concorrência, minando suas energias e procurando se adaptar a uma nova situação.

A flexibilidade, a dissimulação, a criatividade e a simplicidade devem estar sempre na mente do gestor estratégico para que possa aplicá-las, modificando, sempre que possível, a ação tática para que a concorrência fique constantemente desorientada em relação à atitude a ser tomada.

Uma empresa de pequeno porte pode enfrentar outra de grande porte e, assim mesmo, obter vantagem sobre ela. Pode ser uma questão de posicionamento, de agilidade, de criatividade, enfim, uma situação que proporcione vantagem competitiva.

A ação estratégica vai exigir do gestor uma vasta habilidade na arte de camuflar, de dissimular, de disfarçar. Mostrar-se fraco e doente quando se está sadio, desorganizado quando se está bem estruturado, inativo e lento quando ativo e rápido. Essas são algumas das habilidades que o gestor deverá desenvolver e praticar com segurança e credibilidade.

A informação é uma das mais importantes ferramentas do gestor estratégico. Conhecer as características do concorrente, seus pontos fortes e fracos, proporciona a ele grande vantagem, principalmente no desenvolvimento de ações criativas, na exploração das fraquezas do concorrente.

Conhecer o que o concorrente é capaz de realizar fornece ao gestor melhores condições de enfrentar as adversidades e de neutralizar suas ações.

Se o concorrente estiver bem posicionado, com sua estratégia bem desenvolvida, o gestor estratégico, reconhecendo a situação de superioridade da concorrência, deverá preferir aguardar um momento mais oportuno para fazer frente ao concorrente. Se, nessa ocasião, o concorrente propuser uma aliança ou parceria, dependendo dos termos propostos, é bastante razoável aceitar.

O sucesso do seu empreendimento é consequência das informações obtidas da concorrência. O gestor estratégico conquista o mercado levando-se em conta as ações provenientes da própria concorrência. Há três tipos de ação:

- **Ação política** – o gestor estratégico, ao conseguir manter sua empresa fortalecida com treinamentos constantes, vai poder atravessar situações de turbulência no ambiente de negociação sem sofrer grandes consequências. Nessa circunstância, vai ter condições de realizar uma ação que afetará de modo significativo empresas concorrentes que se tenham enfraquecido com os distúrbios ocorridos no ambiente.
- **Ação estratégica** – o gestor, ao manter sua força concentrada, não permitindo que empresas concorrentes tomem conhecimento do que se desenvolve em sua organização, obriga seus concorrentes, que necessitam obter informações que sejam úteis, a se verem na contingência de se dividir e dispersar seus colaboradores, enfraquecendo-se.
- **Ação tática** – o gestor, ao canalizar seus esforços, coloca em ação seu contingente de colaboradores ou grupo-tarefa para atingir algum ponto fraco do concorrente, no lugar de outro forte, tendo por foco imediato obter vantagem competitiva.

Nas situações em que não se dispõe de meios para determinar as probabilidades de ocorrência de quaisquer eventos, em que não é possível, portanto, atribuir valores de probabilidade, ou seja, de calcular o risco, o gestor está diante de um problema de incerteza, ou melhor, de uma situação que exige determinada decisão estratégica, imponderável e intuitiva.

O gestor estratégico de sucesso e de bom desempenho é aquele que dispõe de informações confiáveis no momento certo. Quanto mais correto e preciso o nível da informação, maior a probabilidade de se tomar uma decisão mais adequada e segura pela diminuição dos níveis de risco e de incerteza.[3]

---

[3] Consultar em livros de Estatística de quaisquer autores o tema "probabilidade", nas seções que abordam certeza, riscos e incertezas. E também *Gestão estratégica de pessoas*, de Nascimento e Carvalho (2006), o capítulo sobre Gestão estratégica do desempenho, na seção Tipos de tomada de decisão.

É possível superar uma situação de insegurança, de *problema de incerteza*, para outra menos desconfortável, de *problema de risco*, investindo-se na obtenção de informações mais satisfatórias, em uma relação de custo-benefício, que seja vantajosa para o cenário que a empresa possa estar vivenciando.

9.3 Ambiente

É todo lugar, próximo ou distante, de sua organização. Pode-se considerar que o ambiente ocupa todo o espaço disponível para atuação do homem, mesmo que em regiões ainda inacessíveis.

9.3.1 Ambiente geral

O **ambiente geral** é o ambiente externo mais afastado da empresa, cujos aspectos apesar de nela exercer grande influência, possui pouca ou nenhuma aplicabilidade no desenvolvimento da ação e da gestão estratégica.

O ambiente externo é composto de diversos componentes que influenciam o desempenho das empresas. Essas influências surgem como:

- componente social;
- componente tecnológico;
- componente econômico;
- componente legal;
- componente político.

Além desses fatores há outros que atuam mais próximos da organização, que exercem influência mais intensa e significativa, que se referem aos aspectos do ambiente de negociação.

9.3.2 Ambiente de negociação

É no **ambiente de negociação** que a movimentação dos concorrentes e os desejos e necessidades dos consumidores dão origem à maioria dos pensamentos de elaboração e desenvolvimento das ações estratégicas.

A informação ágil e precisa é a ferramenta mais importante para um gestor estratégico. O gestor precisa estar bem informado o tempo todo a respeito de:

- o que fazem seus concorrentes;
- quais os desejos e necessidades dos consumidores;
- quais equipamentos estão sendo desenvolvidos e que proporcionam melhores resultados em questão de custos, qualidade e desempenho;
- quais localidades se mostram mais promissoras em razão das atividades a serem desenvolvidas de acordo com o calendário de eventos de cada região;

- quais possuem o clima mais propício para determinada atividade;
- quais apresentam flexibilidade na legislação que possa melhorar seus resultados e que traga benefícios para seu empreendimento.

As diversas regiões do ambiente de negociação apresentam características que tanto produzem semelhanças como distinções entre elas, em razão de, por exemplo, áreas com:

- forte ou fraca concentração de residências e de mão de obra;
- variadas vias de transporte e acesso a outras regiões, ou não;
- empresas industriais, comerciais, financeiras, de serviço, concorrentes entre si ou não.

Pode ainda ser uma região urbana ou rural, serrana, de campo ou de praia, com significativo poder aquisitivo ou não.

O *ambiente de negociação* é o ambiente externo mais próximo da empresa com componentes específicos de relacionamento mais imediato, com influências significativas na gestão estratégica do desempenho empresarial. Os componentes mais importantes do ambiente de negociação são:

- fornecedores;
- clientes;
- concorrentes;
- agentes reguladores.

Esses componentes do ambiente de negociação exercem influência mais acentuada na empresa, fazendo com que ela, dependendo das circunstâncias e da situação, mude de comportamento diante do mercado. Essa mudança de comportamento pode exigir alteração na forma de conduzir a negociação.

O ambiente exerce influência, maior ou menor, na empresa, dependendo de onde se iniciou e com qual intensidade. A empresa, por sua vez, também contagia o mercado, pois faz parte de um mesmo grande sistema.

O que vemos na Figura 9.3 é que as influências de **A** e **D**, em **B** e **C**, são distintas, em razão da distância e da intensidade do fenômeno. A interferência de **A** em **B** é maior, por estar mais próximo, que em **C** por estar mais distante, o mesmo ocorrendo com a intervenção de **D** em **B** e **C**.

O ambiente apresenta situações diversas, mudando de cenários calmos e tranquilos a cenários de turbulência ora amena, ora violenta. Quando as crises são amenas, as empresas costumam realizar pequenas ou nenhuma alteração; porém, se violentas, as organizações, muitas vezes, causam modificações bruscas e comparáveis à própria turbulência do mercado. Essas alterações costumam provocar mudanças nos resultados empresariais e até mesmo no tamanho e na sobrevivência de várias organizações.

Em outras ocasiões, embora não tendo ocorrido grandes variações no ambiente externo, o que se modifica é a própria empresa que, mediante o sucesso adquirido, se vê obrigada a crescer. No entanto, o crescimento do negócio não vem acompanhado das necessárias e imperiosas modificações estruturais que deem sustentação à nova organização. É como se alguém sofresse de um distúrbio que provocasse crescimento exagerado na altura e no peso, sem, entretanto, melhorar a resistência dos ossos e fortalecimento da musculatura; esse indivíduo, possivelmente, ficaria debilitado.

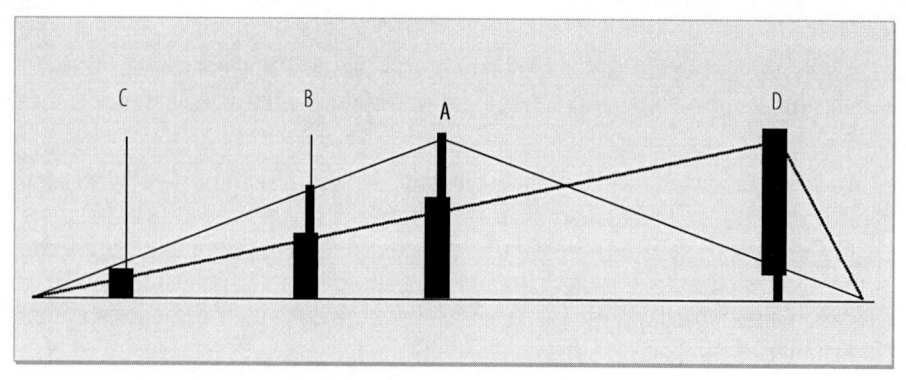

Figura 9.3 — Níveis de influência que a empresa sofre do ambiente externo.

Toda empresa possui um grau de competitividade que de certa forma pode ser comparado aos níveis de concorrência. Essa questão de rivalidade pode ser mudada para mais ou menos, dependendo de quais alterações sejam feitas pela gestão da empresa.

Essa mudança de padrão de competitividade na empresa pode, mantidas as necessárias distância e diferenciação, ser comparada com a mudança do grau de capacidade que um atleta possa ter em relação a outro ou mesmo a uma pessoa que não se prepare de forma adequada para participar de uma competição.

Quadro 1 — A empresa e o atleta

Um atleta necessita de uma preparação longa e cuidadosa para se tornar altamente competitivo. Vários fatores, como repouso, alimentação e treinamento, entre outros, serão exigidos para que o atleta passe a ter um grau de competitividade elevado e que o possibilite de participar de competições de alto nível com outros atletas. Somente por meio de um conjunto de exigências esse atleta passará por mudanças que irão torná-lo mais competitivo que aqueles que não cumprirem as exigências necessárias. Esse atleta, que se submeteu a toda a preparação, terá uma vantagem competitiva sobre os demais concorrentes e, mesmo em um ambiente turbulento e desfavorável, vai apresentar melhores condições para vencer uma competição. O que se pretende mostrar é que a preparação interna (estar em boas condições física e mental) de um atleta influencia de forma mais significativa em uma competição que as condições, turbulentas ou não, do ambiente externo. Se o atleta está bem preparado, não importa se o ambiente oferece boas ou más condições de realização da competição, ele terá sempre um desempenho superior àquele que não se preparou de forma adequada.

Quadro 1 — A empresa e o atleta (continuação)

> Levando-se em conta o que foi explanado, pode-se inferir que a empresa que se prepara bem para enfrentar a concorrência com certeza terá um desempenho superior àquela que não se preparou com o mesmo empenho.
>
> De outro modo, apesar de ser muito importante conhecer as possíveis mudanças que poderão ocorrer no ambiente externo, tomando-se providências antecipadas para neutralizar ou minimizar efeitos prejudiciais à empresa, é fundamental que se prepare o ambiente interno para que este esteja sempre pronto para competir.

A administração deve promover ações que modifiquem favoravelmente os resultados da empresa. Entretanto, é muito difícil que a empresa mude significativamente o ambiente externo. Mais fácil é mudar o ambiente interno em razão do grau de influência que a cúpula exerce sobre seus colaboradores.

Preparar o ambiente interno de uma empresa, para que ela seja competitiva, é proporcionar condições adequadas para um desempenho superior. Essa atuação é fruto de várias ações internas das quais a empresa pode se valer, e que não estão todas elas presentes no ambiente externo.

Entre os fatores que influenciam um desempenho superior, podemos citar: tomada de decisão, liderança, comunicação, motivação, *empowerment*, treinamento, remuneração, criatividade, conflito, negociação, recompensas, incerteza, risco, oportunidade, aptidão, talento, habilidades humanas etc.

A localização do empreendimento por ocasião de sua instalação é de suma importância para o sucesso do negócio.[4] Ao se instalar, a instituição deve desenvolver um relacionamento com a comunidade que seja favorável. A instalação da instituição deve considerar aspectos relevantes para o futuro da comunidade e do seu próprio futuro.

Agir de forma a atrair a comunidade consumidora e, simultaneamente, afastar a concorrência representa uma vantagem competitiva. Chegar primeiro, ocupar o local mais promissor, estabelecer as melhores condições de relacionamento com a comunidade constituem uma ação tática conveniente que teve origem em uma ação estratégica.

A empresa, ao planejar o aperfeiçoamento ou a criação de um novo produto, pensa, concomitantemente, no uso que fará dessas alterações no mercado para atingir seus objetivos. Trata-se, portanto, de uma ação estratégica, enquanto, ao empregar seus colaboradores nas atividades de aperfeiçoamento ou criação de novos produtos, temos uma ação tática. A ação estratégica antecede a ação tática. Depois da escolha de onde, quando e com quem, ou seja, das ações que fazem parte do processo tático, nova ação estratégica tem início e, assim, sucessivamente, de forma cíclica.

---

[4] Convém consultar obras a respeito de administração, gestão de marketing ou plano de negócios.

A observação sistemática da realidade proporciona desenvolver hipóteses de ação estratégica, de acordo com cenários ou modelos de estrutura simplificados que a reproduzam, buscando identificar relações de causa e efeito.

A modelagem organizacional toma por base os aspectos de ameaças e oportunidades, bem como a visualização dos pontos fortes e pontos fracos das partes envolvidas e seus possíveis desdobramentos, oferecendo ao estrategista uma visão mais ampla das alternativas que o modelo, em suas variações, pode apresentar.[5]

As constantes mudanças no ambiente de negociação, provenientes da atuação dos diversos componentes empresariais na disputa por melhores resultados, representam as consequências das ações táticas entre as partes, seguidas de novas ações estratégicas para neutralizar as ações do mercado.

Podemos, pois, confirmar o conceito de *gestão estratégica* como um processo dinâmico, composto de um conjunto de procedimentos simples, inteligentes e cíclicos, conduzido por uma ou várias pessoas, ocupantes ou não de cargos com responsabilidade e autoridade de comando e/ou de direção, visando continuamente ao sucesso e à excelência, proporcionando vantagem competitiva ininterrupta através da neutralização e/ou eliminação da reação da concorrência e conquistando a fidelidade dos consumidores.

A situação estratégica parece caracterizar com mais propriedade os aspectos da ação estratégica diante das mudanças constantes e turbulentas que o ambiente sofre, exigindo uma análise ambiental contínua para minimizar e/ou eliminar os efeitos prejudiciais e obter um desempenho que aproxime a empresa do sucesso.

Os gestores precisam ter em mente que a análise ambiental é um procedimento recomendável para a empresa alcançar o sucesso. Se a análise do ambiente for realizada de maneira equivocada, o resultado pode ser catastrófico, prejudicando a materialização do sucesso.

Os componentes ou aspectos externos mais próximos fazem parte do ambiente de negociação das empresas, sendo conhecidos como: fornecedores, clientes, concorrentes e agências reguladoras.

Esses componentes do ambiente de negociação exercem uma influência mais acentuada na empresa, fazendo com que, dependendo das circunstâncias e da situação, mude de comportamento diante do mercado. Essa mudança representa uma alteração no seu desempenho.

9.3.3 Ambiente interno

O ambiente interno da empresa é aquele no qual ela exerce influência de forma mais significativa e direta, obtendo, de modo geral, os resultados e desempenhos que foram previamente determinados. A gestão de negócios vai depender signifi-

---

[5] Consultar em obras de Metodologia da pesquisa temas referentes à delimitação de *problemas*, elaboração de desenvolvimento de *hipótese* e estabelecimento de *variáveis*.

cativamente das ações que forem praticadas no ambiente interno para aplicação tanto no ambiente interno como no ambiente de negociação.

No ambiente interno, a gestão da empresa lida diretamente com os colaboradores, exercendo sobre eles uma influência normalmente mais significativa e importante tanto para os resultados dos indivíduos como para os da organização. As principais funções da empresa que se encontram no ambiente interno são as funções de:

- Produção;
- Marketing;
- Finanças;
- Recursos humanos.

9.4 Negociação

Os gestores precisam desenvolver habilidades de negociação, uma vez que elas representam consequências naturais do conflito, no qual não se deve pensar em uma situação final de ganha-perde, na qual as partes envolvidas terão a sensação de serem perdedoras.[6]

Nas negociações é essencial que não se perca o foco do problema em si para que o conflito pessoal seja minado e enfraqueça. É importante obter informações sobre seu antagonista, observar as informações e suas reações, testar pressupostos e verificar se seu interlocutor está mais interessado no conflito em si ou na solução do problema e eliminação da discórdia.

O objeto do conflito em determinada negociação pode ter extensão e elasticidade, em que pode ser distendido ou encolhido sem provocar perda de qualidade. As forças das partes em conflito não devem ser exageradamente diferentes, sob pena de a mais forte sufocar a mais fraca, o que pode provocar perdas futuras para ambas as partes envolvidas.

Se uma das partes sucumbir, a outra perde a razão da existência. Compete àquela que, no momento, estiver mais forte, ajudar a mais fraca a continuar atuando. Quanto maior o entendimento entre elas nas negociações que tenham de ser desenvolvidas, mais fortes e beneficiadas, mutuamente, elas vão se tornar.

É importante que os participantes de determinada situação de conflito se conheçam em suas particularidades e características para que a negociação proporcione resultados que possam fortalecer as partes envolvidas a fim de que tenham capacidade de coexistir por muito mais tempo.

---

[6] Consultar no capítulo sobre Gestão estratégica do desempenho, a seção Administração e negociação de conflitos, em *Educação e desempenho profissional*, de Carvalho e Nascimento (2007).

Ao mesmo tempo que o gestor estratégico precisa agir com inteligência, esperteza, perspicácia, sedução, sagacidade e habilidade com relação à empresa e aos seus consumidores, necessita, também, usar de dissimulação, destreza e astúcia, ou seja, se tornar camuflado e furtivo para confundir as empresas concorrentes, induzindo-as a erros e equívocos.

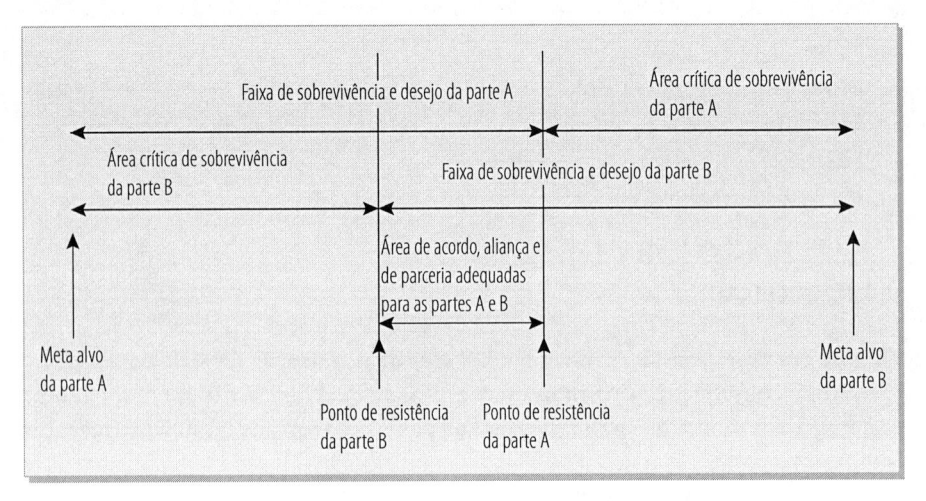

Figura 9.4 — Limites das zonas de negociação.

Ao desenvolver uma estratégia, o gestor estratégico induz a concorrência a imaginar algo que sua empresa poderia estar realizando; no entanto, esta não é a realidade.

Os problemas de concorrência apresentam várias alternativas de solução. A estratégia consiste em levar a concorrência a acreditar em uma ação bastante viável e óbvia. A alternativa que a estratégia deve desenvolver é justamente aquela que representa uma verdadeira surpresa para a concorrência.

O gestor estratégico, em suas atividades profissionais, deve lembrar o ator ao representar um personagem que não é ele próprio na vida real. Do mesmo modo, o gestor estratégico deve dispor de um conjunto diversificado de alternativas para, em diferentes situações e circunstâncias, ao agir de maneira apropriada e convincente, confundir a concorrência e conquistar consumidores e clientes, alcançando, assim, o sucesso pretendido.

Entre as mais variadas exigências que um gestor, diante de qualquer situação, necessita atender, estão:

- identificar e avaliar problemas, pontos fortes, pontos fracos, oportunidades e ameaças, riscos e incertezas, propondo alternativas de solução por meio de critérios relevantes;
- recomendar cursos flexíveis de ação;
- aprimorar seus próprios conhecimentos;

- proporcionar ao contingente de colaboradores constante aperfeiçoamento nas diversas áreas funcionais da organização;
- considerar aspectos ambientais, políticos, financeiros, sociais, de produção, de pessoal, de marketing, de logística e de capacidade técnica;
- ser criativo, inventivo e capaz de descobrir propostas de solução que sejam verdadeiramente inusitadas e surpreendentes;
- participar ativamente, no ambiente de negociação, de um jogo de elevado nível de sofisticação, em cuja competição a inteligência é exigida de forma ampla, durante todos os momentos;
- pensar ou admitir que, se as ações no ambiente de negociação estão acontecendo da melhor maneira que poderiam ocorrer, é hora de começar a pensar e desconfiar de que algo não esteja bem. Se, em âmbito geral, o quadro se apresenta razoavelmente bem, pode significar que está muito mal;
- ter a capacidade e a sensibilidade para construir cenários, imaginando situações possíveis com diversas alternativas inteligentes de solução, nas quais o aumento da concorrência exige a obtenção de vantagem competitiva;
- abrir um canal de comunicação a seus colaboradores com intuito de ouvir ideias heterodoxas, revolucionárias e até mesmo divergentes;
- envolver seus colaboradores nas mudanças e levá-los a se responsabilizar por elas;
- incentivar a quebra de paradigmas e considerar que a empresa do século XXI está estruturada sobre processos, é dinâmica e canaliza seus esforços continuamente para seus clientes, sendo uma empresa ágil, na qual seus colaboradores têm liberdade, responsabilidade, conhecimento do negócio e habilidade nas negociações.

Se a previsão de mudanças ambientais de curto prazo não é tarefa fácil, mais difícil é realizar previsões de longo prazo. Os cenários constituem excelente ferramenta para modelagem de simulações gerenciais que permitem visualizar situações factíveis.

É possível desenvolver, para os cenários, várias hipóteses alternativas e também alterar suas variáveis, proporcionando às empresas treinar seus gestores, em modelagem organizacional, para enfrentar com êxito problemas semelhantes no futuro.

Caso o perfil da concorrência e a natureza do ambiente ou situação do mercado sejam ignorados, o risco de ocorrer o insucesso é maior e mais significativo.

Entre as possibilidades de estratégias a serem adotadas, podemos destacar duas delas: a de seguir o líder de mercado e a de liderar o mercado.

- **seguir o líder de mercado** – consiste em obter resultados próximos aos do líder, sem correr riscos e sem investir em pesquisa e desenvolvimento, se posicionando em segundo lugar, aplicando a estratégia de seguir o rumo estabelecido pelo líder de mercado.
- **liderar o mercado** – significa investir em pesquisa e desenvolvimento, arriscar capital em aperfeiçoamentos e em novos produtos, mudar o rumo e procurar novas rotas.

O velejador estratégico é aquele que, quando o vento muda de direção, ajusta as velas para alcançar o objetivo originalmente traçado com segurança.

Uma ação mal planejada pode resultar em surpresa desagradável para o planejador, seja pela falta de recursos seja pela superioridade da concorrência ou, ainda, se sua empresa se apresenta desorganizada e sem coordenação.

Em uma situação normal você não é estimulado a pensar, criar, mudar. Entretanto, quando se vê no meio de mudanças, você é estimulado a pensar em novas alternativas. É um momento de criatividade e inovação.

A ação estratégica exige que o estrategista esteja o tempo todo atento ao que acontece no ambiente de negociação. As ações e pensamentos dos colaboradores precisam ser analisados imediatamente para aprovação ou correção de rota.

9.5 Autoridade, poder e liderança

Podemos entender que as ações de autoridade, poder e liderança trilham um mesmo caminho que se interligam intimamente.

9.5.1 Autoridade

Autoridade – consiste no reconhecimento da presença do aspecto legal e legítimo no exercício de uma função. São pessoas que receberam, por delegação, o direito, mediante uma nomeação, de ocupar certa posição formal em determinada instituição, proferida por aquele que detém o poder. É, portanto, aquele que, além de tomar decisões, passa a ter o direito e/ou poder, dentro de limites preestabelecidos, de dar ordens e se fazer obedecer.

Autoridade é a *habilidade* de conseguir que, de livre e espontânea vontade, as pessoas façam o que você quer que seja feito, unicamente, por causa de sua influência pessoal.

Devemos praticar o exercício da autoridade o tempo todo, enquanto o exercício do poder somente deve ser utilizado quando desrespeito à autoridade.

Uma pessoa que exerça autoridade ou influência precisa ser: honesta, confiável, cuidadosa, comprometida, respeitosa, encorajadora, confiável, entusiástica. Essas qualidades são, na realidade, adquiridas ao longo da vida.

9.5.2 Poder

Poder – consiste em ter a faculdade de empregar a autoridade para deliberar, agir ou ordenar, influenciando pessoas que, de certa forma, chegam a mudar de comportamento ou atitude. É a *faculdade* de exigir que alguém cumpra a sua vontade, mesmo que não queira cumpri-la, em razão da posição ou cargo que você ocupa ou, ainda, em virtude de sua força física.

O exercício do poder pode provocar a alteração do nível de produtividade em outras pessoas, podendo, ainda, elevar a autoestima ou mudar procedimentos estabelecidos pela chefia imediata ou pela direção, ou, mesmo, alterar o comportamento dos clientes.

O poder, para melhor entendimento, pode ser segmentado, conforme sugere John French e Bertram Ravem,[7] em cinco situações:

Poder de recompensa – é o caso da pessoa (influenciador) que, pela posição de prestígio que ocupa na estrutura da empresa, dispõe da faculdade de recompensar outra (o influenciado) em razão de este ter acatado ordens ou por ter conseguido cumprir alguma exigência. A recompensa, nessas circunstâncias, funciona como apoio às ações que se deseja que os subordinados cumpram, não representando suborno nem corrupção.

Poder coercitivo – considerado o aspecto negativo ou reverso do de recompensa, uma vez que a punição varia desde a perda de pequenos privilégios até mesmo ser devolvido ao mercado de trabalho. Apresenta por objetivo assegurar um padrão mínimo de desempenho ou de integração entre os membros da equipe.

Poder legítimo – pode ser proveniente tanto de cima para baixo (nomeação) ou de baixo para cima (eleição). O ocupante de uma função na qual seja o responsável por um setor da empresa pode exigir que o horário de expediente seja cumprido, de outro modo, o vigia pode exigir que o gerente use o crachá para entrar na empresa.

Poder de competência – é o atribuído àquele que possui o conhecimento do assunto, uma vez que transmite um grau elevado de confiança àquilo que nos recomenda.

Poder de referência – é o que está presente em um colega de trabalho, que atrai os demais a ficarem de seu lado em razão do carisma, prestígio e admiração.

Outro aspecto a que precisamos atentar é sobre a questão da delegação, que pode ser entendida como atribuição de autoridade e de responsabilidade a outra pessoa para realizar atividades específicas. A delegação de poder representa para aquele que a recebe uma declaração de confiança que a chefia imediata deposita, bem como uma demonstração de prestígio e de capacidade.

É necessário esclarecermos que, apesar de se delegar autoridade e responsabilidade ao subordinado, deve ficar explícito que o subordinado passa a ter condições de cumprir as determinações de seu superior hierárquico; entretanto, seu superior imediato continua detentor da responsabilidade de prestação de contas a seu próprio superior.

Vantagens da delegação – quanto mais o gestor delegar para seus subordinados, maior o tempo disponível para atrair e acatar novas responsabilidades dos gestores hie-

---

[7] Ver o *site* http://www.batebyte.pr.gov.br/.

rarquicamente superiores a ele próprio, elevando, desse modo, suas possibilidades de empregabilidade.

Barreiras à delegação – provocada pela falta de confiança do gestor no subordinado ou por uma possível resistência deste em aceitar assumir novas responsabilidades. Outro aspecto a ser considerado é que há gestores que receiam delegar, pois podem correr o risco de verem suas tarefas serem mais bem feitas pelo delegado do que eram quando realizadas por ele.

Além da delegação, há outra ferramenta que é a descentralização. Como tivemos a oportunidade de estudar, a delegação é um processo que transfere as atribuições de autoridade e de responsabilidade de um nível hierárquico a outro. A descentralização, de forma assemelhada, faz a transferência de autoridade e responsabilidade de um órgão para outro, mais baixo, na estrutura organizacional. Quanto mais autoridade é transferida ou delegada para os escalões mais baixos da organização, mais descentralização estará acontecendo.

- **Descentralização** – as vantagens que se pode apontar com a descentralização assemelham-se com as que ocorrem na delegação, ou seja, liberação de tempo para os gestores de topo, maior precisão nas tomadas de decisão, uma vez que estão mais próximas de onde elas acontecem, melhor identificação das necessidades de treinamento com resultados de sua execução mais apropriados ao órgão, elevação dos níveis de moral de grupo, colaboradores mais motivados nas ações que exigem iniciativa, mesmo em níveis hierárquicos mais baixos, decisões imediatas e um sentimento de prestígio pela manifestação de confiança que a gestão superior evidenciou.

9.5.3 Liderança

Liderança – é doação, é servir de maneira muito intensa àqueles a quem influenciamos, é uma atividade que diz respeito a seres humanos, a pessoas, a gente, é a ação de liderar. É uma *habilidade*, que pode ser desenvolvida, utilizada para influenciar pessoas para que estas possam desempenhar seus trabalhos com entusiasmo, alegria e satisfação, visando atingir e, até mesmo, ultrapassar objetivos e resultados previamente identificados.

Influenciar é persuadir as pessoas de tal modo que elas desejem firmemente seguir, com satisfação e entusiasmo, as orientações transmitidas de maneira que alcancem conquistas de resultados no curto, médio ou longo prazo.

A organização, de outro modo, precisa buscar satisfazer as necessidades das pessoas para que possam retribuir não apenas com suas obrigações rotineiras e contratuais, mas com inovações, criatividade, excelência e compromisso, favorecendo, dessa forma e na medida do possível, ir além do esperado, atingindo alvos excepcionais e surpreendentes.

Liderar é fazer com que as metas que necessitem ser atingidas sejam alcançadas por meio de nossos colaboradores. Que estes, ao realizarem suas tarefas, as façam pensando em agradar e satisfazer primeiramente ao cliente, antes de agradar e satisfazer à chefia imediata ou a si mesmos.

Satisfazer as necessidades legítimas dos clientes é a medida primordial para o sucesso do empreendimento. Entretanto, é preciso saber identificar quem é o cliente e o que precisamos fazer para satisfazê-lo. Tanto o consumidor como a empresa são clientes em potencial, portanto, ambos precisam de atendimento satisfatório. A liderança precisa ser exercida de modo amplo, isto é, pelo líder e pelo próprio liderado, que também é cliente de si mesmo. Suas ações devem possuir uma dose generosa de sinceridade, atenção, cordialidade, delicadeza e paixão.

Caso o consumidor nos abandone e passe a procurar o concorrente, possivelmente está acontecendo um sério problema de relacionamento.

Se os acionistas ou donos não estão sendo atendidos em suas necessidades de um retorno justo de seu investimento, podemos considerar que o empreendimento encontra-se em sérias dificuldades.

9.6 Competência

Competência – pode ser percebida como um processo ou conjunto de aspectos que separam profissionais de alto desempenho de outros, cuja atuação, em determinada função, está abaixo do que a empresa tem necessidade.

Gestão por competência – consiste no instrumento que identifica as competências indispensáveis, incluindo conhecimentos e habilidades determinantes da eficiência e eficácia profissional, além de apontar as falhas ou deficiências de qualificação para atividades ou serviços especiais, proporcionando meios para aprimorar sua competência.

Como consequência, optamos por um quadro formado de profissionais mais habilidosos e bem-sucedidos, possuidores de senso de responsabilidade e autogestão mais acentuado e com probabilidade de obter desempenho superior.

As competências mais significativas para o desempenho esperado das atividades e do perfil do avaliado podem ser segmentadas em competências conceituais, técnicas e interpessoais.

Conceituais – envolvem conhecimentos, domínio de julgamentos e caracterizações que dão sustentação aos aspectos de habilidades técnicas, humanas, gerenciais e a atitudes, bem como a responsabilidades e experiências no que se refere à maneira de realizar algo.

Técnicas – compreendem o domínio de sistemas, métodos, técnicas e de processos específicos para determinada área de trabalho.

Interpessoais – consideram os aspectos que incluem relacionamento, comunicação e interação entre as pessoas, atentando para as atitudes e valores pessoais de forma eficaz.

Com base em nossas pesquisas e práticas, verificamos que a empresa espera das pessoas que elas possam adquirir competência profissional traduzida por conhecimento, habilidade e experiência para a execução das atividades que lhes forem atribuídas, considerando, ainda, o quanto compreende para agir com desenvoltura, buscando outras oportunidades e contribuindo em sua própria melhoria, em razão da vocação ou talento para oferecer melhores produtos e serviços, bem como para associação e discussão de ideias.

O gestor precisa identificar quais as competências que seus colaboradores possuem e quais aquelas que têm necessidade de acrescentar, ampliar e desenvolver, de modo a poder atender às pretensões da empresa.

Pelo que tivemos a oportunidade de perceber, o conjunto de competência, treinamento e desempenho caminham sempre juntos e no mesmo sentido, ou seja, se o colaborador participa de programas de treinamento, isso se reflete tanto no aumento ou melhoria da competência como nos padrões de desempenho alcançados.

Da mesma forma que os indivíduos avançam em questão de competência, as empresas, em razão de seus quadros mais bem preparados, também aumentam, por consequência, seus conhecimentos, habilidades e responsabilidades. Desse modo, podemos entender que ocorre uma agregação ou interação entre competências empresariais e as coletivas e individuais.

Nossa percepção é a de que, se indivíduos aprendem, as empresas também aprendem; logo, se os indivíduos se tornam competentes, as empresas seguem o mesmo caminho. Como acabamos de ver, maior competência proporciona melhor desempenho; portanto, a melhoria do desempenho demanda em resultado acima das expectativas.

A ação do gestor-líder-ético constitui uma situação de importante significado ao unir conhecimentos, responsabilidades, habilidades técnicas, humanas e gerenciais, atitudes, experiências, domínio de sistemas, métodos, técnicas e processos específicos para determinada área de trabalho, relacionamento, comunicação e interação entre pessoas e atentando para os hábitos, costumes, maneiras e valores pessoais de forma eficaz.

Dessa maneira, suas ações podem ser entendidas como características que distinguem profissionais de alto desempenho dos demais, cuja atuação, em determinada função, se encontra abaixo das expectativas do que a empresa tem necessidade.

O gestor-líder-ético consegue, por meio de suas ações com os colaboradores, transferir das pessoas para a empresa os processos de aprendizagem.

Pela oportunidade que tivemos de presenciar até o momento, a ocorrência de algumas correlações positivas como as que envolvem competência, treinamento e desempenho não são únicas, tendo em vista que outras relações também positivas se avizinham ao tratarmos de competência aliada à estratégia.

Competência nos remete a participar de acontecimentos imprevistos e excepcionais para os quais a preparação anterior proporcionou condições de resolver e se sair bem. A estratégia, que também é um processo, consiste em uma atuação inusitada para conduzir determinada atividade de modo a surpreender a outra parte para se obter uma vantagem competitiva, processo este composto por um conjunto de ações e reações inteligentes e imprevisíveis levando-se em conta as partes envolvidas.

A estratégia aliada à competência se constitui o elemento responsável por desenvolver ações que provoquem surpresa, espanto e admiração, por se apresentarem como imprevisíveis e não rotineiros. Os recursos individuais e coletivos, nessas novas circunstâncias, são utilizados para buscar soluções que possam se assemelhar às experiências do passado comparadas às de hoje. As mudanças, provocadas pela aprendizagem, podem despertar a motivação do colaborador, levando-o a atingir um resultado, mesmo que os problemas ou dificuldades tenham um caráter incomum e original. Se a ação do colaborador encontrou a solução inesperada, podemos inferir que a aprendizagem deu suporte ao aumento da competência.

Essa circunstância nos remete a conhecer e identificar qual a competência que, de certa forma, foi responsável pela resolução do problema ou dificuldade e, com isso, estudá-la e provocar sua evolução, para aplicações futuras, se necessário.

A competência da empresa está assentada pelo maior desenvolvimento possível de processos e de pessoas, em que os conhecimentos, habilidades e capacidades compõem os requisitos de vantagem competitiva da própria organização.

No atual mundo empresarial, cada vez mais são criados códigos éticos que se propõem a estabelecer normas, virtudes e costumes aceitos em uma organização, constituindo, assim, o primeiro passo para se atingir o sucesso.

Levando-se em conta que a palavra ética é um conjunto de valores, questionamo-nos até que ponto é válido e no que esses aspectos diferenciam as pessoas.

É possível que o gestor, em algum momento do desenvolvimento de suas tarefas, se posicione diante de uma situação em que tenha de recompensar ou punir seu pessoal.

As recompensas deverão ser atribuídas de forma normal dentro de intervalos que transmitam tranquilidade e não em espaços de tempo muito curtos, que possam ser traduzidos ou entendidos como momentos de incerteza. As punições não deverão ser em número elevado, pois, dessa forma, o gestor, mesmo que não queira, estará transmitindo uma informação negativa e de extrema dificuldade.

Os excessos de recompensas e/ou de punições podem ser entendidos por grandes dificuldades pelas quais a empresa esteja passando. Portanto, esses aspectos podem apresentar um significado negativo.

O gestor estratégico, para obter sucesso, precisa conquistar a confiança de seus colaboradores e isso pode ser alcançado por meio de conhecimentos profissionais, competência e sabedoria.

- **Conhecimento do gestor** – gera confiança porque elimina esforços inúteis.
- **Competência do gestor** – gera confiança porque alcança o sucesso aliado à energia despendida sem exigir excessos de seus colaboradores.
- **Sabedoria do gestor** – gera confiança porque os colaboradores têm consciência de que serão conduzidos em segurança na direção dos objetivos determinados.

Na condução de seus colaboradores, o gestor estratégico deve agir com serenidade, franqueza, segurança e afetuosidade, buscando cativar todos, embora sempre atuando com um entusiasmo contagiante.

9.7 Gente: As gerações e o mercado de trabalho

Geração é o conjunto de indivíduos que pertencem a determinada faixa etária. As gerações costumam se suceder em intervalo de aproximadamente 25 anos.

Dadas as condições do ambiente, os indivíduos pertencentes a uma geração podem apresentar características que os tornem distintos das pessoas nas demais gerações. Esses aspectos podem, portanto, identificar diferentes gerações: tradicional, filhos do pós-guerra, X, Y e Z.

Assim, temos a que viveu os momentos da Grande Guerra e as dificuldades oriundas da Grande Depressão, que podemos denominar *Geração tradicional*. O cenário era de reconstrução de um mundo devastado pela violência. As pessoas aceitavam e desenvolviam suas atividades com dedicação, procurando atingir seus objetivos, aceitando tranquilamente as orientações e o exercício da hierarquia. Essa é a geração que nasceu até meados da década de 1940.

A geração que se segue é a proveniente do período pós-guerra, surgindo entre meados da década de 1940 até meados da década de 1960, que podemos chamar *Geração filhos do pós-guerra*. Quando nasceram o mundo não mais apresentava sinais de destruição. A preocupação dessas pessoas era a de conquistar a paz rompendo padrões estabelecidos. A visão de futuro, de modo geral, encontra-se firmada em desenvolver valores pessoais, sendo mais otimistas que seus pais e por isso, normalmente, procuram dar aos filhos uma educação melhor do que a que receberam. Suas relações profissionais com superiores hierárquicos variam de um extremo a outro, em questão de satisfação ou insatisfação, de agrado ou desagrado, sentimentos próprios do ser humano, embora no trabalho mantenham o foco, procurando agir de acordo com os demais.

Entre meados da década de 1960, fim da década de 1970 e início dos anos 1980, surge o que conhecemos por *Geração X*. O mundo atravessava um momento em que o pensamento em relação à qualidade de vida era pautado em mais liberdade tanto no trabalho como nos relacionamentos pessoais.

Os avanços das tecnologias na área de comunicações buscam um equilíbrio entre atividades particulares e profissionais. Entretanto, com as crises de desemprego ocorridas durante a década de 1980, as pessoas dessa geração passaram a desacreditar nas demais e se fecharam, buscando uma proteção eficiente que as defendesse de ameaças exógenas.

Surge, a partir do fim da década de 1970 e início da de 1980 e até meados da primeira década do século XXI (2003 a 2004) aquela que está sendo denominada *Geração Y*.

A cultura virtual se torna mais interessante e a criatividade se desloca para este cenário. Nesse sentido, essa geração supera a anterior em questão de destreza adquirida ao lidar com a máquina. Em função de tais fatores e em relação ao mercado de trabalho em que a valorização recai sobre pessoas que apresentem habilidade em TI, essa geração encontra-se em condições de privilégio.

Em razão desse aspecto, desenvolveram a autoestima e, no médio e longo prazos, se recusam a realizar atividades que não tragam satisfação, permanecendo curto período de tempo em cada emprego e realizando apenas aquilo de que gostam, pois o objetivo desses profissionais é alcançar autorrealização por meio do trabalho. Um ambiente no qual se busca liberdade de pensamento e criatividade representa o elemento positivo de atração para aqueles que possuem habilidade técnica e agem com independência.

Pelo fato de trabalharem conectados uns aos outros, formam verdadeiras redes sociais, dando prioridade à aprendizagem rápida e ao relacionamento com pessoas independentemente de serem colegas de trabalho ou superiores hierárquicos.

Geração Y	
Clayton Melo	1978 – indivíduos nascidos entre 1978 e 2003
Guilherme Tossulino	1978 – nascemos entre 1978 e 1988
Rita Loiola	1978 – nascidos entre 1978 e 1990
Caroline Marcon	1980
Renata Gama	1980
Michele Schmitz	1980 – nasceram a partir da década de 1980
Volney Faustini	1980 – nascidos entre 1980 e 1994
Stephanie Armour	1980 (ainda não atingiram os 30 anos)
Deborah Gilburg	1986 a 2004

De seus chefes, esses profissionais exigem transparência e capacidade de ensinar com plena consciência de que pode haver troca de ensinamentos entre eles. A maneira como ocorre a interação entre os indivíduos da Geração Y e os superiores hierárquicos se alterou. O respeito no relacionamento entre colegas e chefes é considerado via de mão dupla. Todos são tratados com igualdade, ou seja, respeitando àqueles que consideram. Isso representa que houve mudança de valores.

As mudanças que ocorrem atingem pessoas e empresas o tempo todo. Assim, diante do cenário em que estavam inseridas, as empresas captaram e entenderam as ansiedades dos jovens e, por essa razão, se viram na contingência de ter de lidar com eles se adaptando às novas situações.

Os gestores mais antigos, ao perceberem a iminência de problemas em tal geração, iniciaram uma busca de dados e informações para que pudessem ter mais abertura, um diálogo mais acessível.

Algumas organizações desenvolveram estudos especiais e conseguiram transformar a rigidez da hierarquia em um instrumento de gestão mais elástico, procurando atuar como um sistema integrado em rede, buscando um constante equilíbrio e harmonia e passando a dar mais atenção às questões que envolvem os aspectos éticos e os de responsabilidade, considerando que o mais importante é criar e fazer parte de uma sociedade que dê atenção primordial ao ser humano.

Em razão de viverem em um mundo com um conjunto muito vasto de suportes de comunicação, os componentes da Geração Y dispõem, portanto, de uma quantidade significativa de informações, que, apesar de precisarem ser filtradas, se colocam como instrumentos úteis nos momentos decisivos para a escolha de líderes que vão comandar as empresas.

O acesso às informações proporcionou aos jovens dessa geração vantagem competitiva em forma de conhecimento diferenciado, domínio de mais de um idioma, utilização de tecnologias recentes e de um conjunto de habilidades, proporcionando ao jovem a competência profissional que permitirá que cresça e se desenvolva em sua carreira profissional, oportunidade que os executivos mais antigos não tiveram.

A Geração Z, a mais recente, teve início, para alguns, em meados da década de 1980 e para outros em 1995, embora haja quem tenha fixado seu início por volta de 2005. É uma geração que terá todas as tecnologias extremamente desenvolvidas. Vai se envolver e será envolvida por todos esses recursos de comunicação. Estará ligada simultaneamente com os mais variados equipamentos recebendo e/ou transmitindo informações.

Sua atenção será multifocal e, possivelmente, vai lidar com inúmeros assuntos ao mesmo tempo. Entretanto, convém lembrar que, para a Geração Y, diversos autores sinalizam os intervalos como de 1978 a 1988, 1978 a 1990, 1978 a 2003, 1980 a 1994 e 1986 a 2004.

Geração Z	
Revista *Veja* 03/11/2009	1985 – engloba os nascidos em meados da década de 1980
Douglas Ciriaco	1985 – jovens nascidos em meados das décadas de 1980 e 1990
Prof. Luiz Cláudio, 06/10/2009	1985 – meados dos anos 1980 e meados dos anos 1990
Eduardo Shinyashiki	1995 – a partir de 1995 até os dias de hoje
Mariana Rodrigues 15/10/2009	1995 – a partir de 1995 até os dias de hoje

O gestor precisa buscar meio e modos de lidar com as divergências que caracterizam as diferentes gerações. Não importa se ele pertence a essa ou àquela geração, importa é que deve absorver e aplicar, nos momentos adequados, conhecimentos de relacionamento humano que produzam interesse nas pessoas com as quais esteja se comunicando para obter colaboração que dê resultados esperados e que promova a satisfação envolvendo as partes interessadas.

Esse é um momento que possivelmente vai interessar a muita gente. Seres humanos que, cada qual no seu modo, se relacionam, procurando obter aquilo que desejam. O mundo em que vivemos passou por grandes transformações e as mudanças não cessaram. O avanço da tecnologia é constante e nos contagia. Somos submetidos a uma série de impulsos em todos os instantes.

O próprio ser humano sofreu ou passou por mudanças. Houve época em que os deslocamentos eram realizados com o uso das diligências, hoje são por aviões. As comunicações eram via telégrafo, hoje por celulares e afins. Ouvia-se rádio e agora dispomos da televisão 3D.

Essas transformações e muitas outras mais estão acontecendo e vão continuar mudando aquilo que hoje se conhece.

As pessoas mais novas tiveram a oportunidade de, desde cedo, conviver com o que de mais recente há nos dias atuais, e esse aspecto, de certo modo, vem afetando sua maneira de ser, de agir e reagir.

Todos nós, de modo geral, temos condições de discernir entre o que é certo e o que é errado, apesar de agirmos de maneira diferente daquela que pensamos. Os mais novos trazem com eles uma incumbência ou missão que é a de nos fazer reduzir a distância entre pensar de uma forma e agir de outra, dando origem a uma sociedade mais legítima, real e pura, transmitindo maior certeza nos relacionamentos.

Ao falarmos do gestor-líder-ético, de certa maneira, apontamos para a necessidade de se mudar o foco para o liderado, dando a ele condições de, ele próprio, se tornar um líder, ou seja, de transferir a atenção do "eu" para o "próximo". A nova geração vem para nos ajudar a chegar a esse ponto com mais facilidade.

A "família" é um dos exemplos, uma vez que se baseia na obrigação de seguir normas e preceitos em que os pais, de modo geral, não dispõem de tempo para se dedicar aos filhos, em que as explicações, autenticidades, informações, escolhas e negociações são frágeis e sem consistência.

9.8 Ética no trabalho

Passamos por fenômenos socioculturais advindos do sistema capitalista que se apresenta sob outro aspecto, isto é, o do excesso do consumo, do lucro sem limites. Nesse bojo encontram-se dois eixos: o poder coercitivo e o domínio que têm como parâmetro apenas o sucesso.

Essa nova faceta aponta para uma realidade imposta que busca abster as pessoas dos conflitos e tensões pertinentes à ética que, de outro modo, toma nova dimensão e se enquadra nas modalidades de um mundo globalizado e regido pelo mercado financeiro. Desse modo, as pessoas são ordenadas sob a lógica do capital e do lucro, levando-se em consideração que esse tipo de capitalismo prescinde da ética em sua essência – a que é sustentada pelos valores humanos.

Nesse caso, esse valor declina em sua dimensão subjetiva fragilizando as relações sociais, que são tecidas à base do mercado, apontando para uma precária convivência entre os homens, na qual reina o individualismo que, por si só, diz respeito ao ganho relativo ao dinheiro.

Assim, podemos dizer que o indivíduo, de modo geral, não estabelece seus relacionamentos alicerçados em sentimentos que põem em jogo o ganhar e o perder. Isso significa que o ser humano se equivale, atualmente, a uma mercadoria, reduzindo-se, assim, à condição de objeto de consumo. Vale pelo que compra e pelo que ganha. Nessa ordem em que o tecido social encontra-se esgarçado pela falta de limites e, portanto, na esfera de uma liberdade sem freios, temos nos deparado com uma geração que vive sem referenciais que organizem seu universo social.

Esse paradigma se contrapõe ao processo civilizatório que tem como pilar o laço social evidenciado pelos sentimentos de respeito e de solidariedade.

Com base nessa linha de raciocínio, tudo indica haver um empuxo à violência que, uma vez banalizada, afeta as relações humanas fundadas na troca e no afeto.

Nesse contexto, questionamos a ética nas relações de trabalho, uma vez que é nesse ambiente que o indivíduo deposita, basicamente, todas as suas expectativas em relação à sua sobrevivência, sabendo que o humano precisa do outro para efeitos de referência, de crescimento e de aprendizado.

Se hoje assistimos a uma busca desenfreada pelo prazer e pela satisfação, colocamos em pauta, mais uma vez, a condição humana que é constituída pela abdicação do todo, isto é, nenhum ser humano pode ter tudo que quer. Ele constrói sua vida com base no esforço, nas perdas, nas frustrações, na falta que está presente no seu cotidiano. São realidades que devem ser vistas e enfrentadas com esforço. É importante evocar e trazer à tona, a título de esclarecimento, que as lutas, os obstáculos, as intempéries fazem parte do mundo humano, porém se o sujeito confiar em si mesmo, procurar superar os impasses e buscar novos caminhos, possivelmente poderá alcançar horizontes mais amplos e escolhas mais prazerosas.

Para tratarmos sobre a ética na empresa, buscamos traçar um paralelo entre os paradigmas contemporâneos regidos pelo valor de mercado e a estrutura emocional do indivíduo, uma vez que não há como dissociar essas duas vertentes. Por mais que o homem tenha a ilusão de que pode alcançar todas as ofertas que o mercado de consumo lhe impõe, vai esbarrar em seus limites.

Trazemos à tona essa questão por observarmos o quanto o trabalhador, em sua maioria, se consome em sua produção com a intenção de consumir, isto é, de se incluir no mundo consumista, abdicando do prazer pelo trabalho por si só. Ressaltamos a importância do sentimento de crescimento pessoal e profissional, de buscar novas conquistas, de valorizar seu potencial, apostando em si mesmo, além de ampliar seu leque de conhecimentos por meio de estudos e de outros investimentos que possam lhe garantir um lugar no mercado de trabalho.

É possível considerarmos esse o caminho para a construção do sucesso com base no esforço, na esperança, na crença, na autovalorização e na sedimentação emocional, sendo este último aspecto a âncora para que o indivíduo possa alcançar o que tanto almeja. Vemos, portanto, que, nessa lógica, há uma perda e não só o ganho.

Tomando tais fatores como parâmetros para pensarmos a ética nas relações de trabalho, temos, de um lado, o indivíduo com seus anseios e expectativas vinculadas à cultura vigente que é a de consumo – trabalhar para consumir; de outro, temos a empresa voltada para a produção unicamente com fins lucrativos.

À luz dessa lógica, seu objetivo é o de superar todos os percalços do mercado. É a busca pela garantia de sucesso. Nesse caso, tanto funcionários como produtos são restos equivalentes à competição, isto é, vence o colaborador que produz mais em menor tempo – seu valor é relativo à quantidade.

Do mesmo modo, em relação ao produto, o que importa é a quantidade que oferece garantia de lucro e não a qualidade que garantiria sua durabilidade. O mercado, no entanto, enaltece o triunfo do seu controle de qualidade via vários recursos e órgãos, mas, apesar de tais tentativas, o consumidor ainda é alvo desses enganos.

Temos, portanto, desse prisma, uma visão da ética que atravessa e afeta tanto a organização, com relação ao seu colaborador no que tange ao seu desempenho, competência e aos seus valores que abarcam sua subjetividade, como o consumidor que é atingido, sobremaneira, pelos produtos altamente descartáveis.

Nessa hegemonia econômica em que valores, autoridade e obediência declinam, fomentam-se outras tramas de vínculos sociais que contribuem para a vigência de outra ética – a de consumo – que é regulada pela cultura atual.

Outro aspecto a ser abordado, em razão de sua relação com a ética, é a modernização da tecnologia que, tanto nas organizações como fora delas, expõe a vida das pessoas, maculando suas imagens, uma vez que o abuso e a falta de respeito se fazem presentes. Essa leitura, no entanto, não deixa de ressaltar a importância e a necessidade da tecnologia quando bem aplicada.

O quadro apresentado aponta para a realidade da cultura contemporânea que se apresenta regida pela lei econômica que, ao girar em torno do consumismo, provoca estímulos ao poder em detrimento ao ser, enaltecendo, portanto, o ter. Esses aspectos fomentam a queda de valores, a violação de direitos e deveres que são concernentes à cidadania, à exacerbação da violência e à banalização do mal que violam a ética em sua essência.

Esta, no entanto, é orientada na relação do sujeito com ele mesmo, com o outro e, consequentemente, na transparência, no respeito, na solidariedade, com o que internalizou como lei que o direciona no caminho da honestidade. Nesse caso, não precisa ser vigiado ou controlado para não ultrapassar os limites do que deve e não deve fazer.

O sujeito, desse modo, deve ser responsável pelos seus próprios atos e atitudes como cidadão cumpridor de seus deveres e obrigações. A ética insinua para uma brecha, uma saída para um viver melhor tanto no âmbito individual como no coletivo.

A empresa que se encontra dentro desses moldes, mas que tem como propósito torná-la viva em virtude das pessoas que a compõem e são seus baluartes, não deve se eximir de suas responsabilidades e investir em gente como ser humano com sentimentos e pensamentos.

Apostar e acreditar no colaborador faz parte da ética. Tornar o ambiente sombrio, pesado e que gera mal-estar entre seus elementos é andar na contramão da ética. Portanto, uma empresa viva deve buscar incentivar e contribuir para uma qualidade de vida dos seus funcionários.

De outro modo, o profissional que se abate com facilidade, que não busca alternativas para superar os obstáculos que fazem parte do seu cotidiano, deve procurar amparo e respaldo no colega, subvertendo a imaginação de que suas questões vão se tornar públicas. Fugir do contato com o outro pode ser considerado defesa, mas firmar relacionamentos sólidos e de confiança significa lidar com ética.

Dadas as questões levantadas para reflexões, sugerimos que tanto os leitores, os colaboradores quanto a empresa possam repensar sobre os referenciais em que estão ancorados para enfrentar os impasses, os dissabores, os conflitos severos que podem e devem ser dirimidos no campo da palavra que conduzem e propiciam laços de relacionamentos característicos do processo civilizatório.

9.9 Considerações finais

O texto nos proporcionou uma visão a respeito de gestão, competência, gente e ética, permitindo que se vislumbrem as possibilidades que tais estudos podem nos oferecer diante das diferentes oportunidades de comportamentos e atitudes a tomar.

Vimos contribuições de vários estudiosos em termos de providências que precisamos tomar, de compromissos de mudanças que temos de assumir, enfim, ampliar o conhecimento referente aos aspectos de estratégia, ambiente, negociação, autoridade, poder, liderança, competência e sobre as gerações e o mercado de trabalho.

Referências bibliográficas

AS CRIANÇAS ÍNDIGO. Disponível em: http://www.flordavida.com.br/HTML/indigo.html. Acesso em: 7 ago. 2010.

AUTORIDADE, poder e influência, conforme Clovis L. Machado. Disponível em: http://www.batebyte.pr.gov.br/. Acesso em: 7 ago. 2010.

AUTORITARISMO e liberdade. Disponível em: http://www.gatda.psc.br/. Acesso em: 7 ago. 2010.

BITENCOURT, C. C. *Competência gerencial e aprendizagem nas organizações*. São Leopoldo: Unisinos, 2005.

BLANCHARD, K. *Liderança de alto nível*. Porto Alegre: Bookman, 2007.

CAVALCANTI, M. (Org.) *Gestão estratégica de negócios*: evolução, cenários, diagnóstico e ação. São Paulo: Pioneira Thomson Learning, 2001.

CARVALHO, A. V.; NASCIMENTO, L. P. *Educação e desempenho profissional*. São Paulo: Qualitymark, 2007.

COACHING – Sensação e satisfação. Disponível em: http://www.esoterkha.com/. Acesso em: 7 ago. 2010.

CRIANÇAS índigo e cristal. Disponível em: http://www.caminhosdeluz.org/a-251.htm-. Acesso em: 7 ago. 2010.

DEFINIÇÕES da WEB. Disponível em: http://pt.wikipedia.org/wiki. Acesso em: 7 ago. 2010.

DUTRA, J. S. (Org.). *Gestão por competências*: um modelo avançado para o gerenciamento de pessoas. São Paulo: Gente, 2001.

FLEURY, M.; FLEURY, A. *Estratégias empresariais e formação de competências* – um quebra-cabeça. Caleidoscópio da Indústria Brasileira. São Paulo: Atlas, 2000.

HUYSMAN, M. *Contrabalançando tendenciosidades*: uma revisão crítica da literatura sobre aprendizagem organizacional. In: EASTERBY-SMITH, M.; BURGOYNE, J.; ARAÚJO, L. (Ed.). *Aprendizagem organizacional e organização de aprendizagem*. São Paulo: Atlas, 2001.

LEI, D.; HITT, M.; BETTIS, R. Competências essenciais dinâmicas mediante a meta aprendizagem e o contexto estratégico. In: FLEURY, M. T. L.; OLIVEIRA JR., M. de M. (Ed.). *Gestão estratégica do conhecimento*: integrando aprendizagem, conhecimento e competências. São Paulo: Atlas, 2001.

MINTZBERG, H.; AHISTRAND, B.; LAMPEL, J. *Safari de estratégia*: um roteiro pela selva do planejamento estratégico. Porto Alegre: Bookman, 1998.

MOURA, M. C. *O desafio de articular as estratégias com o desenvolvimento de competências gerenciais*: um estudo de caso. São Leopoldo: Unisinos, 2003. (Dissertação de Mestrado)

NASCIMENTO, L. P.; CARVALHO, A. V. de. *Gestão estratégica de pessoas*: sistema, remuneração e planejamento. Rio de Janeiro: Qualitymark, 2006.

O PODER e a autoridade. Disponível em: http://amaivos.uol.com.br/. Acesso em: 7 ago. 2010.

RAE eletrônica. Disponível em: http://www.scielo.br/scielo.php?pid=S1676. Acesso em: 7 ago. 2010.

RH.com.br – Mudança – Capital intelectual e a gestão de Recursos Humanos. Disponível em: http:// www.rh.com.br/boletim. Acesso em: 7 ago. 2010.

RUAS, R., ANTONELLO, C.; BOFF, L. H. *Os novos horizontes da gestão*: aprendizagem organizacional e competências. Porto Alegre: Bookman, 2005.

SILVA, C. L. *Machado da mudança e análise organizacional*. Curitiba: UFPR--PMC/IMAP, 1996.

SOUZA, C. *Cartas a um jovem líder*. Rio de Janeiro: Campus, 2010.

YIN, R. *Estudo de caso*: planejamento e métodos. 2. ed. Porto Alegre: Bookman, 2001.

ZARIFIAN, P. *Objetivo competência*: por uma nova lógica. São Paulo: Atlas, 2001.

Conclusão

Ao longo do livro foram apresentados conceitos, pressupostos, processos, métodos e técnicas, entre outros que, de certa forma, se comprometem com os aspectos mais abrangentes da área de gestão de pessoas, suas competências, estratégias e ética.

Acreditamos que o *objeto de estudo* – um conjunto de recomendações e sugestões de conteúdo teórico, em apoio à realização prática, que mostram em diferentes oportunidades o "como fazer" – aborda de maneira ampla, demonstrando a possibilidade de proporcionar uma orientação que sirva de base à elaboração das diferentes funções que compõem as atividades da área.

O *objetivo* foi atingido, uma vez que estabelecemos um conjunto de recomendações que atendesse às necessidades apontadas no *problema*, que era exatamente o de verificar se havia a possibilidade de se desenvolverem procedimentos que proporcionassem a elaboração das variadas subfunções, diminuindo dificuldades sem prejuízo da criatividade e inovação.

A *hipótese* foi confirmada tendo em vista que os argumentos e as explicações serviram de apoio aos diversos aspectos que foram tratados em diferentes momentos, abastecendo de informações, conhecimentos e habilidades; portanto, ampliando a competência do leitor.

Vimos também quais as exigências para quem pretende desenvolver processos de apoio à gestão por competência, utilizando-se de pessoas das mais diversas gerações e tratando a todos com ética.

Sugerimos dar continuidade aos estudos, a fim de ampliar o que passamos a conhecer, para que tenhamos o privilégio de viver em um mundo no qual as pessoas, tanto particular como profissionalmente, se relacionem com satisfação, prazer, harmonia, felicidade e amor.